Die Bonus-Seite

Ihr Vorteil als Käufer dieses Buches

Auf der Bonus-Webseite zu diesem Buch finden Sie zusätzliche
Informationen und Services. Dazu gehört auch ein kostenloser
Testzugang zur Online-Fassung Ihres Buches. Und der besondere
Vorteil: Wenn Sie Ihr **Online-Buch** auch weiterhin nutzen wollen,
erhalten Sie den vollen Zugang zum **Vorzugspreis**.

So nutzen Sie Ihren Vorteil

Halten Sie den unten abgedruckten Zugangscode bereit und
gehen Sie auf **www.galileocomputing.de**. Dort finden Sie den
Kasten **Die Bonus-Seite für Buchkäufer**. Klicken Sie auf **Zur
Bonus-Seite/Buch registrieren**, und geben Sie Ihren **Zugangscode** ein. Schon stehen Ihnen die Bonus-Angebote zur Verfügung.

Ihr persönlicher
Zugangscode `jesy-x65v-qgzi-hnfd`

Peter Müller

Flexible Boxes

Eine Einführung in moderne Websites

Galileo Press

Liebe Leserin, lieber Leser,

HTML5, CSS3, Responsive Webdesign, Adaptive Webdesign, Gridlayouts, Frameworks wie YAML4 ... Vieles haben Sie sicherlich schon gehört, einiges setzen Sie vielleicht bereits ein (oder um). Aber geht es Ihnen nicht auch so wie mir, dass Sie gerne einen Überblick hätten über all die neuen Techniken und Anforderungen? Ein Buch, das einen Schritt für Schritt in die neuen Möglichkeiten von HTML5 und CSS3 einführt und erklärt, wie Sie für Desktop, Tablet, Smartphone und Co. mediengerechte Websites entwickeln?

Peter Müller hat sich mit seinem neuen Buch genau dies als Ziel gesetzt: Er zeigt Ihnen mit vielen Beispielen, wie Sie Ihre Website sinnvoll mit HTML5 auszeichnen. Ist das Fundament gelegt, können Sie anschließend mit CSS3 das Layout umsetzen. Sie wollen z.B. Boxen mit runden Ecken und einem Farbverlauf? Kein Problem. Eine andere Schrift? Auch hier erhalten Sie kompetent Auskunft, wie Sie Fonts einbinden können. Nicht zuletzt geht es in diesem Buch auch um die Umsetzung von Websites für die verschiedenen Endgeräte. Unser Autor lichtet den Dschungel an Begriffen und Konzepten und zeigt Ihnen, wie Sie Ihre Website responsive machen.

Um die Qualität unserer Bücher zu gewährleisten, stellen wir stets hohe Ansprüche an Autoren und Lektorat. Falls Sie dennoch Anmerkungen und Vorschläge zu diesem Buch formulieren möchten, so freue ich mich über Ihre Rückmeldung.

Ihr Stephan Mattescheck
Lektorat Galileo Computing

stephan.mattescheck@galileo-press.de
www.galileocomputing.de
Galileo Press · Rheinwerkallee 4 · 53227 Bonn

Auf einen Blick

Wir hoffen sehr, dass Ihnen dieses Buch gefallen hat. Bitte teilen Sie uns doch Ihre Meinung mit. Eine E-Mail mit Ihrem Lob oder Tadel senden Sie direkt an den Lektor des Buches: *stephan.mattescheck@galileo-press.de*. Im Falle einer Reklamation steht Ihnen gerne unser Leserservice zur Verfügung: *service@galileo-press.de*. Informationen über Rezensions- und Schulungsexemplare erhalten Sie von: *britta.behrens@galileo-press.de*.

Informationen zum Verlag und weitere Kontaktmöglichkeiten finden Sie auf unserer Verlagswebsite *www.galileo-press.de*. Dort können Sie sich auch umfassend und aus erster Hand über unser aktuelles Verlagsprogramm informieren und alle unsere Bücher versandkostenfrei bestellen.

An diesem Buch haben viele mitgewirkt, insbesondere:

Lektorat Stephan Mattescheck
Korrektur Petra Bromand
Fachgutachten Jens Grochtdreis
Herstellung Kamelia Brendel
Cover Nils Schlößer
Coverbilder Shutterstock: 119654554 © Sergey Kandakov; 123rf: 14603752 © Kanstantsin Shcharbinski
Satz III-satz, Husby
Druck Beltz Druckpartner, Hemsbach

Dieses Buch wurde gesetzt aus der TheAntiquaB (9,35/13,7 pt) in FrameMaker. Gedruckt wurde es auf chlorfrei gebleichtem Offsetpapier (90 g/m²).

Der Name Galileo Press geht auf den italienischen Mathematiker und Philosophen Galileo Galilei (1564–1642) zurück. Er gilt als Gründungsfigur der neuzeitlichen Wissenschaft und wurde berühmt als Verfechter des modernen, heliozentrischen Weltbilds. Legendär ist sein Ausspruch Eppur si muove (Und sie bewegt sich doch). Das Emblem von Galileo Press ist der Jupiter, umkreist von den vier Galileischen Monden. Galilei entdeckte die nach ihm benannten Monde 1610.

Bibliografische Information der Deutschen Nationalbibliothek:
Die Deutsche Nationalbibliothek verzeichnet diese Publikation in der Deutschen Nationalbibliografie; detaillierte bibliografische Daten sind im Internet über *http://dnb.d-nb.de* abrufbar.

ISBN 978-3-8362-2519-9
1. Auflage 2013
© Galileo Press, Bonn 2013

Inhalt

TEIL I   HTML5 – ausgezeichnete Inhalte

5   Kleinigkeiten, Formulare und Multimedia   111

TEIL II   CSS3 – Inhalte gestalten

7   Tools, Zentralisierung und Normalisierung   163

8   Selektoren für alle Fälle

9 Text gestalten mit CSS3

10 Boxen gestalten mit CSS3 239

11 Mobile Navigation 269

TEIL III   Getting responsive – Media Queries, Grids und Frameworks

12   Media Queries – die Seiten werden responsiv   297

13   Layouts mit Raster – ein Gridsystem erstellen   325

Vorwort

Wenn ich einen Preis für den besten Blogbeitragstitel der letzten Jahre zum Thema Webentwicklung vergeben könnte, würde er an Jeffrey Way gehen, und zwar für »Don't worry, we all feel overwhelmed«.

Don't Worry. We All Feel Overwhelmed

by Jeffrey Way

If I could only offer one piece of advice to a new web development student, it would be: *"don't worry; we all feel overwhelmed."* I'd then remind him or her that

Abbildung 1 *tutsplus.com/2012/08/dont-worry-we-all-feel-overwhelmed/*

Viele Webworker entwickeln langsam, aber sicher ein Gefühl der permanenten Überforderung, denn gerade haben sie ein Thema einigermaßen im Griff, gibt es schon wieder zwei, drei neue, die auf die geballte Aufmerksamkeit warten. »You'll never graduate« schreibt Way in seinem Blogbeitrag. Webworker lernen nie aus.

Das Wichtigste ist, sich von diesen ganzen Begriffen wie HTML5, CSS3, Adaptive, Responsive, Fluid Grid, Mobile First und so weiter nicht verrückt machen zu lassen. Sie werden in diesem Buch einer nach dem anderen erklärt. Und wenn der Berg vor Ihnen gerade zu hoch erscheint, dann trösten Sie sich damit, dass es eine Menge Wissen erfordert, um zu erkennen, wie wenig man weiß. Don't worry. We all feel overwhelmed.

Für wen ist dieses Buch?

In diesem Buch werden neue Methoden zum Erstellen von Websites in einem sich ständig ändernden World Wide Web beschrieben. Gutes Handwerk sozusagen.

Wenn Sie schon Erfahrungen mit der Erstellung von Webseiten haben und sich über modernes Webdesign mit HTML5 und CSS3 informieren möchten, liegen Sie mit diesem Buch wahrscheinlich richtig.

Die Grundprinzipien von CSS wie Spezifität, Kaskade, Positionierung, Float-Layouts, Clearing-Techniken und dergleichen sollten Sie schon beherrschen, denn die werden auf den nächsten Seiten nicht weiter erläutert. Falls Sie bei diesen Themen Nachholbedarf entdecken, wird die CSS-Einführung »Einstieg in CSS« (*www.galileocomputing.de/ 3545*) Ihnen gute Dienste leisten (*little-boxes.de*).

Das Buch ist eine Einführung und richtet sich daher *nicht* in erster Linie an professionelle Frontend-Entwickler. Die sollten die in diesem Buch behandelten Themen eigentlich schon kennen.

Die Website zum Buch: »pmueller.de«

Auf meiner Website erhalten Sie aktuelle Informationen, Tipps und Tricks sowie Errata zum Buch:

► *pmueller.de*

Dort können Sie auch die Beispieldateien herunterladen mit denen Sie buchstäblich an jeder Stelle des Buches einsteigen und sofort loslegen können.

Vielen Dank

An Sie als Leser. Ohne Sie wäre das Schreiben nur halb so schön.

An alle bisherigen Leser für deren Feedback.

An meinen Lektor Stephan Mattescheck.

An den Fachgutachter Jens Grochtdreis.

Und insbesondere einmal mehr an Erika Schiener für ihre wie immer detaillierte Auseinandersetzung mit dem Manuskript und die wertvollen Kommentare und Anregungen.

Einführung

Kapitel 1
Was sich im Web geändert hat

Worin Sie erfahren, was sich in den letzten Jahren im Web so alles geändert hat und wie in diesem Zusammenhang responsives Webdesign entstanden ist. Anschließend werden einige wichtige Konzepte kurz erläutert.

Die Themen im Überblick:

▶ Back to the roots: »A Dao of Web Design«, Seite 23
▶ Von HTML-Tabellen zu 960px-Grid-Frameworks, Seite 25
▶ Die Entstehung des responsiven Webdesigns, Seite 28
▶ Paradigmenwechsel: Wichtige Konzepte, Seite 34
▶ Henne oder Ei: »Mobile First« versus »Desktop First«, Seite 40
▶ Fazit: Veränderung ist das einzig Beständige, Seite 43

Unter den Veröffentlichungen, die in diesem Jahrtausend über das Webdesign geschrieben wurden, haben zwei bei *alistapart.com* erschienene Aufsätze rückblickend eine besondere Bedeutung:

▶ »A Dao of Web Design« von John Allsopp vom April 2000
▶ »Responsive Web Design« von Ethan Marcotte vom Mai 2010

Diese beiden Aufsätze bilden Anfangs- und Endpunkt der im folgenden Abschnitt vorgestellten Entwicklung des responsiven Webdesigns.

1.1   Back to the roots: »A Dao of Web Design«

Das »Tao Te Ching« ist ein uraltes chinesisches Weisheitsbuch mit 81 teilweise recht kryptisch anmutenden Versen, das der Sage nach auf einen Gelehrten namens Lao Tse zurückgeht und auch als »Dao De Jing« oder »Daodejing« bezeichnet wird.

Vor vielen Jahren habe ich in einem kleinen Londoner Buchladen eine wunderschöne Ausgabe mit atmosphärischen Schwarz-Weiß-Fotos erstanden, auf deren Rückseite die Philosophie kurz charakterisiert wird:

Accept what is in front of you without wanting the situation to be other than it is ... If we watch carefully, we will see that work proceeds more quickly and easily if we stop »trying«.

Akzeptiere, was vor dir liegt, ohne die Situation ändern zu wollen ... Wenn wir genau hinschauen, werden wir sehen, dass die Arbeit schneller und leichter vorangeht, wenn wir aufhören, etwas zu »wollen«.

Als John Allsopp im Jahre 2000 versuchte, seine Beobachtungen über die grundlegenden Prinzipien des Webdesigns zusammenzufassen, nahm er Bezug auf diese Philosophie und wählte für seinen Essay den Titel »A Dao of Web Design«:

▶ alistapart.com/article/dao

Falls Sie den Artikel noch nie gelesen haben, folgen Sie einfach der URL. Die Kernaussage ist aktueller denn je, und auch wenn nicht mehr jedes Detail stimmt, sollte der Text Pflichtlektüre für Webworker sein.

Abbildung 1.1 Der Aufsatz »A Dao of Web Design« auf A List Apart

Viele Webdesigner, deren Auftraggeber und auch die Benutzer begegnen dem Web oft immer noch mit einer durch Papier geprägten Erwartungshaltung, die durch zwei Prinzipien charakterisiert wird:

1. Sie erwarten, dass der Autor die Kontrolle über die Webseite hat.
2. Sie glauben, dass eine Webseite überall gleich aussehen sollte.

Der legendäre Kundenwunsch »Das muss alles auf eine Seite passen, und zwar ohne zu scrollen« ist Ausdruck dieser Erwartungen.

1

Diese anscheinend tief verwurzelte Erwartungshaltung steht vielen Veränderungen im Weg, aber vielleicht kommt durch mobile Endgeräte ein bisschen Bewegung in die Sache. Hier zwei kleine Beispiele, die ich in den letzten Monaten beobachtet habe:

▶ Ein älterer Passagier klappte in der zweiten Klasse eines ICE eine Zeitung auf und gleich wieder zu, weil er beim Blättern seinem Sitznachbarn ins Gehege kam. Er lachte kurz, griff in seine Aktentasche und las dann auf einem Tablet in der gleichen Zeitung weiter.

▶ Ein zweijähriges Kind betrachtete ein Foto in einer Zeitung aus Papier. Neugierig setzte es Daumen und Zeigefinger auf das Bild und schob sie vorsichtig auseinander.

Papier ist zwar geduldig, dem Web aber in vielen Belangen unterlegen. Allsopp drückt das in seinem Dao-Artikel so aus:

The fact that we can control a paper page is really a limitation of that medium.

Die Tatsache, dass wir eine Papierseite kontrollieren können, ist keine Stärke des Mediums, sondern Ausdruck seiner Begrenzung. Bei zu kleiner Schrift muss der Leser bei bedruckten Papierseiten zu Sehhilfen greifen, auf Webseiten kann er zoomen. Der Mangel an Kontrolle im Web ist laut Allsopp kein Bug, sondern ein Feature:

It is the nature of the web to be flexible, and it should be our role as designers and developers to embrace this flexibility, and produce pages which, by being flexible, are accessible to all.

Das Web ist flexibel und wir sollten anfangen, diese Flexibilität zu akzeptieren und entsprechende, mediengerechte Webseiten zu erstellen. *Work proceeds more quickly and easily if we stop »trying«.*

1.2   Von HTML-Tabellen zu 960px-Grid-Frameworks

Allsopps Aufsatz stammt aus dem Jahre 2000. Die wichtigsten Waffen des Webdesigners hießen damals noch `<font>` und `<table>`. Die Gestaltung von Webseiten mit CSS stand noch ganz am Anfang.

1.2.1   Von HTML-Tabellen zu CSS-Layouts

Die Webstandards-Bewegung (*webstandards.org*, Abbildung 1.2) kämpfte für Zugänglichkeit im Web, und Bücher wie »Designing with CSS« von Jeffrey Zeldman wurden Bestseller. CSS-basierte Layouts brauchten aber noch einige Jahre, bis sie sich gegenüber HTML-Tabellen wirklich durchgesetzt hatten.

Abbildung 1.2 »webstandards.org« half, Webstandards zu verbreiten.

Menschen sind Gewohnheitstiere und viele Webdesigner, die jahrelang die vielfache Verschachtelung von HTML-Tabellen erlernt und perfektioniert hatten, waren anfangs alles andere als begeistert von CSS-Layouts. Ablehnende Kommentare waren an der Tagesordnung, von »Ist doch gut so, wie es ist« über »Das war früher aber einfacher« bis »Meinen Kunden ist das egal«.

CSS-Layouts und die damit einhergehende weitgehende Trennung von Inhalt und Gestaltung entsprechen der flexiblen Natur des Web aber mehr als die feste Verdrahtung der Layoutstruktur im HTML, und so haben sie sich letztlich im Laufe der Jahre durchgesetzt. Mit der unrühmlichen Ausnahme einiger berufsbildender Schulen bringt heute werdenden Webdesignern niemand mehr bei, wie man Weblayouts mit HTML-Tabellen umsetzt.

Nachdem CSS-Layouts ab ungefähr 2006 Normalität geworden waren, verlagerte sich der Streit auf die Art und Weise der Umsetzung, und man diskutierte über »feste, pixelbasierte Layouts versus flexible, prozentbasierte Layouts«.

Es gab flammende Plädoyers für beide Seiten, aber feste Layouts mit Breitenangaben in Pixel haben sich auf breiter Front durchgesetzt. Sie sind leichter zu lernen, einfacher zu erstellen (und damit billiger), und die Zeichen der Zeit schienen günstig: Fast alle Monitore konnten eine Breite von 960 Pixel problemlos darstellen, und fast alle Browser hatten inzwischen einen Seitenzoom, sodass auch feste Layouts bei Bedarf gezoomt werden konnten.

Ab 2008 kam mit der Verbreitung von CSS-Grid-Frameworks noch eine andere Komponente hinzu, die den Siegeszug der festen Layouts förderte.

1.2.2 Die Zeit der 960-Pixel-CSS-Grid-Frameworks

Ein »Grid« ist auf Deutsch ein »Raster«, und Grafikdesigner lernen während ihrer Ausbildung, wie man eine zu gestaltende Fläche in ein Raster unterteilt, das zur Ordnung von Text und Grafiken dient. Diese Raster basieren auf mathematischen Grundlagen wie zum Beispiel dem goldenen Schnitt, und einfache mathematische Formeln gehören zur Arbeit mit Rasterlayouts.

Das Problem von Rasterlayouts im Web war (und ist), dass man zur Berechnung eines Rasters eigentlich eine definierte Fläche benötigt. Man einigte sich auf 960px als kleinsten gemeinsamen Nenner.

Ausdruck dieser Entwicklung waren zahlreiche 960-CSS-Grid-Frameworks wie *Blueprint* (*blueprintcss.org*) oder das *960-Grid-System* (*960.gs*, Abbildung 1.3).

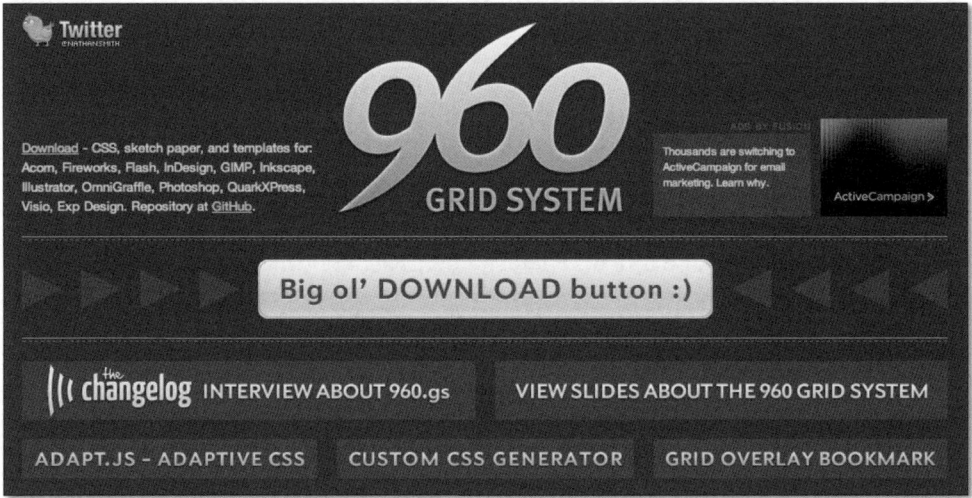

Abbildung 1.3 Das beliebte 960-Grid-System auf 960.gs

Diese Frameworks erleichterten die Erstellung von CSS-basierten Gridlayouts enorm. Man benötigte nur noch ein paar div-Elemente, denen die entsprechenden CSS-Klassen zugewiesen wurden, und schon hatte man ein technisch stabiles und optisch ansprechendes CSS-Layout.

Mit den pixelbasierten Grid-Frameworks festigte sich auch ein vorher bereits beliebter Workflow:

▶ Grafikdesigner gestalten Webseiten komplett in Photoshop.

▶ Das Design wird in HTML und CSS nachgebaut.

▶ Fertig.

Willkommen im Paradies. Nach dem Verlust der HTML-Tabellenlayouts schien die Welt der Grafik-Webdesigner wieder in Ordnung.

1.3 Die Entstehung des responsiven Webdesigns

Schon bald erwies sich die Annahme von 960px als Idealbreite für Webseiten als Illusion, und die Vertreibung aus dem vermeintlichen Paradies war nur eine Frage der Zeit.

1.3.1 Das Web wird mobil und allgegenwärtig

Während sich 960-Grid-Frameworks ab 2008 in Windeseile verbreiteten, war ihre Blütezeit eigentlich schon fast vorüber, denn im Sommer 2007 hatte Apple das erste iPhone vorgestellt, ein Telefon mit 3,5 Zoll großem Touchscreen und einem echten Browser, der einigermaßen bequemes Surfen im Web ermöglichte.

Das iPhone war ein riesiger Erfolg und der Startschuss zur Entstehung einer bis dato unbekannten Vielfalt mobiler, webfähiger Geräte: andere Smartphones mit anderen Betriebssystemen, anderen Bildschirmgrößen und anderen Auflösungen. Weil es damals naturgemäß so gut wie keine für Smartphones optimierten Webseiten gab, wurden die vorhandenen Webseiten einfach verkleinert. Der Benutzer konnte die Seite mit seinen Fingern zoomen und hin- und herschieben. Nicht optimal, aber besser als nichts.

Im April 2010 zog Apple ein weiteres As aus dem Ärmel: ein Computer ohne Tastatur, ein übergroßes iPhone, mit dem man nicht telefonieren konnte. Experten bezweifelten den Erfolg, aber das iPad wurde für Zigmillionen Benutzer zur Surfmaschine par excellence und war wiederum der Beginn einer Reihe von Tablets in unterschiedlichsten Variationen und Größen.

Abbildung 1.4 Mobile Geräte haben das Web revolutioniert

Die Annahme, dass der Besucher unserer Webseiten in einer ruhigen Umgebung am Schreibtisch vor einem Computer mit großem Monitor sitzt, Quelltext und Grafiken über eine DSL-Breitbandleitung geliefert bekommt und sowohl über eine Tastatur als auch über eine Maus verfügt, erweist sich zunehmend als falsch.

Der Ersteller einer Webseite weiß heute weniger denn je, auf welchem Gerät und auf welcher Bildschirmgröße sein Quelltext dargestellt wird. Webfähige Geräte werden immer vielfältiger und reichen von älteren Feature-Phones, Smartphones, Phablets, Tablets, Netbooks und Notebooks über ganz normale Desktop-Computer bis hin zu Fernsehern. Die Bildschirme haben eine Diagonale von etwa 3 Zoll bis über 30 Zoll (Abbildung 1.5).

Abbildung 1.5 Klein und Groß auf einen Blick bei »ami.responsivedesign.is«

Aber nicht nur die Geräte werden immer unterschiedlicher, auch die Umgebung, in der der Benutzer die Webseiten abruft, ist nicht mehr definierbar: Zu Hause wird nicht mehr nur im Arbeitszimmer gesurft, sondern auch im Wohnzimmer auf dem Sofa, in der Küche beim Kochen und im Bett vor dem Einschlafen. Mobiles Internet ermöglicht den Zugriff unterwegs im Zug, Bus oder Auto, beim Einkaufen, beim Schaufenstergucken oder in fremden Städten auf der Suche nach einem Hotel.

Das heutige Web ist allgegenwärtig und wird immer vielfältiger. Die einzige Sicherheit, die wir haben, ist, dass der Quelltext von einem Browser gerendert wird. Fast alles andere sind Annahmen.

1.3.2   »Responsive Webdesign« unterstützt die flexible Natur des Web

In dieser sich rapide ändernden Webwelt sorgte ein im Mai 2010 bei A List Apart erschienener Artikel für Furore:

▶ *alistapart.com/article/responsive-web-design*

Der Autor Ethan Marcotte hatte bereits im März 2009 einen Artikel über die Vorteile von *fluid grids* geschrieben (*alistapart.com/article/fluidgrids*), aber erst jetzt mit dem neuen Label »Responsive Web Design« und der Ergänzung durch Media Queries und flexible Medien wurde die Sache ein echter Hit. Und das lag nicht daran, dass der Artikel mit einem Zitat aus John Allsopps »A Dao of Web Design« begann (Abbildung 1.6).

Abbildung 1.6 Der Artikel »Responsive Web Design« von Ethan Marcotte

Marcotte beschreibt in seinem Artikel drei Techniken, mit denen man seiner Meinung nach mediengerechte Webseiten bauen sollte:

► Prozentbasierte Gridlayouts (*fluid grids*)

► Flexible Bilder

► Media Queries

Diese drei Techniken ermöglichen responsives Webdesign, und sie werden im Laufe dieses Buches ebenso erklärt wie mögliche Alternativen, Probleme und Ergänzungen.

Der Aufsatz von Marcotte bildete die Grundlage für das 2011 bei A Book Apart erschienene Buch (Abbildung 1.7).

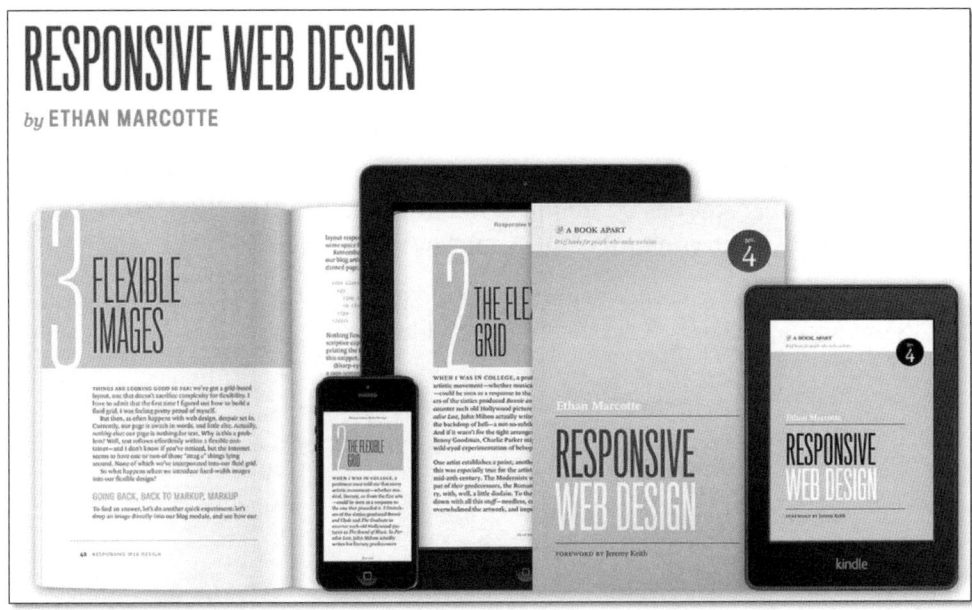

Abbildung 1.7 Das Buch »Responsive Web Design« von Ethan Marcotte

Das Büchlein wurde ein weltweiter Bestseller, ein Indiz dafür, dass die Zeit reif ist für »Responsive Web Design«. Aber ähnlich wie beim Übergang von HTML-Tabellen zu CSS-Layouts vor zehn Jahren brachte diese Veränderung nicht nur positive Reaktionen hervor. Sogar die Formulierungen der Einwände sind fast gleich geblieben, von »Ist doch gut so, wie es ist« über »Das war früher aber einfacher« bis zu »Das ist meinen Kunden egal«.

Erst formen wir unsere Gewohnheiten, und dann formen unsere Gewohnheiten uns. Aber Gewohnheiten kann man ändern. Oder bauen Sie Layouts noch mit HTML-Tabellen?

Sprachliche Probleme: responsive, reaktionsfähig und responsiv

Wörtlich übersetzt heißt *responsive* so viel wie *reagierend* oder *reaktionsfähig,* und dementsprechend wäre *reaktionsfähiges Webdesign* eine durchaus adäquate deutsche Übersetzung von *Responsive Webdesign.* Ich werde in diesem Buch aber einfach von *responsivem Webdesign* sprechen.

Die Idee zum Begriff *responsive* bekam Marcotte übrigens aus der Architektur, wo *Responsive Architecture* eine Richtung bezeichnet, in der Räume auf ihre Umgebung reagieren, zum Beispiel auf die Anwesenheit von Menschen.

1.3.3   »Responsive« und »Adaptive« – zwei Begriffe verwirren die Welt

Durch einige Artikel und Bücher sind in den letzten Jahren also gleich mehrere Steine ins Rollen gekommen, die das traditionelle Webdesign in den Grundfesten erschütterten, und in der Folge gab es natürlich auch einige Verwirrungen.

Die Grundidee des Responsive Webdesign ist es, für einen HTML-Quelltext mit Media Queries unterschiedliches CSS auszuliefern (Abbildung 1.8).

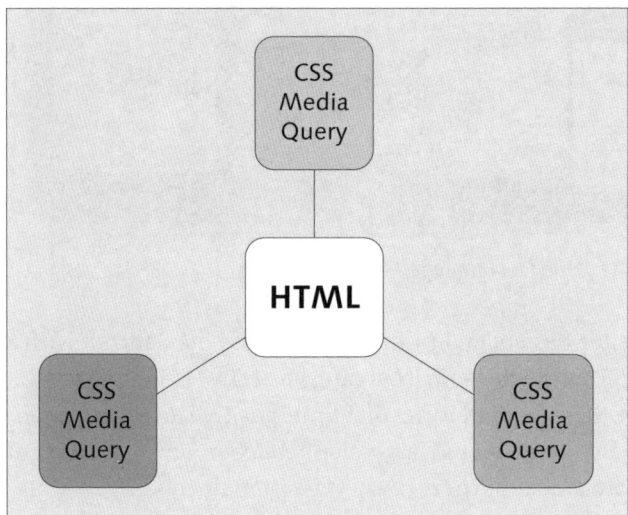

Abbildung 1.8 HTML wird mit Media Queries unterschiedlich gestaltet.

Marcotte benutzte für das Layout ein prozentbasiertes Raster, aber das machten nicht alle, und so bürgerte sich im allgemeinen Sprachgebrauch schon bald die Unterscheidung zwischen *responsive layout* und *adaptive layout* ein:

▶ Ein *responsives Layout* enthält alle drei von Marcotte propagierten Komponenten, also prozentbasiertes Grid, flexible Medien und Media Queries.

▶ Ein *adaptives Layout* verzichtet auf das schwieriger umzusetzende *Fluid Grid* und liefert stattdessen per Media Query unterschiedliche feste Layoutbreiten aus.   .

Das führte unweigerlich zu der Frage, ob ein adaptives Layout denn überhaupt responsives Webdesign sei. Für die Fundis ist alles ohne *Fluid Grid* nicht wirklich responsiv, die Realos hingegen sehen das nicht so eng und meinen, dass responsive und adaptive Layouts verschiedene Formen von *Responsive Web Design* sind. Beiden ist gemeinsam, dass sie ein und dasselbe HTML in unterschiedlichen Variationen an verschiedene Geräte ausliefern.

Im Juli 2011 meldete sich in dieser Diskussion Altmeister Jeffrey Zeldman zu Wort und vertrat in seinem Blog die Meinung, dass man den Begriff *Responsive Design* nicht an bestimmte Techniken koppeln sollte:

Our understanding of »responsive design« should be broadened to cover any approach that delivers elegant visual experiences regardless of the size of the user's display and the limitations or capabilities of the device.
(bit.ly/zeldman-responsive-design)

Abbildung 1.9 Jeffrey Zeldman definiert »Responsive Design«

Responsive Design ist für Zeldman also alles, was Webseiten die Flexibilität gibt, um auf unterschiedlichsten Geräten eine gute Figur zu machen. Für ihn ist ein *adaptives Lay-*

out, also eines mit festen Breiten und Media Queries, neben dem von Marcotte propagierten *responsiven Layout* mit einem prozentbasierten Grid eine gleichberechtigte Form von responsivem Webdesign. Zwei Wege, ein Ziel. Flexible Boxes.

Es gibt auch noch »Adaptive Web Design« ...

Komplettiert wurde die Begriffsverwirrung übrigens durch das im Jahr 2011 veröffentlichte Buch von Aaron Gustafson mit dem etwas unglücklichen, weil verwirrenden Titel »Adaptive Web Design«.

Das Buch ist inhaltlich hervorragend und absolut lesenswert, aber für Aaron Gustafson war *Adaptive Web Design* einfach nur ein anderes Wort für *Progressive Enhancement*. Viele Webworker verstanden den Titel des Werkes aber als Alternative oder gar Konkurrenz zu »Responsive Web Design« von Ethan Marcotte und waren erst einmal komplett verwirrt.

1.4   Paradigmenwechsel: Wichtige Konzepte

Die in den letzten Jahren begonnene Metamorphose des Web zu einem allgegenwärtigen, interaktiven Medium hat dazu geführt, dass beim Erstellen von Webseiten neue Konzepte entstanden und alte neu durchdacht wurden. In diesem Abschnitt möchte ich Ihnen kurz einige wichtige Konzepte wie *Progressive Enhancement*, *Mobile First* und *Desktop First* vorstellen und erläutern, da sie im Alltag erfahrungsgemäß oft für diverse Fragezeichen sorgen.

1.4.1   Jeder so, wie er kann: »Progressive Enhancement«

Progressive Enhancement heißt wörtlich übersetzt so viel wie *schrittweise Verbesserung* und bezeichnet eine Strategie zur Erstellung von Webseiten, die in einem sich ständig ändernden Web von vielen Webdesignern als *Best Practice* eingestuft wird.

Der Begriff *Progressive Enhancement* stammt bereits aus dem Jahre 2003, bleibt aber ein wichtiges Grundkonzept für modernes Webdesign, und deshalb möchte ich Ihnen kurz die wichtigsten Prinzipien vorstellen:

- ▶ Grundlegende Inhalte sollen in allen Browsern zugänglich sein.
- ▶ Grundlegende Funktionen sollen in allen Browsern zugänglich sein.
- ▶ Inhalte werden mit möglichst semantischem HTML ausgezeichnet.
- ▶ Das Layout wird mit möglichst extern verlinktem CSS gestaltet.

▸ Das Verhalten definiert unaufdringliches, extern verlinktes JavaScript.

▸ Benutzereinstellungen im Browser werden respektiert.

Progressive Enhancement basiert auf dem Prinzip der Fehlertoleranz, das in HTML und CSS eingebaut ist. Wenn ein Browser zum Beispiel eine CSS-Anweisung nicht kennt, ignoriert er diese einfach. Das folgende Listing zeigt ein Beispiel mit einem modernen Selektor, der alle ungeraden Tabellenzeilen selektiert und grau einfärbt:

```
table { background-color: white; }
tr:nth-child(odd) { background-color: silver; }
```

Listing 1.1 Eine Zebrastreifentabelle mit modernem Selektor

Ein moderner Browser baut mit diesen Anweisungen eine Tabelle mit weißen und grauen Zebrastreifen, ein älterer kennt `:nth-child()` nicht, ignoriert die komplette CSS-Regel und zeigt eine weiße Tabelle.

1.4.2 Webseiten müssen nicht in jedem Browser gleich sein

Voraussetzung für Progressive Enhancement ist die Akzeptanz, dass Webseiten nicht in allen Browsern gleich aussehen und sich auch nicht überall gleich verhalten müssen. Dan Cederholm hat diesen Sachverhalt auf einer Beispielsite mit einem etwas längeren, aber durchaus treffenden Domain-Namen demonstriert:

▸ *dowebsitesneedtobeexperiencedexactlythesameineverybrowser.com*

Sie können die Seite auch mit der Kurz-URL *bit.ly/css3-cederholm* aufrufen. In jedem Browser sehen Sie danach zunächst die Antwort auf die im Domain-Namen gestellte rhetorische Frage, und die lautet »Nope«: Nein. In alten Browsern ist und bleibt das alles, was der Nutzer zu sehen bekommt. In neueren Browsern hingegen gibt es bei Maus-Interaktionen wie Hover und Klick plötzlich einen Sternenhimmel, eine transparente Farbfläche mit abgerundeten Ecken und die Grußbotschaft eines Aliens an alle »modern browser people« (Abbildung 1.10).

Abbildung 1.10 Dan Cederholms Beispielseite in alten und neuen Browsern

»Graceful Degradation« versus »Progressive Enhancement«

Das Gegenstück zu *Progressive Enhancement* ist *Graceful Degradation*. Bei diesem Prinzip orientiert man sich am fortschrittlichsten Browser und bedient alte, nicht so kompetente Exemplare mit einer einfachen Version.

Das Ergebnis kann durchaus ähnlich oder identisch sein, aber die Startpunkte sind unterschiedlich. Man nähert sich dem Ergebnis von unterschiedlichen Seiten und setzt unterschiedliche Prioritäten.

1.4.3   Der Fisch im Wasser: Prototyp im Browser entwickeln

Ich habe es schon des Öfteren erlebt, dass ein stolzer Website-Besitzer in spe mit einem A4-Ausdruck auf mich zukam und sagte »Das ist unsere neue Webseite. Wie finden Sie sie?« Meine Antwort war eigentlich immer dieselbe: »Das ist ein Blatt Papier und keine Webseite. Aber sieht schick aus.«

Bereits im September 2008 schrieb Andy Clarke in seinem Blog den Beitrag »Time to stop showing clients static design visuals« (Abbildung 1.11).

▶ *bit.ly/malarkey-time-to-stop* (auf *stuffandnonsense.co.uk*)

Abbildung 1.11 Andy Clarkes Website stuffandnonsense.co.uk

In diesem Artikel plädiert Andy Clarke dafür, dass Webdesigner ihren Kunden keine statischen Designausdrucke mehr zeigen, sondern ihnen stattdessen einen Prototyp im Browser servieren. Ein Papierausdruck des Layouts festigt laut Clarke beim Kunden eine falsche Erwartungshaltung bezüglich einer pixelgenauen, statischen Umsetzung. Im Browser hingegen sieht man die Seiten live in ihrem natürlichen Biotop, mit Quelltext, Interaktionen, Inkonsistenzen und allem Drum und Dran.

Eine Bildbearbeitung wie Photoshop oder Gimp ist ein für den Printbereich optimiertes Werkzeug und gemacht für ein Medium, in dem der Autor die Kontrolle über das fertige Produkt hat. Ein 960px breites Grid kann man in einer Bildbearbeitung gestalten, aber je flexibler das Web wird, desto weniger sind Bildbearbeitungen das richtige Werkzeug. Ein Fisch ist am Strand nicht wirklich in seinem Element.

Das soll nicht heißen, dass Bildbearbeitungen überflüssig sind. Sie haben durchaus ihren Platz im Webdesign, aber man sollte so früh wie möglich in den Browser wechseln und am lebenden Objekt arbeiten. Letztlich haben alle Beteiligten mehr davon, wenn der Fisch im Wasser schwimmt. Neue Werkzeuge für browserbasierte Entwicklung wie »Thinkin' Tags« (*thinkintags.com*) sind Ausdruck dieser Veränderung.

Die Website von Andy Clarke: »stuffandnonsense.co.uk«

Die Website von Andy Clarke ändert sich immer mal wieder und ist auch unabhängig vom lesenswerten Inhalt einen Besuch wert. Ändern Sie einfach die Größe des Browserfensters, und beobachten Sie, was im Kopfbereich passiert. Responsives Webdesign, gepaart mit Kreativität und gutem Grafikdesign, kann eine sehr charmante Kombination sein.

1.4.4   Das Web wird »mobil« – bei Arbeit, Sport und Spiel

Mobil, mobil, mobil. Der Begriff ist allgegenwärtig und wird auch im Zusammenhang mit responsivem Webdesign oft erwähnt. Während alle Welt von *mobile* dies und *mobile* jenes spricht, hat der Webdesigner Jim Ramsden im Februar 2013 einen Blogbeitrag mit dem Titel »No more ‚mobile'« veröffentlicht:

▶ *jimramsden.com/notes/no-more-mobile*

Ramsden beschreibt in seinem kurzen Beitrag, dass der Begriff *mobile* eigentlich viel zu ungenau ist. Wir sprechen zwar von *mobilen Endgeräten,* und über *mobile Webseiten* werden jede Menge Artikel und Bücher geschrieben, von denen alle die *mobile Optimierung* und viele eine Herangehensweise namens *Mobile First* empfehlen. Aber was genau meinen wir eigentlich mit *mobile*? Smartphones? Kleine Bildschirme? Touchscreens? Wacklige Internetverbindungen? Das Unterwegs-Sein?

Abbildung 1.12 »No more ‚mobile'« von Jim Ramsden

Im Folgenden möchte ich ein paar Aspekte vorstellen, über die man im Zusammenhang mit dem Begriff *mobile* nachdenken sollte:

▶ **Geräte**
Smartphones sind ziemlich sicher mobile Endgeräte, aber was ist mit Tablets? Ist das iPad ein mobiles Gerät? Auch zu Hause auf dem Sofa per WLAN? Und sind Net- und Notebooks mobile Geräte?

▶ **Bildschirme**
Bei *mobil* denken viele zunächst an kleine Bildschirme. Aber Smartphones haben inzwischen oft einen 5-Zoll-Bildschirm, und der Übergang zwischen Phones und Tablets beginnt zu verschwimmen.

▶ **Auflösung**
Auch eine niedrige Bildschirmauflösung ist kein Kriterium. 320px in der Breite war einmal. Das Galaxy S4 hat auf seinem 5 Zoll großen Bildschirm eine Auflösung von 1920 × 1080 (Full HD), was einer Pixeldichte von 441 Pixel pro Zoll entspricht.

▶ **Touchscreen**
Touch ist zwar typisch für mobile Geräte, aber viele Blackberrys haben eine Tastatur, und Microsofts Surface-Tablets werden per Touch oder Tastatur bedient. Auch für das iPad gibt es jede Menge externe Tastaturen.

▶ **Internetanbindung**

Das mobile Internet ist mit den weit verbreiteten 3G-Verbindungen langsam und instabil, und eine geringe Bandbreite wird oft als typisch für *mobile* angesehen. Aber 4G ist schneller als so manche DSL-Verbindung, und fast alle mobilen Geräte können auch über WLAN ins Netz.

▶ **Benutzer**

Mobil meint manchmal auch den Nutzer. Wir wissen nicht, in welchem *Kontext* er die Webseiten betrachtet. Mobile Endgeräte werden oft unterwegs genutzt, in Verkehrsmitteln (Bus, Bahn, Autos), in Bahnhöfen, Flughäfen, Kaufhäusern, Gaststätten, auf einer Bank im Park, beim Wandern, im Wald usw. Typisch für mobile Nutzer ist eine kurze Aufmerksamkeitsspanne, die Bedienung mit einer Hand und oft eine langsame Internetanbindung. Aber genauso gut kann er zu Hause entspannt auf dem Sofa sitzen, mit flottem WLAN und einem Stift zur Bedienung des Gerätes.

Fazit: Wenn wir von *mobil* sprechen, sollten wir sagen, was genau wir damit meinen.

Bis vor kurzer Zeit saß jemand, der das Web nutzte, normalerweise in einem Zimmer auf einem Stuhl und bediente einen Desktop-Rechner mit großem Bildschirm, einer Tastatur und einer Maus. Der Begriff *mobil* ist als Abgrenzung gegenüber dieser klassischen Nutzungsform momentan noch geeignet, aber das Web verändert sich weiter und lässt sich wahrscheinlich nicht mehr lange in solche Kriterien pressen.

Die Vielfalt der Geräte, mit denen wir das Web nutzen, wird in den nächsten Jahren ebenso zunehmen wie die Umgebungen, in denen das Web präsent ist. Brad Frost hat das in seinem Blogbeitrag »This is the web« sehr schön illustriert:

▶ *bradfrostweb.com/blog/post/this-is-the-web/*

Abbildung 1.13 zeigt zwei Grafiken aus diesem Artikel.

Abbildung 1.13 »This is the web« von Brad Frost

Wahrscheinlich wird man bald nicht mehr zwischen mobilem und stationärem Web unterscheiden. Das Web ist das Web, egal, wo und wie es genutzt wird, und Webseiten sollten sich den jeweiligen Umständen anpassen.

1.5   Henne oder Ei: »Mobile First« versus »Desktop First«

Beim Erstellen von responsiven Webseiten gibt es zwei grundsätzlich verschiedene Herangehensweisen:

▶ *Mobile First* beginnt mit der kleinsten Variante und fügt für größere Bildschirme nach und nach Dinge hinzu.

▶ *Desktop First* beginnt mit dem komplexesten Layout und reduziert dieses für kleinere Bildschirme.

Dieser Abschnitt erklärt, was es mit diesen beiden Begriffen auf sich hat und warum letztlich nur »Content First« wirklich wichtig ist.

1.5.1   »Desktop First«: So wie immer, und noch etwas dazu

Bei *Desktop First* beginnen Sie zunächst so, wie Sie es gewohnt sind: Sie planen und bauen eine Website mit einem mehrspaltigen Layout für große Bildschirme.

Aber danach sind Sie noch nicht fertig, denn für responsive Webseiten kommt noch etwas dazu, nämlich die Überlegung, wie man mit CSS3 Media Queries einfachere Layoutvarianten für kleinere Bildschirme erstellt. Falls Sie Media Queries bereits kennen: Ein Indiz für die Herangehensweise *Desktop First* ist, dass die Abfragen das Attribut *max-width* enthalten.

Ein potenzieller Nachteil bei dieser Herangehensweise ist, dass man für die Desktop-Version viele CSS-Regeln, die man zum Beispiel für mehrspaltige Float-Layouts schreibt, bei den einspaltigen Varianten wieder zurücksetzen muss.

Außerdem ist die Versuchung groß, den großzügig vorhandenen Platz mit Dingen zu füllen, die für den Besucher nicht wirklich wichtig sind, die aber auch in den mobilen Varianten irgendwo untergebracht werden müssen.

Man kann mit der Herangehensweise *Desktop First* sehr gute responsive Websites bauen, und besonders bei der Gestaltung komplexer Websites bevorzugen viele Designer diesen Ansatz, nicht zuletzt, weil sie es gewohnt sind.

1.5.2 »Mobile First«: Neu, cool und gar nicht so einfach

Mobile First hingegen beginnt am anderen Ende. Der Begriff wurde von Luke Wroblewski (*lukew.com*) in seinem gleichnamigen Buch geprägt, das, wie sollte es anders sein, 2011 bei A Book Apart erschienen ist (Abbildung 1.14).

Abbildung 1.14 Das Büchlein »Mobile First« von Luke Wroblewski

Mobile First beginnt mit einer einfachen Version für kleine Bildschirme, die anschließend Schritt für Schritt erweitert wird:

▶ Sie überlegen sich zunächst, welche Inhalte wirklich wichtig sind.

▶ In der Basisversion für kleine Bildschirme wird der Inhalt gestaltet. Diese Version wird an alle Browser ausgeliefert.

▶ Für größere Versionen wird per Media Query entsprechendes CSS ausgeliefert. Ein Indiz für die Herangehensweise *Mobile First* sind Media Queries mit *min-width*.

Diese Herangehensweise hat bei responsiven Webseiten gewisse Vorteile:

▶ So kann man zum Beispiel in der Basisversion eine platzsparende Navigation einbauen und später per CSS die Navigationselemente nebeneinander positionieren, wenn im Browser genügend Platz vorhanden ist.

▶ Oder man bindet in einem großen Browserfenster ein Hintergrundbild für die ganze Seite ein, das die Fläche neben dem Inhaltsbereich füllt und auf einem Smartphone überflüssig wäre.

Mobile First hat aber nicht nur bei der Erstellung des Quelltextes Vorteile. Der kleine Bildschirm zwingt dazu, sich genau zu überlegen, was inhaltlich wirklich wichtig ist, um die gesteckten Ziele für die Website zu erreichen. Gerade weil nur wenig Platz zur Verfügung steht, werden beim *Mobile-First*-Ansatz nicht wirklich wichtige Komponenten gar nicht erst mit eingebaut. Bei Luke W. heißt das *[Mobile First] forces you to focus*.

Besonders bei komplexen Sites ist ein eventueller Nachteil von *Mobile First*, dass die Layouts zu simpel werden und die Informationsdichte für die Desktop-Version zu gering ist.

1.5.3   Content First – die Besucher kommen für den Inhalt

Grundsätzlich gibt es also mit *Mobile First* und *Desktop First* zwei unterschiedliche Herangehensweisen bei der Erstellung von Websites. Auch wenn *Mobile First* derzeit sicherlich den größeren »Cool«-Faktor hat, gibt es nicht wirklich eine echte Empfehlung, denn beide haben Vor- und Nachteile.

Im Web gibt es gute und weniger gute Beispiele, die per *Mobile First* erstellt wurden, und ebenso gute und weniger gute Beispiele, die per *Desktop First* erstellt wurden. Wirklich wichtig ist, dass der Inhalt auf allen Geräten zugänglich ist. Ein Streit im Sinne von *Mobile First* versus *Desktop First* ist etwa so sinnvoll wie der um *Henne First* oder *Ei First*. Wirklich wichtig ist – der Inhalt.

Der Inhalt, neudeutsch auch *Content* genannt, besteht aus Text, Grafiken, Audio und Video und ist vereinfacht gesagt der Grund, warum jemand Ihre Website besucht. Gestaltung ohne Inhalt ist nicht mehr als Dekoration. Jeffrey Zeldman hat diese simple Tatsache so ausgedrückt:

> *Websites are simply delivery systems for content.*
> *(lukew.com/ff/entry.asp?1311)*

Websites sind nur dazu da, Inhalte an Besucher auszuliefern. Das oberste Ziel bei der Entwicklung responsiver Webseiten ist es, eine bestmögliche Darstellung dieser Inhalte auf allen Geräten zu erreichen, und daher sollte der Inhalt von Anfang an im Mittelpunkt aller Überlegungen stehen.

Wichtig ist, dass Sie von Anfang an die verschiedenen Geräte und Fensterbreiten berücksichtigen und in ihre Überlegungen einbeziehen. Ob Sie dabei mit der Desktop- oder der Mobilversion beginnen, ist zweitrangig. Der *Content* kommt *First*.

1.6 Fazit: Veränderung ist das einzig Beständige

Responsives Webdesign als Begriff hat sich etabliert, *responsives Webdesign* als Disziplin steht gerade erst am Anfang seiner Entwicklung. Ethan Marcotte hat zwar drei Techniken geschildert, die den Kern des responsiven Webdesigns bilden, aber es gibt noch viele ungelöste Probleme.

Diese Probleme können technischer Art sein, wie zum Beispiel bei der Einbindung von Bildern oder Tabellen, aber auch eher soziale Probleme wollen bewältigt werden, zum Beispiel bei der Zusammenarbeit von Kunden, Grafikdesignern und Front- sowie Backend-Entwicklern.

Wir lernen jeden Tag aufs Neue, was dieses Web sein kann, aber der Weg zurück ins scheinbare Paradies des Printmediums ist dieses Mal versperrt. Der einzige Weg führt voraus ins Unbekannte, und was sich dort alles ändern wird, wissen wir noch nicht. *To boldly go where no web has gone before*, wie es leicht abgewandelt bei *Star Trek* im Vorspann heißt.

So könnte zum Beispiel durchaus die Gestaltung, die viele immer noch als wichtigstes Qualitätskriterium einer Website empfinden, in den nächsten Jahren zugunsten von Inhalt, Flexibilität und Zugänglichkeit an Bedeutung verlieren. Jens Grochtdreis hat dies in einem Beitrag auf *einfach-fuer-alle.de* so ausgedrückt:

> *Die eigentliche Herausforderung ist das Umdenken aller Beteiligten. Im Zentrum der Überlegungen stehen auf einmal nicht mehr glänzende Startseiten und üppige Browserbreiten. Im Fokus stehen auf einmal Inhalte und Prioritäten.*
> *(einfach-fuer-alle.de/artikel/responsives-webdesign/)*

Kapitel 2
Das Buch und die Beispielseiten

Worin der Aufbau des Buches geschildert, und die einzelnen Teile sowie die Beispielseiten kurz vorgestellt werden.

Die Themen im Überblick:

▶ Teil I: HTML5 – ausgezeichneter Inhalt, Seite 45

▶ Teil II: CSS3 – Inhalte gestalten, Seite 46

▶ Teil III: Getting responsive – Media Queries und Grids, Seite 48

In diesem Buch lernen Sie anhand einer einfachen Beispielsite, wie man responsive Webseiten erstellt. Dabei liegt der Schwerpunkt diesseits der Programmierung auf dem Umgang mit HTML und CSS. Im Folgenden möchte ich Ihnen den Aufbau des Buches kurz vorstellen.

2.1 Teil I: HTML5 – ausgezeichneter Inhalt

Die Reise beginnt nach dieser Einführung mit einem Ausflug in die Welt von HTML5, denn selten hat eine neue HTML-Version für so viel Verwirrung und Missverständnisse gesorgt.

Das A und O einer erfolgreichen Website sind gute Inhalte, und der erste Schritt auf dem Weg zu einer responsiven Website ist es, diese Inhalte mit sinnvollem HTML auszuzeichnen. Teil I ist eine aus vier Kapiteln bestehende Einführung in HTML5, die die Möglichkeiten der neuen HTML-Version für normale Webseitenersteller aufzeigt:

▶ **Kapitel 3 – Das HTML5-Universum im Überblick**
Ein kurzer Blick auf das HTML5-Universum zeigt, was genau der Begriff *HTML5* eigentlich meint und was davon für Nichtprogrammierer wirklich interessant ist.

▶ **Kapitel 4 – Semantische Strukturelemente in HTML5**
Anhand des Templates *HTML5 Bones* werden die neuen HTML5-Elemente wie header, footer, nav, section, article, aside und main vorgestellt und erklärt. Motto: »Semantisches HTML statt immer nur div«.

► **Kapitel 5 – Kleinigkeiten, Formulare und Multimedia**
HTML5-Elemente wie `figure` und `figcaption` sowie `time` werden ebenso vorgestellt wie Änderungen an bestehenden HTML-Elementen. Auch für Formulare gibt es zahlreiche neue Attribute und Eingabefelder, und bei der Einbindung von Multimedia helfen `audio` und `video`.

► **Kapitel 6 – Workshop: Das HTML für die Beispielseiten**
In diesem Kapitel wird das HTML für die aus drei Seiten bestehende Beispielsite erstellt und erläutert. Dabei wird auch das Einfügen von Grafiken auf responsiven Webseiten erklärt.

Sie müssen die Einführung in HTML5 nicht unbedingt an einem Stück gewissenhaft durcharbeiten, sondern können sie auch später zum Nachschlagen von bestimmten Elementen und Attributen benutzen. Die in Kapitel 6 begonnenen Beispielseiten werden im weiteren Verlauf des Buches Schritt für Schritt weiterentwickelt, bis sie in Kapitel 15 fertig sind.

Hinweis zu den Beispieldateien

Die Beispieldateien können Sie auf meiner Website herunterladen:

► *pmueller.de*

Im ZIP-Archiv finden Sie beginnend mit Kapitel 6 einen Ordner pro Kapitel, der die Beispielseiten jeweils auf dem Stand vom Ende des Kapitels enthält.

Um also in Kapitel 7 einzusteigen, beginnen Sie am besten mit den Beispielseiten von Kapitel 6. Falls Anpassungen nötig sein sollten, wird im Text darauf hingewiesen.

2.2   Teil II: CSS3 – Inhalte gestalten

Das Fundament ist mit der Auszeichnung der Inhalte mit modernem HTML5 gelegt, und in diesem Abschnitt geht es um die Gestaltung dieser Inhalte:

► **Kapitel 7 – Tools, Zentralisierung und Normalisierung**
Nach der Vorstellung von Tools, die das Testen von Webseiten in verschieden großen Browserfenstern erleichtern, erstellen Sie ein zentrales Stylesheet, schauen sich die *normalize.css* genauer an und lernen Modernizr kurz kennen.

► **Kapitel 8 – Selektoren für alle Fälle**
Ein ganzes Kapitel über Selektoren mit zahlreichen Beispielen zu deren Einsatz, denn moderne Browser verstehen mehr als Klassen und IDs. Das Kapitel dient auch zum Nachschlagen, und Sie müssen es nicht auf einen Schlag lesen.

2

▶ **Kapitel 9 – Text gestalten mit CSS3**

Von Basisthemen wie *Schriftgröße definieren mit rem* und *Abstände gestalten im Fließtext* reicht die Themenpalette in diesem Kapitel bis zum Einsatz von Webfonts, Iconfonts und `text-shadow`. Im Workshop binden Sie zwei Google Fonts ein und erstellen grafikfreie Social-Media-Icons.

▶ **Kapitel 10 – Boxen gestalten mit CSS3**

In diesem Kapitel geht es um die Gestaltung der Boxen selbst, nach dem Motto »CSS3 statt Grafiken und Flash«. Das neue Border-Box-Modell wird ebenso erläutert wie Schatten, Rundungen, grafikfreie Farbverläufe und Transparenzen. Zum Abschluss kommt mit den Eigenschaften `transition` und `transform` etwas Bewegung auf die Seiten.

▶ **Kapitel 11 – Mobile Navigation**

Das Kapitel zeigt zunächst verschiedene Navigationsmöglichkeiten auf mobilen Geräten. Im Workshop wird mit der Pseudoklasse `:target` eine CSS-basierte mobile Navigation für die Beispielseiten erstellt, die anschließend mit verschiedenen Tools getestet wird.

Am Ende von Teil II sind die Beispielseiten fit für kleine Bildschirme und mobile Geräte.

Abbildung 2.1 Die Beispielseiten am Ende von Kapitel 11

2.3   Teil III: Getting responsive – Media Queries und Grids

Von den drei klassischen Zutaten für responsives Webdesign haben Sie flexible Grafiken und Videos in Teil I bereits kennen gelernt. In Teil III geht es um Media Queries und Gridlayouts in verschiedenen Variationen. Mit Hilfe dieser Techniken werden die Beispielseiten Stück für Stück für große Bildschirme gestaltet:

▶ **Kapitel 12 – Media Queries – die Seiten werden responsiv**
Media Queries sind eine Erweiterung der bekannten Medientypen wie `screen` und `print` und ermöglichen es, unterschiedliche Layouts für unterschiedliche Situationen auszuliefern. In drei Workshops werden Navigation, Layout und Inhaltsbereich der Beispielseiten responsiv.

▶ **Kapitel 13 – Layouts mit Raster – ein Gridsystem erstellen**
Nach dem Kennenlernen von Layoutrastern (Grids) beginnen Sie mit der Erstellung eines traditionellen, 12-spaltigen, 960px breiten Gridlayouts. Anschließend werden die Beispielseiten mit einem zweiten 744px-Grid und einer Media Query zu einem adaptiven Layout erweitert.

▶ **Kapitel 14 – Flexibles Grid, neues Layout und Desktop First**
Das in Kapitel 13 erstellte adaptive Grid wird in diesem Kapitel mit Hilfe einer einfachen Formel auf Prozent umgestellt. Danach bekommen die Beispielseiten ein neues Layout mit durchgehendem Header und Footer, bevor gezeigt wird, wie man die Beispielseiten nach dem Desktop-First-Prinzip aufbauen würde.

▶ **Kapitel 15 – Inhalte für responsive Webseiten gestalten**
Los geht es in diesem Kapitel mit der Optimierung der Zeilenlänge und einem CSS3-Akkordeon zur platzsparenden Darstellung von längeren Inhalten. Nach der Einbindung von jQuery werden ein responsiver Slider und ein flexibles Video eingebunden. *Adaptive Images* zur Auslieferung von maßgeschneiderten Grafiken runden das Kapitel ab.

▶ **Kapitel 16 – Responsive Frontend-Frameworks**
Nach ein paar allgemeinen Ratschlägen zum Einsatz von Frontend-Frameworks wird die Arbeit mit YAML 4 und Foundation jeweils an einem Prototyp gezeigt.

Abbildung 2.2 zeigt die Desktop-Version der fertigen Beispielseiten.

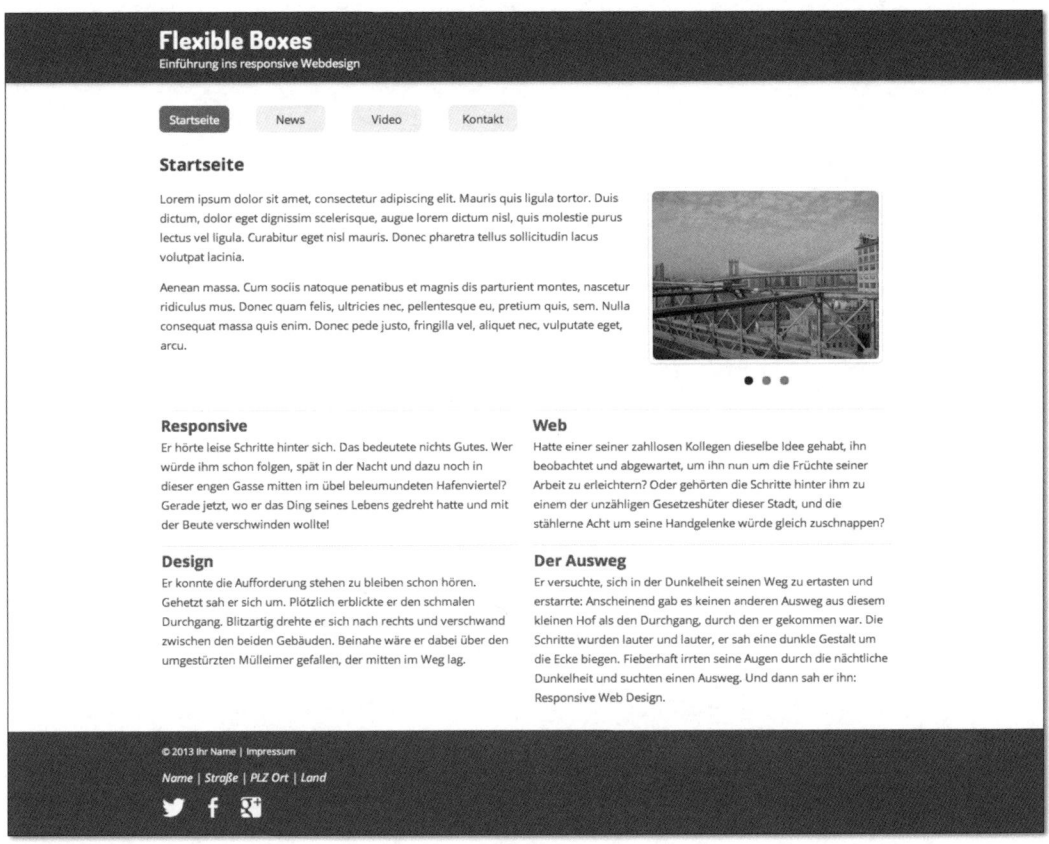

Abbildung 2.2 Die Beispielseiten am Ende von Kapitel 15

TEIL I

HTML5 – ausgezeichnete Inhalte

Kapitel 3
Das HTML5-Universum im Überblick

Worin Sie das Wichtigste über die Entstehung von HTML5 und das HTML5-Universum erfahren. Außerdem bekommen Sie ein paar Hinweise zu guten Quellen.

Die Themen im Überblick:

- ▶ Die Verwirrung rund um »HTML5«, Seite 53
- ▶ Eine kurze Geschichte von HTML5, Seite 54
- ▶ Das HTML5- Universum im Überblick, Seite 61
- ▶ Gute Quellen rund um HTML5, Seite 65

Dieses Kapitel erklärt, was genau der Begriff HTML5 eigentlich meint und was ein durchschnittlicher Webseitenautor davon wirklich benötigt.

Wenn Sie gerade keinen Bedarf an Ausflügen in die Geschichte oder das Universum haben, springen Sie einfach zum nächsten Kapitel, in dem neue HTML-Elemente vorgestellt werden, und kommen später noch einmal zurück.

3.1 Die Verwirrung rund um »HTML5«

Nichtprogrammierer sind von HTML5-Büchern oft etwas enttäuscht. In einem Buch zum Thema »HTML« ging es in früheren Jahren in erster Linie um *Markup*, also um die korrekte Verwendung von Elementen, Tags und Attributen. Diese Erwartungshaltung steckt in den Köpfen vieler Webworker, aber in einem Buch zu HMTL5 treten Elemente, Tags und Attribute nach den ersten Kapiteln meist nur noch als Komparsen auf.

Die Hauptrolle übernimmt ungefragt ein ehemaliger Nebendarsteller namens Java-Script, und in fast jeder Überschrift steht der Begriff *API* (*Application Programming Interface*, Programmierschnittstelle). Für Nichtprogrammierer wird es ab der Stelle eher schwer verständlich, und Gedanken in der Art von »HTML ist auch nicht mehr das, was es mal war« schweben durch ihren Kopf, während sie das Buch zuklappen und weglegen.

HTML5 beinhaltet also sowohl Markup als auch APIs. Aber bevor Sie sich im nächsten Kapitel den ersten neuen HTML-Elementen widmen, soll der Begriff *HTML5* zunächst etwas entwirrt werden.

Dabei geht es zunächst um »Eine kurze Geschichte von HTML5« – hier wird die Entwicklung der Sprache beschrieben. Danach erhalten Sie einen kurzen Überblick über das HTML5-Universum, in dem auch erklärt wird, welche Planeten aus diesem Universum Sie als Webseitenautor momentan kennen sollten.

Das W3C findet HTML5 übrigens so wichtig, dass es erstmalig ein Logo entwickelt hat und zum Download anbietet (Abbildung 3.1). Das war nicht immer so, wie Sie gleich sehen werden.

Abbildung 3.1 Das HTML5-Logo gibt es auf »www.w3.org/html/logo/«.

3.2   Eine kurze Geschichte von HTML5

Das Web ist nicht am Reißbrett entstanden, sondern im Laufe der letzten gut zwanzig Jahre natürlich gewachsen, und das gilt auch für HTML. Darum hilft ein kurzer Blick in die Entstehungsgeschichte von HTML5 dabei, die Verwirrungen rund um den Begriff besser zu verstehen. Die Geschichte von HTML5 lässt sich in fünf Phasen unterteilen:

▶ Phase 1: HTML – zwischen W3C und Browserherstellern

▶ Phase 2: Aus HTML 4.01 wird XHTML 1.0

▶ Phase 3: XHTML 2.0 und die Revolte der Browserhersteller

▶ Phase 4: Zurück zu HTML – das W3C ändert den Kurs

▶ Phase 5: W3C und WHATWG – together apart ...

Grafisch dargestellt sieht das ungefähr so aus:

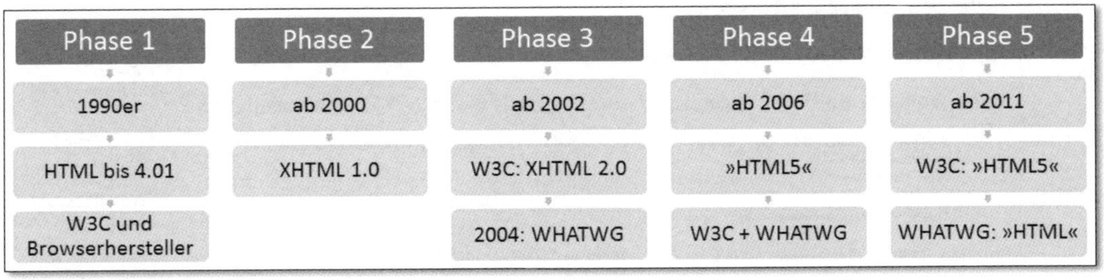

Phase 1	Phase 2	Phase 3	Phase 4	Phase 5
1990er	ab 2000	ab 2002	ab 2006	ab 2011
HTML bis 4.01	XHTML 1.0	W3C: XHTML 2.0	»HTML5«	W3C: »HTML5«
W3C und Browserhersteller		2004: WHATWG	W3C + WHATWG	WHATWG: »HTML«

Abbildung 3.2 Die Geschichte von HTML5 in fünf Phasen

Die Geschichte beginnt in Genf, in der französischsprachigen Schweiz.

3.2.1   Phase 1: HTML – zwischen W3C und Browserherstellern

Während seiner Arbeit am CERN in Genf hatte Tim Berners-Lee Ende der 80er Jahre die Idee, ein Hypertext-System auf der Basis des Internets zu schaffen, in dem man Dokumente von jedem Rechner im Netz direkt aufrufen kann. Diese Idee war die Keimzelle des World Wide Web.

Glücklicherweise hat sich Berners-Lee seine Erfindungen nicht patentieren lassen, sondern offene Standards wie HTTP und HTML geschaffen, aber trotzdem wurde das Web von Anfang an in einem Spannungsfeld diverser Interessen groß:

▶ Auf der einen Seite stehen Organisationen wie die *Internet Engineering Task Force* (IETF) und das *World Wide Web Consortium* (W3C), die eher den Traditionen der akademischen Welt verpflichtet sind und die die offiziellen Webstandards wie HTML und CSS definieren.

▶ Auf der anderen Seite gibt es Firmen wie z. B. die Browserhersteller, die ein eher kommerzielles Interesse am Web haben und ein hohes Innovationstempo gewöhnt sind.

Irgendwo dazwischen stehen Webdesigner, Webentwickler und normale Nutzer.

Alle Parteien sind sich im Prinzip darüber einig, dass einheitliche Standards im Web wichtig sind, um eine Wiederholung des Turmbaus zu Babel zu verhindern. In der Realität haben aber die Browserhersteller schon sehr früh immer wieder kurzerhand neue HTML-Elemente wie `<table>` und `<font>` eingeführt, ohne auf eine Standardisierung zu warten.

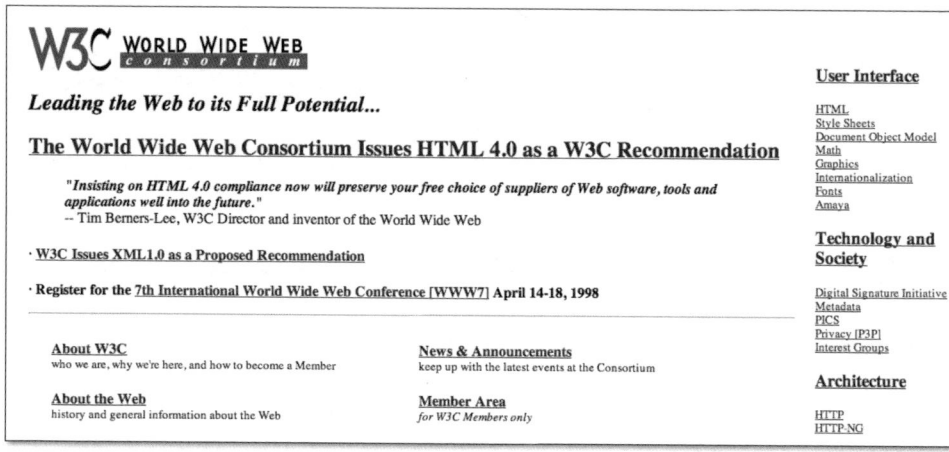

Abbildung 3.3 Startseite des W3C im Januar 1998 (w3.org, Ausschnitt)

Der offizielle HTML-Standard hinkte den tatsächlichen Gegebenheiten im Web schon damals hinterher und dokumentierte zum Teil nur noch nachträglich die Realität. Eigentlich haben die Browserhersteller also schon immer bestimmt, was im Web machbar ist, auch wenn die offiziellen Standards vom W3C stammten.

3.2.2   Phase 2: Aus HTML 4.01 wird XHTML 1.0

Im Dezember 1997 wurde HTML 4.0 verabschiedet, und fast genau zwei Jahre später gab es als Weihnachtsgeschenk kurz vor Millennium am 24. Dezember 1999 eine leicht korrigierte Version 4.01. Alleine der Zeitraum von zwei Jahren für eine »Bugfix-Version« deutet an, dass der Prozess hinter den Kulissen nicht ganz unproblematisch verlief.

Der durchschnittliche Quelltext damaliger Webseiten war ein undurchsichtiges Konglomerat aus `<table>` und `<font>` (Abbildung 3.4), das mit dem MIME-Type `text/html` an die Browser ausgeliefert wurde. Der MIME-Type gibt an, welche Art von Inhalt ausgeliefert wird, und für die Browser bedeutet `text/html` vereinfacht gesagt »Da kommt Text, der den Regeln von HTML entspricht«.

Der Quelltext der Webseiten wurde aber oft auch von interessierten Laien mit visuellen Editoren erzeugt. Beide kannten die Regeln von HTML meist nicht besonders gut und fanden das Aussehen der Webseiten wichtiger als den Quelltext. Der MIME-Type `text/html` bedeutete daher für die Browser in der Realität auch »Da kommen ziemlich wirre Zeichen, die angeblich irgendetwas mit HTML zu tun haben sollen«.

Die Browserhersteller brachten ihren Browsern daher bei, im Quelltext vorhandene Fehler großzügig zu behandeln und auf jeden Fall zu versuchen, aus dem vorhandenen Kuddelmuddel eine Webseite zu bauen und im Browserfenster darzustellen.

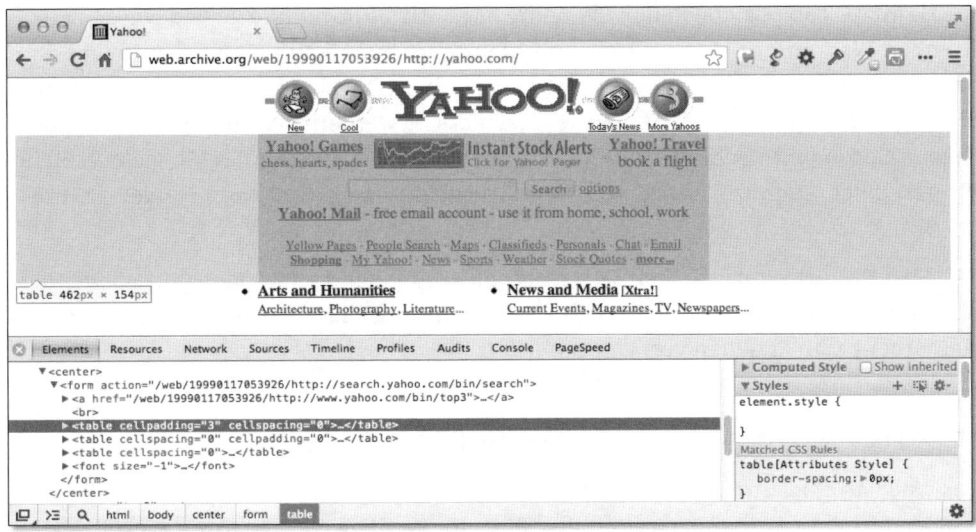

Abbildung 3.4 Auch Yahoo! bestand 1999 aus <table> und <font>.

Das W3C hingegen favorisierte eine idealistischere Lösung und versuchte, das Übel bei der Wurzel zu packen: HTML war zu unpräzise, und der Quelltext der Webseiten sollte idealerweise den strengeren Regeln von XML entsprechen.

Der erste Schritt in diese Richtung war eine Neuformulierung von HTML 4.01 unter dem Namen XHTML 1.0. Das X stand sinngemäß für »XML-basiert«, und die aktuelle Version XHTML 1.0 stammt vom 1. August 2002 (Abbildung 3.5).

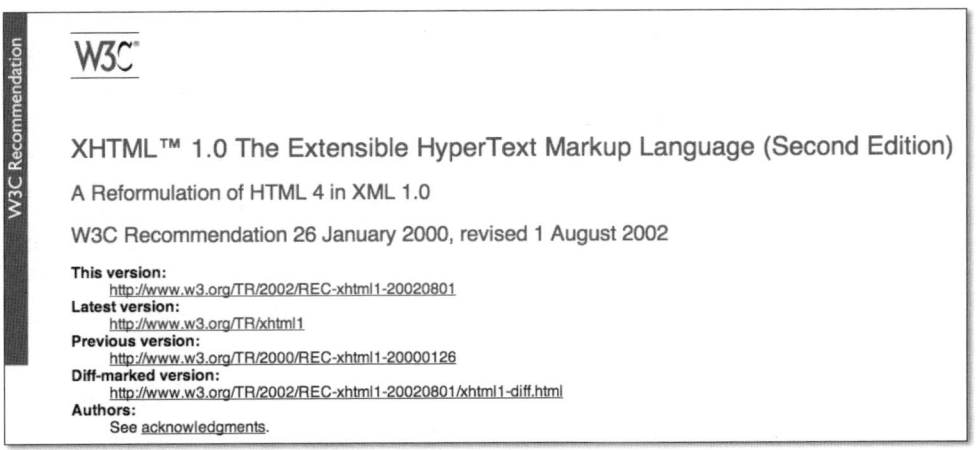

Abbildung 3.5 Die W3C-Spezifikation für XHTML 1.0 vom August 2002

In XHTML 1.0 gab es keine neuen Elemente oder Attribute, nur die Regeln wurden etwas strenger. Während in HTML Groß- und Kleinschreibung keine Rolle spielte und zum Beispiel ein schließendes </p> optional war, galt in XHTML strikte Kleinschreibung und die Regel, dass *jedes* Element wieder geschlossen werden musste. Diese strengeren Regeln hatten beim Schreiben und besonders beim Lernen von HTML viele Vorteile, führten aber auch zu umständlichen Konstruktionen wie <br /> oder checked= "checked".

XHTML 1.0 wurde von fast allen Seiten als eine weitgehend gute Sache und notwendige Bereinigung empfunden und bildete zusammen mit CSS viele Jahre lang ein solides Fundament zum Erstellen von Webseiten.

3.2.3   Phase 3: XHTML 2.0 und die Revolte der Browserhersteller

Das Web hatte sich im Laufe der Jahre vom anfänglichen Hypertext-System zur Darstellung einfacher Dokumente zu einer Plattform für Webanwendungen entwickelt. Natürlich stellten Browser immer noch einfache Webseiten dar, aber interaktive Webanwendungen wie Google Maps wurden immer wichtiger, und Browser veränderten sich von reinen Dokumentenbetrachtern zu einer komplexen Programmablaufumgebung.

Das W3C wollte ein solides XML-basiertes Fundament für diese Entwicklung bauen und sah XHTML 1.0 eigentlich nur als ersten Schritt einer langen Reise. Das eigentliche Ziel war es denn auch, nicht nur strengere Regeln einzuführen, sondern deren Befolgung früher oder später zu erzwingen. Während XHTML 1.0 in der Regel als text/html an die Browser geliefert wurde, sollte in XHTML 1.1 und 2.0 nur noch application/xhtml+xml möglich sein.

Das hätte in der Praxis drastische Konsequenzen gehabt. Während die Browser sich bei einem als text ausgelieferten Dokument großzügig zeigen und eventuelle Fehler begradigen, wird ein als application ausgelieferter Quelltext wie ein Programm behandelt: Beim ersten Fehler wird die Bearbeitung abgebrochen, und die Browser geben statt der Webseite eine Fehlermeldung aus.

Durch diesen Schritt wären damals wie heute grob geschätzt 99,9 % aller real existierenden Webseiten nicht mehr darstellbar gewesen. Und selbst wenn die Webseiten plötzlich alle fehlerfrei dahergekommen wären, konnte der Internet Explorer bis inklusive Version 8 application/xhtml+xml überhaupt nicht verarbeiten und bot den Quelltext einfach zum Download an.

XHTML ging also ab der Version 1.1 an der Realität vorbei und wurde dementsprechend von den Browserherstellern und der breiten Masse komplett ignoriert. Wie heißt es so schön: »Theorie ist, wenn man alles weiß und nichts klappt. Praxis ist, wenn alles funktioniert und keiner weiß warum.« Das W3C wollte das Web quasi neu erfinden und die beim ersten Mal gemachten Fehler vermeiden. Dieses Mal sollte es ein perfektes Web werden. Theoretisch.

In der Praxis war dem ein kleines Problem im Weg: Es gab schon ein Web. Das war vielleicht nicht perfekt, aber es funktionierte und es entwickelte sich munter weiter zu einer durchaus brauchbaren Plattform für Webanwendungen.

Während das W3C das nicht abwärtskompatible XHTML 2.0 entwickelte, wurde der Widerstand bei Webentwicklern und Browserherstellern immer deutlicher. Nach dem erfolglosen Versuch, das W3C von seinem Irrweg abzubringen, gründeten Apple, Opera und Mozilla im Frühsommer 2004 die *Web Hypertext Application Technology Working Group* (WHATWG), um unabhängig vom W3C den bestehenden HTML-Standard als Plattform für Webanwendungen kontinuierlich weiterzuentwickeln (Abbildung 3.6).

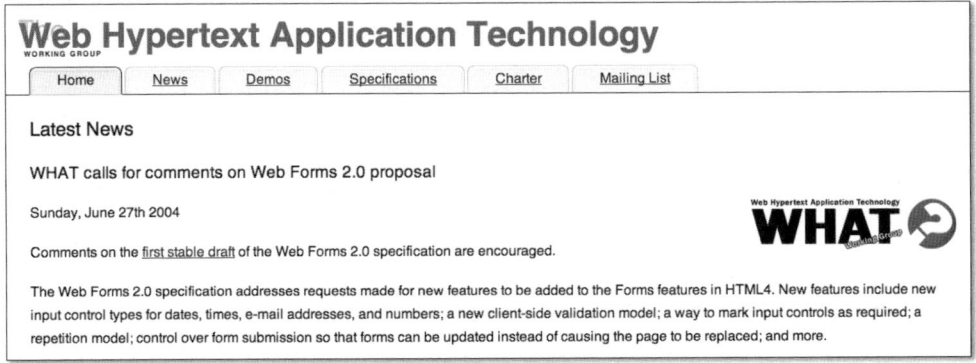

Abbildung 3.6 Juni 2004 – die WHATWG formiert sich.

3.2.4   Phase 4: Zurück zu HTML – das W3C ändert den Kurs

Zwei Jahre lang werkelten W3C und WHATWG unabhängig voneinander an ihren jeweiligen Ideen, bis W3C-Direktor Tim Berners-Lee im Oktober 2006 in seinem Blog einen bemerkenswerten Artikel mit dem Titel »Reinventing HTML« veröffentlichte, der letztlich eine komplette Umkehr der W3C-Strategie bedeutete (*dig.csail.mit.edu/breadcrumbs/node/166*):

> *Making standards is hard work [...] Some things are clearer with hindsight of several years. It is necessary to evolve HTML incrementally. The attempt to get the world to switch to XML, including quotes around attribute values and slashes in empty tags and namespaces all at once didn't work ...*

Berners-Lee schrieb schlicht und einfach, dass der versuchte Wechsel zu XML nicht funktioniert habe und dass stattdessen eine schrittweise Weiterentwicklung von HTML notwendig sei (Abbildung 3.7).

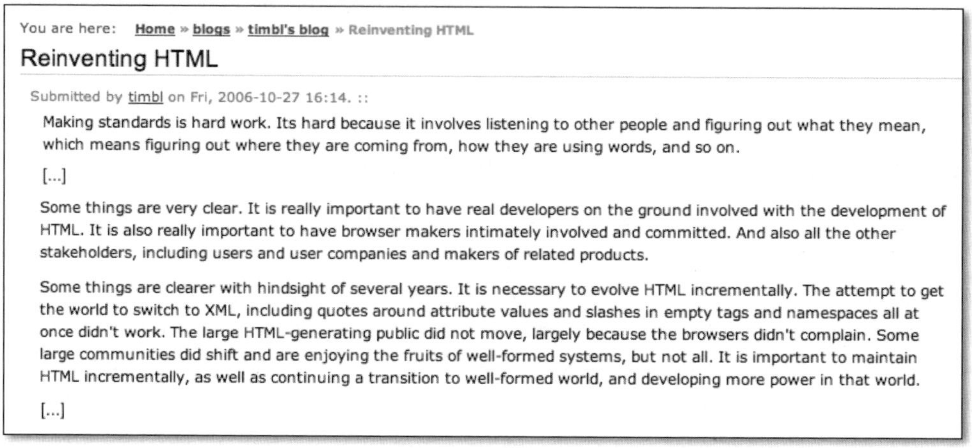

> You are here: **Home** » **blogs** » **timbl's blog** » Reinventing HTML
>
> ## Reinventing HTML
>
> Submitted by timbl on Fri, 2006-10-27 16:14. ::
>
> Making standards is hard work. Its hard because it involves listening to other people and figuring out what they mean, which means figuring out where they are coming from, how they are using words, and so on.
>
> [...]
>
> Some things are very clear. It is really important to have real developers on the ground involved with the development of HTML. It is also really important to have browser makers intimately involved and committed. And also all the other stakeholders, including users and user companies and makers of related products.
>
> Some things are clearer with hindsight of several years. It is necessary to evolve HTML incrementally. The attempt to get the world to switch to XML, including quotes around attribute values and slashes in empty tags and namespaces all at once didn't work. The large HTML-generating public did not move, largely because the browsers didn't complain. Some large communities did shift and are enjoying the fruits of well-formed systems, but not all. It is important to maintain HTML incrementally, as well as continuing a transition to well-formed world, and developing more power in that world.
>
> [...]

Abbildung 3.7 Oktober 2006 – »Reinventing HTML« von Tim Berners-Lee

Kurz darauf wurde beim W3C eine neue HTML Working Group gegründet, die als Fundament ihrer Arbeit die zwischenzeitlich erzielten Ergebnisse der WHATWG benutzte. 2009 wurde die Working Group für XHTML 2.0 offiziell aufgehoben. HTML5 hatte gewonnen.

3.2.5 Phase 5: W3C und WHATWG – together apart ...

Die Zusammenarbeit zwischen W3C und WHATWG ging ein paar Jahre lang mehr oder weniger gut, verlief aber selten so harmonisch, wie es vielleicht hätte sein können. Während das W3C eine gemeinschaftliche Diskussionskultur bevorzugt, die manchmal auch ins Endlose auszuufern droht, trägt bei der WHATWG der Editor Ian Hickson den Entscheiderhut, den er im Zweifelsfall auch rigoros einsetzt.

Zur (erneuten) Trennung kam es 2011 über die Frage, welche Ziele man erreichen wolle:

> *In 2011, however, the groups came to the conclusion that they had different goals: the W3C wanted to publish a »finished« version of »HTML5«, while the WHATWG wanted to continue working on a Living Standard for HTML ... (Quelle: bit.ly/ whatwg-html-history)*

Während die WHATWG einen sich permanent wandelnden »Living Standard for HTML« ohne Versionsnummer anstrebt und folgerichtig auch die »5« im Namen gestrichen hat, möchte das W3C nach wie vor lieber fest definierte Zwischenstände mit einer Versionsnummer veröffentlichen (Abbildung 3.8).

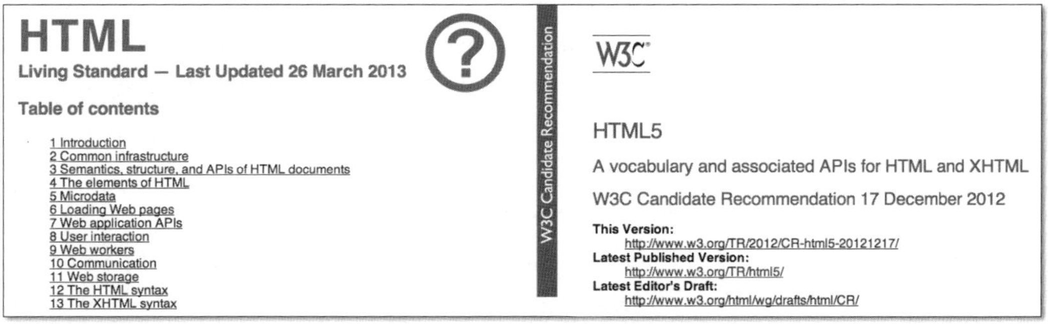

Abbildung 3.8 WHATWG »HTML – Living Standard« und W3C »HTML5«

Im Dezember 2012 erhielt HTML5 beim W3C den Status »Candidate Recommendation« (abgekürzt *CR*). Bei der Entwicklung von Software entspricht das ungefähr einem ersten »Release Candidate«. HTML5CR, wie es auch manchmal genannt wird, ist also ein eingefrorener Zwischenstand, der nur noch wenig verändert wird und der für Webentwickler als Orientierung dafür dienen kann, was man bereits heute einsetzen kann. Die Veröffentlichung als offizieller W3C-Standard ist für den Herbst 2014 anvisiert.

Gleichzeitig arbeitet das W3C bereits an HTML 5.1, das in etwa dem *Living Standard* der WHATWG entspricht. Trotz der offiziell getrennten Entwicklung beeinflussen sich die beiden Standards nach wie vor gegenseitig. Im Märchen würde die Geschichte wahrscheinlich enden mit »Und wenn sie nicht gestorben sind, so streiten sie noch heute ...«.

WHATWG und W3C – die Spezifikationen

Die Spezifikationen der WHATWG und des W3C finden Sie mit den folgenden relativ leicht zu merkenden URLs:

▶ »HTML – The Living Standard« von der WHATWG
whatwg.org/html

▶ »HTML5« vom W3C
w3.org/TR/html5/

Das »TR« in den URLs des W3C steht übrigens für »Technical Reports«.

3.3   Das HTML5- Universum im Überblick

Wenn Sie nachts in einen sternenklaren Himmel schauen, ist es schon beeindruckend, sich vorzustellen, wie weit die Sterne von unserer Erde entfernt sind. Aber wirklich schwindelig wird man erst bei dem Versuch, sich eine Vorstellung vom Universum drumherum zu machen: Erde, Sonne, Sonnensystem, Milchstraße, andere Galaxien, und dann? Dann hört meine Vorstellungskraft auf. Und so ähnlich geht es auch mit dem HTML5-Universum.

3.3.1   HTML5 macht das Web fit für Webanwendungen

Die Wurzeln von HTML5 liegen in einem WHATWG-Entwurf mit dem Titel »Web Applications 1.0«, und der Titel dieses Entwurfs gibt die Richtung vor. HTML5 ist in erster Linie dazu gedacht, das Web fit zu machen für Webanwendungen, also für Programme, die im Browser ablaufen.

Software zur Textverarbeitung, Tabellenkalkulation, Präsentationserstellung, Bild- und Videobearbeitung und auch Computerspiele werden momentan häufig noch auf dem lokalen Computer installiert und benutzt. Die Browserhersteller arbeiten mit Hochdruck daran, dass solche Anwendungen direkt im Browser ablaufen können. Und zwar nur mit HTML, CSS und JavaScript. Ohne Flash und ohne Java. Ein Beispiel unter vielen sind die Office-Anwendungen von Google (Abbildung 3.9).

Abbildung 3.9 Die Webanwendungen von Google laufen im Browser.

Bis Webanwendungen lokal installierte Programme komplett ersetzen, müssen die Browser noch eine Menge neuer Funktionen lernen, die bisher Betriebssystemen wie

Windows, OS X, Linux, iOS oder Android vorbehalten sind. So müssen sie lernen, binäre Daten wie Bilder und Videos zu laden und zu bearbeiten, und Webanwendungen sollten auch offline funktionieren. HTML5 kümmert sich genau um diese Probleme, und deshalb steht in einem HTML5-Buch auch so viel über JavaScript und Programmierung.

3.3.2   Visuelle Übersicht: Die Karte vom HTML5-Universum

HTML5-Erklärbär Peter Kröner hat in seinem Blog eine wunderbare Grafik erstellt, in der das HTML5-Universum abgebildet wird und die in diesem Buch in erster Linie zeigen soll, wie beeindruckend groß das HTML5-Universum ist (Abbildung 3.10).

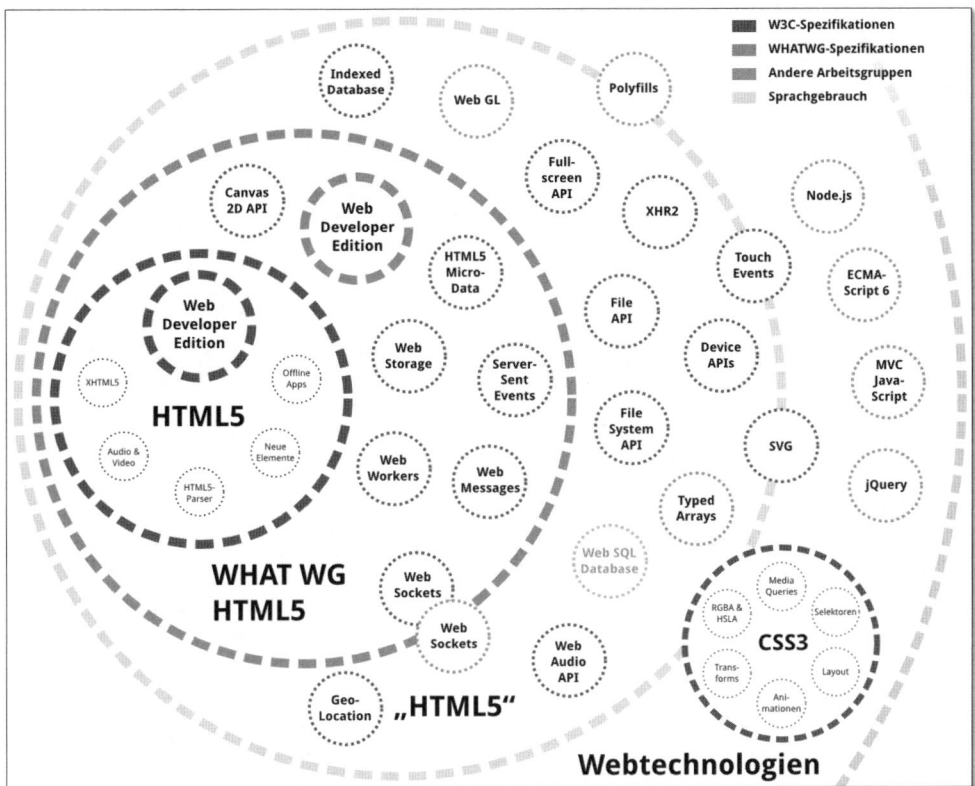

Abbildung 3.10 Die Karte des HTML5-Universums

Die Karte zeigt sehr schön, dass unter *HTML5* sehr verschiedene Dinge verstanden werden:

▶ Der zentrale Kreis links in der Mitte heißt HTML5 und stellt die HTML5-Spezifikation des W3C dar. Die Spezifikation ist sehr umfangreich, da sie alle Details für die Browserhersteller enthält, die die Features implementieren müssen. Deshalb gibt es noch eine kompaktere *Web Developer Edition* für Webentwickler.

▶ Der nächstgrößere Kreis ist »HTML – The Living Standard« von der WHATWG, der ebenfalls in einer *Web Developer Edition* existiert. Er umschließt die W3C-Spezifikation, enthält aber noch eine Menge mehr.

Alles außerhalb dieser beiden Kreise ist nur noch in Anführungsstrichen »HTML5« und sozusagen Teil des »erweiterten Universums«.

Der kleine Kreis namens *Geolocation* zum Beispiel gehört weder zur W3C noch zur WHATWG, wird aber fast überall als Feature von HTML5 gepriesen. Die Website *isgeolocationpartofhtml5.com* macht sich daraus einen Spaß: Sie zeigt Ihnen, wenn Sie es dem Browser gestatten, Ihren aktuellen Standort auf einer Google Map und beantwortet die in der URL gestellte Frage gleichzeitig mit »No« (Abbildung 3.11).

Abbildung 3.11 »Geolocation« ist genau genommen nicht Teil von HTML5.

Genau genommen gehört *Geolocation* also nicht zu *HTML5*. Trotzdem ist es, wenn man den erweiterten HTML5-Begriff zugrunde legt, völlig okay, die Geolocation-API als eine »HTML5-Technologie« zu bezeichnen.

Einige Themen, denen sich HTML5 widmet, sind:

1. Neue Elemente für Struktur und Semantik von Webseiten wie `header`, `footer`, `nav`, `main`, `aside`, `section` und `article`

2. Neue Formularelemente, z. B. für Suche, E-Mail und mehr

3. Multimedia: Elemente und APIs für Video und Audio ohne Flash

4. Canvas: per JavaScript programmierbare Bitmap-Grafiken für Animationen, Diagramme und vieles mehr

5. Offline-Webanwendungen, die auch ohne Internetverbindung funktionieren

Der Fokus liegt also eindeutig auf Webanwendungen, aber auch für ganz normale Webseiten bringt HTML5 eine Menge kleiner und größerer Veränderungen, die ich Ihnen in den nächsten Kapiteln vorstellen möchte.

Dabei geht es in erster Linie um einen kleinen Planeten namens »Neue Elemente«, der die Beschriftung »HTML5« hat und links in der Mitte der Karte zu finden ist. Darin finden sich die HTML5-Spezifikationen des W3C.

In späteren Kapiteln kommen noch ein paar andere Planeten aus der Galaxie »Webtechnologien« hinzu, die eher am rechten äußeren Rande des HTML5-Universums schweben: *CSS3* und ein kleines bisschen *jQuery*.

Immer aktuell – die Karte des HTML5-Universums

Falls Sie mehr über die Karte wissen möchten, gibt es ein paar besuchenswerte Links:

▸ Artikel »Die Karte des HTML5-Universums«
peterkroener.de/die-karte-des-html5-universums/

▸ Aktuelle, farbige Version in diversen Formaten auf Github
github.com/SirPepe/SpecGraph

Und falls Sie den Rest des HTML5-Universums genauer kennen lernen möchten, ist der Blog von Peter Kröner eine gute Anlaufstelle.

3.4   Gute Quellen rund um HTML5

Bevor ich Ihnen ab dem nächsten Kapitel die für Webseitenautoren relevanten Änderungen und Neuerungen von HTML5 genauer vorstelle, gibt es noch einen kurzen Überblick über gute Quellen zu HTML5. Zunächst noch einmal die Links zu den beiden Spezifikationen:

▶ »HTML – The Living Standard« auf *whatwg.org/html*

▶ »HTML5 – Candidate Recommendation« auf *w3.org/TR/html5/*

Besser lesbar und vor allem mehr auf Verständlichkeit ausgerichtet sind die folgenden Quellen.

3.4.1   Die Anlaufstelle für allgemeine Infos: »html5doctor.com«

Renommierte Autoren wie Bruce Lawson, Remy Sharp, Steve Faulkner und viele andere schreiben auf *html5doctor.com* über HTML5. Der Untertitel »Helping you implement HTML5« fasst die Zielsetzung der Autoren gut zusammen (Abbildung 3.12).

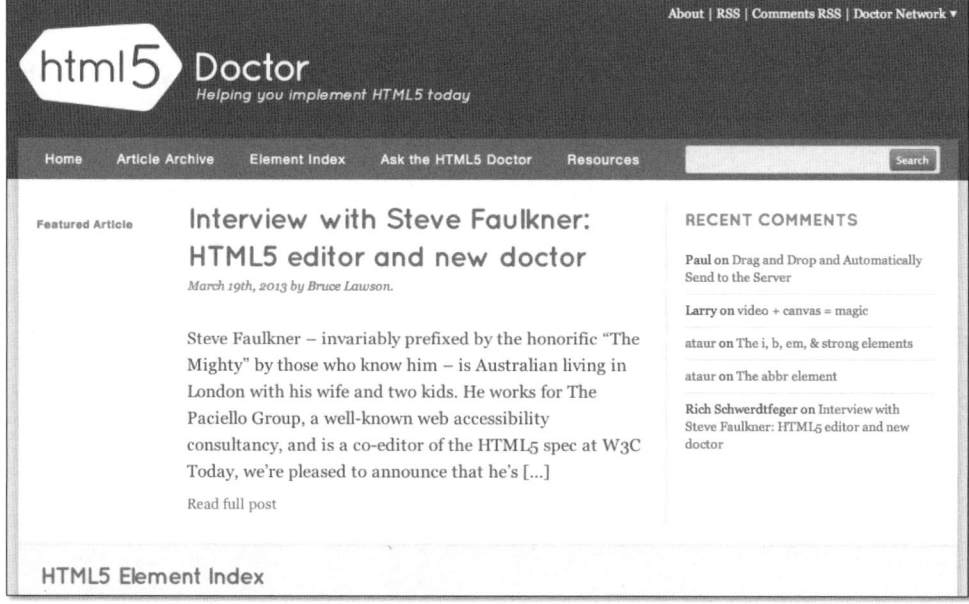

Abbildung 3.12 »html5doctor.com« hilft beim Einsatz von HTML5.

HTML5-Websites in der Praxis: »html5gallery.com«

Die »HTML5 Gallery« bietet eine Übersicht von Websites, die bereits heute diverse HTML5-Features einsetzen:

▶ *html5gallery.com*

Falls Sie sich fragen sollten, ob man HTML5 heute schon verwenden kann, schauen Sie dort einfach einmal vorbei.

3.4.2   Anlaufstellen für konkrete Fragen: »caniuse.com« und »html5please.com«

Während der HTML5 Doctor Ihnen dabei hilft, herauszufinden, wie man ein bestimmtes Element am besten verwendet, geben *html5please.com* und *caniuse.com* konkrete Empfehlungen für den Einsatz.

Auf *caniuse.com* geht es ganz konkret darum, welche Browserversion welche HTML5-Elemente oder CSS-Eigenschaften unterstützt, und die Website ist für viele Webworker inzwischen eine unentbehrliche Ressource geworden (Abbildung 3.13).

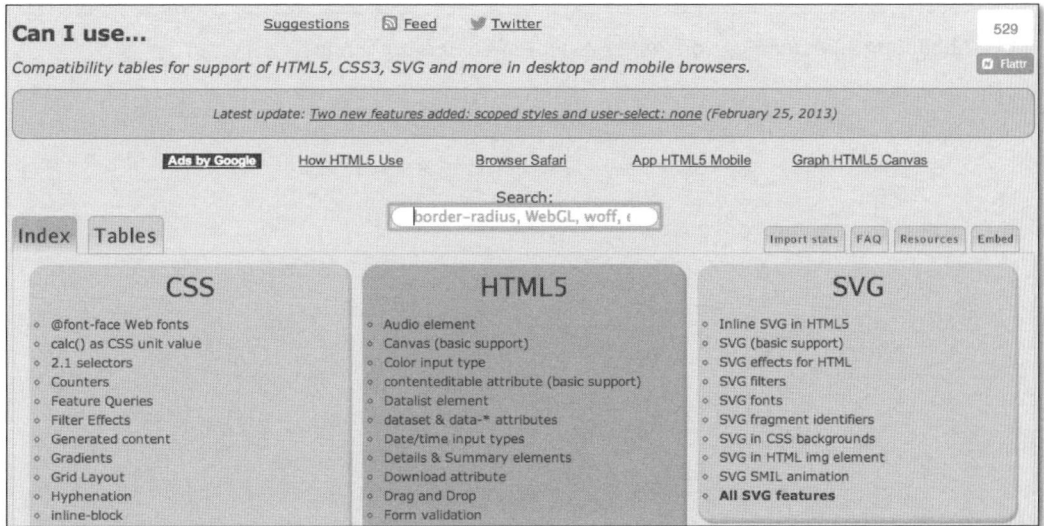

Abbildung 3.13 »caniuse.com« zeigt, welche Browser was unterstützen.

3.4.3   In German: Peter Kröners Blog auf »peterkroener.de«

HTML5 ist in erster Linie eine englischsprachige Angelegenheit, aber falls Sie dazu mal lieber etwas auf Deutsch lesen (oder hören) möchten, ist der Blog von Peter Kröner die erste Anlaufstelle:

▶ *peterkroener.de*

Peter Kröner wohnt in Osnabrück und erklärt HTML5. Von seinem Blog aus können Sie die verschiedenen Früchte seiner Arbeit erforschen. Seine »Karte vom HTML5-Universum« haben Sie weiter oben bereits kennen gelernt (Abbildung 3.10).

Abbildung 3.14 Der Blog von Peter Kröner auf »peterkroener.de«

Kapitel 4
Semantische Strukturelemente in HTML5

Worin Sie die neuen semantischen Strukturelemente von HTML5 kennen lernen. Anhand der Beispielseite von »HTML5 Bones« sehen Sie, wie diese Elemente eingesetzt werden.

Die Themen im Überblick:

Dieses Kapitel stellt die ersten neuen HTML5-Elemente wie `<header>` und `<footer>` vor und zeigt, wo die Vor- und Nachteile beim Einsatz dieser Elemente liegen.

4.1 Der rote Faden: Die Vorlage von »HTML5Bones.com«

Im Web wimmelt es seit einiger Zeit von zahllosen Frameworks und Boilerplates, die allesamt zum Ziel haben, Ihnen das Leben leichter zu machen. Viele dieser Projekte beinhalten so viele Komponenten, dass man alleine mit dem Kennenlernen erst einmal alle Hände voll zu tun hat.

Webentwickler Ian Devlin geht den umgekehrten Weg und hat »HTML5 Bones« gestartet. Auf der Website *html5bones.com* beschreibt Devlin seine Idee wie folgt (Abbildung 4.1):

> *HTML5 Bones is a template that goes back to basics and provides you with the bare minimum required to get going with HTML5.*

Das Allerwichtigste, um mit HTML5 loslegen zu können. Sie können Ihre eigenen Websites und Beispiele später natürlich auch ohne HTML5 Bones erstellen, aber die Vorlage

von Ian Devlin bietet als roter Faden zum Kennenlernen der neuen semantischen Strukturelemente von HTML5 eine gute Grundlage. Surfen Sie einfach mal vorbei, und laden
Sie sich die neueste Version herunter.

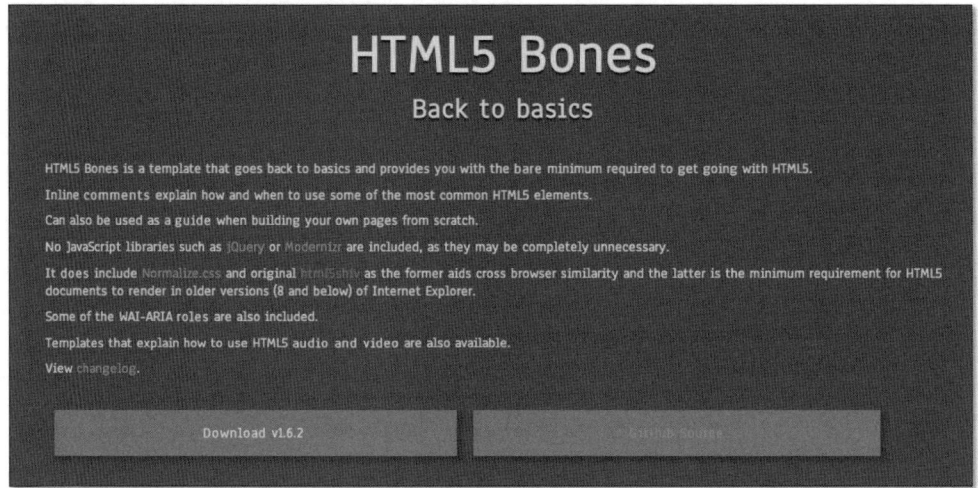

Abbildung 4.1 Quickstart mit HTML5 auf »html5bones.com«

Nach dem Entpacken der ZIP-Datei finden Sie einige Ordner und Dateien auf Ihrer Festplatte und im Hauptordner liegt die Startseite namens *main-template.html.* Sie enthält
einige (englische) Kommentare zum Einsatz der jeweiligen Elemente.

Im Ordner *clean-templates* befinden sich unkommentierte Varianten der *main-temp-
late.html,* und im Ordner *multimedia* sind Vorlagen zur Einbindung von Audio und
Video gespeichert. Multimedia mit HTML5 ist übrigens ein Spezialgebiet von Ian Devlin: »HTML5 Multimedia: Develop and Design«, Peachpit Press, ISBN 978-0321793935,
November 2011.

Weiterhin liegt im Ordner *js* die Datei *HTML5Shiv-printshiv.js,* die in HTML eingebunden
wird und älteren Internet-Explorer-Versionen auf die Sprünge hilft. Das Prinzip der
Shivs und Shims für HTML5 wird in Abschnitt 4.5.3, »Hilfe für alte Browser per Java-
Script: HTML5Shiv« genauer erläutert.

Und last, but not least finden Sie im Ordner *css* drei Stylesheets:

▶ *normalize.css* ist die weit verbreitete Normalisierung von Nicolas Gallagher, die in
  Abschnitt 7. 3, »Normalisierung statt Reset«, vorgestellt wird.

▶ *normalize-legacy.css* ist eine etwas ausführlichere Version der Normalisierung, die
  auch ältere Browser wie IE 6/7, Firefox <4 und Safari <5 berücksichtigt.

▶ *styles.css*, ein Stylesheet mit einer einfachen Linkformatierung, Platz für eigene CSS-Regeln und ein paar einfachen Printstyles.

Los geht es im nächsten Abschnitt mit der Analyse der einfachen und fast ungestylten Beispielseite *main-template.html,* von der Sie am besten gleich ein Kopie unter dem Namen *index.html* erstellen (Abbildung 4.2).

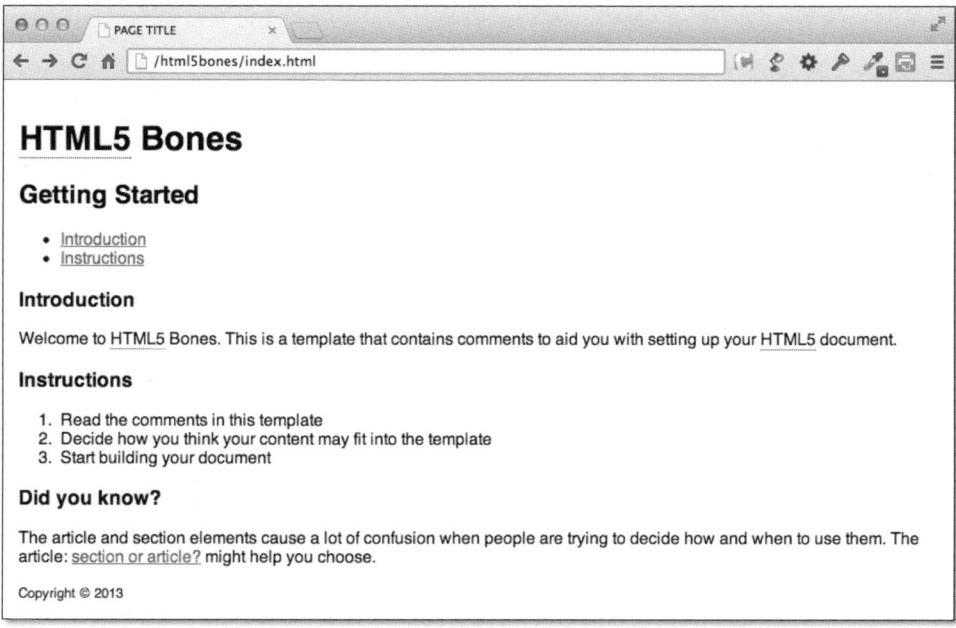

Abbildung 4.2 Die Beispielseite von HTML5 Bones

4.2   Der Vorspann: <!DOCTYPE>, <html> und <head>

Der Anfang der Beispielseite von HTML5 Bones sieht wie folgt aus:

```
<!DOCTYPE html>
<html lang="en">
<head>
  <meta charset="utf-8">
  <title>HTML5 Bones :: PAGE TITLE</title>
  <meta name="description" content="">
  <meta name="viewport"
        content="width=device-width, initial-scale=1.0">
  <link href="css/normalize.css" rel="stylesheet" media="all">
```

```
    <link href="css/styles.css" rel="stylesheet" media="all">
    <!--[if lt IE 9]>
      <script src="js/HTML5Shiv-printshiv.js" media="all"></script>
    <![endif]-->
</head>
```

Listing 4.1 »DOCTYPE«, »html« und »head« von HTML5 Bones

Einige Zeilen werden Ihnen bekannt vorkommen, andere wahrscheinlich eher nicht.

4.2.1   Ein guter Start: <!DOCTYPE html> und <html>

Gleich am Anfang der Datei finden Sie die folgenden zwei Zeilen:

```
<!DOCTYPE html>
<html lang="en">
```

Listing 4.2 Der Anfang der Beispielseite von HTML5 Bones

Als ich den neuen kurzen DOCTYPE das erste Mal gesehen habe, konnte ich es kaum glauben. Das soll funktionieren? In HTML4 und XHTML 1.0 war diese erste Zeile ein wahres Monstrum, das ich in all den Jahren immer irgendwo kopiert und wahrscheinlich nicht ein einziges Mal von Hand geschrieben habe. Und in HTML5 ist davon die folgende Zeile übrig geblieben:

```
<!DOCTYPE html>
```

Listing 4.3 Der neue kurze DOCTYPE von HTML5

I'm lovin' it. Fünfzehn Zeichen. Keine Versionsnummer. Keine URL. Keine kilometerlange Zeichenkette, von der sowieso niemand genau weiß, was sie bedeutet.

Als HTML-Veteran bevorzuge ich den DOCTYPE in Großbuchstaben, aber Groß- und Kleinschreibung spielt keine Rolle, und somit ist eine Variante wie <!DOCTYPE html> genauso in Ordnung wie <!doctype html>. Whatever you like.

Die Browser haben das alte DOCTYPE-Monster all die Jahre übrigens nie wirklich gelesen. Wichtig war und ist es nur, dass der DOCTYPE die allererste Zeile im Dokument ist. Das versetzt den Browser in den Standardmodus und sagt ihm, dass das Stammelement des folgenden Dokuments html heißt. Und genau das folgt dann auch gleich in der nächsten Zeile.

Falls die Hauptsprache Ihrer Webseiten nicht englisch ist, sollten Sie das Sprachkürzel im Stammelement html gleich ändern:

```
<html lang="de">
```

Listing 4.4 Das Stammelement »html« in HTML5

Das Stammelement wird erst in der allerletzten Zeile des Dokuments wieder geschlossen. Daran hat sich nichts geändert.

4.2.2   Der Zeichensatz: <meta charset="utf-8">

Ein Designprinzip von HTML5 ist es, Dinge möglichst zu vereinfachen, und gleich nach dem neuen DOCTYPE kommt die Deklaration des Zeichensatzes, die gegenüber früheren HTML-Versionen ebenfalls stark verkürzt wurde:

```
<meta charset="utf-8">
```

Listing 4.5 Die Deklaration des Zeichensatzes

Als Zeichensatz sollte utf-8 definiert werden, denn es gibt heutzutage wenig gute Gründe, einen anderen Zeichensatz anzugeben. Mir fällt ehrlich gesagt überhaupt keiner ein, außer vielleicht, wenn irgendwo noch eine alte Datenbank mit ISO-Zeichensatz mitspielt.

4.2.3   Alte Bekannte: Seitentitel und Seitenbeschreibung

Seitentitel und Seitenbeschreibung haben sich in HTML5 nicht geändert:

```
<title>Flexible Boxes - One size fits all. Meistens</title>
<meta name="description" content="...">
```

Listing 4.6 Seitentitel und Seitenbeschreibung

Beide Elemente beschreiben den Inhalt der Seite, ohne dass man sie sieht, und sind vor allem für Suchmaschinen wichtig. Dort beeinflussen sie das Erscheinungsbild des Suchergebnisses:

▶ Der Seitentitel ist die anklickbare Überschrift und sollte kurz und knackig sein.

▶ Die Seitenbeschreibung sollte etwa 80 bis 150 Zeichen umfassen. Google benutzt sie für die zweizeilige Beschreibung unterhalb der grün erscheinenden URL.

Abbildung 4.3 zeigt oben das Suchergebnis von Google und darunter den entsprechenden Quelltext.

Websites erstellen mit Contao 3. - Das Buch von Galileo Computing
www.galileocomputing.de/katalog/buecher/titel/.../titelID-325...
Websites erstellen mit Contao 3 : Peter Müller, vielen Lesern bekannt durch sein Buch
„Little Boxes", stellt mit vielen Praxisbeispielen Installation, Konfiguration ...

```
<title>Websites erstellen mit Contao 3.  - Das Buch von Galileo Computing</title>
<meta name="description" content="Websites erstellen mit Contao 3 : Peter Müller,
vielen Lesern bekannt durch sein Buch „Little Boxes", stellt mit vielen
Praxisbeispielen Installation, Konfiguration und Administration von Co ..." />
```

Abbildung 4.3 Seitentitel und Seitenbeschreibung bei Google

Beim Schreiben von Seitentitel und Seitenbeschreibung stellen Sie sich also am besten in Gedanken die Ergebnisseite von Google vor. Zusammen sollten die beiden Elemente den Suchenden im Idealfall zu einem Klick auf den Seitentitel bewegen.

4.2.4   Diese Seite bitte nicht verkleinern: Das Meta-Element für den Viewport

Das Meta-Element für den Viewport, kurz *Meta-Viewport*, dient zur Kontrolle der Darstellung der Webseite auf mobilen Geräten und wird in diesem Kapitel kurz vorgestellt, obwohl es genau genommen wenig mit HTML5 zu tun hat. Die Anweisung wurde von Apple erfunden und hat sich zu einem Quasi-Standard entwickelt.

Als 2007 das iPhone auf den Markt kam, gab es keine für Smartphones optimierten Webseiten. Also haben die iOS-Entwickler beschlossen, Webseiten im mobilen Browser so weit zu verkleinern, dass sie komplett auf den kleinen Bildschirm passen. Dazu wird die Seite auf eine gedachte Breite (width) von 980px (iPhone) oder 800px (Android-Browser) gerendert und dann auf die 320px Bildschirmbreite des Gerätes heruntergezoomt. Abbildung 4.4 zeigt die Beispielseite von HTML5 Bones ohne die Zeile mit dem Meta-Viewport.

Dieses automatische Verkleinern machen momentan fast alle mobilen Browser auf fast allen mobilen Betriebssystemen. Der Vorteil für den Benutzer ist, dass er die Webseite klein, aber vollständig sieht und sie im Browser verschieben und nach Belieben vergrößern kann.

Wenn Webseiten aber zum Beispiel mit Media Queries für mobile Geräte optimiert wurden, ist die automatisch verkleinerte Darstellung unerwünscht. Deshalb hat Apple sich dieses meta-Element ausgedacht, mit dem Webseitenautoren dem Browser sagen können, dass er die Webseite nicht verkleinern soll:

```
<meta name="viewport" content="width=device-width, initial-scale=1.0">
```

Listing 4.7 Der Meta-Viewport

4

Abbildung 4.4 Die Beispielseite im iPhone ohne Meta-Viewport

Vereinfacht gesagt bedeutet das für den Browser: »Nimm beim Rendern der Seite als Grundlage nicht irgendeine imaginäre Breite wie z. B. 980px, sondern die Breite des Gerätes.« Auf gut Deutsch: »Bitte verkleinere diese Webseite nicht« (Abbildung 4.5).

Abbildung 4.5 Die Beispielseite im iPhone mit dem Meta-Viewport

In Wirklichkeit ist die Geschichte ein klein bisschen komplexer und endet damit, dass ein Pixel nicht wirklich immer ein Pixel ist, aber an dieser Stelle soll ein kleines Zwischenfazit genügen:

- Wenn Sie Ihre Webseiten für die Darstellung auf mobilen Geräten optimiert haben, sollten Sie die Zeile mit dem Meta-Viewport einbauen.
- Wenn die Webseiten hingegen nicht optimiert wurden und Sie eine normale Desktop-Version ausliefern, sollten Sie den Meta-Viewport einfach weglassen.

Manchmal gibt es im Meta-Viewport nach dem Wert `initial-scale=1.0` noch den Zusatz `maximum-scale=1`. Das hat zur Folge, dass der Benutzer die Ansicht auf seinem mobilen Endgerät nicht mehr zoomen kann, und sollte nicht verwendet werden.

Die Normalisierung und der HTML5Shiv

Auf der Beispielseite von HTML5 Bones gelten die nächsten beiden Zeilen der Normalisierung des CSS und der Einbindung des HTML5Shiv. Diese beiden Zeilen werden an anderer Stelle ausführlich behandelt.

- Die Normalisierung gibt es in Abschnitt 7.3, »Normalisierung statt Reset: ›normalize.css‹«.
- Den HTML5Shiv finden Sie in diesem Kapitel in Abschnitt 4.5.3 »Hilfe für alte Browser per JavaScript: HTML5Shiv«.

4.3 Über die neuen semantischen HTML-Elemente

Im Zusammenhang mit HTML5 werden Sie oft das Wort *Semantik* hören. Statt langer Reden möchte ich Ihnen nach einer kurzen Vorstellung der neuen Elemente an einem einfachen Beispiel zeigen, was es mit der »Semantik« auf sich hat.

4.3.1 Die neuen semantischen Elemente im Überblick

Als die WHATWG sich 2004 formierte, kamen CSS-basierte Layouts gerade erst richtig in Schwung, und mit ihnen verbreitete sich ein Element namens `<div>`. Erweitert um diverse IDs wie `<div id="footer">` und Klassen wie `<div class="nav">` diente es Webseitenautoren sowohl zur Strukturierung der Seite als auch zum Styling per CSS.

Das `<div>` ist in HTML5 nicht verboten, und Sie werden es nach wie vor einsetzen, aber wahrscheinlich seltener als bisher und nur noch als Notnagel, denn es gibt neue semantische Elemente, die in vielen Situationen eine bessere Wahl sind. Tabelle 4.1 zeigt diese neuen Elemente im Überblick.

HTML5-Element	Kurzbeschreibung
header	Kopfbereiche
nav	Navigationsblöcke
main	Hauptinhalt einer Seite
section	Einteilung in inhaltliche Abschnitte
article	In sich geschlossene inhaltliche Blöcke
aside	Zusätzliche Informationen
footer	Fußbereiche

Tabelle 4.1 Die neuen semantischen HTML-Elemente im Überblick

Bevor diese Elemente genauer erläutert werden, gibt es im folgenden Abschnitt zunächst einen kurzen Ausflug in den Bereich der Semantik.

Detaillierte Informationen zu den neuen Elementen

Auf Websites wie *html5doctor.com* werden die neuen Elemente ausführlich vorgestellt und diskutiert. Eine sehr ausführliche Quelle zu den einzelnen Elementen ist die W3C-Spezifikation zu HTML5:

▶ Elemente alphabetisch sortiert
  w3.org/TR/html-markup/elements.html

▶ Elemente nach Funktionen gruppiert
  w3.org/TR/html-markup/elements-by-function.html

4.3.2   »Semantisches HTML« gibt den Inhalten eine Bedeutung

Abbildung 4.6 zeigt zwei Sätze, die im Browserfenster beide wie eine Überschrift aussehen. Für einen menschlichen Betrachter gibt es zwischen den beiden Sätzen optisch kaum einen Unterschied, Maschinen finden hingegen im Quelltext sehr unterschiedliche Konstruktionen.

Abbildung 4.6 Die erste Überschrift ist eine, die zweite sieht nur so aus.

Die erste Überschrift ist tatsächlich eine Überschrift, denn im Quelltext wird das HTML-Element h1 eingesetzt, das für eine Hauptüberschrift gedacht ist:

```
<h1>Ich bin Überschrift</h1>
```

Listing 4.8 Eine Überschrift mit semantischem HTML

Eine Maschine, die diesen Quelltext liest, weiß, dass es sich um eine wichtige Überschrift handelt. So können Suchmaschinen zum Beispiel in Überschriften gefundene Suchbegriffe höher bewerten als Suchbegriffe im normalen Fließtext.

Die zweite Überschrift sieht der ersten optisch sehr ähnlich, wurde aber im Quelltext ganz anders erzeugt:

```
<div class="h1">Ich bin eine Überschrift</div>
```

Listing 4.9 Eine Überschrift mit nicht-semantischem HTML

Das div wurde per CSS so gestaltet, dass es optisch ebenfalls wie eine h1-Überschrift aussieht, aber eine Schwalbe macht noch keinen Sommer und ein großer fetter Text noch keine Überschrift. Ein div mit einer Klasse, die den Namen h1 trägt, kann im Browser zwar wie eine Überschrift aussehen, ist im Quelltext aber keine. Von der Syntax her ist diese Zeile völlig okay, aber semantisch ist sie ohne Bedeutung.

Für Maschinen wie Screenreader oder Suchmaschinen spielt es keine Rolle, wie der Text im Browserfenster aussieht. Wichtig sind für sie nur die im Quelltext verwendeten HTML-Elemente. Text gilt nur als Überschrift, wenn er in einem Überschriften-Element h1 bis h6 enthalten ist.

Den normalen Benutzer der Seite interessiert die Semantik des Quelltextes direkt erst einmal genauso wenig wie den eventuellen Auftraggeber der Webseiten. Semantik hilft drei großen Gruppen:

1. den Suchmaschinen
2. den Screenreadern
3. den Entwicklern der Seite

Besonders für die Letzteren gilt, dass semantisches HTML einfach auch *gutes Handwerk* ist und die Arbeit auf Dauer erleichtert.

4.3.3   In HTML5 gibt es semantische Elemente für »Layoutbereiche«

In HTML5 gibt es wie gesehen einige neue Elemente, mit denen man zum Beispiel die Struktur einer Seite auszeichnen kann. Gemeint sind damit Dinge wie Kopfbereich, Navigation, Inhaltsbereich, Sidebar und Fußbereich, die in visuellen Browsern auch oft als »Layoutbereiche« bezeichnet werden.

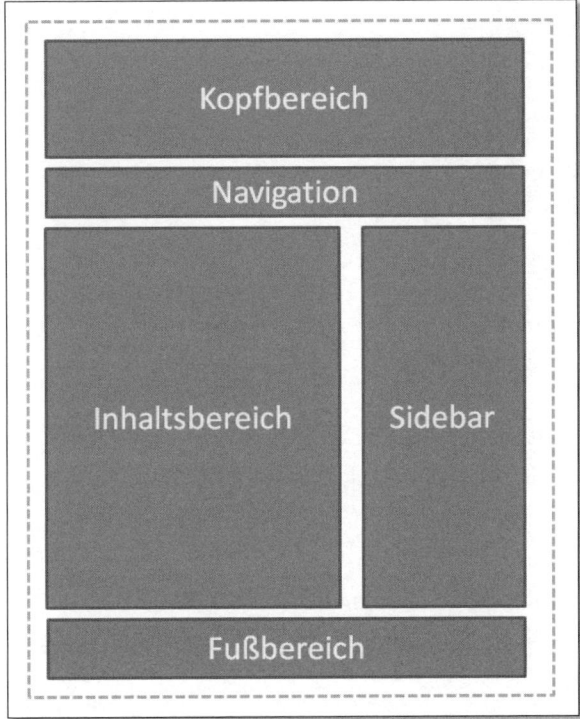

Abbildung 4.7 Typische Layoutbereiche einer Webseite

Bisher wurden diese Bereiche mit neutralen `div`-Elementen markiert, die um mehr oder weniger sinnvoll benannte Klassen oder IDs ergänzt wurden (Abbildung 4.8).

Eine solche Vorgehensweise ist nicht prinzipiell falsch, und der daraus resultierende Quelltext ist gültiges HTML5, aber im Grunde genommen waren die `div`-Elemente Notwehr, weil HTML keine wirklich sinnvollen Elemente bereitstellte.

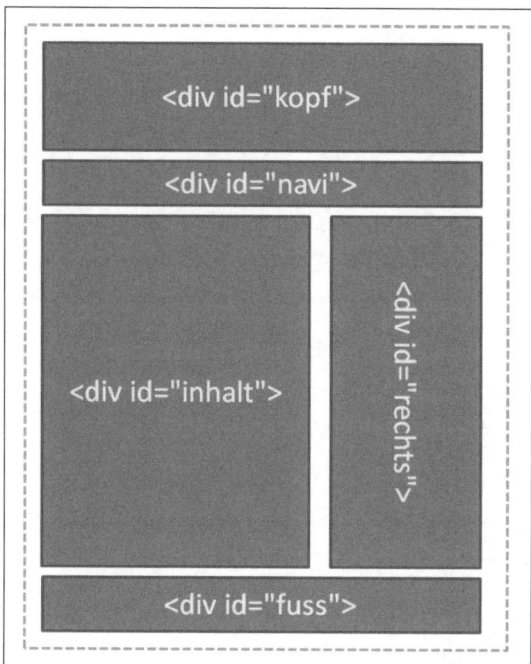

Abbildung 4.8 Auszeichnung der Layoutbereiche mit »div«

Das Problem ist dabei ähnlich wie bei den Überschriften:

▶ Für Menschen werden die div-Bereiche im Browser optisch so dargestellt, dass sie die Zusammenhänge erfassen und verstehen. Ein Kopfbereich ist zum Beispiel deutlich als solcher erkennbar. Jedenfalls bei einem guten Layout.

▶ Für Maschinen sind diese Zusammenhänge aber nicht so deutlich, denn div-Elemente sind semantisch neutral und haben keinerlei Bedeutung. Woher soll eine Maschine wissen, was der Kopfbereich der Seite ist?

Die hinzugefügten Klassen und IDs lösen das Problem nicht, denn sie sind nicht standardisiert. Statt `<div id="kopf">` aus Abbildung 4.8 sind eine Menge anderer Varianten denkbar und verbreitet:

▶ `<div id="header">`
▶ `<div id="kopfbereich">`
▶ `<div id="masthead">`

HTML5 geht die Sache gründlich an und bietet neue semantische Strukturelemente wie header, footer, nav, main oder aside als Ersatz für die neutralen div-Elemente. Im Quelltext könnten die Layoutbereiche einer typischen Webseite dann so aussehen wie in Abbildung 4.9.

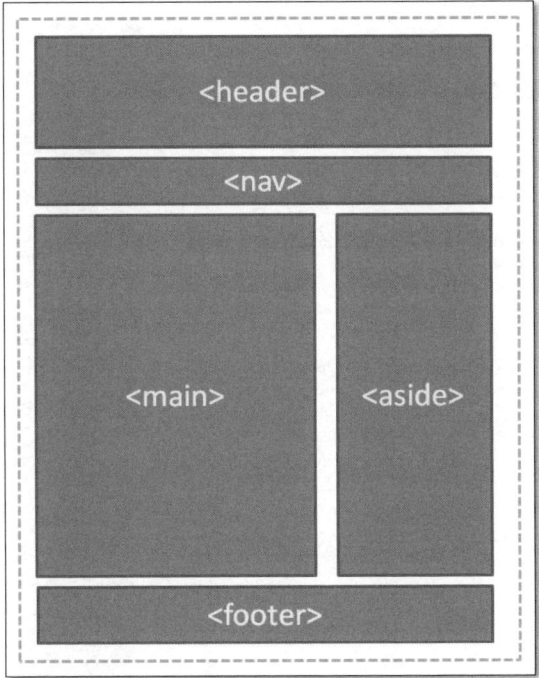

Abbildung 4.9 Auszeichnung der Layoutbereiche mit HTML5

Ähnlich wie bei dem Überschriftenbeispiel weiter oben haben die Elemente im Quelltext durch die neuen Elemente eine Bedeutung, und dadurch gibt es neue technische Möglichkeiten:

▸ Eine Suchmaschine könnte mit den neuen Elementen zum Beispiel Suchbegriffe im Hauptinhaltsbereich main höher bewerten als in den anderen Bereichen wie nav oder footer.

▸ Ein Screenreader könnte eine Funktion anbieten, mit der der Benutzer direkt zum Inhaltsbereich oder zur Navigation springen könnte, wodurch manuell eingebaute Skiplinks nicht mehr nötig wären.

▸ Ein Browser könnte eine Funktion zum Lesen des Hauptinhalts anbieten. Auf Knopfdruck würden dann alle anderen Bereiche ausgeblendet, und der Text würde hervorgehoben, sodass er sehr leicht lesbar ist.

Das letzte Beispiel kommt Safari-Benutzern vielleicht bekannt vor. In Safari gibt es auf vielen Webseiten rechts oben in der Adressleiste einen Button mit der Beschriftung

READER, der genau das macht: Er blendet alle anderen Bereiche aus und hebt den Hauptinhalt der Seite hervor (Abbildung 4.10).

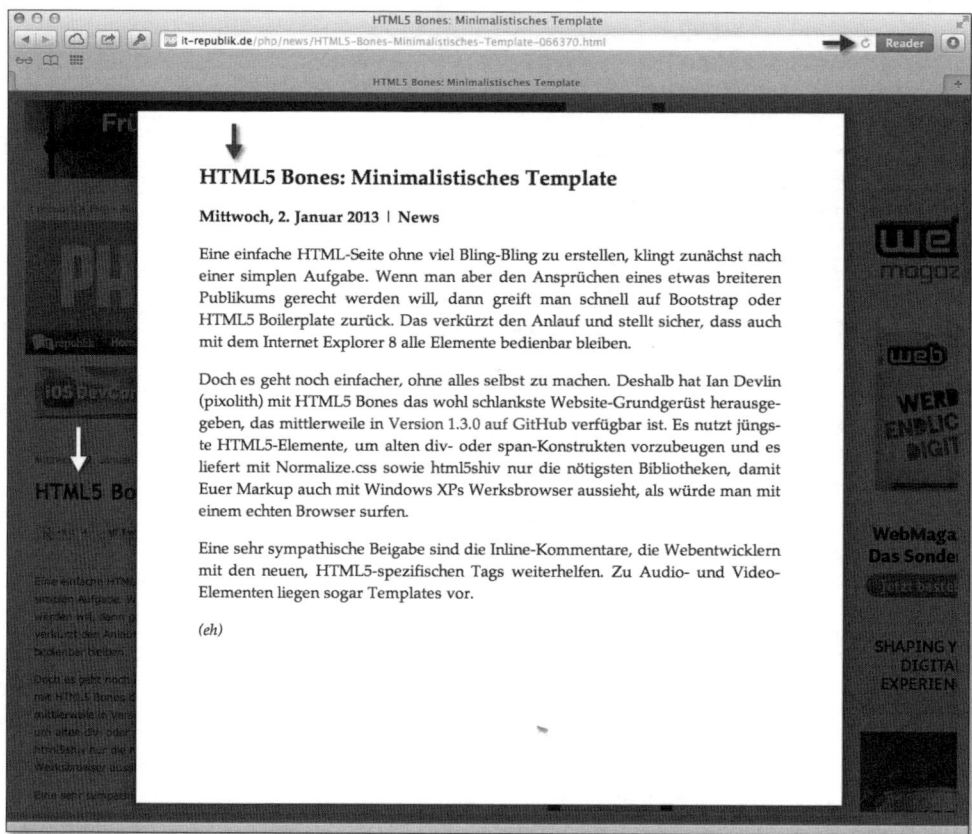

Abbildung 4.10 Safari zeigt auf Knopfdruck nur den Hauptinhalt an.

Momentan ist es für den Browser allerdings ziemlich schwierig herauszufinden, wo im Quelltext sich der Hauptinhalt einer Webseite befindet. Mit den neuen HTML5-Elementen wäre die Sache einfacher, und er müsste nur noch schauen, wo `<main>` anfängt.

4.3.4   Integrierte Orientierungshilfen: Die »ARIA Landmark Roles«

Einige der neuen Elemente haben bestimmte so genannte *ARIA Landmark Roles* integriert, und in diesem Abschnitt möchte ich Ihnen kurz schildern, was es damit auf sich hat.

ARIA ist die Abkürzung für *Accessible Rich Internet Applications* und Teil einer technischen Spezifikation der *Web Accessibility Initiative* (WAI), die sich um die Zugänglichkeit von im Web gespeicherten Informationen kümmert. Die in diesem Abschnitt beschriebenen *Landmark Roles* sind ein kleiner, aber sehr nützlicher Teil der WAI-ARIA.

ARIA Landmark Roles legen eindeutig fest, welche Rolle bestimmte Elemente auf der Webseite spielen, und füllen damit in älteren HTML-Versionen eine semantische Lücke. Dazu werden die HTML-Elemente um das Attribut role erweitert, das einen fest definierten Wert erhält. Für eine Navigation sieht das mit einem traditionellen div zum Beispiel so aus:

```
<div class="navibereich" role="navigation">
```

Listing 4.10 Die ARIA Landmark Role »navigation« im Einsatz

Alle Geräte und Programme, die die WAI-ARIA kennen, wissen jetzt, dass dieses Element wichtige Navigationselemente für die Webseite beinhaltet, und können zum Beispiel eine Funktion »Springe zur Navigation« anbieten. Auch Suchmaschinen könnten zum Beispiel Suchbegriffe in unterschiedlichen Rollen unterschiedlich bewerten. Genial, einfach und effektiv.

Falls Sie sich nicht vorstellen können, wie das in der Praxis aussieht, schauen Sie sich das folgende 01:53 Minuten kurze Video auf YouTube an. Darin wird gezeigt, wie der Screenreader *Jaws* die ARIA Landmark Roles bei der Navigation durch eine Webseite verwendet:

▶ »How ARIA landmark roles help screen reader users«
   youtube.com/watch?v=IhWMou12_Vk

Der Benutzer kann durch Drücken der ⎡;⎤-Taste zur nächsten im Quelltext definierten Landmark Role springen, und der Screenreader liest dabei die Namen der einzelnen Bereiche vor.

Im Video navigiert der Benutzer vom in Abbildung 4.11 gezeigten Kopfbereich (»banner landmark«) weiter zur Suchfunktion (»search landmark«), zur Navigation (»navigation landmark«), zum Hauptinhaltsbereich (»main landmark«) und schließlich zum Fußbereich (»content info landmark«).

Lesenswert: »Using WAI-ARIA Landmarks – 2013«

Steve Faulkner hat einen sehr guten Beitrag zur Benutzung der ARIA Landmark Roles geschrieben, in dem auch das oben erwähnte Video erwähnt wird:

▶ *blog.paciellogroup.com/2013/02/using-wai-aria-landmarks-2013/*

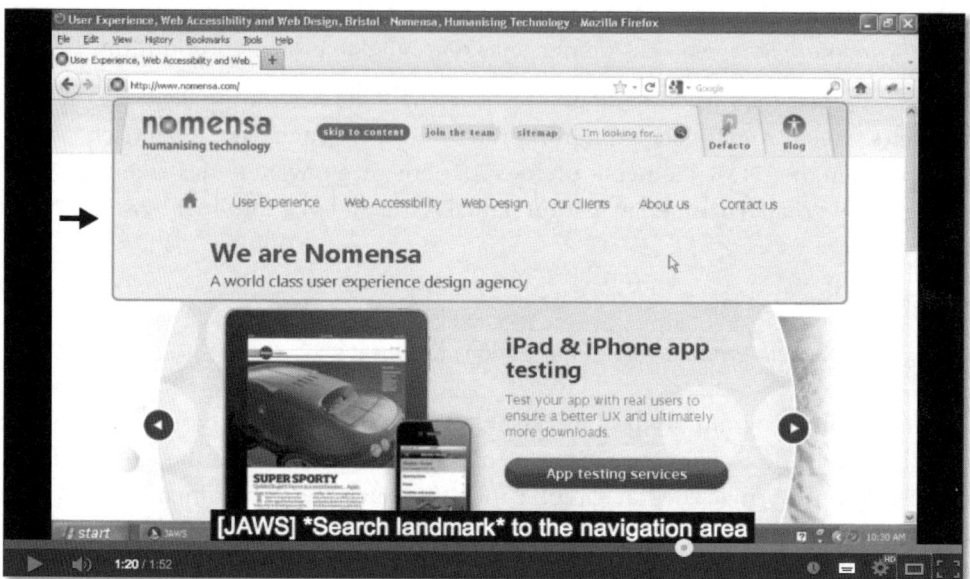

Abbildung 4.11 »Jaws« liest »banner landmark« und markiert den Bereich.

4.3.5   Die ARIA Landmark Roles in HTML5

Die wichtigsten momentan definierten ARIA-Rollen lauten wie folgt:

▶ **banner**
Diese Rolle kennzeichnet einen Bereich der Webseite, der site-relevante Informationen wie den Site-Titel, ein Logo und einen Untertitel oder einen Slogan enthält. In der Regel ist das ein Kopfbereich, der relativ weit oben auf der Seite steht.

▶ **navigation**
Kennzeichnet Haupt- und Untermenüs zur Navigation. Könnte aber auch für andere Elemente wie Inhaltsverzeichnis, Sitemap oder ein Suchformular eingesetzt werden.

▶ **main**
Der Hauptinhalt einer Seite.

▶ **article**
Ein inhaltlicher Abschnitt auf einer Seite, der in sich geschlossen ist und unabhängig von der Seite funktioniert.

▶ **complementary**
Ein solcher Bereich enthält ergänzende Informationen zum Hauptinhalt, die aber auch unabhängig davon verständlich sind. Typisch wäre eine Sidebar mit ergänzenden Infos.

- **note**
  Für beiläufig eingeschobene Inhalte, die ohne den Hauptinhalt nicht unbedingt verständlich sein müssen.

- **contentinfo**
  Informationen über den Inhalt der Webseite wie z.B. Autor, Copyright, Fußnoten und dergleichen mehr.

Die ARIA Landmark Roles sind Bestandteil von HTML5, und einige Rollen sind für bestimmte Elemente bereits fest integriert. Tabelle 4.2 zeigt einen kurzen Überblick.

HTML5-Element	Mögliche ARIA Landmark Role
header	banner (für den Kopfbereich der Seite)
nav	navigation
main	main
article	article
aside	note, complementary
footer	contentinfo

Tabelle 4.2 Zuweisung von HTML5-Elementen zu ARIA-Rollen

Auch wenn diese Zuweisung wie bei den Elementen nav oder main zum Teil implizit bereits vorhanden ist, stört es nicht, die gewünschten ARIA-Rollen im Quelltext explizit hinzuschreiben. Sicher ist sicher. Auf der Beispielseite von HTML5 Bones wird das auch so gemacht.

Weitere Infos zu WAI-ARIA Landmark Roles

Weitere Infos zur WAI-ARIA finden Sie zum Beispiel beim W3C. Knochentrocken, aber größtenteils korrekt:

- *w3.org/TR/wai-aria/roles#landmark_roles*
- *w3.org/WAI/intro/aria*

Etwas lebendiger beschrieben wird die Sache von Timo Wirth:

- *bit.ly/eSc4VQ* (bei *VorsprungdurchWebstandards.de*)

4.4 Die neuen HTML5-Elemente auf der Beispielseite

In diesem Abschnitt stelle ich Ihnen zunächst die neuen Elemente header, nav, main, section, article, aside und footer kurz vor und zeige, wie sie auf der Beispielseite von
HTML5 Bones benutzt werden.

Alle in diesem Abschnitt vorgestellten Elemente dienen zur Gruppierung von anderen
Elementen. Diese Aufgabe hatte bisher das div-Element, aber im Gegensatz zum div
geht es bei der Gruppierung mit den semantischen Elementen nicht so sehr um die
Gestaltung, sondern in erster Linie um inhaltliche Aspekte.

4.4.1 HTML5 Bones: Die Beispielseite im Überblick

Im Folgenden möchte ich Ihnen anhand der Beispielseite von HTML5 Bones zeigen, wie
diese neuen semantischen Elemente eingesetzt werden. Abbildung 4.12 zeigt die Beispielseite mit den wichtigsten Layoutbereichen.

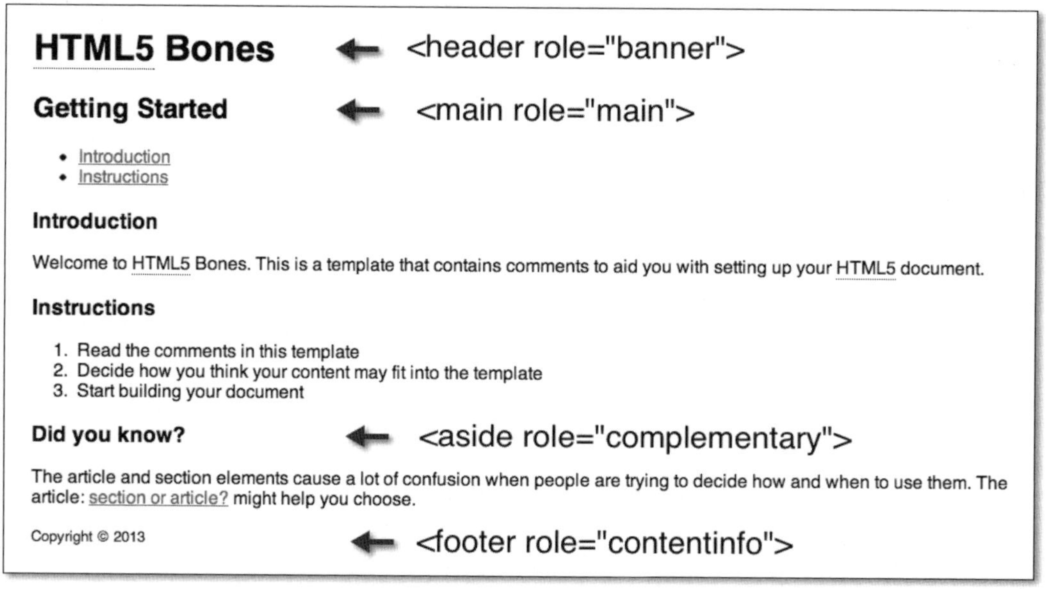

HTML5 Bones  `<header role="banner">`

Getting Started  `<main role="main">`

- Introduction
- Instructions

Introduction

Welcome to HTML5 Bones. This is a template that contains comments to aid you with setting up your HTML5 document.

Instructions

1. Read the comments in this template
2. Decide how you think your content may fit into the template
3. Start building your document

Did you know? 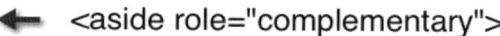 `<aside role="complementary">`

The article and section elements cause a lot of confusion when people are trying to decide how and when to use them. The article: section or article? might help you choose.

Copyright © 2013  `<footer role="contentinfo">`

Abbildung 4.12 Die Startseite von HTML Bones

Auf dieser einfachen und weitgehend ungestylten Seite kommen viele der neuen
semantischen Strukturelemente vor, und die Kommentare im Quelltext der Seite geben
Hinweise zu deren korrekter Benutzung.

4.4.2 Der Kopfbereich: `<header role="banner">`

Nach dem öffnenden `<body>`-Tag beginnen die meisten Websites mit einem Kopfbereich, auch *Header* genannt, der für den Wiedererkennungswert der Webseiten eine große Rolle spielt. In diesem Kopfbereich befindet sich häufig ein Logo, ein Slogan und eventuell auch eine Navigation für die Website.

Das Element header passt perfekt für einen solchen Bereich, denn es kann laut Spezifikation »eine Überschrift, einleitende Inhalte oder auch Navigationshilfen« enthalten. Listing 4.11 zeigt den Header am Anfang der Beispielseite:

```
<body>
<header role="banner">
  <h1>
    <abbr title="HyperText Markup Language 5">HTML5</abbr> Bones
  </h1>
  <nav role="navigation"> <!-- Navigation --> </nav>
</header>
```

Listing 4.11 Der Header am Anfang der Beispielseite von HTML5 Bones

Das Anfangs-Tag `<header>` erhält die ARIA-Rolle banner, um zu signalisieren, dass dies der Kopfbereich für die gesamte Seite ist. Im Beispiel enthält dieser Kopfbereich nur zwei Elemente: eine h1-Überschrift und ein leeres nav-Element für die Hauptnavigation.

Das Element header kann aber nicht nur für einen Kopfbereich oben auf einer Seite eingesetzt werden, sondern auch für den Einstieg in einen Abschnitt oder Artikel weiter unten auf der Seite. header kann somit auf einer Seite durchaus mehrfach vorhanden sein. So finden Sie im Quelltext der Beispielseite im Inhaltsbereich main als Einleitung für den Hauptinhalt noch einen zweiten header:

```
<header>
  <h2>Getting Started</h2>
  <nav role="navigation"> <!-- Navigation --> </nav>
</header>
```

Listing 4.12 Ein zweiter Header im Inhaltsbereich »main«

Die ARIA-Rolle *banner* bekommt nur der erste Kopfbereich direkt nach body. Alle anderen Header bekommen diese Rolle nicht.

Allgemein dient das Element header dazu, mehrere Elemente zu gruppieren. Wenn in Listing 4.12 das nav-Element fehlen würde, sodass nur die h2-Überschrift übrig bliebe, wäre das umgebende `<header>` und `</header>` nicht nötig. Man könnte dann ebenso gut nur die Überschrift hinschreiben.

4.4.3 Die Site-Navigation: `<nav role="navigation">`

Das Element nav nimmt eine Navigation auf. Mit Navigation ist eine Sammlung von Links gemeint, die zu anderen Inhalten führen.

Das nav-Element ist für die wichtigsten Navigationsblöcke auf einer Seite reserviert und sollte nicht für jede x-beliebige Gruppe von Links benutzt werden. Welche Navigationsblöcke wichtig sind und welche nicht, liegt letztlich im Ermessen des Autors, aber Kandidaten für nav wären die Site-Navigation, eine Meta-Navigation mit Links wie IMPRESSUM oder SITEMAP, eine Suchfunktion oder auch eine Navigation auf der Seite selbst.

Auf der Beispielseite von HTML5 Bones finden Sie das nav-Element gleich zweimal. Im Header oben auf der Seite dient es als Platzhalter für die Site-Navigation, im Inhaltsbereich main zur Navigation innerhalb der Beispielseite. Listing 4.13 zeigt zunächst die Site-Navigation oben im Header:

```
<header role="banner">
  <h1> ... </h1>
  <nav role="navigation"> <!-- ul mit Links --> </nav>
</header>
```

Listing 4.13 Die Site-Navigation im Kopfbereich

Die Site-Navigation muss nicht unbedingt *innerhalb* des Headers stehen, sondern könnte problemlos auch darüber oder darunter platziert werden. Listing 4.14 zeigt die Navigation unterhalb des Kopfbereichs:

```
<header role="banner"> <!-- h1, Slogan etc. --> </header>
<nav role="navigation"> <!-- ul mit Links --> </nav>
```

Listing 4.14 Die Site-Navigation unterhalb des Kopfbereichs

Listing 4.15 zeigt das zweite nav im Inhaltsbereich main mit einer Seiten-Navigation. Die internen Links springen zu den Artikelüberschriften etwas weiter unten auf der Seite:

```
<section>
  <header>
  <h2>Getting Started</h2>
  <nav role="navigation">
```

```
  <ul>
    <li><a href="#introduction">Introduction</a></li>
    <li><a href="#instructions">Instructions</a></li>
  </ul>
</nav>
</header>
```

Listing 4.15 Navigation auf derselben Seite auch mit »nav«

Auch hier gilt, dass die Navigation nicht unbedingt innerhalb des Headers stehen muss. Allerdings ist es im Beispiel semantisch durchaus sinnvoll, denn die Navigation ist zusammen mit der h2-Überschrift die Einleitung für den mit section beginnenden Abschnitt und springt zu den beiden Artikeln innerhalb dieses Abschnitts.

Das nav-Element ist also genau genommen wenig mehr als ein standardisierter Wrapper, ein umgebendes Element, das die darin enthaltenen Elemente und Links als Navigation definiert.

Die Zuweisung der ARIA Landmark Role *navigation* für die beiden Navigationen wäre in einer perfekten HTML-Welt übrigens nicht nötig, denn das Element nav hat diese Rolle bereits integriert. Da das aber noch längst nicht alle Browser und Screenreader wissen, stört es nicht, wenn man im Anfangs-Tag das Attribut role="navigation" hinzufügt.

4.4.4 Der Hauptinhaltsbereich: <main role="main">

Viele Autoren kennzeichnen den Hauptinhalt einer Webseite momentan zum Beispiel mit <div id="main"> oder <div id="content"> oder ähnlichen Konstruktionen. Seit Anfang 2013 gibt es in HTML5 das Element main, das diese Aufgabe übernimmt.

Die Einführung von main war umstritten, und die Gegner argumentierten, dass ein spezielles Element für den Hauptinhalt nicht nötig sei, da der erste Inhalt, der sich nicht in einem header, nav, aside oder footer befindet, automatisch der Hauptinhalt sein müsse.

HTML5-Doktor Bruce Lawson hat dies nach einer amerikanischen Zeichentrickserie den *ScoobyDoo-Algorithmus* getauft, und für Programmierer mag diese Art von Logik bestechend sein. Für mich klingt es eher wie eine seltsame Variante von »Die Reise nach Jerusalem«: Wenn die Musik aufhört, setzen sich alle auf einen Stuhl mit ihrem Namen. Wer stehen bleibt, ist zwangsläufig der Hauptinhalt, denn der hat keinen Stuhl.

Mit der Aufnahme von main in die HTML5-Spezifikation hat der Hauptinhalt jetzt bildlich gesprochen endlich seinen eigenen Stuhl und kann es sich so auch mal bequem machen.

Das Element main ...

▶ markiert den Hauptinhalt einer Seite.

▶ entspricht der gleichnamigen ARIA-Rolle main.

▶ darf auf jeder Seite nur ein einziges Mal vorkommen.

▶ darf nicht innerhalb von header, footer, nav, article oder aside stehen.

Der Hauptinhaltsbereich auf der Beispielseite sieht wie folgt aus:

```
<main role="main">
  <section>
    <header> ... <header>
    <article id="introduction"> ...<article>
    <article id="instructions"> ...<article>
  </section>
</main>
```

Listing 4.16 Der Hauptinhaltsbereich »main« auf der Beispielseite

---

Mehr Infos zum Neuling »main«

Da das Element main noch so neu ist, hier noch ein paar Links mit weiteren Informationen dazu:

▶ »Introducing the New HTML5 <main> Element«
sitepoint.com/html5-main-element/

▶ »Ein neues Element für HTML5: <main>«
peterkroener.de/ein-neues-element-fuer-html5-main/

▶ »The main element« im Entwurf der W3C-HTML-Spezifikation
w3.org/html/wg/drafts/html/master/grouping-content.html#the-main-element

---

4.4.5 Inhalte in Abschnitte unterteilen: <section>

Für die *inhaltliche* Gliederung einer Webseite und Teilen davon gibt es das Element section, auf Deutsch *Abschnitt*. Das section-Element bezeichnet einen Bereich einer Webseite, eine thematische Gruppierung von Inhalten, und beginnt üblicherweise mit einer Überschrift.

Wichtig ist dabei, dass das section-Element wirklich nur zur inhaltlichen Gliederung dient und nicht einfach ein Ersatz für das div-Element ist. Geht es bei der Gruppierung

von Elementen nur um die Gestaltung, ist ein div-Element die bessere Wahl. Auf der Beispielseite werden zum Beispiel main und aside von einem div mit der Klasse wrap gruppiert, sodass man sie im CSS zusammen gestalten könnte.

Ein section-Element finden Sie auf der Beispielseite im Hauptinhaltsbereich. Es enthält
einen Header und zwei Artikel:

```html
<main role="main">
  <section>
    <header>
      <h2>Getting Started</h2>
      [...]
    </header>
    <article id="introduction"> [...] </article>
    <article id="instructions"> [...] </article>
  </section>
</main>
```

Listing 4.17 Das Element »section« auf der Beispielseite

Es wäre durchaus denkbar, im Hauptinhaltsbereich noch einen weiteren Abschnitt zu
einem anderen Thema einzufügen. Um die beiden Abschnitte besser voneinander
unterscheiden zu können, bekommt das Anfangs-Tag <section> jeweils eine eigene
Klasse:

```html
<main role="main">
  <section class="getting-started">
      <!-- Header oder Überschrift und Artikel -->
  </section>
  <section class="further-reading">
      <!-- Header oder Überschrift und Artikel -->
  </section>
</main>
```

Listing 4.18 Ein zweiter Abschnitt und Klassen für die Abschnitte

Wenn man in der Seitenspalte noch weitere Inhalte hinzufügen würde, könnte man
auch das aside mit section-Elementen unterteilen:

```html
<aside role="complementary">
  <section class="know-how">
    <h3>Did you know?</h3>
    <p>The article and section elements ... </p>
```

```
  </section>
  <section class="another-section">
    <h3>Noch ein Abschnitt</h3>
    <p>Ein bisschen Text für den neuen Abschnitt ...</p>
  </section>
</aside>
```

Listing 4.19 Unterteilung von »aside« mit »section«

4.4.6   In sich geschlossene, eigenständige Inhalte: <article>

Das Element article unterteilt genau wie section Inhalte in Abschnitte. Der wichtigste Unterschied zwischen den beiden ist, dass ein Artikel anders als ein einfacher Abschnitt eine in sich geschlossene Komposition darstellt. Ein Artikel sollte für sich allein stehen können und auch außerhalb der Webseite, auf der er veröffentlicht wurde, verständlich sein.

Klassische Beispiele dafür sind Blogbeiträge und Artikel in Webzeitungen, die zum Beispiel auch jenseits der Webseite in einem Newsfeed sinnvoll sind. Auf der Beispielseite gibt es zwei Artikel:

```
<article id="introduction">
  <h3>Introduction</h3>
  <p>Welcome ...</p>
</article>
<article id="instructions">
<h3>Instructions</h3>
<ol>
  <li>Read the comments in this template</li>
  <li>Decide how you think your content may fit ...</li>
  <li>Start building your document</li>
</ol>
</article>
```

Listing 4.20 Zwei »article« auf der Beispielseite

Inhaltlich sind diese beiden Artikel etwas sehr knapp bemessen, aber das sei ihnen verziehen, denn die Vorlage dient ja nur zur Illustration der prinzipiellen Vorgehensweise.

Artikel können, genau wie Abschnitte, verschachtelt werden. So empfiehlt die HTML-Spezifikation zum Beispiel, Kommentare unterhalb eines Blogbeitrags ebenfalls als article zu markieren. Das könnte zum Beispiel so aussehen:

```
<article class="blogpost">
  <header class="postheader">
    <h2>Überschrift des Blogbeitrags</h2>
    <p class="postinfo">Autor: Peter Müller</p>
  </header>
  <p>Text für den Blogbeitrag</p>
  <p>Noch mehr Text ... </p>
  <section class="comments">
    <h3>Kommentare</h3>
    <article class="comment">
    <p class="commentinfo">Kommentar von Waldemar Weber</p>
    <p>Der Beitrag ist ja inhaltlich echt wertvoll...</p>
    </article>
    <article class="comment">
    <p class="commentinfo">Kommentar von Hans Moser</p>
    <p>Da muss ich ja einfach mal protestieren.</p>
    </article>
  <section>
</article>
```

Listing 4.21 Kommentare unter Blogbeiträgen als »article«

Auf den ersten Blick erscheint dies ungewöhnlich, aber die Spezifikation sieht auch einen Kommentar als einen in sich geschlossenen Inhalt.

4.4.7   Zusätzlicher Inhalt mit <aside role="complementary">

Das Element aside ist für Inhalte gedacht, die den umgebenden Text erläutern oder nur marginal mit ihm in Verbindung stehen. Wenn man das aside aus dem Dokument herausnimmt, sollte der Hauptinhalt trotzdem sinnvoll und verständlich bleiben.

Das Element aside kann zum Beispiel für Seitenspalten verwendet werden, die auf großen Bildschirmen häufig rechts oder links neben dem Hauptinhalt stehen. Andere Beispiele für die Verwendung von aside sind

▶ Blöcke mit Werbung.

▶ Gruppen von Links wie Blogrolls, die nicht unbedingt nav sind.

▶ Inhalte, die nicht direkt zum Hauptinhalt der Seite gehört.

▶ hervorgehobene Abschnitte in einem Fließtext (»Pull Quotes«).

Auf der Beispielseite von HTML5 Bones steht ein `aside` unterhalb von `main`, und der Quelltext sieht wie folgt aus:

```
<aside role="complementary">
  <h3>Did you know?</h3>
    <p>The article and section elements ... </p>
</aside>
```

Listing 4.22 Das Element »aside« auf der Beispielseite

Auf der Beispielseite bekommt `aside` die ARIA-Rolle `complementary`, da der Inhalt auch ohne den umgebenden Hauptinhalt sinnvoll bleibt.

4.4.8   Der Fußbereich: <footer role="contentinfo">

Im Fußbereich einer Webseite finden sich häufig ergänzende Informationen. In HTML5 gibt es dazu das Element `footer`. Auf der Beispielseite finden Sie den Footer am Ende der Seite:

```
<footer role="contentinfo">
<small>Copyright &copy; <time datetime="2013">2013</time></small>
</footer>
```

Listing 4.23 Das Element »footer« auf der Beispielseite

Neben Copyright-Infos können hier beispielsweise auch Links zu Impressum, Datenschutzrichtlinien und anderen Angaben stehen. Aber im Footer dürfen auch andere Informationen wie Bilder oder Social-Media-Links stehen. Manchmal wird sogar die komplette Navigation im Footer der Seite noch einmal wiederholt, sodass ein Besucher nicht erst wieder nach oben scrollen muss, um auf eine andere Seite zu wechseln.

Ein Footer ist nicht nur für die ganze Seite erlaubt, sondern auch in Abschnitten oder Artikeln. Die darin enthaltenen Informationen beziehen sich immer auf das Element, in dem der Fußbereich sich befindet.

So könnte man am Ende eines mit `article` markierten Blogbeitrags Links zu inhaltlich ähnlichen Beiträgen in einen Footer am Ende von `article` legen.

Infos zu »small« und »time«

Weitere Informationen zu den im Beispiel verwendeten Elementen `small` und `time` erhalten Sie in Kapitel 5, »Kleinigkeiten, Formulare und Multimedia«.

4.4.9   Es gibt meistens nicht nur eine richtige Lösung

Über die Bedeutung von Dingen lässt es sich vortrefflich streiten, und das ist bei semantischen HTML-Elementen auch nicht anders. Es gibt selten »die eine richtige Lösung«.

Ein Beispiel für einen »semantischen Dauerstreit« ist die korrekte Verwendung der Elemente `section` und `article`: Beide beginnen mit einer Überschrift oder einem Header, und beide gruppieren thematisch zusammengehörige Inhalte.

Der Vergleich mit einer klassischen Zeitung ist bei der Unterscheidung hilfreich:

▶ Eine Zeitung besteht aus Abschnitten für Nachrichten, Sport, Börse, Feuilleton und so weiter. Jeder dieser Abschnitte ist eine `section`. Er beginnt mit einer Überschrift (Nachrichten, Sport etc.), und die folgenden Inhalte gehören thematisch zusammen.

▶ Innerhalb eines Abschnitts gibt es Artikel (`article`). Ein Artikel ist eine in sich geschlossene Komposition, die für sich alleine stehen und auch in einer anderen Zeitung abgedruckt werden kann.

Wenn der Text, wie zum Beispiel bei einem Blogbeitrag, in einem Newsfeed verwendet werden könnte, ist er eindeutig ein `article`.

Aber man könnte zum Beispiel die Frage stellen, ob die kurzen Textschnipsel auf der Beispielseite wirklich eine in sich geschlossene Komposition sind und ob sie in einem Newsfeed als eigene Beiträge denkbar wären? Ist für so kurze Textpassagen das Element `article` wirklich sinnvoll oder wäre das `section`-Element nicht passender?

Wirklich verwirrend wird es aber jenseits der Beispielseite durch die für beide Elemente mögliche Verschachtelung:

▶ Einen langen Artikel (`article`) kann man durchaus in mehrere Abschnitte (`section`) unterteilen.

▶ Jeder dieser Abschnitte (`section`) könnte theoretisch wieder einen Abschnitt (`section`) oder einen Artikel (`article`) enthalten.

Und so weiter und so fort. Wie gesagt: Über die Bedeutung von Dingen lässt es sich vortrefflich streiten, und das ist bei semantischen HTML-Elementen auch nicht anders.

Die semantischen Elemente sollen Ihnen helfen ...

... und Sie nicht in Verwirrung stürzen. Eine sinnvolle Anwendung der Elemente ist nicht immer ganz einfach, aber auch ein `div` ist nach wie vor erlaubt, und Sie sollten nicht *zu viel* über die richtige Lösung nachdenken.

Die semantischen Elemente sollen Ihrem Quelltext mehr Bedeutung geben als vorher, und wenn Sie das erreichen, sind Sie auf jeden Fall schon einmal einen großen Schritt weiter als vorher.

4.5 Die semantischen Strukturelemente in der Praxis

So weit ein erster Überblick über die neuen semantischen Strukturelemente. Bleibt die Frage, wie relevant diese Neuerungen für die tägliche Arbeit eines Webseitenautors sind.

4.5.1 Ist die Webwelt schon bereit für die neuen HTML5-Elemente?

Die kurze Antwort ist wie so oft ein deutliches »Ja, aber ...«:

▶ Ja, Sie können die Elemente im Prinzip problemlos einsetzen.

▶ Aber Sie sollten auch die Vor- und Nachteile abwägen.

Bei einer bestehenden Website gibt es keinen Grund, irgendetwas am Quelltext zu ändern. Da sollte man die Kirche im Dorf lassen, denn der Aufwand der Änderung steht in keinem Verhältnis zum Ergebnis. Die Site wird auch mit altem HTML nach wie vor einwandfrei funktionieren.

Wenn Sie aber eine neue Site oder ein grundlegendes Redesign beginnen, sollten Sie versuchen, die neuen Elemente so weit wie möglich einzusetzen. Jedenfalls solange nichts dagegen spricht, wie zum Beispiel, dass geschätzte neunzig Prozent Ihrer Besucher den Quelltext mit einem IE7 oder IE8 abholen.

Auch wenn Suchmaschinen und Screenreader die Möglichkeiten der in diesem Kapitel gezeigten HTML5-Elemente momentan nur zum Teil ausnutzen, leisten Sie mit dem Einsatz der neuen Elemente einen kleinen Beitrag zur Akzeptanz von HTML5 und damit zur Weiterentwicklung des Web.

Das gibt nicht nur ein gutes Gefühl und Karmapunkte, sondern auch einen sinnvolleren und leichter zu lesenden Quelltext. Und wenn die neuen Elemente sich weiter verbreiten, werden Suchmaschinen und Screenreader das auch irgendwann entsprechend berücksichtigen.

4.5.2   Die semantischen Elemente per CSS stylen

In den allermeisten Browsern ist das Styling der neuen Elemente unproblematisch. Um auf Nummer sicher zu gehen, sollte man im CSS für die in diesem Kapitel vorgestellten Elemente `display:block` definieren, da Browser unbekannte Elemente erst einmal als Inline-Elemente ansehen.

Auf der Beispielseite von HTML5 Bones geschieht das am Anfang des eingebundenen Stylesheets *normalize.css*:

```
article, aside, details, figcaption, figure, footer,
header, hgroup, main, nav, section, summary {
  display: block;
}
```

Listing 4.24 Die neuen HTML-Elemente bekommen »display:block«.

Danach können Sie die Elemente wie gewohnt per CSS gestalten. Schriftformatierung, Rahmenlinien, Hintergrundfarben, Floaten, all das geht mit nav oder aside genauso wie früher mit einem div.

Ein Wort noch zu Selektoren: Da viele der neuen Elemente verschachtelt werden können, reichen einfache Typselektoren oft nicht aus, denn ein Selektor header wählt alle header-Elemente auf der Beispielseite aus. Als Ergänzung bietet sich die Arbeit mit Kind- oder Attributselektoren an:

```
body > header { ... } /* Kindselektor */
header[role="banner"] { ... } /* Attributselektor */
```

Listing 4.25 Kopfbereich selektieren mit Kind- oder Attributselektoren

Mehr über moderne Selektoren erfahren Sie in Kapitel 8, »Selektoren für alle Fälle«. Sofern möglich, kann man natürlich im HTML auch einfach zusätzliche Klassen vergeben und die Elemente darüber selektieren:

```
<header class="pageheader" role="banner">
```

Listing 4.26 Eine zusätzliche Klasse, um den Header zu gestalten

4.5.3   Hilfe für alte Browser per JavaScript: HTML5Shiv

Der Internet Explorer hat bis einschließlich Version 8 ein grundsätzliches Problem im Umgang mit unbekannten Elementen. Für die meisten Browser reicht wie gesagt ein einfaches `display:block` aus, aber IE 7 und 8 verstehen die neuen Elemente überhaupt gar nicht. Listing 4.27 zeigt zunächst ein einfaches Quelltext-Beispiel:

```
<header>
  <h1>HTML5 Bones</h1>
</header>
```

Listing 4.27 Einfaches HTML5-Beispiel mit »header«

Dieses Beispiel erzeugt in IE 7 und 8 ungefähr folgenden Quelltext:

```
<header></header>
  <h1>HTML5 Bones</h1>
</header></header>
```

Listing 4.28 IE 7 und 8 verstehen die neuen Strukturelemente nicht.

Und bei so einem HTML-Müll hilft auch kein CSS mehr. Es gibt zwei mögliche Lösungsansätze für dieses Problem:

▶ Keine neuen HTML5-Elemente. Dazu greift man wieder auf das `div` zurück und benutzt die Namen der neuen Elemente als Klasse, also `<div class="header>` statt `<header>`.

▶ HTML5Shiv – ein kleines JavaScript-Programm. Das Skript heißt mit vollem Namen *HTML5 IE enabling script*, stammt von Remy Sharp und ist auf der Beispielseite bereits eingebunden.

Die Datei heißt *HTML5Shiv-printshiv.js* und wird mit einem Conditional Comment an IE <9 ausgeliefert:

```
<!--[if lt IE 9]>
<script src="js/HTML5Shiv-printshiv.js" media="all"></script>
<![endif]-->
```

Listing 4.29 Die Einbindung des »html5shiv«

Manchmal wird der *HTML5Shiv* übrigens auch als *HTML5Shim* bezeichnet. Beide Begriffe meinen genau dasselbe. Das Skript sorgt dafür, dass ältere Internet Explorer bei der Darstellung Ihrer Webseiten nicht unabsichtlich abstrakte Kunst erzeugen – jedenfalls solange JavaScript eingeschaltet ist. Wer aber heutzutage mit einem IE7 oder IE8 mit ausgeschaltetem JavaScript im Web unterwegs ist, hat wahrscheinlich noch ganz andere Probleme als das etwas seltsame Aussehen Ihrer Webseiten.

Testen Sie die Browser mit »html5test.com«

Falls Sie selbst testen möchten, welcher Browser welche Features unterstützt, starten Sie einen Browser Ihrer Wahl, und surfen Sie zu

▶ *html5test.com*

Die Website zeigt an, welchen Browser Sie gerade benutzen, vergibt Punkte für die HTML5-Unterstützung und listet genau auf, was bereits funktioniert und was nicht.

4.5.4   Wenn das HTML von einem Content-Management-System erzeugt wird

Die allermeisten Quelltexte im Web werden heutzutage nicht mehr von Hand geschrieben, sondern von einem Content-Management-System wie WordPress, Joomla! oder Contao erzeugt.

Die offiziellen Demo-Websites dieser Systeme benutzen HTML5 unterschiedlich. In der Twenty-Twelve-Demo von WordPress zum Beispiel werden bereits viele neue Elemente eingesetzt (Abbildung 4.13).

Abbildung 4.13 Twenty Twelve benutzt die neuen HTML5-Elemente.

Joomla! hingegen geht bei seiner offiziellen Demo für die Version 3 auf Nummer sicher und benutzt div-Elemente mit entsprechenden Klassen (Abbildung 4.14).

Abbildung 4.14 Die Joomla3-Demo geht mit »div« auf Nummer sicher.

Das CMS Contao 3

Contao bringt das Beste aus beiden Welten und überlässt Ihnen die Wahl, denn das System erzeugt je nach Einstellung im Seitenlayout den Quelltext auf Wunsch als XHTML 1.0 oder als HTML5. Wenn Sie sich für Letzteres entscheiden, kommen auch die neuen Strukturelemente zum Einsatz, wobei der HTML5Shiv-Shim automatisch eingefügt wird.

4.5.5 Übung: Beispielseite von HTML5 Bones gestalten

Versuchen Sie doch als kleine Fingerübung einmal, die einfache Beispielseite von HTML5 Bones zu gestalten, ohne großartige Zauberei, Typographie oder Optimierung für mobile Geräte. Zentrieren Sie den Inhalt, fügen Sie ein paar Rahmenlinien ein, blenden Sie die Seitennavigation aus, und floaten Sie die Seitenspalte nach rechts. Kommentieren Sie den Meta-Viewport aus, aber lassen Sie das HTML ansonsten unverändert.

Die CSS-Regeln speichern Sie am besten in der bereits vorhandenen Datei *styles.css*. Dort gibt es schon einen (noch) leeren Abschnitt für die *Author's Styles*. Mit dieser Übung machen Sie sich auf spielerische Art mit den neuen HTML5-Elementen vertraut. Eine einfache Variante könnte zum Beispiel so aussehen wie in Abbildung 4.15.

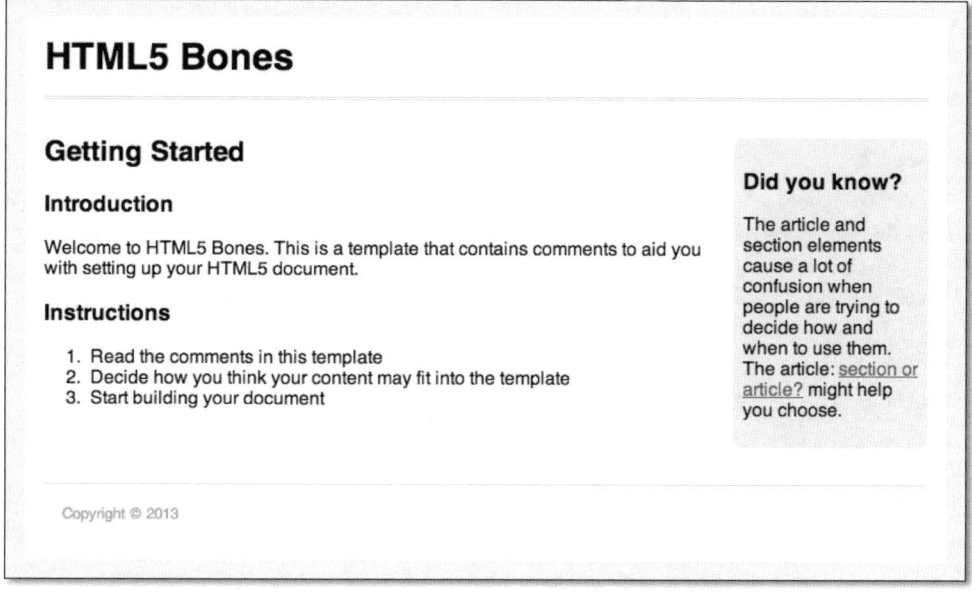

Abbildung 4.15 Die Beispielseite HTML5 Bones mit einfacher Gestaltung

Das CSS zu dieser Abbildung finden Sie im folgenden Listing:

```
/* ---------------------------------------------------------
   Author's styles
   -------------------------------------------------------*/
html { background: #f2f2f2; }
body {
  background: white;
  width: 90%;
  max-width: 960px;
  min-width: 650px;
  padding: 1em;
  margin: 1em auto;
}
body > header {
  padding-bottom: 1em;
```

101

```
    border-bottom: 3px double #ccc;
    margin-bottom: 2em;
}
body > header h1 { margin: 0; }
body > header p { margin: 0; }


abbr[title] { text-decoration: none; border-bottom: none; }
abbr[title]:hover { border-bottom: 1px dotted #08c; }


div.wrap {
    display: table; /* Floats umschließen */
    margin-bottom: 1em;
}
/* Breite < 80%. "border-box" kommt erst später */
main[role="main"] {
    float: left;
    width: 75%;
}
main h2 { margin-top: 0; }
/* Ausblenden, da auf Desktop-Bildschirmen überflüssig */
main nav {
    position: absolute;
    top: -32768px;
    left: -32768px;
}
aside[role="complementary"] {
    float: right;
    width: 20%;
    background: #eee;
    border-radius: 0.5em;
    padding: 0.5em;
}
body > footer {
    clear: both;
    color: #aaa;
    padding: 1em;
    border-top: 1px solid #ccc;
}
```

Listing 4.30 Das CSS zur Beispielseite

4.6   Exkurs: Der Outline-Algorithmus von HTML5

Überschriften gliedern einen Text, und HTML kennt sechs Gliederungsebenen, die durch die Elemente h1 bis h6 repräsentiert werden. Über die korrekte Vergabe dieser Überschriftebenen wird in Webdesignerkreisen ausgesprochen angeregt diskutiert. Dabei gibt es zwei große Gruppen:

▶ Die erste Gruppe benutzt pro Webseite nur eine h1-Überschrift, meistens im Pageheader, und fängt alle anderen Abschnitte mit h2 an.

▶ Die zweite Gruppe setzt das h1 mehrfach ein und beginnt z. B. jeden großen Layoutbereich damit.

Gerald Brozek hat diese Diskussion in einem lesenswerten Beitrag in seinem Blog *hyperkontext.at* dokumentiert:

▶ »Webseite mit Überschriften strukturieren – eine Chronologie«
http://bit.ly/h1h2h3

In diesem Exkurs möchte ich Ihnen zunächst zeigen, wie die Überschriften auf der Beispielseite HTML5 Bones verwendet werden. Anschließend gibt es einen Ausblick auf den geplanten Outline-Algorithmus, durch den sich die Überschriften-Diskussion vielleicht irgendwann erübrigt, auch wenn er es zu HTML5 wahrscheinlich nicht schaffen wird.

4.6.1   Die Ebenen <h1> bis <h6> in HTML5 Bones

Das folgende Listing zeigt etwas verkürzt die Struktur des Quelltextes der Beispielseite von HTML5 Bones:

```
<body>
  <header><h1>HTML5 Bones</h1></header>
  <div class="wrap">
    <main>
      <section>
        <header><h2>Getting Started</h2> </header>
        <article><h3>Introduction</h3> </article>
        <article><h3>Instructions</h3> </article>
      </section>
    </main>
    <aside><h3>Did you know?</h3> </aside>
  <footer>
```

Listing 4.31 Die Überschriften auf der Beispielseite von HTML5 Bones

In diesem Listing werden die Überschriften wie folgt eingesetzt:

▶ h1 ist die erste Überschrift nach <body> und steht im Kopfbereich für die gesamte Seite. Auf einer Website wäre dieser Kopfbereich wahrscheinlich auf allen Seiten gleich oder zumindest ähnlich.

▶ Der Hauptinhalt steht innerhalb von main, und das erste Element darin ist section, das mit einer h2-Überschrift beginnt.

▶ Die Artikel innerhalb von section haben eine h3-Überschrift.

▶ Die Sidebar aside unterhalb der section beginnt ebenfalls mit einer h3-Überschrift.

Das entspricht der traditionellen Verwendung der Überschriftebenen mit nur einer <h1> auf der Seite. Man könnte höchstens noch darüber diskutieren, ob <aside> nicht vielleicht mit einer h2-Überschrift beginnen sollte.

Das folgende Listing zeigt, wie der Quelltext der Beispielseite bei der Verwendung mehrerer h1-Überschriften aussehen würde.

```
<body>
  <header><h1>HTML5 Bones</h1></header>
  <div class="wrap">
    <main>
      <section>
        <header><h1>Getting Started</h1></header>
        <article><h2>Introduction</h2></article>
        <article><h2>Instructions</h2></article>
      </section>
    </main>
    <aside><h1>Did you know?</h1></aside>
  <footer>
```

Listing 4.32 Die Beispielseite mit mehreren h1-Überschriften

In dieser Variante gibt es eine h1 im Pageheader, und sowohl die section als auch das aside beginnen ebenfalls mit h1.

Letztlich ist es mehr oder weniger Geschmackssache, wie man die Überschriften auf der Seite vergibt, denn Argumente gibt es für alle Varianten. Die Hauptsache ist, dass Sie es ein bisschen systematisch machen.

4.6.2   »Sectioning«: Abschnitte mit <nav>, <section>, <article> und <aside>

Tim Berners-Lee, der Erfinder von HTML, ahnte bereits 1991, dass die Verwendung von
<h1> bis <h6> nicht das Gelbe vom Ei ist. In einer öffentlichen Mail auf einer Mailingliste
schrieb er:

> *I would in fact prefer, instead of <h1>, <h2> etc for headings ... to have a nestable*
> *<section>..</section> element, and a generic <h>..</h> which at any level within the*
> *sections would produce the required level of heading.*
> *(Quelle: http://1997.webhistory.org/www.lists/www-talk.1991/0003.html)*

Bereits 1991 hätte Berners-Lee also am liebsten ein Element namens section
(»Abschnitt«) gehabt, das jeweils mit einem h-Element ohne explizite Angabe der Gliederungsebene beginnt. Die Gliederung des Textes ergibt sich dabei automatisch durch
die Verschachtelung der Abschnitte.

Gut zwanzig Jahre später scheint seine Idee vielleicht Wirklichkeit zu werden. In HTML5
gibt es nicht nur section, sondern gleich noch drei weitere sogenannte *Sectioning Elements*. Jedes der folgenden vier Elemente erzeugt einen neuen Abschnitt:

▶ section

▶ nav

▶ article

▶ aside

Der erste Abschnitt eines Dokuments wird durch <body> generiert. Wenn innerhalb von
body eines dieser vier *Sectioning Elements* auftaucht, wird ein neuer Abschnitt erzeugt.
Beachten Sie, dass header, main und footer nicht mit von der Partie sind und daher *keinen* neuen Abschnitt erstellen. Abschnitte sind nicht dasselbe wie Layoutbereiche.

Die Gliederung des Dokuments ergibt sich, wie in der Mail von Tim Berners-Lee angedeutet, durch die Verschachtelung der Abschnitte. In HTML5 gibt es einen *Outline-Algorithmus*, der die Gliederung des Dokuments aus der Verschachtelung der Abschnitte
automatisch errechnet. *Gliederung* heißt auf Englisch *outline*.

Allerdings kann es noch ein bisschen dauern, bis man diesen Algorithmus in der freien
Wildbahn antrifft, denn er existiert noch in keinem Browser. Steve Faulkner, Co-Editor
der W3C-HTML5-Spezifikation, merkte in einem Interview auf *htmldoctor.com* an, dass
die Browserhersteller anscheinend kein besonderes Interesse daran zeigen: »[The outline algorithm] is a proposed feature that implementers in general have not shown an
interest in.«

4.6.3 Den Outline-Algorithmus testen

Testen kann man diesen Algorithmus aber bereits mit speziellen Tools wie zum Beispiel dem auf *gsnedders.html5.org*. Die Struktur der Beispielseite aus Listing 4.31 (das ist die Variante mit nur einer h1-Überschrift) sieht in diesem Tool so aus wie in Abbildung 4.16. Rechts neben den Überschriften habe ich die im Quelltext verwendete Überschriftebene vermerkt.

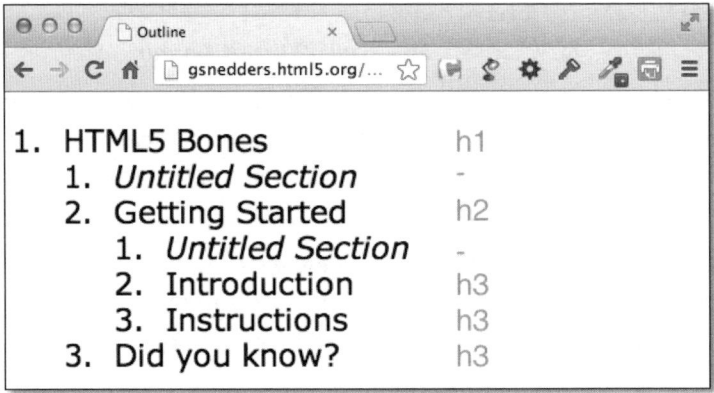

Abbildung 4.16 Die Gliederung der Beispielseite von HTML5 Bones

Diese Gliederung setzt sich wie folgt zusammen:

▶ Die erste Überschrift innerhalb von body lautet *HTML5 Bones*. Das ist die h1 aus dem Pageheader. header ist kein *sectioning element* und hat keine Auswirkung auf die Gliederungsebene, deshalb steht diese Überschrift auf der ersten Ebene.

▶ Die zweite Gliederungsebene beginnt mit der Überschrift *Untitled Section*. Das kommt daher, dass das erste Abschnittselement innerhalb von *body* die Site-Navigation nav im Header ist und dieser Abschnitt keine Überschrift hat. *Untitled Section* heißt so viel wie »Abschnitt ohne Überschrift«.

▶ Ebenfalls auf der zweiten Gliederungsebene steht die Überschrift *Getting Started*. Das ist die h2-Überschrift aus dem Element section im Hauptinhaltsbereich.

▶ Innerhalb dieses Abschnitts gibt es auf der dritten Gliederungsebene drei Überschriften: *Untitled Section* von der nav-Seitennavigation und die beiden h3-Artikelüberschriften.

▶ Wieder auf der zweiten Gliederungsebene steht die Überschrift *Did you know?* aus dem aside, die eine h3-Überschrift ist.

Abbildung 4.16 sieht auf den ersten Blick recht logisch aus: h1 steht auf der ersten Gliederungsebene, h2 auf der zweiten und h3 auf der dritten. Der Bruch kommt mit der h3-

Überschrift *Did you know?* aus dem Element aside: Obwohl im Quelltext ein h3 steht, erscheint die Überschrift auf der zweiten Gliederungsebene.

Grund für diesen Bruch ist die Verschachtelung der Abschnittselemente: aside hat dieselbe Verschachtelungstiefe wie die Seitennavigation nav (*Untitled Section*) und das section (*Getting Started*). Dass im aside eine h3-Überschrift steht, spielt für den Outline-Algorithmus keine Rolle. Im Quelltext könnte überall nur <h1> stehen oder, wenn es das Element geben würde, ein allgemeines <h> ohne eine Zahl dahinter. Was zählt, ist einzig und allein die Verschachtelungstiefe der *Sectioning Elements*.

4

Vielleicht bekommen Sie beim Nachdenken langsam, aber sicher einen kleinen Knoten in Ihren Gedanken, aber schauen Sie sich trotzdem einmal die nächste Abbildung an, die den Quelltext aus Listing 4.32 mit mehreren h1-Überschriften zeigt (Abbildung 4.17).

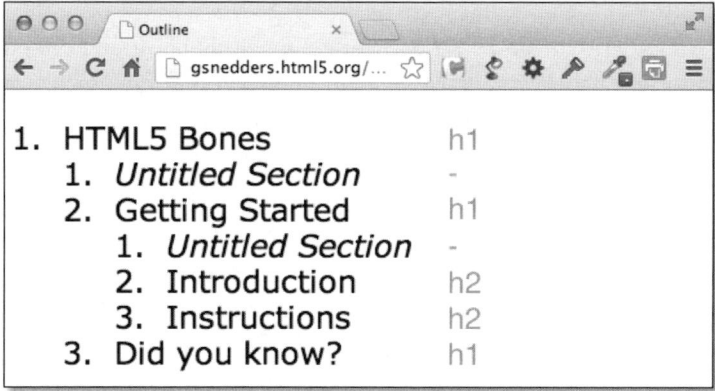

Abbildung 4.17 Die Gliederung mit mehreren h1-Überschriften

Sehen Sie den Unterschied in der Gliederung zwischen Abbildung 4.16 und Abbildung 4.17? Genau. Es gibt keinen. Was den Outline-Algorithmus von HTML5 betrifft, sind beide Varianten identisch. Ob h1 einmal oder mehrfach auf einer Seite verwendet wird, hat keinerlei Auswirkung auf die Gliederung. Sie könnten theoretisch auch jeden Abschnitt mit <h4> beginnen, und an der Gliederung würde sich nichts ändern. Es zählt wie gesagt nur die Verschachtelung der Abschnittselemente.

4.6.4   Fazit: Der Outline-Algorithmus ist Zukunftsmusik

Der Outline-Algorithmus ist an und für sich eine gute Idee, wird aber wahrscheinlich in den nächsten Jahren genau das bleiben. Eine gute Idee.

Der Vorteil für Webseitenautoren ist, dass sie ihre Gewohnheiten bei der Vergabe von Überschriften auf Webseiten vorerst nicht ändern müssen. Ein potenzieller Nachteil hingegen ist, dass die unfruchtbaren Diskussionen über den korrekten Gebrauch der Überschriften wahrscheinlich nicht aufhören werden.

Falls Sie sich bereits eingehender über den Outline-Algorithmus von HTML5 informieren möchten, ist ein im Smashing Magazine veröffentlichter Artikel zum Thema eine echte Empfehlung:

▶ »The Importance of HTML5 Sectioning Elements«
   coding.smashingmagazine.com/2013/01/18/the-importance-of-sections/

Heydon Pickering erklärt darin sehr geduldig und ausführlich, warum das mit dem *Sectioning* eigentlich eine sehr nützliche Sache ist.

4.6.5   Und was ist mit <hgroup>?

Das Element hgroup war in den Entwürfen zu HTML5 vertreten, wird aber in der ersten HTML5-Spezifikation nicht mehr dabei sein. hgroup war zum Beispiel sehr praktisch, um Titel und Untertitel im Pageheader einer Webseite semantisch sinnvoll auszuzeichnen:

```
<header>
  <hgroup>
    <h1>HTML5 Bones</h1>
    <h2>Back to Basics</h2>
  </hgroup>
</header>
```

Listing 4.33 Titel und Untertitel mit <hgroup>

Das hgroup bietet in diesem Listing auch gleich die Möglichkeit, Titel und Untertitel im CSS zusammen gestalten zu können. Die eigentliche Aufgabe von hgroup bestand allerdings darin, die h2-Überschrift vor dem Outline-Algorithmus zu verstecken, sodass sie nicht in der Gliederung auftaucht. Da es den Outline-Algorithmus aber wie gesagt noch in keinem Browser gibt, ist hgroup folgerichtig erst einmal nicht Teil von HTML5.

4.6.6   Wie man Untertitel auszeichnen sollte – Alternativen zu <hgroup>

Das bedeutet, dass Sie Titel und Untertitel bis auf weiteres wieder traditionell auszeichnen müssen, zum Beispiel so:

```
<header>
  <h1>HTML5 Bones</h1>
  <p class="subtitle">Back to Basics</p>
</header>
```

Listing 4.34 Titel und Untertitel traditionell

Und falls Sie zur Gestaltung von Titel und Untertitel ein zusätzliches Element drumherum benötigen, nehmen Sie ein ganz normales div. Am besten mit einer *in memoriam*-Klasse namens *hgroup*, wie im folgenden Listing:

```
<header>
  <div class="hgroup">
    <h1>HTML5 Bones</h1>
    <p class="subtitle">Back to Basics</p>
  </div>
</header>
```

Listing 4.35 Titel und Untertitel traditionell mit einem extra »div«

HTML Doctor Steve Faulkner zu Unterüberschriften

Steve Faulkner hat sich auch ein paar Gedanken zum Thema gemacht:

▶ *html5doctor.com/howto-subheadings/*

Fazit: Das Thema ist zwar simpel, aber nach wie vor *work in progress*.

Kapitel 5

Kleinigkeiten, Formulare und Multimedia

Worin Sie zunächst ein paar kleinere Änderungen in HTML5 und einige neue Elemente kennen. Danach erfahren Sie Neues zu Formularen und zur Einbindung von Multimedia.

Die Themen im Überblick:

Dieses Kapitel beendet die HTML5-Rundreise und zeigt Ihnen neue Elemente und Änderungen an bereits bekannten Elementen (z. B. Links um Blockelemente). Außerdem gibt es Neues in Formularen und HTML-Elemente zur Einbindung von Audio und Video.

5.1 Abbildungen mit <figure> und <figcaption>

In HTML 5 hat man sich endlich der Beschriftung von Abbildungen angenommen und mit figure und figcaption zwei Elemente eingeführt, die für diese Aufgabe hervorragend geeignet sind.

5.1.1 Ein Bild mit Beschriftung

Das Element figure umgibt Bilder, Diagramme, Illustrationen, Fotos oder auch Code-Beispiele und deren Beschriftung mit figcaption. Das folgende Listing zeigt figure mit einem Foto und einer Beschriftung:

```
<figure>
<img src="noorderhaven01.jpg" alt="Noorderhaven">
<figcaption>Der Noorderhaven in Groningen</figcaption>
</figure>
```

Listing 5.1 »figure« und »figcaption« im Einsatz

Mit ein klein bisschen Styling könnte dieses Beispiel im Browser so aussehen wie in Abbildung 5.1.

Abbildung 5.1 »figure«, »img« und »figcaption« – Foto mit Beschriftung

5.1.2   Mehrere Bilder mit Beschriftung

Während das Element figure durchaus mehrere Bilder oder auch andere Blockelemente enthalten kann, ist die Beschriftung figcaption pro figure nur einmal erlaubt (Abbildung 5.2).

Das folgende Listing zeigt figure mit zwei Grafiken plus Beschriftung:

```
<figure>
<img src="noorderhaven01.jpg" alt="Noorderhaven">
<img src="noorderhaven02.jpg" alt="Nochmal Noorderhaven">
<figcaption>Der Noorderhaven in Groningen</figcaption>
</figure>
```

Listing 5.2 »figure« und »figcaption« im Einsatz

Der Noorderhaven in Groningen

Abbildung 5.2 »figure« und »figcaption« – zwei Fotos mit Beschriftung

Innerhalb von figure können Sie nicht nur Grafiken, sondern auch andere Elemente wie z. B. code einfügen und beschriften. In der HTML5-Spezifikation steht zudem, dass figcaption-Elemente von diversen anderen Elementen oder umgekehrt mehrere Elemente von einem figcaption gefolgt werden dürfen. Daraus können Sie messerscharf schließen, dass figcaption vor oder nach den zu beschriftenden Elementen stehen darf, aber *nicht dazwischen*.

5.2   Änderungen für ältere HTML-Elemente

In älteren HTML-Versionen gab es durchaus das eine oder andere Element, das eher zur Gestaltung denn zur Strukturierung diente. In HTML5 wurden einige dieser Kandidaten wie center, big und font ersatzlos gestrichen, andere hingegen, wie small und hr, semantisch uminterpretiert.

Dieser Abschnitt präsentiert Ihnen ein paar kleinere, aber nützliche Änderungen für bereits vorhandene Elemente, und los geht es mit Hyperlinks.

5.2.1   Hyperlinks um Blockelemente sind jetzt erlaubt

In älteren HTML-Versionen war das Element a ein Inline-Element und durfte als solches auch nur Inline-Elemente enthalten. Wenn man also eine Gruppierung von Block- und Inline-Elementen wie zum Beispiel eine Infobox mit Überschrift, Bild und Fließtext komplett anklickbar machen wollte, musste man alle Elemente einzeln verlinken.

In HTML5 ist a ein *transparentes Element*, eine Art Chamäleon, das je nach Kontext sowohl Inline- als auch Blockelement sein kann. Hyperlinks dürfen also jetzt auch Blockelemente enthalten, und zwar sogar gleich mehrere, was im Alltag sehr nützlich ist.

Eine komplett anklickbare Infobox wie im folgenden Listing ist in HTML5 jetzt offiziell erlaubt:

```
<a href="#">
<section class="infobox">
<h2>Der Noorderhaven</h2>
<figure>
<img src="noorderhaven01.jpg" alt="Der Noorderhaven">
<figcaption>Der Noorderhaven in Groningen</figcaption>
</figure>
<p>Lorem ipsum ...</p>
</section>
</a>
```

Listing 5.3 Hyperlinks dürfen jetzt Blockelemente enthalten.

Im Browser ist die gesamte Box anklickbar, und besonders auf einem kleineren Touch-screen ist das sehr praktisch. Das `section`-Element hat ein leichtes Styling bekommen:

```
section.infobox {
  background: #eee;
  padding: 1em;
  border: 1px solid #ccc;
  }
```

Listing 5.4 Ein bisschen Styling für »section.infobox«

Abbildung 5.3 zeigt diese Infobox. Ohne weiteres Styling sind Überschrift, Bildunter-schrift und Fließtext wie bei Links üblich blau und unterstrichen.

Abbildung 5.3 Link um Blockelemente – die gesamte Box ist anklickbar.

Wenn Sie mit einem Style wie a { color: #333; text-decoration: none; } die Unterstreichung entfernen und die Schriftfarbe ändern, sieht die Box zwar ansprechender aus, aber für den Benutzer ist nicht mehr erkennbar, dass die Box anklickbar ist (Abbildung 5.4).

Abbildung 5.4 Link um Blockelemente – hübscher, aber undeutlicher

Achten Sie darauf, dass für den Benutzer in irgendeiner Form erkennbar bleibt, dass die Infobox anklickbar ist, entweder durch die Gestaltung oder durch den Kontext.

Link in neuem Fenster öffnen? »target« ist wieder erlaubt.

Das Attribut target ist nach seiner Verbannung in früheren HTML-Versionen in HTML5 ganz offiziell wieder erlaubt. Sie müssen also kein schlechtes Gewissen mehr haben, wenn Sie einen solchen Link schreiben:

```
<a href="#" target="_blank">Link in neuem Fenster</a>
```

Sie sollten es sparsam benutzen, aber manchmal ist es einfach praktisch.

5.2.2 <ol>: Nummerierungen müssen nicht immer mit »1« anfangen

Die *geordnete Liste*, wie eine Nummerierung mit korrektem Namen heißt, hat in HTML5 zwei neue Attribute, die in XHTML 1.0 zwischenzeitlich versehentlich rausgeflogen waren.

Die Rede ist von start, mit dem man einer Nummerierung den Startwert mit auf den Weg geben kann, und von type, das die Art der Nummerierung beeinflusst:

```
<ol start="5" type="A"> ... </ol>
```

Listing 5.5 Das Element »ol« und die Attribute »start« und »type«

In diesem Fall beginnt die Liste nicht mit »1«, sondern mit »E«. Gültige Werte für type sind »1« oder »a« oder »A« oder »i« oder »I«, sodass man sogar eine römische Nummerierung erstellen kann.

5.2.3 <address> zeigt Kontaktinformationen für die Seite und für Artikel

Das Element address dient wie bisher auch zur Auszeichnung von Kontaktinformationen. Ob das eine E-Mail-Adresse, eine postalische Adresse, eine URL oder ein QR-Code ist, spielt dabei keine Rolle.

Das address-Element darf auf einer Seite in HTML5 mehrfach vorhanden sein, und es gilt dabei für das im DOM-Baum nächsthöhere article-Element und enthält Kontaktinformationen für diesen Artikel. Sollte es keinen solchen Artikel geben, gilt address für body und somit für die ganze Seite.

Steht address also zum Beispiel am Ende eines Artikels, gelten die Kontaktinfos nur für diesen Artikel oder Blogbeitrag. Hier ein Beispiel:

```
<body>
<h1>Tools zur Arbeit mit HTML5</h1>
<article>
  <h2>HTML5 Bones</h2>
  <p>HTML5 Bones ist das wahrscheinlich schlankste Website-
     Grundgerüst und nutzt neueste HTML5-Elemente...</p>
  <address>
  Info: <a href="http://html5bones.com/">Ian Devlin</a>
  </address>
</article>
<footer>
<address><a href="http://pmueller.de/kontakt.html">Schreiben Sie uns</
a>, falls Sie noch allgemeine Fragen haben.</address>
<small>Copyright &copy; <time>2013</time></small>
</footer>
</body>
```

Listing 5.6 Kontaktinformationen mit »address«

Die Kontaktinformation am Ende des Listings bezieht sich auf body und somit auf das gesamte Dokument. Die Kontaktadresse innerhalb des Artikels gilt nur für diesen Artikel.

Eine weitere Neuerung in HTML5 ist, dass man innerhalb von address bei Bedarf auch Blockelemente wie p oder Listen einsetzen darf. Überschriften oder semantische Strukturelemente wie header, footer, article usw. bleiben aber verboten.

5.2.4   <small> steht jetzt für »das Kleingedruckte«

Das Element small war eine weit verbreitete Art, in HTML kleinere Schrift zu erzeugen. Gestaltung ist die Aufgabe von CSS, aber statt small einfach ersatzlos zu streichen, wurde es sozusagen »semantisiert«. In HTML5 kennzeichnet small das sprichwörtliche Kleingedruckte wie Copyright-Infos, Disclaimer, legale Anmerkungen und dergleichen mehr.

small für das Kleingedruckte. In der ansonsten eher staubtrockenen HTML5-Spezifikation kann das durchaus als Anflug von Humor gelten. Auf der Beispielseite HTML5 Bones umgibt small das Copyright im Fußbereich (Abbildung 5.5).

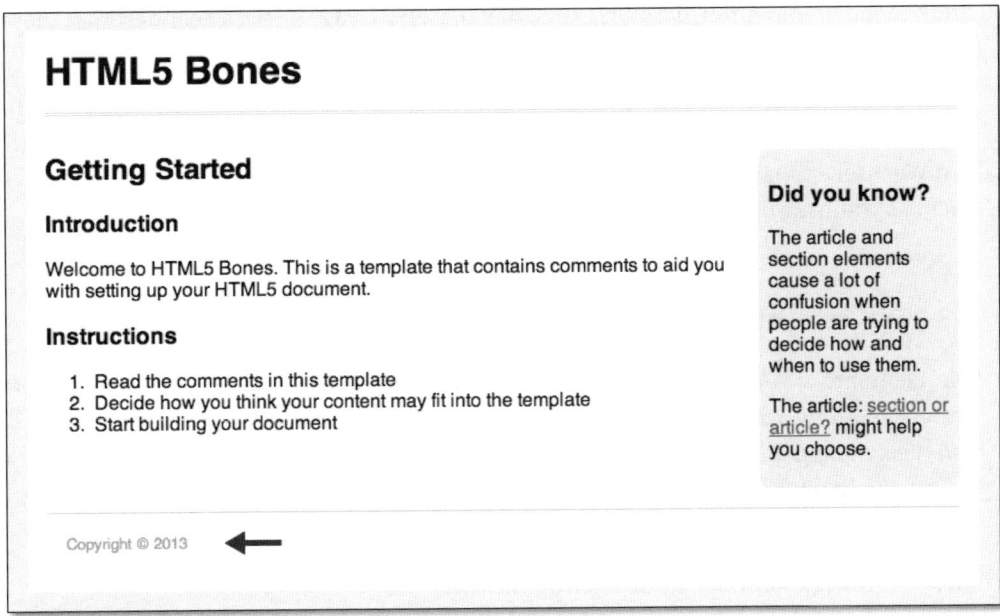

Abbildung 5.5 Das Kleingedruckte wird mit »small« ausgezeichnet.

Im Quelltext der Webseite sieht das so aus:

```
<footer role="contentinfo">
<small>Copyright &copy; <time datetime="2013">2013</time></small>
</footer>
```

Listing 5.7 Das Kleingedruckte einer Website mit »small«

5.2.5   `<hr>` markiert einen inhaltlichen Bruch innerhalb eines Abschnitts

Auch das Element hr hat eine neue semantische Ausrichtung. Diente das Element früher rein gestalterischen Zwecken, nämlich dem Einfügen einer einfachen horizontalen Trennlinie, so ist die semantische Bedeutung jetzt die eines *paragraph-level thematic break*.

hr ist demnach nicht mehr einfach nur eine Linie, sondern eine Linie, die einen »inhaltlichen Bruch auf Absatzebene« markiert. *Absatzebene* meint nicht nur das p-Element, sondern *innerhalb eines Abschnitts*. Das gilt also auch für andere Blockelemente wie Listen und Ähnliches.

Ein typisches Beispiel sind Erzählungen oder Romane, bei denen zwischen zwei Absätzen ein etwas größerer vertikaler Abstand, eine geschwungene Linie oder drei einsame Sternchen * * * andeuten, dass sich zwischen diesen Absätzen etwas geändert hat. Diese Trennung würde man in HTML jetzt mit einem hr machen. Semantik at its best.

Vereinfacht gesagt ist hr immer dann dran, wenn innerhalb eines Textes ein inhaltlicher Bruch oder Wechsel erfolgt, man aber keine Überschrift einsetzen möchte, die diesen Wechsel explizit kennzeichnet. Anders ausgedrückt: Wahrscheinlich werden Sie es nicht so wahnsinnig oft benötigen.

5.3   Die verschiedenen Formen der Hervorhebung

Die Elemente strong, em, i und b sind in HTML5 ebenfalls neu definiert worden. Die Unterscheidung, wann man welches Element benutzen sollte, wird dadurch auf den ersten Blick nicht gerade einfacher, ist aber eigentlich gar nicht so schwer. Außerdem gibt es mit mark noch ein neues Element zur interaktiven Hervorhebung von Text.

5.3.1   `<strong>` kennzeichnet wichtigen Text

Am einfachsten zu verstehen ist das Element strong, denn es hat sich gegenüber früheren HTML-Versionen kaum geändert. Es kennzeichnet wie bisher Text, der besonders wichtig ist und deshalb hervorgehoben wird:

```
<p>HTML-Elemente erzeugen <strong>rechteckige Boxen</strong>.</p>
```

Listing 5.8 »strong« hebt wichtige Textstellen hervor.

Bei strong geht es wie früher um die Wichtigkeit des markierten Textes. In visuellen Browsern geschieht die Hervorhebung meist durch Fettdruck, in Screenreadern könnte die Stimme gehoben oder die Lautstärke geändert werden. Durch die Hervorhebung des Textes mit strong wird aber, anders als beim Element em im folgenden Abschnitt, die Bedeutung des Satzes nicht verändert.

Die Wichtigkeit der Hervorhebung kann man durch den mehrfachen Einsatz von strong verstärken:

```
<p><strong><strong>Achtung!</strong></strong> Falscher Alarm.</p>
```

Listing 5.9 Je mehr »strong«, desto wichtiger

Zum Schluss die Merkhilfe für strong: »Wenn der Text **fett wichtig** ist«.

5.3.2 <em> kennzeichnet eine andere sprachliche Betonung

Das Element em stand in früheren HTML-Versionen für *Betonung* und war eine Zwischenstufe zwischen dem neutralen span und dem wichtigeren strong. Wenn ein Wort etwas wichtiger war als normaler Text, dann wurde es mit em ausgezeichnet, wenn es viel wichtiger war mit strong. Diese Rangfolge existiert in HTML5 nicht mehr.

Bei einem mit em ausgezeichneten Text geht es immer noch um die *Betonung*, aber damit ist jetzt die *Aussprache* eines Wortes gemeint. Der von em umgebene Text würde beim Sprechen anders *betont* werden. Das Element em ändert also durch eine andere Betonung die *Bedeutung* des Wortes oder des umgebenden Satzes. In der Typographie wird das traditionell kursiv dargestellt.

Listing 5.10 zeigt zunächst einen neutralen Text und dann verschiedene mögliche Betonungen, die die Bedeutung des neutralen Satzes verändern:

```
<p>Das ist ein sehr gutes Beispiel.</p>
<p><em>Das</em> ist ein sehr gutes Beispiel.</p>
<p>Das ist ein <em>sehr</em> gutes Beispiel.</p>
```

Listing 5.10 »em« betont Text und verändert dadurch Bedeutung.

Ein weiterer Fall für em sind ironische oder sarkastische Anmerkungen, bei denen der Sinn eines Textes durch seine Betonung verändert wird:

```
<p>Das haben Sie ja <em>toll</em> gemacht.</p>
```

Listing 5.11 »em« kennzeichnet auch Ironie oder Sarkasmus.

In diesem Satz wird die Bedeutung durch die Hervorhebung des Wortes *toll* mit em ins Gegenteil verkehrt.

Die Merkhilfe für em: *»Kursiv, und, ähm, wird anders ausgesprochen«.*

5.3.3   `<i>` kennzeichnet Begriffe, Namen oder Ähnliches im Fließtext

Das Element i kennzeichnet Text, der zwar vom umgebenden Text abgesetzt werden soll, der aber keine besondere Bedeutung oder Wichtigkeit hat und auch nicht anders ausgesprochen wird. Typographisch wird ein solcher Text genau wie em *kursiv* dargestellt, aber im Gegensatz zu em verändert ein i-Element die Bedeutung oder die Aussprache des Textes nicht. Beispiele für den Einsatz von i sind Begriffe, besondere Namen, zum Beispiel von Schiffen, oder auch ein Gedanke:

```
<p>Die <i>Titanic</i> kommt früher an als geplant.</p>
<p>In HTML5 ist <i>Semantik</i> nicht unwichtig.</p>
```

Listing 5.12 »i« kennzeichnet Namen oder Begriffe.

Merkhilfe zum Einsatz von i: *»Kursiv, für Schiffe und Begriffe«.*

5.3.4   `<b>` hebt Texte wie zum Beispiel Teaser ab

Das gute alte Element b ist ebenfalls uminterpretiert worden. Es kennzeichnet jetzt Text, der zwar abgesetzt werden soll, der aber keine besondere Bedeutung oder Wichtigkeit hat und auch nicht anders ausgesprochen wird. Typographisch wird b meist fett dargestellt. Fett, aber nicht wichtig. Das scheint zumindest auf den ersten Blick ein Widerspruch zu sein.

Die HTML5-Spezifikation nennt als typisches Beispiel dafür die Einleitung zu einem Artikel, oft auch *Teaser* genannt:

```
<article>
<h2>Die Artikelüberschrift</h2>
<p><b>Der einleitende, hervorgehobene Text... </b></p>.
<p>Der normale Text des Artikels ...</p>
</article>
```

Listing 5.13 Teaser sind ein typisches Einsatzgebiet für »b«.

Eine Merkhilfe für b lohnt sich eigentlich nicht, denn das Ding wird man wahrscheinlich nicht sonderlich oft benutzen, aber sei's drum: »**Fett**, auch wenn's **nicht wichtig** ist«.

Teaser gestalten per CSS

Statt über ein b-Element könnte man den ersten Absatz eines Artikels im CSS auch mit einer Klasse oder direkt ansprechen:

```
article > p.teaser { ... }
article > p:first-of-type { ... }
```

Mehr zu dieser Art von Selektoren erfahren Sie in Kapitel 8, »Selektoren für alle Fälle«.

5.3.5   <mark> hebt Text hervor, der für den Benutzer wichtig ist

Mit einem Textmarker markiert ein Leser Stellen im Text, die ihm beim Lesen besonders wichtig erscheinen.

Das Element mark funktioniert genau wie ein Textmarker: Mit mark werden Textpassagen hervorgehoben, die für den Benutzer von besonderer Bedeutung sind. Diese Hervorhebungen sind im Web oft das Ergebnis einer Interaktion mit der Webseite.

Ein typisches Beispiel ist die interaktive Hervorhebung von Suchbegriffen in einem Suchergebnis (Abbildung 5.6).

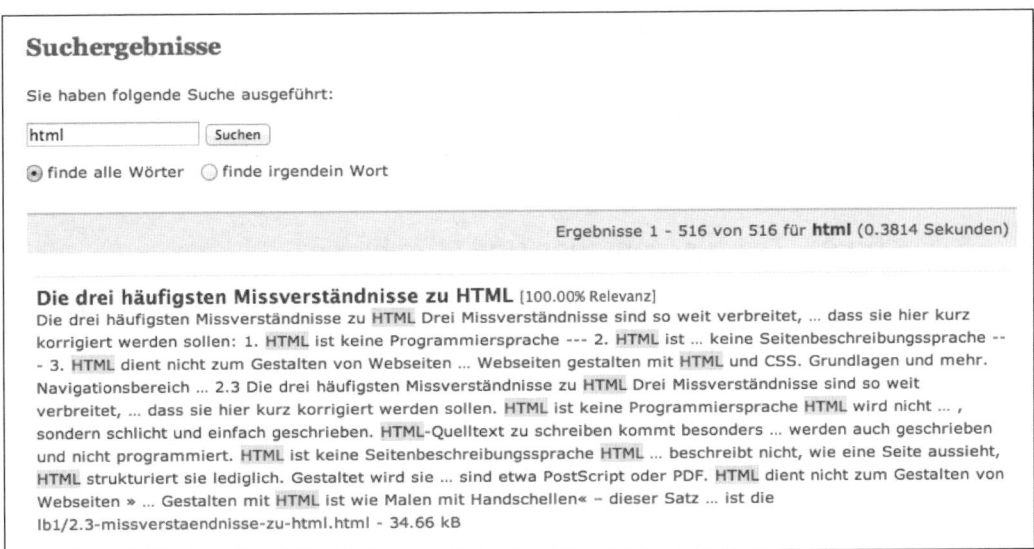

Abbildung 5.6 Die Hervorhebung von Suchbegriffen mit »mark«

Für solche Hervorhebungen werden momentan oft Konstrukte wie `<span class="high-light">` oder auch ein `<strong>` verwendet, aber `mark` ist künftig die bessere Wahl:

```
<h2>Ergebnisse 1 - 516 für <mark>HTML</mark></h2>
<p><mark>HTML</mark> dient nicht zum Gestalten [...]</p>
```

Listing 5.14 »mark« hebt zum Beispiel Suchbegriffe hervor.

Wie genau der mit `mark` ausgezeichnete Text hervorgehoben wird, definiert man im CSS. Eine textmarkerähnliche Hervorhebung erreicht man ganz einfach mit `background-color: yellow`.

5.3.6 Übersicht: Merkhilfen für die Elemente zur Hervorhebung

Auch wenn die verschiedenen Formen der Hervorhebung am Anfang verwirrende Vielfalt versprechen, ist der Einsatz im Alltag leichter als erwartet. Tabelle 5.1 zeigt die Merkhilfen aus diesem Abschnitt auf einen Blick.

Element	Merkhilfe
strong	Wenn der Text **fett wichtig** ist.
em	*Kursiv*, und, ähm, wird anders ausgesprochen.
i	*Kursiv*, für Schiffe und Begriffe.
b	**Fett**, auch wenn's nicht wichtig ist.
mark	Interaktiv. Den Textmarker benutzt der Leser, nicht der Autor.

Tabelle 5.1 Merkhilfe für HTML5-Elemente zur Hervorhebung von Text

5.4 `<time>`: Zeit für Menschen und Maschinen

Das Element `time` dient zur Auszeichnung eines Datums oder einer Uhrzeit. Datumsangaben sind in der Computerei prinzipiell problematisch, denn fast jedes Land auf diesem Planeten hat seine eigene Art, ein Datum zu notieren:

▶ In Deutschland schreiben wir zuerst den Tag und dann den Monat, Amerikaner hingegen bevorzugen zuerst den Monat und dann den Tag.

▶ Mal werden Punkte als Trennzeichen benutzt, mal Striche oder Leerstellen.

▶ Der Monat wird entweder als Name ausgeschrieben, abgekürzt oder als Zahl zwischen 1 und 12 notiert.

Die möglichen Varianten tendieren gegen unendlich, besonders wenn man bedenkt, dass es auch noch ganz andere Kalendersysteme gibt.

5.4.1   Datumsangaben mit <time>

Das time-Element versucht der Komplexität von Datumsangaben gerecht zu werden, indem es das Datum in zwei Teilen erfasst:

▶ Die Zeichen zwischen <time> und </time> erscheinen im Browser. Dort können Sie das Datum so schreiben, wie Sie es möchten. Es muss nicht einmal ein Datum sein. »Mein Geburtstag« ginge auch.

▶ Das Attribut datetime hingegen enthält eine in der Spezifikation definierte maschinenlesbare Variante des Datums.

Die Reihenfolge für das maschinenlesbare Datum im Attribut datetime ist festgelegt als Jahreszahl, Monat und Tag. Die Jahreszahl hat vier Stellen, Monat und Tag jeweils zwei. Fehlt die vierstellige Jahreszahl, kommt zuerst der Monat und dann der Tag.

Das folgende Listing zeigt ein paar mögliche Datumsvarianten:

```
<time datetime="2014-04-01">1. April 2014</time>
<time datetime="2014-04-01">First of April 2014</time>
<time datetime="2014-04-01">April Fools' Day in 2014</time>
<time datetime="04-01">Jedes Jahr wieder Aprilscherze</time>
```

Listing 5.15 Das Element »time« mit Datumsangaben

Wenn der Text zwischen <time> und </time> bereits ein maschinenlesbares Datum ist, können Sie das Attribut datetime auch weglassen:

```
<time>2014</time>
<time>2014-04-01</time>
```

Listing 5.16 Datumsangabe mit »time« ohne das Attribut »datetime«

5.4.2   Die Uhrzeit mit <time>

Eine Uhrzeit wird im Attribut datetime immer im 24-Stunden-Format notiert. Es gibt also kein angelsächsisches *3 a. m.* oder *12 p. m.* Wenn Datum und Uhrzeit zusammen angegeben werden, wird die Uhrzeit mit einem T oder einer Leerstelle vom Datum getrennt:

```
<time datetime="2014-04-01T13:00">13 Uhr am 1. April</time>
<time datetime="2014-04-01 13:00">13 Uhr am 1. April</time>
<time datetime="22:00">Zehn Uhr abends</time>
```

Listing 5.17 Das Element »time« mit Zeitangaben

Da Webseiten weltweit veröffentlicht werden, ist es bei einer Uhrzeit oft von Vorteil, zu wissen, auf welche Zeitzone sie sich bezieht. Dazu gibt es verschiedene Möglichkeiten. Die einfachste Variante ist der Buchstabe Z hinter der Uhrzeit. Das bedeutet *UTC* (koordinierte Weltzeit), was letztlich dasselbe ist wie *GMT* (Greenwich Mean Time). Bei anderen Zeitzonen folgt nach der Uhrzeit ein Plus- oder Minuszeichen und der Zeitunterschied zur UTC im Format Stunden:Minuten.

Das folgende Listing zeigt die Uhrzeit »Zehn Uhr achtundzwanzig« in verschiedenen Zeitzonen:

```
<time datetime="10:28Z">Fast halb elf (UTC)</time>
<time datetime="10:28+00:00">Auch fast halb elf (UTC)</time>
<time datetime="10:28+01:00">In Berlin</time>
<time datetime="10:28-08:00">In San Francisco</time>
<time datetime="10:28+05:45">In Kathmandu (Nepal)</time>
<time datetime="2014-04-01 10:28+01:00">am 1.4. in BER</time>
```

Listing 5.18 Uhrzeit plus Zeitzone und einmal auch mit Datum

Zum Schluss noch ein paar Beispiele mit allgemeineren und unvollständigen Datumsangaben wie »April 2014«. Diese sind im Alltag sehr nützlich:

```
<time datetime="2014-04">April 2014</time>
<time datetime="04-01">1. April</time> (egal welches Jahr)
<time datetime="2014-W23">Kalenderwoche 23 in 2014</time>
```

Listing 5.19 Das Element »time« mit ungenauen Datumsangaben

Die Übersicht zu »time« beim W3C

Da die möglichen Varianten wie gesagt gefühlt gegen unendlich tendieren, folgt hier noch der Link zur Spezifikation:

▶ *www.w3.org/TR/html-markup/time.html*

Dort gibt es eine detaillierte Erklärung und Links zu den möglichen Datums- und Zeitformaten.

5.5   Formulare in HTML5: Neue Attribute

In HTML5 gibt es sowohl neue Formularelemente als auch neue Attribute. Zunächst möchte ich Ihnen kurz die neuen Attribute placeholder, required und autofocus vorstellen. Moderne Browser, die diese Attribute kennen, können darauf reagieren, ältere Browser ignorieren sie einfach.

5.5.1   Platzhalter: Formularfelder vorbelegen mit placeholder

Das Attribut placeholder ist als Platzhalter gedacht und ermöglicht es, ein Beispiel zum korrekten Ausfüllen des Feldes anzuzeigen:

```
<input type="text" placeholder="Waldemar Weber" ...>
```

Listing 5.20 »placeholder« ermöglicht eine Vorbelegung des Feldes.

Damit kann man dem Benutzer auf einfache Weise ein Beispiel geben, wie er das Formularfeld idealerweise ausfüllen sollte (Abbildung 5.7).

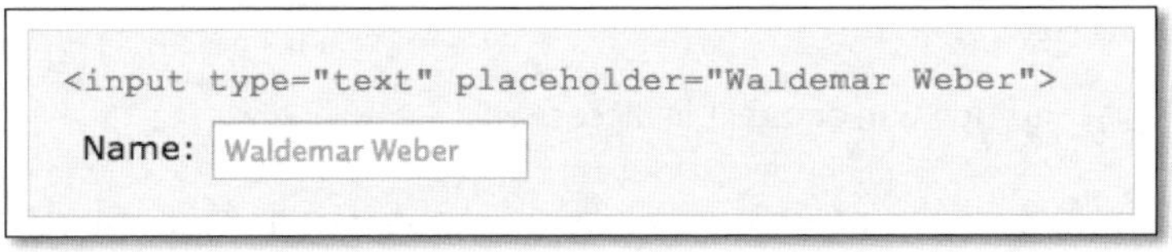

```
<input type="text" placeholder="Waldemar Weber">
```
Name: Waldemar Weber

Abbildung 5.7 Das Attribut »placeholder« ermöglicht eine Vorbelegung.

Browser, die das Attribut kennen, entfernen den vorgegebenen Text automatisch, sobald das Formularfeld den Fokus erhält oder wenn der Benutzer das erste Zeichen eingibt. Browser, die das Attribut nicht kennen, ignorieren es komplett, und das Feld bleibt leer.

5.5.2   Pflichtfelder definieren mit required

Das Attribut required kennzeichnet ein Pflichtfeld.

```
<input type="text" required ...>
```

Listing 5.21 »required« informiert die Browser über Pflichtfelder.

Einige Browser verstehen das Attribut bereits und geben nach dem Abschicken des Formulars eine Fehlermeldung aus, wenn das Feld nicht ausgefüllt wurde (Abbildung 5.8).

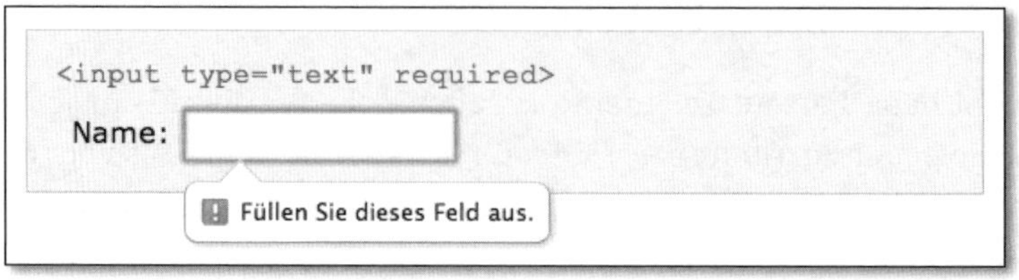

```
<input type="text" required>
Name: [                    ]
       [!] Füllen Sie dieses Feld aus.
```

Abbildung 5.8 Mit »required« prüft der Browser, ob das Feld ausgefüllt ist.

Das Attribut required sagt aber lediglich dem Browser Bescheid, dass es sich um ein Pflichtfeld handelt. Dem Benutzer müssen Sie das selbst mitteilen, indem Sie in der Beschriftung das obligatorische Sternchen oder einen entsprechenden Text wie »Name (Pflichtfeld)« hinzufügen.

5.5.3 Den Cursor automatisch platzieren mit autofocus

Als Letztes in der Reihe der neuen Attribute möchte ich Ihnen noch autofocus kurz vorstellen.

```
<input type="text" autofocus ...>
```

Listing 5.22 »autofocus« platziert den Cursor direkt in dieses Feld.

autofocus platziert den Cursor nach dem Laden der Webseite sofort in das entsprechende Feld, sodass der Benutzer sofort mit der Eingabe beginnen kann.

5.6 Formulare in HTML5: Semantische Input-Typen

In HTML5 gibt es aber nicht nur diese neuen Attribute, sondern auch einige sehr nützliche neue Eingabefelder, die das gute alte Texteingabefeld um völlig neue Möglichkeiten erweitern. Da diese neuen Felder die Bedeutung der Eingabe widerspiegeln, spricht man auch von *semantischen Formularfeldern*.

Alte Browser behandeln die neuen Input-Typen als Texteingabefeld

Gleich vorweg erst einmal die gute Nachricht. Falls ein Browser die in diesem Abschnitt vorgestellten neuen Input-Typen nicht kennen sollte, stellt er sie als einfaches Textfeld (<input type="text">) dar. Das Formular bleibt also benutzbar.

Das funktioniert, weil Browser ihnen unbekannte Formularelemente prinzipiell als einfaches Textfeld interpretieren. Das ist erstens sehr praktisch und funktioniert zweitens sogar im Internet Explorer.

5.6.1 <input type="email"> für E-Mail-Adressen

In fast jedem Formular müssen Sie irgendwo eine E-Mail-Adresse eingeben, und in HTML5 gibt es jetzt endlich ein spezielles Formularfeld dafür:

```
<input type="email" ...>
```

In einem Browser auf einem Desktop-Computer sieht dieses Feld auf den ersten Blick aus wie ein ganz normales Texteingabefeld, aber im Detail gibt es einige Unterschiede. So kann ein moderner Browser beim Abschicken des Formulars zum Beispiel automatisch prüfen, ob es sich bei der Eingabe tatsächlich um eine gültige E-Mail-Adresse handelt (Abbildung 5.9).

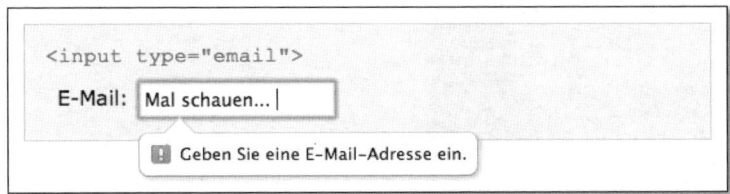

Abbildung 5.9 Der Browser prüft, ob eine Mailadresse eingegeben wurde.

Smartphones und Tablets können automatisch eine passende Tastatur einblenden und rechts unten zwischen Leertaste und Öffnen noch das @-Zeichen und einen Punkt anzeigen (Abbildung 5.10).

Abbildung 5.10 Oben <input type="text">, unten <input type="email">

127

5.6.2   Eingabefelder für Webadressen und Telefonnummern

Auch für Webadressen und Telefonnummern gibt es in HTML5 spezielle Eingabefelder:

```
<input type="url" ...> <!-- für absolute Webadressen -->
<input type="tel" ...> <!-- für Telefonnummern -->
```

Listing 5.23 Eingabefelder für Webadressen und Telefonnummern

Auch hierbei können die Browser wieder testen, ob es sich um eine korrekte Eingabe handelt, und dem Benutzer auf Smartphones und Tablets eine optimierte virtuelle Tastatur zeigen.

Abbildung 5.11 Oben <input type="url">, unten <input type="tel">

In einem URL-Feld eingegebene Webadressen müssen übrigens mit http:// beginnen. Ein einfacher Domain-Name wie *pmueller.de* reicht nicht aus.

5.6.3   <input type="search"> für die Suchfunktion

Auch für Suchfelder gibt es ein spezielles Eingabefeld:

```
<input type="search" ...>
```

Listing 5.24 Ein spezielles Eingabefeld für die Suchfunktion

Suchfelder werden unter verschiedenen Betriebssystemen sehr verschieden dargestellt. Unter Windows und in den meisten Browsern sehen Suchfelder aus wie einfache Textfelder. Unter OS X hingegen haben Suchfelder abgerundete Ecken und bieten dem Benutzer beim Ausfüllen automatisch ein kleines x zum Löschen der Eingabe. Dieses Design übernehmen Browser wie Chrome und Safari auch für Suchfelder auf Webseiten (Abbildung 5.12).

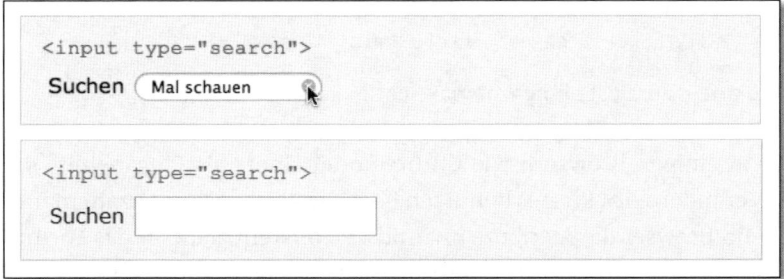

Abbildung 5.12 Ein Suchfeld in Chrome unter OS X und unter Windows

Suchfelder auf Webseiten sind unter OS X gestaltungsresistent, da die Browser CSS-Anweisungen einfach ignorieren. Falls Sie das Suchfeld trotzdem gestalten möchten, probieren Sie es mit folgendem Style:

```
input[type="search"] {-webkit-appearance: textfield;}
```

Listing 5.25 Suchfelder in Webkit-Browsern gestalten

Danach sieht das Suchfeld in Webkit-Browsern aus wie ein normales Textfeld und zeigt sich auch empfänglicher für Ihre Styles.

5.6.4   \<input type="number"> für Zahlen

Für Zahlen aller Art kennt HTML5 den Input-Typ number:

```
<input type="number" ...>
```

Listing 5.26 Ein spezielles Eingabefeld für Zahlen

Einige Desktop-Browser bauen in das Eingabefeld rechts zwei Miniaturpfeile ein, um die Werte per Maus verändern zu können, mobile Browser präsentieren die virtuelle Zahlentastatur.

Das Feld number kann diverse Attribute enthalten:

- ▶ min gibt den kleinsten Wert vor.

- ▶ max gibt den größten Wert vor.

- ▶ step sagt dem Browser, um wie viel ein Klick auf die kleinen Pfeile rechts im Formularfeld den Wert erhöhen oder verringern soll.

Ein Formularfeld für eine Ticketbestellung könnte zum Beispiel so aussehen:

```
<label for="tickets">Anzahl Tickets (1 bis 4): </label>
<input type="number" id="tickets" name="tickets" min="1" max="4">
```

Listing 5.27 Ein Formularfeld zur Bestellung von max. vier Tickets

Der Benutzer kann in einigen Browsern wie Chrome oder Opera als Eingabehilfe die kleinen Pfeile zum Verändern des Wertes benutzen oder die gewünschte Anzahl manuell eingeben. Wenn ein Browser die Attribute min und max versteht, kann er das Formularfeld beim Abschicken des Formulars automatisch überprüfen (Abbildung 5.13).

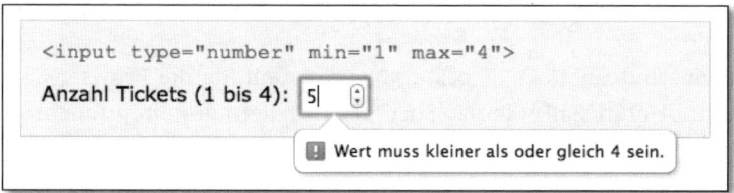

Abbildung 5.13 Das Feld »number« in Chrome

Ein älterer Browser weiß von alledem nichts und präsentiert dem Benutzer ein einfaches Textfeld.

Postleitzahlen oder Hausnummer sind kein Fall für »number«

Bitte übertreiben Sie es in Ihren Formularen nicht mit dem Eingabetyp number. Felder für eine Postleit*zahl* oder eine Haus*nummer* sind trotz ihres Namens nicht unbedingt dafür geeignet. Der Input-Typ number ist in erster Linie für Zahlen geeignet, mit denen anschließend gerechnet werden soll.

Apropos Postleitzahl: PLZ-Felder erlauben im Web oft nur Zahlen und nicht mehr als fünf Zeichen. Außerhalb Deutschlands sind Postleitzahlen aber oft länger und können auch Buchstaben enthalten. Das resultiert zum Beispiel darin, dass ich beim ADAC oder bei der deutschen Bahn meine Groninger Postleitzahl *9717GA* nicht eingeben kann. Seien Sie nicht zu restriktiv.

5.6.5   Eingabefelder für Datum und Uhrzeit

HTML5 ist buchstäblich auf der Höhe der Zeit: Das Element `time` haben Sie in diesem Abschnitt bereits kennen gelernt, und auch in Formularen gibt es neue Eingabetypen zur Eingabe von Datums- und Uhrzeitangaben.

Alte Browser stellen die neuen Feldtypen wie erwähnt als einfaches Textfeld dar, aber einige moderne Browser wie Chrome oder Opera erleichtern dem Benutzer die Eingabe zum Beispiel mit einem Datumspicker. Solche Widgets mussten bisher mühsam per JavaScript nachgerüstet werden (Abbildung 5.14).

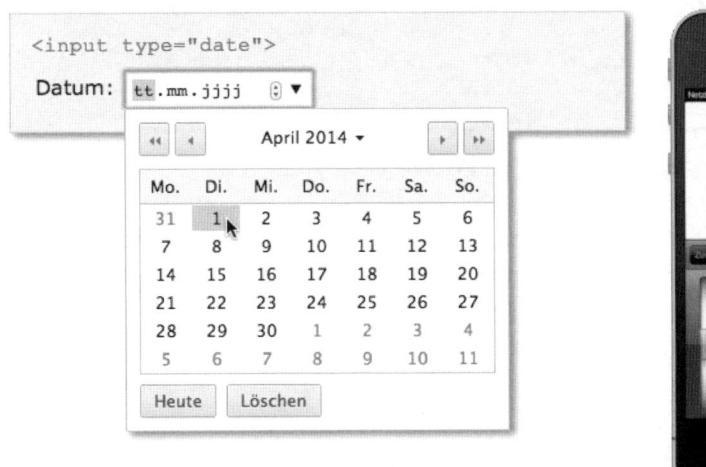 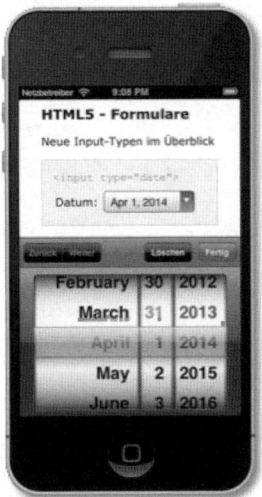

Abbildung 5.14 `<input type="date">`in modernen Browsern

Die folgenden Eingabetypen für Datums- und Zeitangaben gibt es in HTML5:

► `<input type="date">` für allgemeine Datumsangaben

► `<input type="month">` zur Eingabe des Monats

► `<input type="week">` zur Eingabe der Kalenderwoche

► `<input type="time">` zur Eingabe der Uhrzeit

► `<input type="datetime">` für Datum und Uhrzeit mit Zeitzone

► `<input type="datetime-local">` für Datum und Uhrzeit ohne Zeitzone

Beim Einsatz dieser semantischen Formularfelder können die Browser den Benutzer wie gesagt durch die Anzeige verschiedener Eingabehilfen unterstützen. Abbildung 5.15 zeigt die Felder zur Eingabe von Monat und Woche in Chrome. Beachten Sie dabei, dass die Mausbewegung im Kalender automatisch jeweils einen Monat bzw. eine Woche selektiert.

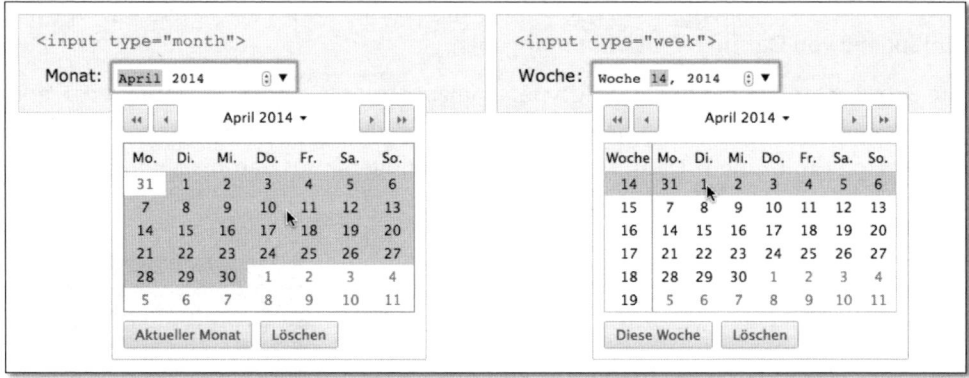

Abbildung 5.15 Die Eingabefelder für Monat und Woche in Chrome

Der Browser liefert dem Server Datums- und Uhrzeitangaben übrigens im maschinenlesbaren Format, das Sie bereits beim Element `time` gesehen haben. Falls Sie im Formularfeld `datetime-local` den 1. April 2014 und 10:28 Uhr ausgewählt haben, würde der Browser das als `2014-04-01T10%3A28` an den Server schicken. Das `%3A` ist der URL-codierte Doppelpunkt.

Details zu den neuen Eingabetypen finden Sie beim W3C

Eine Übersicht aller neuen Typen und der jeweils möglichen Attribute finden Sie beim W3C:

▶ *w3.org/TR/html-markup/input.html*

Die Browserunterstützung ist momentan noch eher mau, wird sich aber im Laufe der Zeit verbessern. Alte Browser erzeugen wie gesagt ein einfaches Textfeld. Es spricht also nichts dagegen, diese neuen Eingabetypen bereits jetzt einzusetzen.

5.7 HTML5 und Sound: <audio>

Audio und Video waren im Web bis vor nicht allzu langer Zeit eine fast exklusive Domäne für den Flashplayer. In HTML5 ermöglichen die beiden HTML5-Elemente `audio` und `video` es den Browsern, Audio- und Videodateien direkt und ohne Plugin abzuspielen.

Multimedia ohne Plugins? Das klingt fast zu gut, um wahr zu sein, und zumindest im Augenblick ist es das auch. Die Browserhersteller sind sich zwar im Prinzip einig, dass ihre Browser Audio- und Videodateien direkt abspielen können sollten, aber der Teufel steckt bekanntlich im Detail, und bei der Umsetzung der gemeinsamen Idee gehen sie dann doch wieder getrennte Wege.

5.7.1 Let there be sound: Audioformate und Browser

Die Browserhersteller arbeiten zwar alle daran, dass ihre Browser Audiodateien ohne Plugins abspielen können, aber leider sind sie sich nicht ganz einig darüber, *welche* Audioformate unterstützt werden sollen. Tabelle 5.2 zeigt, dass es kein Audioformat gibt, das von allen gängigen Browsern unterstützt wird.

Browser	OGG (Vorbis)	MP3	MP4 (AAC)
Chrome	ja	ja	ja
Safari	-	ja	ja
Firefox	ja	-	-
Opera	ja	-	-
IE9 und höher	-	ja	ja

Tabelle 5.2 Browser und die von ihnen unterstützten Audioformate

Um einen möglichst großen Kreis von Benutzern zu erreichen, lautet die Faustregel zum Einbinden von Audiodateien auf Webseiten, dass Sie von jeder Datei mindestens zwei Versionen anbieten sollten:

▶ *MP3* für Chrome, Safari, IE9+, iOS und Android 2.3+
▶ *Ogg Vorbis* für Firefox, Chrome und Opera

Für IE8 und seine noch älteren Geschwister könnte man noch einen Flash-Fallback einbauen oder einfach einen Link zum Download der MP3-Datei anbieten.

Die Browser bringen zum Abspielen der Dateien übrigens alle einen eigenen Player mit, der in jedem Browser etwas anders aussieht. Abbildung 5.16 zeigt ein paar Exemplare im Überblick.

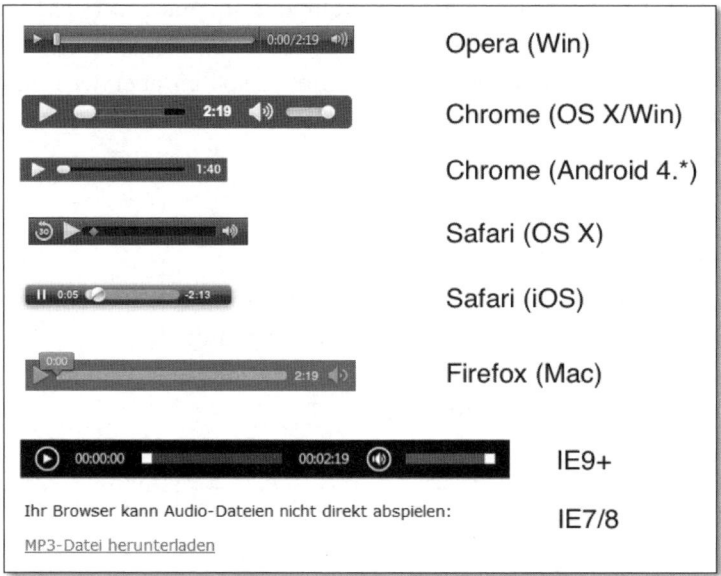

Opera (Win)

Chrome (OS X/Win)

Chrome (Android 4.*)

Safari (OS X)

Safari (iOS)

Firefox (Mac)

IE9+

IE7/8

Abbildung 5.16 Die Audioplayer von verschiedenen Browsern im Überblick

5.7.2 Die Einbindung von <audio> im Browser mit HTML5 Bones

HTML5 Bones hat im Ordner *multimedia* eine Vorlage zur Einbindung von Audiodateien per HTML5 mit dem passenden Namen *audio.html*. Leicht gekürzt und mit anderen Kommentaren versehen sieht der Kern dieser Datei wie folgt aus:

```
<!-- Bedienelemente anzeigen und Metadaten laden -->
<audio id="audio" controls preload="metadata">
 <!-- MP3 für Chrome, Safari, IE9+, iOS und Android 2.3+ -->
  <source src="url-to-audio.mp3" type="audio/mp3">
  <!-- Ogg für Firefox, Chrome und Opera -->
  <source src="url-to-audio.ogg" type="audio/ogg">
  <!-- MP3-Download-Link für alle anderen Browser -->
  <a href="url-to-audio.mp3">Download MP3 audio</a>
</audio>
```

Listing 5.28 Auszug aus der »audio.html« von HTML5 Bones

Das Element audio umschließt alle anderen Elemente zur Einbindung der Sounddatei. Zwischen <audio> und </audio> werden mit <source> ein oder mehrere Quelldateien zum Abspielen definiert.

Schauen Sie sich zunächst das umgebende audio-Element an. Im Anfangs-Tag <audio> gibt es außer der ID zwei interessante Attribute:

► controls lädt die Bedienelemente für den Player. Die meisten Player haben mindestens einen Play/Pause-Button, einen Fortschrittsbalken und einen Lautstärkeregler.

► preload bestimmt, was der Browser laden soll, bevor der Benutzer auf den Play-Button drückt. metadata lädt die Metadaten wie die Songlänge, aber nicht den Song selbst. Alternativen sind none, bei dem nichts vorgeladen wird, und auto, bei dem der Browser entscheidet. Die meisten beginnen in dem Fall automatisch mit dem Download der Datei.

Zwischen <audio> und </audio> wird mit dem Element source mindestens eine Quelldatei angegeben, die heruntergeladen und abgespielt werden soll. source wird auf der Webseite durch den Player und die verknüpfte Datei ersetzt und hat deshalb wie img kein Ende-Tag, dafür aber zwei Attribute:

► src gibt den Pfad und den Dateinamen der Sounddatei an.

► type definiert den MIME-Type der Datei.

Es ist empfehlenswert, für jeden Song eine MP3- und eine OGG-Vorbis-Version anzubieten, denn ein Browser arbeitet diese Anweisungen der Reihe nach ab:

► Wenn er eine MP3-Datei abspielen kann, tut er das und ignoriert die verbleibenden Zeilen bis </audio>.

► Kennt er MP3 nicht, geht er weiter und findet die OGG-Datei.

► Kann er auch damit nichts anfangen, wird ihm ein Download-Link angeboten.

So ist für alle gesorgt. Online-Converter von MP3 zu OGG Vorbis gibt es im Web einige. Einfach googeln und ausprobieren.

HTML5 Bones: Flash-Fallback und Support für Android 2.2

Ian Devlin zeigt in der Datei *audio.html* von HTML5 Bones auch einen Flash-Fallback für IE 6 bis 8 auf der Basis des für nicht-kommerzielle Projekte kostenfreien JWPlayer und einen Workaround zum Abspielen von MP3-Dateien unter Android 2.2.

Falls Sie das gerne einbauen möchten, schauen Sie sich den Quelltext an, und kopieren Sie ihn in Ihre Webseite. Für das Flash-Fallback müssen Sie auch den Player *player.swf* auf den Webspace kopieren.

5.8 Als die Bilder laufen lernten: <video>

Die Einbindung von Videos läuft ähnlich wie bei Audiodateien. Die größte Schwierigkeit liegt genau wie bei Audio in der Einigung auf ein bestimmtes Videoformat.

> **Videos einbinden von YouTube, Vimeo und Co. per <iframe>**
>
> Das in diesem Abschnitt vorgestellte Element <video> ist für Videos geeignet, die auf Ihrem eigenen Webspace gespeichert werden und von dort serviert werden sollen.
>
> Um Videos von Videoportalen wie YouTube oder Vimeo auf Ihren Webseiten einzubinden, benötigen Sie lediglich den Einbettungscode des jeweiligen Portals. Die meisten Varianten beruhen dabei auf dem Element <iframe>, das in HTML5 erlaubt ist.

5.8.1 Videoformate und Browser im Überblick

Der eine Browser unterstützt dieses Format, der andere jenes, und wie Tabelle 5.3 zeigt, gibt es kein einziges Format, das von allen Browsern problemlos verarbeitet wird.

Browser	WebM (VP8)	MP4 (H.264)	OGG (Theora)
Chrome	ja	(noch) ja	ja
Safari	-	ja	-
Firefox	ja	-	ja
Opera	ja	-	ja
IE9 und höher	manuell	ja	-

Tabelle 5.3 Browser und die von ihnen unterstützten Videoformate

Google hat bereits 2011 angekündigt, dass die H.264-Unterstützung aus Chrome entfernt wird, hat dies aber bis jetzt (Stand Mai 2013) noch nicht in die Tat umgesetzt.

Im Prinzip gibt es also zwei große Formate, denn *OGG Theora*, das Video-Gegenstück zum Audioformat OGG Vorbis, spielt kaum noch eine Rolle:

► *MPEG-4* mit dem lizenzpflichtigen *H.264*-Codec wird nur von Apple und Microsoft unterstützt. Detail am Rande ist, dass zufällig beide Firmen Mitglied in der Organisation sind, die die Lizenzgebühren eintreibt.

▶ *WebM* mit dem *VP8*-Codec wurde von Google entwickelt und kostenlos zur Verfügung gestellt. Außer Apple und Microsoft unterstützen alle Browser dieses Format.

Fazit ist also, dass Sie Ihre Videos wiederum in zwei Versionen anbieten sollten, und zwar als MP4 und als WebM.

Die Browser bringen einen eigenen Videoplayer mit, aber da die Bedienelemente beim Abspielen des Videos ausgeblendet und erst bei Mouseover oder Touch wieder sichtbar werden, fallen die Unterschiede nicht so ins Auge wie bei den Audioplayern. Abbildung 5.17 zeigt den Videoplayer im IE10 mit einem eingebundenen Startbild, das vor dem Start des Videos angezeigt wird.

Abbildung 5.17 Der im IE10 integrierte Videoplayer mit einem Poster-Bild

---

Nützliche Website: »The State of HTML5 Video«

LongTail Video, die Firma hinter dem bekannten JWPlayer, zeigt auf der folgenden Seite Informationen rund um die Videounterstützung:

▶ *longtailvideo.com/html5/*

Detaillierte Statistiken und eine Testmatrix machen die Seite besuchenswert.

5.8.2   Die Einbindung von <video> mit HTML5 Bones

HTML5 Bones stellt im Ordner *multimedia* mit der Datei *video.html* ein Template zur Einbindung von Videodateien per HTML5 zur Verfügung. Listing 5.29 zeigt einen Auszug aus diesem Template:

```
<!-- Bedienelemente, Startbild und Metadaten laden -->
<video id="video" controls poster="bild.jpg" preload="metadata">
  <!-- MP4 für Safari, IE9+, iOS und Android -->
  <source src="url-to-video.mp4" type="video/mp4">
  <!-- WebM für FF, Opera und Chrome -->
  <source src="url-to-video.webm" type="video/webm">
  <!-- MP4-Download-Link für alle anderen Browser -->
  <a href="url-to-video.mp4">Download MP4 video</a>
</video>
```

Listing 5.29 Auszug aus der »video.html« von HTML5 Bones

Das Element video umschließt alle anderen Elemente. Im Anfangs-Tag <video> gibt es außer der ID dieses Mal drei interessante Attribute:

▶ controls lädt wie bei <audio> die Bedienelemente für den Player.

▶ preload bestimmt ebenfalls wie bei <audio>, was der Browser laden soll, bevor der Benutzer auf den Play-Button drückt.

▶ poster ermöglicht es, ein Startbild Ihrer Wahl anzuzeigen. Dieses Bild ist zu sehen, solange das Video noch nicht abgespielt wird. Gibt es kein Poster, zeigt der Browser den ersten Frame vom Video.

Zwischen <video> und </video> wird, genau wie bei <audio>, mit dem Element source mindestens eine Quelldatei angegeben, die heruntergeladen und abgespielt werden soll. Das Element <source> hat wie gehabt kein Ende-Tag und zwei Attribute:

▶ src definiert Pfad und Dateinamen der Videodatei.

▶ type bestimmt den MIME-Type der Videodatei.

Die Browser arbeiten die Anweisungen zwischen <video> und </video> aus Listing 5.29 Schritt für Schritt ab:

▶ Wenn der Browser eine MP4-Datei abspielen kann, tut er das und ignoriert die verbleibenden Zeilen bis </video>.

▶ Kennt er MP4 nicht, geht er weiter und findet das WebM-Video.

▶ Kann er das auch nicht, wird ihm ein MP4 zum Download angeboten.

Und so bekommt trotz aller Uneinigkeit bei den Formaten am Ende doch fast jeder Browser ein Video zum Abspielen. Für den Safari auf iOS ist es übrigens wichtig, dass die MP4-Datei *zuerst* gelistet wird. Wenn MP4 nicht zuerst angeboten wird, dann ignoriert er den Rest.

HTML5 Bones: Flash-Fallback für ältere IEs

Ian Devlin zeigt in der Datei *video.html* von HTML5 Bones auch einen Flash-Fallback für ältere Internet Explorer, und zwar auf Basis des für nicht-kommerzielle Projekte kostenfreien JWPlayer, der als *player.swf* im Download-Paket enthalten ist.

Falls Sie das Flash-Fallback gerne einbauen möchten, schauen Sie sich den Quelltext einfach einmal an, und kopieren Sie ihn in Ihre Webseite. Vergessen Sie dabei nicht, auch die *player.swf* auf den Webspace zu kopieren.

5

Kapitel 6
Workshop:
Das HTML für die Beispielseiten

Worin Sie das HTML für die Beispielseiten erstellen und auf der Startseite eine Grafik einbinden, die mit ein bisschen CSS sehr flexibel wird.

6

Die Themen im Überblick:

▶ Die Beispielseiten im Überblick, Seite 141

▶ Der Vorspann: das HTML im <head>, Seite 142

▶ Die HTML-Struktur im <body> für die Beispielseiten, Seite 143

▶ Der Inhaltsbereich auf den Beispielseiten, Seite 146

▶ Flexible Grafiken auf den Beispielseiten, Seite 153

In diesem Kapitel wenden Sie das bisher über HTML5 Gelernte an und erstellen das HTML für die Beispielseiten. Das Ergebnis ist ein im wahrsten Sinne des Wortes »ausgezeichneter« Rohbau, der im weiteren Verlauf des Buches zuerst für kleine und dann für große Bildschirme gestaltet wird.

6.1 Die Beispielseiten im Überblick

Die Basis für das HTML der Beispielseiten bildet HTML5 Bones, ungestaltet bis auf die bereits eingebundenen Stylesheets. Es wird drei Beispielseiten geben:

▶ die Startseite mit Text und Bild mit dem Dateinamen *index.html*

▶ eine News-Seite mit Blogbeiträgen und Sidebar namens *news.html*

▶ eine Kontaktseite *kontakt.html* mit einem einfachen Formular

Die Seiten sind am Ende dieses Kapitels bis auf die in HTML5 Bones eingebundenen Stylesheets noch ungestaltet, denn es geht in erster Linie um die Erstellung einer sinnvollen HTML-Struktur. Da im CSS noch keine maximale Bildschirmbreite definiert wurde, erstrecken sich die HTML-Elemente über die gesamte Viewport-Breite. Machen Sie das Browserfenster beim Betrachten der Seiten also nicht zu groß.

Tools zum Testen von Webseiten in kleinen Viewports lernen Sie in Abschnitt 7.1, »Webseiten auf kleinen Bildschirmen betrachten«, kennen, und die Gestaltung per CSS erfolgt schrittweise in den folgenden Kapiteln.

Es gibt nicht nur eine richtige Lösung für das HTML

Die in diesem Kapitel gezeigte Auszeichnung der Beispielseiten ist ein Vorschlag und sollte nicht als absolute Wahrheit betrachtet werden. Wie in Abschnitt 4.4.9, »Es gibt meistens nicht nur eine richtige Lösung«, über `<section>` und `<article>` bereits angedeutet, kann man über die genaue Verwendung dieser Elemente vortrefflich diskutieren.

Falls Sie eine anderen Variante sinnvoller finden, ändern Sie den Quelltext gegebenenfalls entsprechend Ihren eigenen Vorlieben. Sie müssen dann nur später bei der Gestaltung der Seiten eventuell ein bisschen mehr mitdenken.

6.2   Der Vorspann: das HTML im `<head>`

Der head-Bereich der Webseiten wird von HTML5 Bones übernommen. Lediglich die im folgenden Listing fettgedruckten Passagen wie die Sprache, den Seitentitel und die Seitenbeschreibung müssen Sie auf Ihren Seiten gegebenenfalls anpassen:

```
<!DOCTYPE html>
<html lang="de">
<head>
  <meta charset="utf-8">
  <title>Flexible Boxes - Startseite</title>
  <meta name="description" content="Die Beispielseiten ...">
  <meta name="viewport" content="width=device-width, initial-scale=1.0">
  <link href="css/normalize.css" rel="stylesheet" media="all">
  <link href="css/styles.css" rel="stylesheet" media="all">
  <!--[if lt IE 9]>
    <script src="js/html5shiv-printshiv.js" media="all"></script>
  <![endif]-->
</head>
```

Listing 6.1 Der Head-Bereich für die Startseite

Den Seitentitel und die Seitenbeschreibung sollten Sie für die anderen Beispielseiten entsprechend anpassen, der Rest ist auf allen Seiten gleich.

6.3   Die HTML-Struktur im <body> für die Beispielseiten

Der body der Seite wird in diesem Abschnitt in Kopfbereich, Navigation, Inhaltsbereich und Fußbereich unterteilt. Abbildung 6.1 zeigt die HTML-Struktur der drei Seiten am Ende dieses Abschnitts, noch ohne Inhalte.

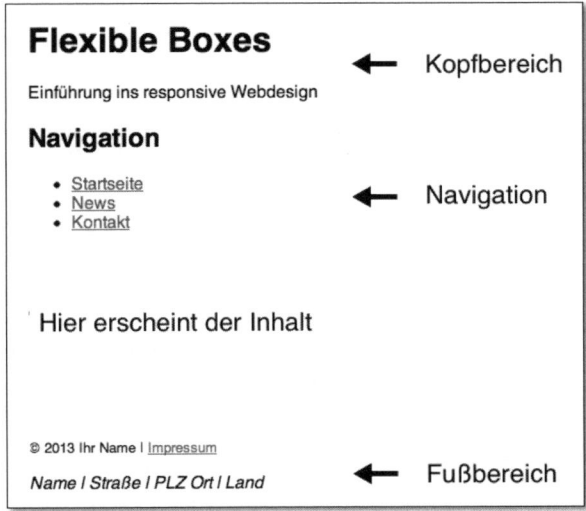

Abbildung 6.1 Kopfbereich, Navigation und Fußbereich der Beispielseiten

Zunächst aber bekommt body auf allen Seiten eine Klasse, mit der man sie später im CSS einfach selektieren kann:

```
<body class="startseite">
<body class="news">
<body class="kontakt">
```

Listing 6.2 Jede Seite bekommt eine Klasse für den »body«

Kein Wrapper um die ganze Seite: »body« wird nicht gedoppelt

Die allermeisten Weblayouts haben innerhalb von body ein div-Element, das die ganze Seite umschließt und eine Dopplung von body ist. Dieses div heißt oft wrapper, page, container, stage, drumrum oder ähnlich. Die HTML-Struktur in diesem Kapitel ergibt sich mit Ausnahme von div.wrap um den Inhaltsbereich fast ausschließlich aus dem Inhalt. Sollte ein solcher Wrapper aus welchen Gründen auch immer später beim Layouten hilfreich sein, sollten Sie ihn einfach hinzufügen.

6.3.1   Der Seitenkopf: das HTML im <header>

Der Seitenkopf am Anfang der Seite hat zwei Aufgaben: Er signalisiert dem Besucher, auf welcher Website er gelandet ist, und gibt ihr eine unverwechselbare Identität.

Auf den Beispielseiten enthält der Kopfbereich den Titel der Website und einen Slogan, der dem Besucher kurz und knapp mitteilt, was ihn hier erwartet:

```html
<header role="banner">
  <div class="hgroup">
    <h1 lang="en">Flexible Boxes</h1>
    <p class="slogan">Einführung ins responsive Webdesign</p>
  </div>
</header>
```

Listing 6.3 Der Kopfbereich auf der Startseite

Die ARIA Landmark Role banner kennzeichnet diesen Header als Seitenkopf und unterscheidet ihn damit von eventuellen anderen header-Elementen auf der Seite. Das Attribut mit der Definition der Sprache lang="en" hilft Screenreadern bei der korrekten Aussprache der gekennzeichneten Begriffe.

Auf vielen Websites kommt man durch einen Klick auf das Logo wieder zurück auf die Startseite. Auf den anderen Seiten wird das h1 deshalb ein Link zurück zur Startseite:

```html
<header role="banner">
  <div class="hgroup">
    <h1 lang="en">
      <a href="index.html" title="Zur Startseite"> Flexible Boxes </a>
    </h1>
    <p class="slogan">Einführung ins responsive Webdesign</p>
  </div>
</header>
```

Listing 6.4 Der Kopfbereich auf den anderen Seiten, mit Link zur Startseite

6.3.2   Die Navigation: »nav« steht unterhalb vom Header

Ob der Navigationsbereich besser innerhalb oder außerhalb des Kopfbereichs stehen sollte, hängt von eventuellen Layoutvorgaben und zumindest zum Teil auch von den eigenen Vorlieben ab. Bei HTML5 Bones befindet sich die Navigation innerhalb des Kopfbereichs, auf den Beispielseiten habe ich sie unterhalb davon notiert.

Das folgende Listing zeigt den Navigationsbereich im Überblick:

```
<nav role="navigation" id="nav">
  <h2 class="hideme">Navigation</h2>
  <ul id="navlist">
    <li class="active"><a href="index.html">Startseite</a></li>
    <li><a href="news.html"><span lang="en">News</span></a></li>
    <li><a href="kontakt.html">Kontakt</a></li>
  </ul>
</nav>
```

Listing 6.5 Der Navigationsbereich auf der Startseite

Das Element nav bekommt die ARIA Landmark Role navigation. Innerhalb des Elements steht eine h2-Überschrift mit der Klasse hideme, die später für visuelle Layouts ausgeblendet wird, und eine ganz normale Navigationsliste.

Der aktuelle Menüpunkt bekommt die Klasse active. Die Klasse kann aber, falls Sie etwas anderes bevorzugen, auch gerne einen anderen Namen tragen. Sie müssen dann später nur beim CSS etwas mehr mitdenken.

Auf den anderen Seiten sollten Sie diese Klasse an die Navigationslinks für die jeweils aktuelle Seite vergeben.

6.3.3   Der Inhaltsbereich mit einem Wrapper und »main«

In HTML5 Bones wird der Inhaltsbereich main noch von einem Wrapper <div class="wrap"> umgeben, und das soll auch auf den Beispielseiten so bleiben. Mit einem zusätzlichen section-Element sieht die Grundstruktur für den Inhaltsbereich auf allen Seiten so aus wie im folgenden Listing:

```
<div class="wrap">
  <main role="main">
    <section id="content">
      ...
    </section>
  </main>
</div> <!-- Ende .wrap -->
```

Listing 6.6 Die Grundstruktur für den Inhaltsbereich

Das section-Element innerhalb von main hat die Funktion, einen neuen Abschnitt im Sinne des Outline-Algorithmus zu beginnen, da main selbst zwar semantisch wertvoll, aber kein *Sectioning Element* ist.

Dieser Inhaltsbereich wird weiter unten in diesem Kapitel für jede Seite einzeln mit Inhalt gefüllt. Das in HTML5 Bones bereits vorhandene `<aside>` findet dabei nur auf der News-Seite Verwendung.

> **Zum Outline-Algorithmus**
>
> Der Outline-Algorithmus von HTML5 wird im Exkurs in Abschnitt 4.6 ausführlich erläutert.

6.3.4   Der Fußbereich mit `<footer>`

Der Fußbereich ist auf allen Beispielseiten gleich. Zur Vorgabe von HTML5 Bones wird noch ein inneres `div`, der in Deutschland übliche Link zum Impressum und eine Kontaktadresse hinzugefügt:

```
<footer role="contentinfo">
  <div class="inside">
    <small>
      &copy; <time datetime="2013">2013</time> Ihr Name |
      <a href="#">Impressum</a>
    </small>
    <address>
      <p>Name | Straße | PLZ Ort | Land </p>
    </address>
  </div>
</footer>
```

Listing 6.7 Der Fußbereich ist auf allen Seiten gleich

Der Footer bekommt die ARIA Landmark Role `contentinfo`. Später wird er noch um einige Social-Media-Links erweitert (Abschnitt 9.6.3, »To-do: ›Genericons‹ – Social-Media-Icons im Fußbereich«).

6.4   Der Inhaltsbereich auf den Beispielseiten

Während die bisher gesehene HTML-Struktur sich auf allen Beispielseiten mehr oder weniger ähnelt, sind die in diesem Abschnitt vorgestellten Inhalte auf jeder Seite anders.

6.4.1   Der Inhalt für die Startseite

Die Startseite ist übersichtlich: Eine h2-Überschrift, ein Absatz und darunter vier Artikel, die alle eine fortlaufende ID haben und mit einer h3-Überschrift beginnen. Abbildung 6.2 zeigt diesen Inhalt im Überblick.

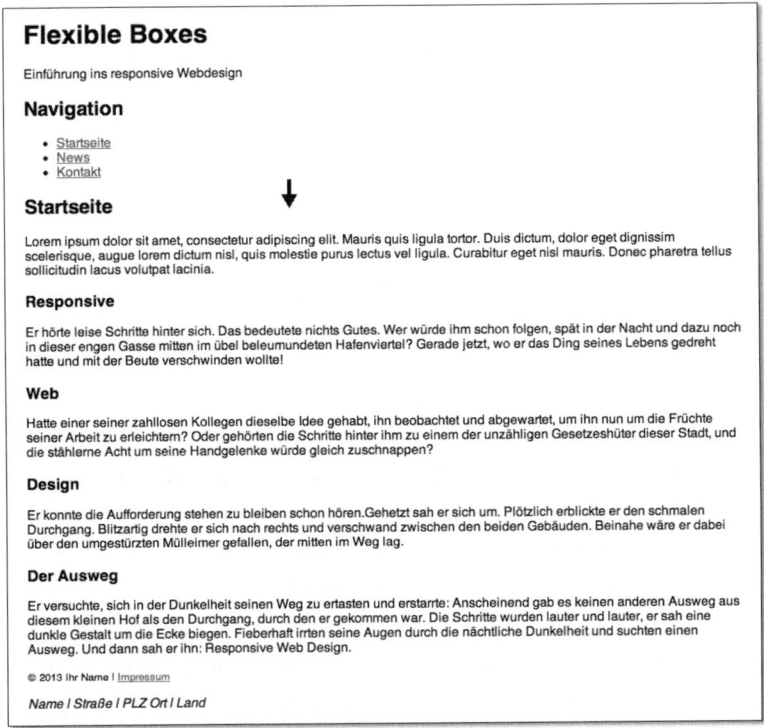

Abbildung 6.2 Die Startseite mit Inhalt im Überblick

Das folgende Listing zeigt die HTML-Struktur für den Inhaltsbereich:

```html
<div class="wrap">
  <main role="main">
    <section id="content">
      <header>
        <h2>Startseite</h2>
        <p>Lorem ipsum dolor sit amet,...</p>
      </header>
      <article id="a1">
        <h3 lang="en">Responsive</h3>

        ...
```

```
      </article>
      <article id="a2">
        <h3 lang="en">Web</h3>
        ...
      </article>
      <article id="a3">
        <h3 lang="en">Design</h3>
        ...
      </article>
      <article id="a4">
        <h3>Der Ausweg</h3>
        ...
      </article>
    </section>
  </main>
</div> <!-- Ende .wrap -->
```

Listing 6.8 Die Artikel im Inhaltsbereich der Startseite

Der Inhaltsbereich main auf der Startseite beginnt mit einer section und einem header, der die Hauptüberschrift für den Inhalt dieser Seite und einen kurzen, einleitenden Absatz enthält. Durch das section direkt davor wird deutlich, dass es um den Kopfbereich für diesen Abschnitt geht und nicht um den Seitenheader.

Der header wäre nicht zwingend notwendig, zeigt aber, dass das Element header nicht nur für den Seitenheader bestimmt ist, sondern genau wie footer auch innerhalb anderer Bereiche auf der Webseite auftauchen kann. Man könnte die h2-Überschrift und den Absatz zum Beispiel auch als Artikel auszeichnen:

```
<article id="a0">
  <h2>Startseite</h2>
  <p>Lorem ipsum dolor sit amet,...</p>
</article>
```

Listing 6.9 Die Überschrift und der Absatz als Artikel

Die IDs für die Artikel könnten in der Praxis zum Beispiel von einem Content-Management-System automatisch generiert werden. Eine ID hat gegenüber einer Klasse abgesehen von der höheren Spezifität übrigens nur den Vorteil, dass man mit einer ID gekennzeichnete Abschnitte in einem Link direkt aufrufen kann: *index.html#a1, indexhtml#a2* und so weiter. Wenn man diese Funktionalität nicht benötigt, würde eine Klasse völlig ausreichen, denn mit IDs sollte man sparsam umgehen.

Eine Grafik für den Inhaltsbereich der Startseite folgt weiter unten

Weiter unten in diesem Kapitel wird in Abschnitt »Flexible Grafiken auf den Beispiel-seiten« auf der Startseite noch eine Grafik eingebunden.

6.4.2 Der Inhalt für die Seite »News«

Nach der Navigation erscheint die Hauptüberschrift »News«, gefolgt von drei kurzen Teasern und einem aside mit der Überschrift »Zusätzliche Informationen« (Abbildung 6.3).

Das folgende Listing zeigt, dass der Inhaltsbereich main auch auf der News-Seite mit einem header beginnt:

```
<main role="main">
  <section id="content">
    <header>
      <h2 lang="en">News</h2>
      <p class="subtitle">Neues aus der Weltgeschichte</p>
    </header>
```

Listing 6.10 Der Header im Inhaltsbereich der News-Seite

Unterhalb des Headers folgen drei Artikel mit ID-Nummerierung, die jeweils über einen eigenen Header mit einer h3-Überschrift und einen Absatz mit Informationen zum Artikel verfügen. Nach einem kurzen Teaser folgt ein Link zum Lesen des ganzen Beitrags.

Das folgende Listing zeigt exemplarisch den letzten Artikel auf der Seite, inklusive einer anklickbaren Überschrift:

```
<article id="a3">
  <header>
    <h3><a href="#">Werther. Frisch verliebt.</a></h3>
    <p class="artikelinfo">
      <span class="autor">Johann Wolfgang</span> |
      <time datetime="1774-09-29">29. September 1774</time>
    </p>
  </header>
  <p>Eine wunderbare Heiterkeit ...</p>
  <div class="readmore"><a href="#">Weiterlesen...</a></div>
</article>
```

Listing 6.11 Ein Artikel mit Weiterlesen-Link auf der News-Seite

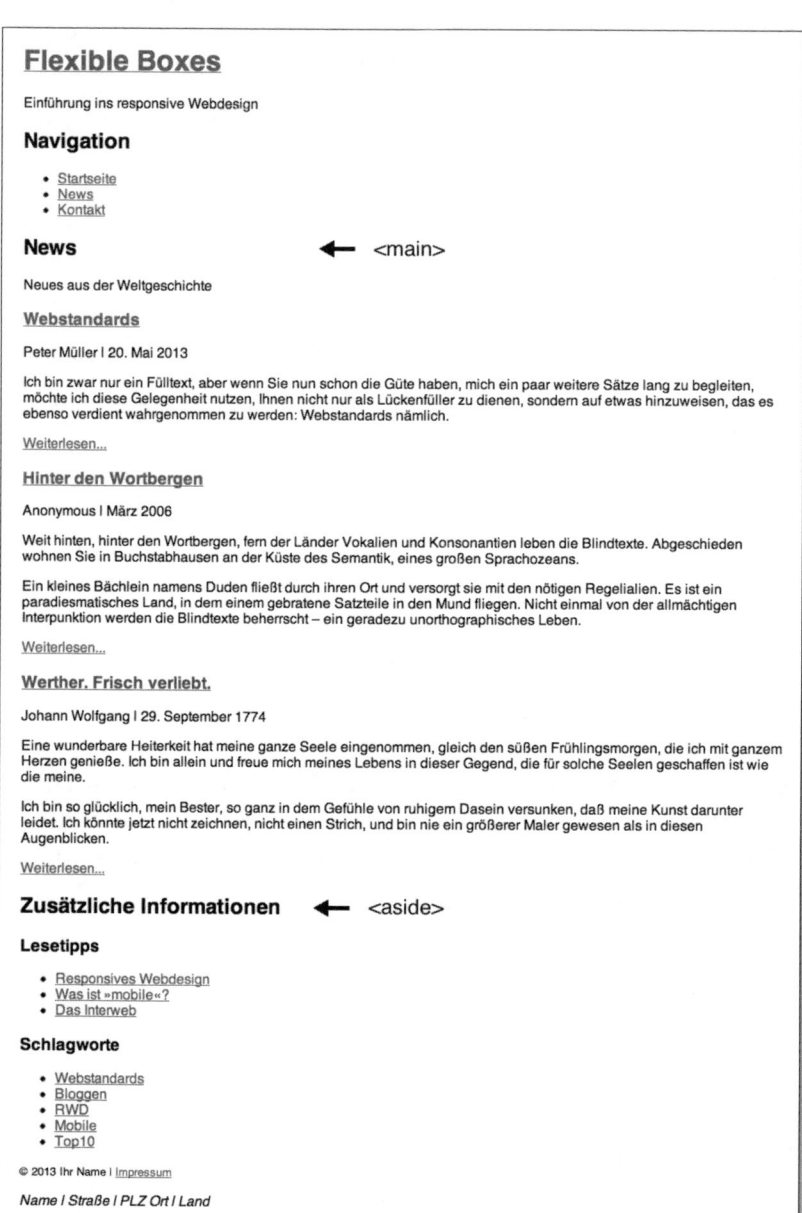

Abbildung 6.3 Die Inhalte der Seite »News« im Überblick

Nach den drei Artikeln folgt ein aside, das außerhalb von main steht, da die darin enthaltenen zusätzlichen Informationen für die gesamte Seite gelten. aside beginnt mit einer einzelnen h2-Überschrift, und daher ist kein header-Bereich notwendig. Die einzelnen

Abschnitte innerhalb von `aside` werden mit einem `section`-Element ausgezeichnet und enthalten jeweils eine `h3`-Überschrift und eine Linkliste:

```html
<aside role="complementary" id="additional-info">
  <h2 class="hideme">Zusätzliche Informationen</h2>
  <section id="lesetipps">
    <h3>Lesetipps</h3>
    <ul>
      <li><a href="#">Responsives Webdesign</a></li>
      <li>
      <a href="#">Was ist »<span lang="en">mobile</span>«?</a>
      </li>
      <li><a href="#">Das Interweb</a></li>
    </ul>
  </section>
  <section id="tagcloud">
    <h3>Schlagworte</h3>
    <ul class="tags">
      <li><a href="#">Webstandards</a></li>
      <li><a href="#">Bloggen</a></li>
      <li><a href="#">RWD</a></li>
      <li><a href="#"><span lang="en">Mobile</span></a></li>
      <li><a href="#">Top 10</a></li>
    </ul>
  </section>
</aside>
```

Listing 6.12 Die Sidebar auf der News-Seite

6.4.3   Das HTML für die Kontaktseite

Auf der Kontaktseite wird ein einfaches Kontaktformular eingefügt (Abbildung 6.4). Der Inhaltsbereich `main` beginnt auch auf der Kontaktseite mit einem `header`:

```html
<main role="main">
  <section id="content">
    <header>
      <h2>Kontakt</h2>
      <p class="subtitle">Was können wir für Sie tun?</p>
    </header>
```

Listing 6.13 Der Header im Inhaltsbereich der Kontaktseite

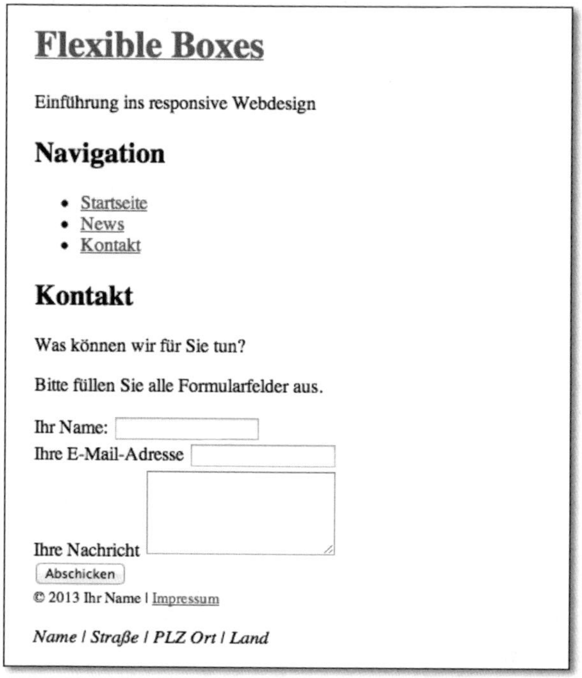

Flexible Boxes

Einführung ins responsive Webdesign

Navigation

- Startseite
- News
- Kontakt

Kontakt

Was können wir für Sie tun?

Bitte füllen Sie alle Formularfelder aus.

Ihr Name:
Ihre E-Mail-Adresse

Ihre Nachricht
Abschicken
© 2013 Ihr Name I Impressum

Name I Straße I PLZ Ort I Land

Abbildung 6.4 Ein einfaches Kontaktformular

Darunter folgt das Formular im Inhaltsbereich der Seite. Browser, die das Inputfeld `type="email"` nicht verstehen, benutzen als Fallback ein einfaches einzeiliges Textfeld.

```
<main role="main">
  <section id="content">
    <header>
      <h2>Kontakt</h2>
      <p class="subtitle">Was können wir für sie tun?</p>
    </header>
    <p>Bitte füllen Sie alle Formularfelder aus.</p>
    <form id="kontakt" action="#">
    <div>
      <label for="besuchername">Ihr Name:</label>
      <input type="text" id="besuchername"
             name="besuchername" autofocus required>
    </div>
    <div>
      <label for="besuchermail">Ihre E-Mail-Adresse</label>
      <input type="email"
```

```
                id="besuchermail"
                name="besuchermail"
                required>
    </div>
    <div>
      <label>Ihre Nachricht</label>
      <textarea id="nachricht"
                name="nachricht"
                cols="20"
                rows="5"></textarea>
    </div>
    <div>
      <input type="submit" value="Abschicken">
    </div>
    </form>
  </section>
</main>
```

Listing 6.14 Das Formular auf der Kontaktseite

6.5   Flexible Grafiken auf den Beispielseiten

Die bis jetzt erstellten Beispielseiten bestehen fast nur aus HTML und einem normalisierten Browser-Stylesheet. Das Ergebnis ist inhaltlich wertvoll, nur halt ein bisschen langweilig. Beim Gestalten der Beispielseiten in den folgenden Kapiteln geht es im Grunde genommen nur darum, sie interessant aussehen zu lassen, ohne die natürlich vorhandene Flexibilität dabei zu zerstören. Das ist allerdings leichter gesagt als getan und die Schwierigkeiten beginnen gleich beim Einbinden von Grafiken.

6.5.1   Grafiken: Das Problem mit Grafiken mit »img«

Das Einbinden von Bildern mit dem HTML-Element img ist auf responsiven Webseiten nicht ganz unproblematisch, denn ein und dasselbe Bild muss ja auf sehr unterschiedlich großen Bildschirmen eine gute Figur abgeben:

► Per CSS eingebundene Hintergrundbilder können Sie mit Media Queries in unterschiedlichen Größen ausliefern.

► Im HTML per img eingebundene Bilder bleiben in allen Layouts gleich, denn responsives Webdesign basiert ja auf ein und demselben HTML.

Auf der Beispielsite wird erst einmal nur auf der Startseite eine Grafik eingebunden.

6.5.2   Schritt 1: Jedes Kilobyte zählt – die Optimierung von Grafiken

Der erste Schritt zur Optimierung ist die Überlegung, ob das Bild wirklich wichtig ist und dem Besucher einen Mehrwert bringt. Besonders auf mobilen Geräten zählt buchstäblich jedes Kilobyte, da oft nicht nach Zeit, sondern nach übertragener Datenmenge abgerechnet wird.

Ist eine Grafik auf der Website definitiv erwünscht, besteht deren Optimierung aus drei Schritten:

▶ **Bildausschnitt**
Nehmen Sie nur den Bildausschnitt, den Sie wirklich benötigen, und schneiden Sie alles Überflüssige weg.

▶ **Bildgröße**
Verkleinern Sie das Bild auf einen für alle geplanten Layouts brauchbaren Kompromiss.

▶ **Dateigröße**
Optimieren Sie das fertig vorbereitete Bild mit Spezialtools wie *JPEGmini*, um die Größe in KB so weit wie möglich zu reduzieren.

Als Beispielbild dient ein Foto von zwei New Yorker Brücken, im Vordergrund die Brooklyn Bridge, im Hintergrund die Manhattan Bridge. Dieses Bild soll auf der Startseite eingebaut werden. Die Originalgrafik ist 3072 x 2304 Pixel groß und wiegt 1,8 MB. Beide Kennzahlen sind also noch nicht optimal.

Der Bildausschnitt wird, da es ein Panoramabild ist, nicht verändert. Die ideale Bildgröße in Pixel hängt vom Einsatzgebiet der Grafik ab, aber ein guter Kompromiss sind erst einmal 800 x 600. Nach der Verkleinerung des Beispielbildes in einer Bildbearbeitung wiegt das Foto mit einer JPG-Qualität von 80 % nur noch etwa 160 KB.

Zum Abschluss wird die Dateigröße des fertigen Bildes noch optimiert. Für JPG-Grafiken ist dazu zum Beispiel JPEGmini gut geeignet. Online finden Sie das Tool unter der URL

▶ *jpegmini.com*

Rufen Sie die Startseite von JPEGmini im Browser auf, und laden Sie einfach das gewünschte Foto hoch. Kurze Zeit später präsentiert Ihnen das Tool eine Übersicht wie in Abbildung 6.5, links das Original und rechts die optimierte Version.

Unterhalb der Grafiken wird die Gewichtsreduzierung in Kilobyte angezeigt. Die Beispielgrafik wiegt nach der Diätkur bei JPEGmini nur noch 89 KB und ist somit fast um die Hälfte geschrumpft.

Abbildung 6.5 Das Beispielfoto bei jpegmini.com – von 160 KB auf 89 KB

Der »Kraken Image Optimizer« optimiert alle Grafikformate

JPEGmini ist für JPG-Grafiken eine gute Wahl, aber es gibt noch zahlreiche andere Grafikoptimierer im Web, wie zum Beispiel das folgende Tool:

▶ Kraken Image Optimizer
kraken.io

Kraken optimiert neben JPG auch alle anderen Bildformate und kann sogar GIF in PNG8 konvertieren.

6.5.3 Schritt 2: Grafiken einbinden mit <img> ohne »width« und »height«

Bilder werden im HTML mit dem Element `img` eingebunden. Ein alternativer Text mit dem Attribut `alt` sowie die Angabe der Größe mit `width` und `height` gelten dabei als gute Angewohnheit.

Beim responsiven Webdesign müssen Sie dabei etwas umdenken, denn da im Voraus nicht bekannt ist, wie groß das Bild dargestellt werden soll, geben Sie ihm oft keine bestimmte Größe mit auf den Weg.

Die Beispielgrafik soll auf der Startseite wie im folgenden Listing gezeigt am Ende des Headers im Inhaltsbereich eingebunden werden:

```
<div class="wrap">
  <main role="main">
    <section id="content">
      <header>
        <h2>Startseite</h2>
        <p>Lorem ipsum dolor sit amet,...</p>
        <img src="bilder/newyorkbridges_mini.jpg"
             alt="Brücken in New York">
      </header>
```

Listing 6.15 Einbindung des Fotos ohne »width« und »height«

Nach diesem Listing stellt der Browser das Bild in Originalgröße dar, was besonders in kleinen Browserfenstern nicht wirklich erwünscht ist. Das Foto ist dort größer als der Viewport, wird rechts abgeschnitten und erzeugt im Browser einen horizontalen Rollbalken (Abbildung 6.6).

Abbildung 6.6 Das Bild wird in kleineren Viewports abgeschnitten.

6.5.4   Schritt 3: Flexible Bilder per CSS mit »max-width:100%«

Die Lösung zur Flexibilisierung von Bildern auf Webseiten ist erstaunlich simpel und benötigt nur einen einzigen Style:

```
img {
  max-width: 100%;
  height: auto;
}
```

Listing 6.16 Flexible Bilder mit «max-width»

Durch diese simple Regel werden Grafiken nicht größer als das umgebende Elternelement. Auf der Beispielseite ist das umgebende HTML-Element der Kopfbereich `header` (siehe Listing 6.15). HTML-Elemente sind von Natur aus flexibel und passen sich dem Browserfenster an. Die Grafik bleibt mit der Anweisung `max-width:100%` innerhalb des Elements und wird nicht mehr abgeschnitten. Die zweite Anweisung, `height:auto`, stellt sicher, dass die Proportionen des Bildes erhalten bleiben und es nicht verzerrt dargestellt wird. Sie können die CSS-Regel aus Listing 6.16 zum Beispiel in der Datei *styles.css* im Bereich *Author's styles* speichern. Wenn danach die Startseite in Geräten mit kleinen Bildschirmen (Viewport <800px) geladen wird, passt sich die Grafik dem Elternelement an und wird nicht mehr abgeschnitten (Abbildung 6.7).

Abbildung 6.7 Flexible Bilder mit »max-width«

Flexible Videos

Der Trick mit `max-width:100%` funktioniert auch mit Videos, die per HTML5 eingebunden werden. Dazu benötigen Sie nur folgenden Style:

```
video, embed, object {
  max-width:100%;
}
```

Für Videos, die per `iframe` von YouTube, Vimeo und Co. eingebunden werden, funktioniert das leider nicht. Dazu benötigen Sie ein jQuery-Plugin namens *FitVids.js*, dessen Einsatz in Abschnitt 15.5, »Workshop Nr. 5: Flexible Videos mit ›FitVids.js‹«, erläutert wird.

6.5.5 Exkurs: Hochauflösende Displays benötigen größere Grafiken

Auch wenn sich die Bildgröße nach diesem Schritt der Umgebung im Browser flexibel anpasst, laden die Browser immer dasselbe Bild, egal ob sie es groß oder klein darstellen. Im Beispiel wird also unabhängig von der Bildgröße im Browser immer die 800 x 600 große und 89 Kilobyte schwere Grafik übertragen.

Das sind eine ganze Menge Daten, aber manchmal werden sie sogar benötigt. Hochauflösende Bildschirme wie z. B. das Retina-Display von Apple haben eine so hohe Pixeldichte, dass das menschliche Auge die einzelnen Bildpunkte nicht mehr unterscheiden kann. Die Netzhaut lässt sich austricksen, solange nur genügend Pixel vorhanden sind.

Wenn die Grafik im Browserfenster mit 400x300px dargestellt wird, werden bei einem Retina-Display tatsächlich 800x600px benötigt, um die Grafik scharf darzustellen. Die Grafik auf der Beispielseite ist also bis zu einer Größe von 400 x 300 px auch auf einem Retina-Display in Ordnung.

Die Datei*größe* steigt übrigens noch mehr, denn ein doppelt so großes Bild erfordert die vierfache Pixelmenge: Statt 120.000 Pixel besteht das Bild dann aus 480.000 Punkten. Diese Bildqualität hat also zumindest bei einer nach Transfervolumen abgerechneten Mobilfunkverbindung im wahrsten Sinne des Wortes ihren Preis.

Eine mögliche Lösung für dieses Problem wäre ein neues Attribut für `img` wie `srcset` oder ein neues HTML-Element wie `picture`, mit denen man für unterschiedliche Bildschirme oder Geräte unterschiedliche Grafiken ausliefern kann. Bisher wurde zwar schon viel diskutiert, aber eine offizielle Lösung ist noch nicht in Sichtweite.

»retina.js« und »Adaptive Images« helfen weiter

Solange noch keine offizielle Lösung existiert, helfen zum Beispiel folgende Lösungen weiter:

▶ Man stellt jeweils zwei Grafiken bereit und fordert per JavaScript die richtigen Bilder an. Diesen Ansatz verfolgt *retina.js* (zu finden auf *retinajs.com*).

▶ *Adaptive Images*, das in Abschnitt 15.6, »Exkurs: Responsive Bilder mit ›Adaptive Images‹«, vorgestellt wird, kann auch die Pixeldichte abfragen und erstellt dann bei Bedarf die entsprechenden Grafiken selbst.

TEIL II

CSS3 – Inhalte gestalten

Kapitel 7

Tools, Zentralisierung und Normalisierung

Worin Sie mit der Gestaltung der Beispielseiten beginnen. Dazu richten Sie ein zentrales Stylesheet ein, lernen normalize.css kennen und testen ein paar nützliche Tools. Zum Abschluss bereiten Sie die Stylesheets für die Beispielseiten vor.

Die Themen im Überblick:

▶ Webseiten auf kleinen Bildschirmen betrachten, Seite 163

▶ Zur Entwicklung ein zentrales Stylesheet einrichten, Seite 169

▶ Normalisierung statt Reset: »normalize.css«, Seite 171

▶ Workshop: Zentralisierung und Grundformatierung, Seite 176

▶ Exkurs: Modernizr hilft beim Umgang mit alten Browsern, Seite 181

In diesem Kapitel beginnen Sie mit der Gestaltung der Beispielseiten. Zunächst geht es dabei um ein paar nützliche Tools zum Testen von Webseiten und ein paar vorbereitende Maßnahmen.

7.1   Webseiten auf kleinen Bildschirmen betrachten

Beim Gestalten von Webseiten sollten Sie von Anfang an prüfen, wie die Seiten auf kleinen Bildschirmen aussehen. Im Folgenden stelle ich ein paar Tools vor, mit denen Sie leicht zwischen verschiedenen Fenstergrößen wechseln können. Dazu könnten Sie natürlich auch einfach die Größe des Browserfensters ändern, aber die folgenden Tools erleichtern das Testen bei vorgegebenen Größen.

7.1.1   »Bildschirmgrößen testen«: Das Menü »Web-Entwickler« im Firefox

Im Firefox gibt es seit einigen Versionen im Menü EXTRAS das Untermenü WEB-ENT-WICKLER, in dem sich einige sehr nützliche Befehle verbergen (Abbildung 7.1).

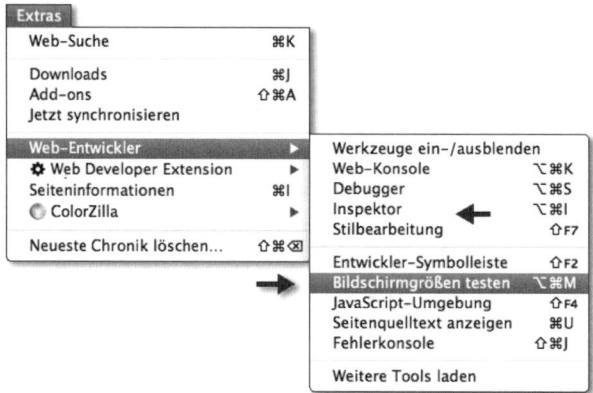

Abbildung 7.1 Das Menü »Web-Entwickler« im Firefox

Der INSPEKTOR ist eine Art »Firebug light«, der das HTML und CSS übersichtlich darstellt, und die STILBEARBEITUNG ermöglicht die Live-Bearbeitung des CSS.

Zum Testen von Webseiten auf kleinen Bildschirmen ist der Befehl BILDSCHIRMGRÖSSEN TESTEN ideal. Mit diesem Befehl können Sie sich die im Browserfenster dargestellte Webseite per Mausklick in verschiedenen Größen anschauen, und mit dem Befehl DREHEN können Sie zwischen Hoch- und Querformat wechseln (Abbildung 7.2).

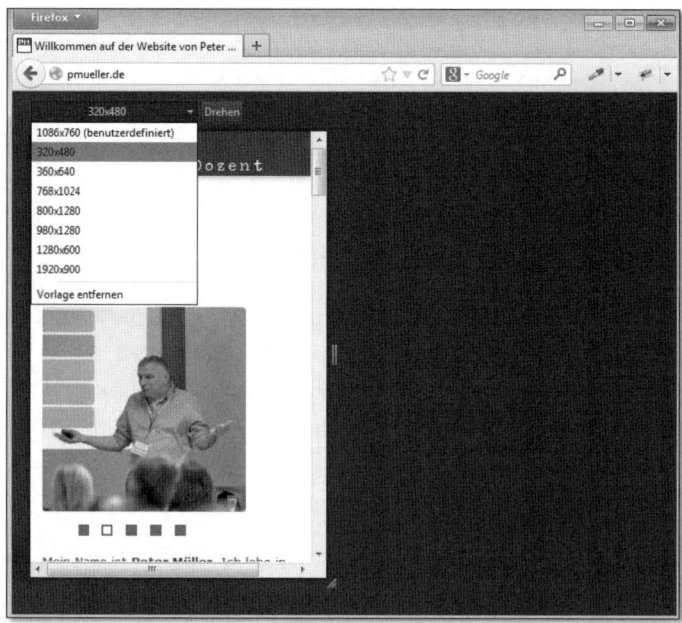

Abbildung 7.2 Der Befehl »Bildschirmgröße ändern« im Firefox

Man kann mit den Anfassern unten rechts und in der Mitte die Bildgröße stufenlos verändern und benutzerdefinierte Größen als VORLAGE HINZUFÜGEN.

7.1.2   Das Bookmarklet »Viewport Resizer« von Malte Wassermann

Das Bookmarklet »Viewport Resizer« von Malte Wassermann können Sie nicht nur im Firefox, sondern in allen Browsern nutzen. Ein Bookmarklet ist ein kleines JavaScript, das man als Lesezeichen im Browser speichern kann, und die Nutzung ist wie bei allen Bookmarklets denkbar einfach:

▶ Surfen Sie zu *lab.maltewassermann.com/viewport-resizer/*.

▶ Um das Tool nur einmal auszuprobieren, klicken Sie auf den großen blauen Button CLICK OR BOOKMARK.

▶ Um das Tool als Lesezeichen zu speichern, ziehen Sie den blauen Button einfach auf die Lesezeichenleiste Ihres Browsers.

Abbildung 7.3 Den blauen Button in die Lesezeichensymbolleiste ziehen

Nach einem Klick auf das Lesezeichen RESIZER klappt unterhalb der Lesezeichenleiste eine kleine schwarze Leiste heraus, in der Sie durch einfaches Klicken verschiedene Auflösungen auswählen können. Ein Klick auf ein bereits ausgewähltes Symbol wechselt zwischen Hoch- und Querformat.

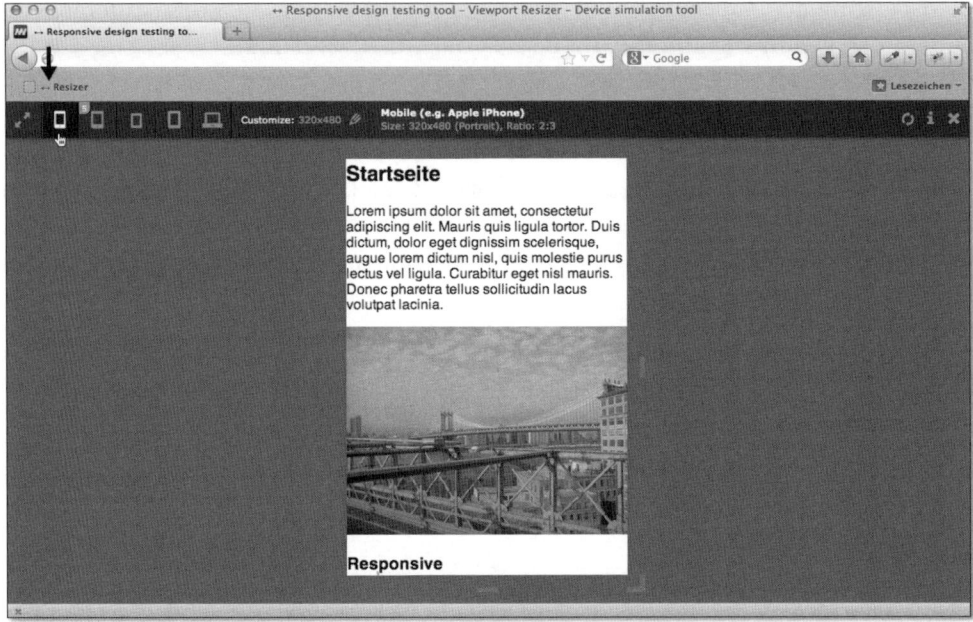

Abbildung 7.4 Die Beispielsite im kleineren Viewport ,

Der »Viewport« und das Browserfenster

Als *Viewport* bezeichnet man den inneren Bereich des Browserfensters, in dem die Webseite dargestellt wird, und zwar inklusive Rollbalken. Auf Deutsch würde man das *Anzeigebereich* oder *Darstellungsbereich* nennen.

7.1.3 Die Web Developer Toolbar in Firefox oder Chrome

Die *Web Developer Toolbar* von Chris Pederick gibt es für Firefox und Chrome, und sie ist seit vielen Jahren ein unentbehrlicher Helfer beim Erstellen von Webseiten. Falls Sie die Toolbar überhaupt noch nicht kennen, sollten Sie das baldmöglichst nachholen:

▶ *chrispederick.com/work/web-developer/*

Bei der Gestaltung von Webseiten für kleine Bildschirme ist das Menü RESIZE (GRÖSSE ÄNDERN) besonders interessant (Abbildung 7.5).

Hier gibt es verschiedene Befehle, die mit der Größe des Browserfensters zu tun haben. Mit dem Befehl EDIT RESIZE DIMENSIONS… (GRÖSSENABMESSUNGEN BEARBEITEN…)

können Sie zum Beispiel zusätzlich zur Vorgabe 800x600 noch andere häufig benutzte Bildschirmauflösungen speichern und einfach abrufen.

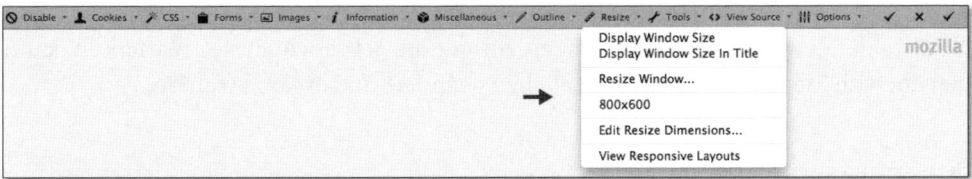

Abbildung 7.5 Das Menü »Resize« in der »Web Developer Toolbar«

Am nützlichsten ist aber der Menüpunkt VIEW RESPONSIVE LAYOUTS (ANGEPASSTE LAYOUTS ANZEIGEN), jedenfalls, wenn man einmal von der missglückten Eindeutschung des Wortes *responsive* absieht. Ein Klick auf diesen Befehl zeigt die aktuelle im Browser dargestellte Webseite in verschiedensten Auflösungen (Abbildung 7.6).

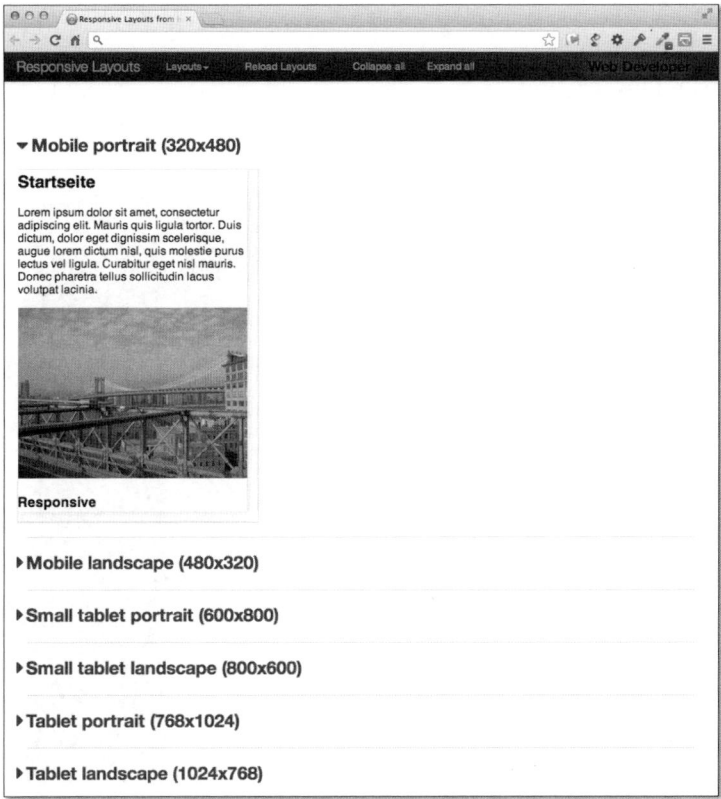

Abbildung 7.6 »View Responsive Layouts« zeigt verschiedene Auflösungen.

Im Gegensatz zu den beiden vorherigen Lösungen können Sie mit der Web Developer Toolbar alle Auflösungen auf einer Seite untereinander betrachten. Dadurch hat man einen direkten Vergleich und muss nicht immer hin- und herschalten.

Die Liste der gewünschten Auflösungen enthält die gebräuchlichsten Varianten, kann aber auch im Menü OPTIONS nach Belieben geändert und ergänzt werden.

7.1.4   Online: Die Website »responsive.is«

Die Website *responsive.is* ist ein Service der Firma *Typecast* und sehr schön, um Webseiten schnell in verschiedenen Auflösungen zu betrachten, sofern die Seiten auf einem Webspace liegen und online erreichbar sind:

▶ Surfen Sie zur Website *responsive.is.*

▶ Geben Sie im Eingabefeld links oben die gewünschte Webadresse ein.

▶ Bestätigen Sie die Eingabe mit GO.

Um eine andere Auflösung zu wählen, klicken Sie oben in der Bedienleiste auf die entsprechenden Symbole (Abbildung 7.7).

Abbildung 7.7 Die Website »responsive.is« zum Testen von Auflösungen

Noch mehr Tools zum Testen

Für die ersten Schritte reichen diese Tools völlig aus, aber spätestens beim Gestalten von Interaktionen wie z. B. einer Navigation müssen die Tests ausgeweitet werden. Dann benötigen Sie Emulatoren, SDKs, mobile Browser und echte Geräte. Mehr dazu in Abschnitt 11.3, »Testen, testen, testen«.

7.2   Zur Entwicklung ein zentrales Stylesheet einrichten

Wenn ein Stylesheet zu lang wird, verliert man leicht den Überblick. Besonders während der Entwicklung der Seiten ist es deswegen von Vorteil, die Styles auf mehrere Stylesheets zu verteilen.

Wenn die Seiten fertig sind, werden alle Styles wieder in eine Datei gepackt und am besten auch noch komprimiert.

7.2.1   Divide et impera: Beim Entwickeln mehrere Stylesheets benutzen

Frei nach dem Motto »Teile und herrsche« erstellen Sie mehrere kleine Stylesheets und verwalten diese mit der Anweisung `@import` vom zentralen Stylesheet *styles.css* aus. Dieses zentrale Stylesheet wird wie bisher ganz normal mit dem `link`-Element in den Webseiten eingebunden und ruft alle anderen benötigten Stylesheets auf (Abbildung 7.8)

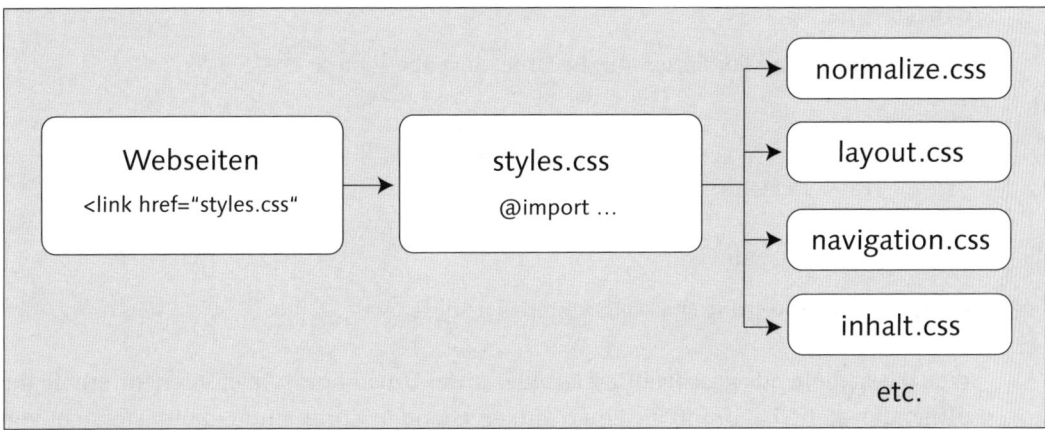

Abbildung 7.8 Ein zentrales Stylesheet lädt alle anderen.

Falls Sie diese Vorgehensweise noch nicht kennen, klingt es vielleicht etwas umständlich, aber nach kurzer Eingewöhnung ist das wirklich praktisch, da die einzelnen Stylesheets übersichtlicher bleiben.

Sie können Ihre Stylesheets zum Beispiel nach Funktionen aufteilen und ihnen auch entsprechende Namen geben:

- *layout.css* enthält Formatierungen für Bereiche wie Header und Footer.
- *navigation.css* enthält die Gestaltung der Navigation.
- *inhalt.css* gestaltet den Inhaltsbereich, alles innerhalb von `main`.
- *interaktion.css* ist in erster Linie für Formulare.
- *altebrowser.css,* falls nötig. Könnte auch *ie.css* heißen.

So kann man beim Entwickeln zum Beispiel ganz einfach ein anderes Stylesheet für die Navigation ausprobieren, ohne dass die anderen Dateien davon beeinflusst werden.

Diese Aufteilung ist aber eine persönliche Vorliebe und nur ein Vorschlag. Falls Ihnen eine andere Aufteilung oder auch ein großes Stylesheet lieber ist, spricht nichts dagegen.

7.2.2   @media steht innerhalb der einzelnen Stylesheets

Die Definition der Ausgabemedien und später auch der Media Queries erfolgt mithilfe der Anweisung `@media` innerhalb der einzelnen Stylesheets, die andere Styles umschließt. Die öffnende Zeile steht vor den Styles und die schließende geschweifte Klammer danach.

Eine Beschränkung der Styles auf die Druckausgabe sähe so aus:

```
@media print {

  /* Styles zur Gestaltung der Druckversion */

} /* Ende @media print */
```

Listing 7.1 Die Anweisung @media steht in den Stylesheets

Weil die schließende geschweifte Klammer unter Umständen viele Zeilen unterhalb der öffnenden steht, bekommt sie einen entsprechenden Kommentar, damit sie nicht versehentlich gelöscht wird.

@media kann in einem Stylesheet auch mehrfach auftreten

Die Anweisung @media darf in einem Stylesheet ruhig mehrfach auftreten, aber nicht verschachtelt werden. Bevor das zweite @media beginnt, muss das vorherige also geschlossen werden.

7.2.3   Wenn die Seiten fertig sind, Styles in einer Datei vereinen

Die Aufteilung des CSS auf mehrere Stylesheets ist während der Entwicklung sehr praktisch, aber auf dem Webspace muss jedes Mal wieder jede Datei einzeln aufgerufen werden, und das macht die Seiten langsam.

Vor dem Launch der Website sollten alle Stylesheets in einer Datei vereint werden, um unnötige Dateiaufrufe zu vermeiden und die Auslieferung der Seiten zu beschleunigen. Dazu kopieren Sie die Styles einfach manuell über die Zwischenablage in eine Datei und speichern diese ab.

Eine Ausnahme bildet übrigens *altebrowser.css*. Die bleibt – sofern vorhanden – schön für sich und wird mit einem Conditional Comment an IE8 und älter ausgeliefert.

Das fertige Stylesheet komprimieren

Idealerweise sollte das fertige Stylesheet auch noch komprimiert werden, damit weniger Zeichen ausgeliefert werden müssen. *Komprimieren* bedeutet im Falle von CSS-Code, dass alle Zeilenumbrüche und Leerstellen entfernt werden. Mit einem Online-Tool wie *csscompressor.com* dauert das nur wenige Minuten.

7.3   Normalisierung statt Reset: »normalize.css«

Alle Browser haben ein eingebautes Stylesheet und benutzen verschiedene Voreinstellungen. Viele Webdesigner haben diese Voreinstellungen durch ein mehr oder weniger hartes CSS-Reset überschrieben und haben mit der Gestaltung der Webseiten in ihren eigenen Stylesheets buchstäblich bei null begonnen.

CSS-Resets setzen oft radikal fast alle Browservorgaben zurück, was nach dem Motto »Entfernt die Zähne samt Belag« auch über das Ziel hinausschießen kann und zum Beispiel dazu führt, dass auch sinnvolle Vorgaben wie font-weight:bold für <strong> wieder neu definiert werden müssen.

Eine Alternative zum harten Reset, die sich in den letzten Jahren zunehmender Beliebtheit erfreut, ist ein eher weiches Angleichen der wichtigsten unterschiedlichen Vorgaben. Dieser Prozess gleicht einer Normalisierung vorhandener Unterschiede, und so heißt das Projekt denn auch *normalize.css*. Abbildung 7.9 zeigt die Startseite des Projekts. Im Web finden Sie die aktuelle Version von *normalize.css* unter

▶ *necolas.github.io/normalize.css/*

Abbildung 7.9 Die Projektseite »necolas.github.io/normalize.css/«

Initiator Nicolas Gallagher beschreibt die Ziele seines Projekts wie folgt:

▶ sinnvolle CSS-Browservorgaben erhalten und nicht überschreiben

▶ Angleichung der Gestaltung im Browser für HTML-Elemente

▶ Korrektur von bekannten Browserbugs und -inkonsistenzen

▶ Verbesserung der Usability durch subtile Verbesserungen

▶ Erklärung des Codes durch Kommentare und Dokumentation

Ob man lieber mit Reset, Normalisierung oder nur mit eigenen Styles arbeitet, ist letztlich abhängig vom jeweiligen Projekt und den eigenen Vorlieben.

Das in den letzten Kapiteln vorgestellte HTML5 Bones nutzt *normalize.css,* und so basieren die Beispielseiten zu diesem Buch auch darauf. Daher möchte ich Ihnen das Stylesheet in diesem Abschnitt etwas genauer vorstellen. Die im Downloadpaket enthaltene Datei *test.html* zeigt übrigens zahlreiche Beispiele für die normalisierten Elemente im Überblick.

Ausführliche Dokumentation zu »normalize.css«

Eine Dokumentation zu »normalize.css« finden Sie im Wiki auf Github:

▶ *github.com/necolas/normalize.css/wiki*

Dort werden viele Anweisungen aus *normalize.css* ausführlich beschrieben.

7.3.1   Die Normalisierung für neue HTML5-Elemente

Die Datei *normalize.css* ist in übersichtliche Module wie »HTML5 display definitions« oder »Typography« aufgeteilt. Gleich zu Beginn der Normalisierung wird sichergestellt, dass die neuen HTML5-Elemente korrekt dargestellt werden. Das folgende Listing zeigt die beiden Styles in einer etwas platzsparenden Variante:

```
article, aside, details, figcaption, figure, footer, header,
hgroup, main, nav, section, summary {
    display: block;
}
audio, canvas, video {
    display: inline-block;
}
```

Listing 7.2 Korrekturen für HTML5-Elemente in »normalize.css«

Zum Abschluss des ersten Teils folgen noch zwei Styles für die Angleichung der Bedienelemente der browserinternen Audioplayer.

Es ist völlig okay, »normalize.css« an seine Bedürfnisse anzupassen
Bei Bedarf ist es völlig okay, einzelne Anweisungen oder auch komplette Module aus *normalize.css* zu entfernen oder in Ihren eigenen Stylesheets zu überschreiben.

7.3.2 Basisformatierung, Links, Typographie und mehr

Die Basisformatierung im nächsten Modul beschränkt sich auf ein absolutes Minimum. Hintergrund- und Textfarbe werden auf weiß bzw. schwarz gesetzt, als Standardschriftart wird statt der verbreiteten Times Roman eine `sans-serif` definiert, und ein Bug bei der Schriftgrößenberechnung wird behoben. Anschließend wird ein eventuell vorhandener `margin` für `body` entfernt.

```css
html {
  background: #fff;
  color: #000;
  font-family: sans-serif;
  -ms-text-size-adjust: 100%;
  -webkit-text-size-adjust: 100%;
}
body {
  margin: 0;
}
```

Listing 7.3 Der Abschnitt »Base« aus »normalize.css«

Im Links-Modul wird danach das Browserverhalten bei den Pseudoklassen angeglichen:

```css
a:focus { outline: thin dotted; }
a:active, a:hover { outline: 0; }
```

Listing 7.4 Das Linkmodul aus »normalize.css«

Webkit-Browser spendieren einem Link mit Fokus einen recht auffälligen hellblauen Rahmen, was bei vielen Designs eher störend wirkt. Das wird hier zugunsten der üblichen gepunkteten Linie überschrieben. Für die Pseudoklassen `a:active` und `a:hover` wird eben diese gepunktete Linie zugunsten einer besseren Lesbarkeit entfernt.

Im Typographie-Modul werden zahlreiche Font-Einstellungen normalisiert. Dazu zählt zum Beispiel die Schriftgröße und `margin-bottom` für `h1`, eine Angleichung der Gestaltung für `hr` und die Voreinstellung für den interaktiven Textmarker `mark` auf Gelb als Hintergrundfarbe.

Abbildung 7.10 zeigt Beispiele für die typographische Normalisierung aus der mitgelieferten Datei *test.html*.

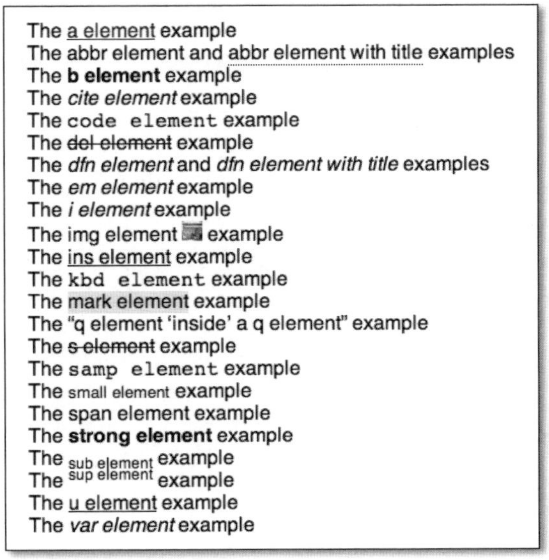

```
The a element example
The abbr element and abbr element with title examples
The b element example
The cite element example
The code element example
The del element example
The dfn element and dfn element with title examples
The em element example
The i element example
The img element 🖼 example
The ins element example
The kbd element example
The mark element example
The "q element 'inside' a q element" example
The s element example
The samp element example
The small element example
The span element example
The strong element example
The sub element example
The sup element example
The u element example
The var element example
```

Abbildung 7.10 Die typographische Normalisierung aus »test.html«

In den nächsten beiden Modulen geht es um die Normalisierung von Elementen für eingebettete Inhalte und Abbildungen. Neben einer Korrektur für SVG-Graphiken im IE9 gibt es in diesem Abschnitt zwei Styles:

```
/* Remove border when inside 'a' element in IE 8/9. */
img { border: 0; }


/* Address margin not present in IE 8/9 and Safari 5.*/
figure { margin: 0; }
```

Listing 7.5 Bilder ohne Rahmen und »figure« ohne »margin«

Der erste Style verhindert, dass verlinkte Bilder einen Rahmen drumherum bekommen, der zweite kümmert sich um das HTML5-Element figure, das in vielen Browsern einen horizontalen margin von 40px hat. Ältere Browser machen das natürlich nicht, und so wird hier zur Angleichung der margin für figure entfernt.

7.3.3 Normalisierung für Formulare und Tabellen

Der mit Abstand größte Block in *normalize.css* dreht sich um die Normalisierung von Formularelementen. In über hundert Zeilen werden viele kleine, aber mitunter nervige und schwer zu korrigierende Inkonsistenzen korrigiert.

Unter anderem werden dabei folgende Einstellungen vorgenommen:

▶ `fieldset` bekommt eine konsistente Grundgestaltung mit einer 1px breiten grauen Linie.

▶ `legend` wird ohne Rahmen und ohne `padding` dargestellt.

▶ Die Schriftgestaltung von `input`, `button`, `select` und `textarea` wird in allen Browsern angeglichen.

▶ `<input type="search">` wird so definiert, dass es auch in Webkit-Browsern unter OS X und iOS wie ein Textfeld aussieht und sich einfach per CSS formatieren lässt.

Der letzte Style widmet sich der Gestaltung von Tabellen und entfernt lediglich den Raum zwischen Tabellenzellen:

```css
/* Remove most spacing between table cells. */
table {
  border-collapse: collapse;
  border-spacing: 0;
}
```

Listing 7.6 Zwischenräume bei Tabellen entfernen

Und das war's. *normalize.css* ändert die Browservoreinstellungen behutsamer als ein CSS-Reset, liefert aber ein solides CSS-Fundament.

7.4   Workshop: Zentralisierung und Grundformatierung

In diesem Abschnitt rüsten Sie die vorhandene Datei *styles.css* zu einem zentralen Stylesheet um und fügen ein paar Styles zur grundlegenden Gestaltung der Seiten ein.

7.4.1   Zentralisierung der Stylesheets

In diesem Abschnitt wird *styles.css* zum zentralen Stylesheet, in das ein paar andere Stylesheets importiert werden, die es zum Teil noch gar nicht gibt. Los geht es mit den folgenden Schritten:

▶ Entfernen Sie im `head`-Bereich der HTML-Dateien den Link zum Stylesheet *normalize.css,* und speichern Sie die Dateien anschließend.

▶ Öffnen Sie das Stylesheet *styles.css* in einem Editor.

▶ Löschen Sie den Kommentar und die Link-Styles am Anfang der Datei und den Kommentar für »Author's styles« sowie den leeren Style für `body`.

▸ Verschieben Sie den im vorherigen Kapitel erstellten Style für img in eine neue Datei namens *inhalt.css*.

▸ Verschieben Sie die Styles für die Druckversion inklusive Kommentar und Media Query in eine neue Datei namens *print.css*.

▸ Erstellen Sie in *styles.css* Importanweisungen für die Normalisierung und ein paar andere Stylesheets:

```css
@import url("normalize.css");
@import url("layout.css");
@import url("navigation.css");
@import url("inhalt.css");
@import url("interaktion.css");
@import url("print.css");
```

Die noch nicht bestehenden Stylesheets werden in den nächsten Kapiteln nach und nach erstellt. Pfadangaben in einem Stylesheet sind immer relativ zum Stylesheet selbst, und da alle Stylesheets im Ordner */css* gespeichert werden, müssen Sie bei den Importanweisungen nur den Dateinamen hinschreiben. Das zentrale Stylesheet *styles.css* könnte danach zum Beispiel so aussehen:

```css
/* Zentrales Stylesheet - Beispielseiten für Flexible Boxes */

/* Normalisierung */
@import url("normalize.css");

/* Basisgestaltung und Layoutbereiche */
@import url("layout.css");

/* Navigationen */
@import url("navigation.css");

/* Inhalte in main, aside und Co. */
@import url("inhalt.css");

/* Formulare */
@import url("interaktion.css");

/* Druckversion */
@import url("print.css");
```

Listing 7.7 Das zentrale Stylesheet »styles.css« mit @import

Prüfen Sie im Browser oder im Firebug bzw. einem anderen Developer Tool, ob nach dieser Änderung *normalize.css* noch geladen wird und ob der in *inhalt.css* gespeicherte Style zur Flexibilisierung von img noch funktioniert.

7.4.2   Grundformatierung der Layoutbereiche

Zum Abschluss verteilen Sie noch ein paar CSS-Regeln zur farblichen Gestaltung einiger Layoutbereiche und Elemente. Da in den folgenden Kapiteln die Beispielseiten erst einmal für kleine Bildschirme gestaltet werden, wird body auf eine maximale Breite von 480px begrenzt, was einem modernen Smartphone im Querformat entspricht. Diese maximale Breite verhindert, dass die Zeilen in einem breiten Browserfenster zu lang werden. Später werden Sie die unterschiedlichen Viewport-Breiten per Media Query unterschiedlich gestalten.

Im zweiten Style werden Hintergrund- und Textfarbe für den Kopf- und Fußbereich definiert. Falls Sie den dabei verwendeten Attributselektor element[attribut="wert"] noch nicht kennen, er wird im folgenden Kapitel über Selektoren ausführlich erklärt. Öffnen Sie das Stylesheet *layout.css,* und fügen Sie die folgenden Styles ein:

```css
/* Seitenbreite begrenzen (bis Media Queries kommen) */
body {
  background: white;
  color: #333;
  max-width: 480px;
  margin: 0 auto;
}

/* Kopf- und Fußbereich einfärben */
header[role="banner"],
footer[role="contentinfo"] {
  background: #333;
  color: white;
}
```

Listing 7.8 Grundformatierung der Layoutbereiche

Ebenfalls in *layout.css* sollen direkt darunter die folgenden Klassen eingefügt werden. Der erste Style definiert die Klasse hideme, mit der Elemente in visuellen Layouts ausgeblendet werden können. Der zweite Style definiert den *Micro-Clearfix-Hack* von Nicolas Gallagher und stellt außerdem die Klasse clear bereit:

```css
/* Klasse zum Elemente-Verstecken in visuellen Layouts */
.hideme {
  position: absolute;
  top: -32768px;
  left: -32768px;
}


/* Info: nicolasgallagher.com/micro-clearfix-hack/ */
.cf:before, .cf:after { content: " "; display: table; }
.cf:after, .clear { clear: both; }
```

Listing 7.9 Einige nützliche allgemeine Klassen

Nach dieser Grundgestaltung folgen noch ein paar Styles zur einfachen Gestaltung der Navigationsleiste unterhalb des Kopfbereichs. Öffnen Sie *navigation.css,* und fügen Sie die folgenden CSS-Regeln ein:

```css
/* Basisgestaltung für den Navigationsbereich */
nav[role="navigation"] { background: #eee; color: #333; }
nav[role="navigation"] ul { padding: 0; margin: 0; }
nav[role="navigation"] li {
  display: inline-block;
  padding: 0;
  margin: 0;
}
nav[role="navigation"] li a {
  text-decoration: none;
  color: #333;
  padding: 1em;
}
nav[role="navigation"] li.active a {
  color: black;
  text-decoration: underline;
}
```

Listing 7.10 Basisgestaltung für die Navigation

Zum Abschluss folgen noch zwei einfache Styles zur Gestaltung der Überschrift im Inhaltsbereich. Auf der Startseite hat die Überschrift keinen Untertitel und bekommt deshalb einen Außenabstand nach unten von 1em, auf den anderen Seiten gibt es jeweils einen Untertitel <p class="subtitle">, der direkt unterhalb der h2-Überschrift stehen soll. Deshalb wird dort padding und margin auf 0 gesetzt.

Öffnen Sie *inhalt.css,* und ergänzen Sie nach dem bereits vorhandenen Style für img die folgenden CSS-Regeln zur Gestaltung der Hauptüberschrift im Inhaltsbereich:

```
main header h2 {
  line-height: 1;
  padding: 0;
  margin: 0;
}
.startseite main header h2 {
  margin-bottom: 1em;
}
```

Listing 7.11 Überschriften im Inhaltsbereich gestalten

Wenn alles geklappt hat, sieht die Startseite der Beispielsite nach diesen Schritten etwa so aus wie in Abbildung 7.11. Noch nicht wirklich hübsch, aber sie passt sich problemlos allen Bildschirmen an.

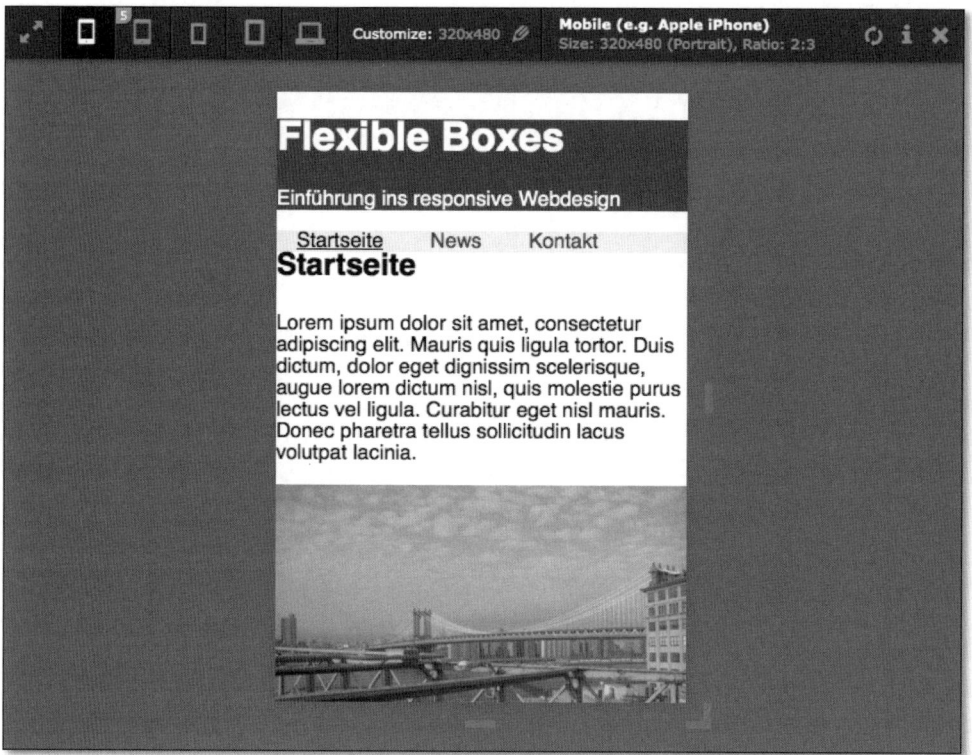

Abbildung 7.11 Die Startseite am Ende dieses Kapitels

7.5   Exkurs: Modernizr hilft beim Umgang mit alten Browsern

Modernizr ist ein Diagnose-Tool, das die Browser hinsichtlich ihrer Fähigkeiten überprüft. Das Spektrum reicht dabei von simplen CSS3-Eigenschaften wie `box-shadow` über HTML-Features wie Video und Audio bis hin zu Touch-Events oder der Geolocation-API.

7.5.1   Modernizr interviewt den Browser

Modernizr ist eine JavaScript-Bibliothek, die den Browser hinsichtlich seiner HTML5- und CSS3-Fähigkeiten interviewt. *Feature Detection* nennt sich das im Fachjargon. Das können Sie sich buchstäblich so vorstellen:

▶ Modernizr: »Hallo Browser. Sag mal, kennst du `box-shadow`?«

▶ Browser: »Box-was? Mmh. Ich kenne das *box-model*. Gilt das?«

▶ Modernizr schüttelt den Kopf und notiert sich *no-boxshadow*.

Genauso geht das, nur schneller. Modernizr fragt den Browser alles Mögliche und vermerkt die Antworten als Klassen im Stammelement, wie z. B. `<html class="no-box-shadow">`. Dabei werden eventuelle Bindestriche aus den Namen der CSS-Eigenschaften entfernt. Der einzige Bindestrich im Klassennamen folgt nach dem »no«.

Wichtig zu wissen ist, dass Modernizr zwar die Diagnose stellt, den Patienten aber nicht behandelt. Modernizr modernisiert den Browser also nicht wirklich, sondern sagt nur, wo eine Modernisierung erforderlich wäre. Er stellt also gewissermaßen eine Überweisung an den Facharzt aus.

7.5.2   Modernizr auf Webseiten einbinden

Sie sollten auf jeden Fall einmal probieren, Modernizr einzubinden, denn es ist ein Werkzeug, das man mal in der Hand gehabt haben sollte, auch wenn man es nicht in jedem Projekt braucht.

Auf der Website *modernizr.com* (Abbildung 7.12) gibt es Modernizr in zwei Versionen:

▶ Die *Development-Version* ist unkomprimiert momentan 42 KB groß und enthält fast alle Tests.

▶ In der *Production-Version* hingegen können Sie nur die Tests einbauen, die Sie auch wirklich benötigen, sodass die JavaScript-Datei so klein wie möglich wird.

Da es in diesem Abschnitt erst einmal nur um ein allgemeines Ausprobieren und nicht um eine Optimierung der Performance geht, laden Sie sich einfach die Development-Version herunter.

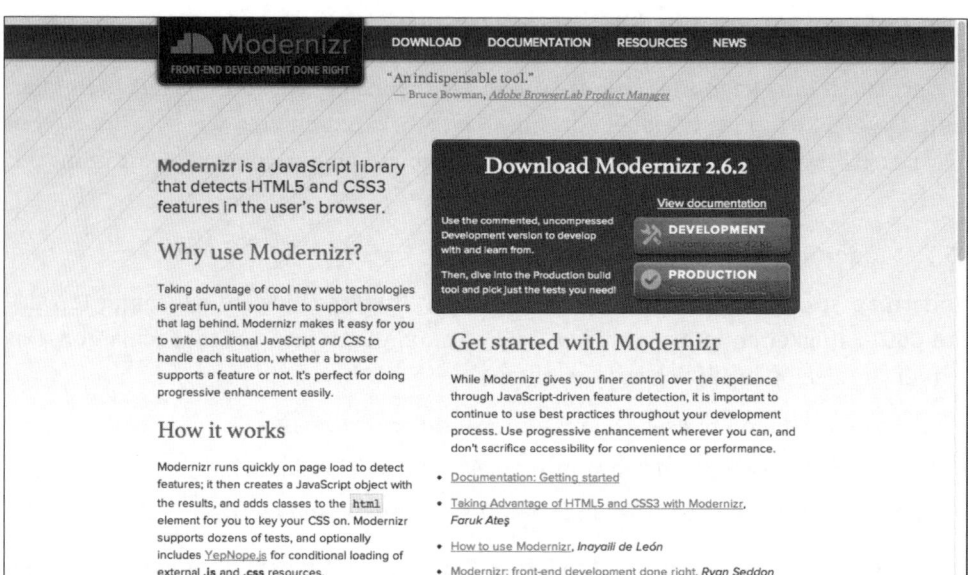

Abbildung 7.12 Die Startseite von »modernizr.com«

Nach dem Download speichern Sie die Datei im Unterordner *js* und binden sie dann mit der Zeile aus dem folgenden Listing im Head aller Webseiten ein. Den Dateinamen müssen Sie dabei gegebenenfalls anpassen, da er je nach Download variieren kann. Außerdem sollten Sie im Anfangs-Tag von <html> noch die Klasse no-js einfügen:

```
<html class="no-js">
<head>
<!-- diverse andere Elemente und Stylesheets -->
<script src="js/modernizr-latest.js"></script>
</head>
```

Listing 7.12 Die Zeile zur Einbindung von Modernizr

Die genaue Stelle der Einbindung der JavaScript-Datei ist nicht wichtig, aber es sollte irgendwo im Head sein, und zwar *nach* den Stylesheets und *vor* </head>.

Zum Testen der Einbindung rufen Sie eine der Webseiten im Browser auf und checken den Quelltext mit Firebug oder dem integrierten Development Tool der anderen Browser. Das Anfangs-Tag von <html> ist um einiges länger geworden (Abbildung 7.13).

Beachten Sie dabei, dass die von Ihnen hinzugefügte Klasse no-js von Modernizr in js geändert wurde. Wenn Modernizr also aktiv ist, gibt es in jedem Fall die Klasse <html class="js">.

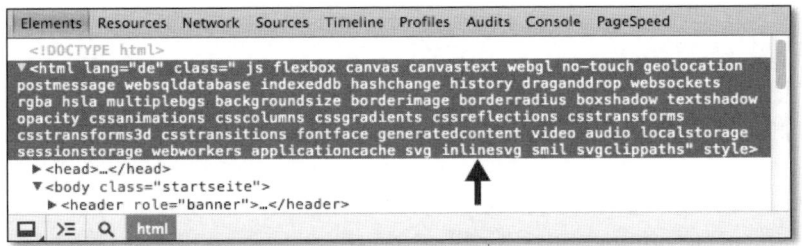

Abbildung 7.13 Modernizr notiert die Testergebnisse als Klasse für <html>.

Quelltext mit Firebug oder Developer Tool checken

Wenn Sie sich nach der Einbindung von Modernizr die Klassen im <html>-Tag anschauen möchten, müssen Sie das mit Firebug oder einem entsprechenden Developer Tool machen.

Der Befehl SEITENQUELLTEXT ANZEIGEN reicht dazu nicht aus, denn er zeigt den Quelltext, den der Browser vom Server erhalten hat; Modernizr wird aber erst danach aktiv, wenn der Quelltext vom Browser verarbeitet wird.

7.5.3   Ein einfaches Beispiel zur Benutzung von Modernizr

Ein einfach nachvollziehbares Beispiel zum Einsatz von Modernizr ist die CSS3-Eigenschaft box-shadow, die einem Element einen Schatten hinzufügt. Zunächst einmal stellt Modernizr die Diagnose:

▶ Kennt der Browser die CSS3-Eigenschaft box-shadow, schreibt Modernizr die Klasse boxshadow in das Anfangs-Tag von <html>.

▶ Kennt er sie nicht, wird die Klasse no-boxshadow notiert.

In Ihrem CSS können Sie das auswerten und beide Situationen berücksichtigen. Moderne Browser bekommen box-shadow, ältere hingegen eine Schattenimitation mit border. Das könnte zum Beispiel so aussehen:

```
img {
  box-shadow: 0 1px 3px rgba(0,0,0,0.3);
}
.no-boxshadow img {
  border: 1px solid #ddd;
```

```
  border-right-color: #bbb;
  border-bottom-color: #bbb;
}
```

Listing 7.13 »box-shadow« für moderne Browser, »border« für die anderen

Sollte im Browser JavaScript ausgestellt sein, gibt es natürlich keine Klasse no-boxshadow, weil Modernizr ja nicht funktioniert, und die Bilder würden in einem IE7 oder IE8 keine Rahmenlinie bekommen. Aber wenn jemand wirklich mit einem alten Internet Explorer ohne JavaScript unterwegs ist, hat er wahrscheinlich noch ganz andere Probleme als fehlende Rahmenlinien.

Modernizr ist ein nützliches Werkzeug, aber um unterschiedliches Aussehen und Verhalten anzugleichen, muss man es nicht unbedingt einsetzen. Es ist völlig okay, dass eine Webseite nicht in allen Browsern gleich ist, und wenn ein Auftraggeber das anders sieht und auf runden Ecken und Schatten in allen Browsern besteht, hilft es manchmal schon, einen kleinen Kostenvoranschlag anzudeuten, in der Art: »Okay, runde Ecken für alte Browser nachrüsten, das kostet ein paar Stunden. Ist es das wirklich wert?«

Wenn Sie Modernizr in einem Ihrer Projekte einsetzen, sollten Sie sich vor der Freischaltung eine Production-Version maßschneidern, die wirklich nur die Tests enthält, die Sie benötigen, damit die JavaScript-Datei so klein wie möglich bleibt.

Der HTML5Shiv ist in Modernizr bereits enthalten

An sich ist Modernizr wie gesagt nur für die Diagnose zuständig, aber keine Regel ohne Ausnahme: Der *HTML5Shiv*, der in den Beispielseiten mit einem Conditional Comment an IE<9 geliefert wird, ist in Modernizr enthalten.

Beim Download von Modernizr können Sie auswählen, ob Sie die normale HTML5Shiv nur für den Bildschirm oder die Variante inklusive Printversion haben möchten. Letztere sorgt dafür, dass die alten IE-Browser die neuen HTML5-Elemente nicht nur anzeigen, sondern auch ausdrucken können.

Fazit: Wenn Sie auf Ihren Webseiten Modernizr einbinden, können Sie den Conditional Comment zum Laden des HTML5Shiv entfernen.

Kapitel 8
Selektoren für alle Fälle

Worin Sie alles über Selektoren erfahren, von Geschwister- über Attribut-selektoren bis zu Pseudoelementen und Pseudoklassen.

Die Themen im Überblick:

In diesem Kapitel bekommen Sie eine geballte Ladung Informationen und Beispiele zu den neuen CSS3-Selektoren. Sie müssen das nicht alles auf einen Schlag abarbeiten. Benutzen Sie dieses Kapitel zum Nachschlagen, wenn es mal wieder nicht gelingt, ein bestimmtes Element auszuwählen.

8.1 Familienselektoren: Kinder, Geschwister und Nachfahren

Die in diesem Abschnitt gezeigten Selektoren für Kinder, Geschwister und die sonstige Verwandtschaft wählen Elemente anhand ihrer Position in der DOM-Hierarchie und sind zum Teil bereits aus CSS 2.1 bekannt. Sie bestehen allesamt aus mindestens zwei Teilen, die durch eine Leerstelle, ein Größer-als-Zeichen >, ein Pluszeichen + oder eine Tilde ~ kombiniert werden. Diese vier Zeichen werden auch als *Kombinatoren* bezeichnet, weil sie die verschiedenen Teile des Selektors miteinander kombinieren.

Alle im DOM aufgeführten Elemente sind letztlich Abkömmlinge von `<html>` und miteinander verwandt. Daher ist dieser Abschnitt im wahrsten Sinne des Wortes eine Art Familientherapie.

8.1.1   Alle Nachfahren auswählen mit einer Leerstelle: »ul li«

Mit *Nachfahren* (engl. *descendants*) sind Elemente gemeint, die in der DOM-Hierarchie *nach* einem bestimmten Element kommen. Der *Nachfahrenselektor* wird häufig benutzt, um Elemente nur in einem bestimmten Bereich der Seite zu gestalten. Er besteht aus zwei oder mehreren Teilen, die durch eine Leerstelle voneinander getrennt werden:

▶ `main article` selektiert alle Artikel zwischen `<main>` und `</main>`.

▶ `h1 span` gilt nur für `span`-Elemente innerhalb einer `h1`-Überschrift.

▶ `ul li` gestaltet alle Listenelemente zwischen `<ul>` und `</ul>`, aber nicht solche zwischen `<ol>` und `</ol>`.

Nachfahrenselektoren zählen inzwischen zum Grundrepertoire eines jeden CSSlers, deshalb geht es ohne Beispiel gleich weiter mit dem Kindselektor.

8.1.2   Alle direkten Kinder selektieren: »ul > li«

Kinder sind Elemente, die in der DOM-Hierarchie genau eine Stufe tiefer stehen. Der Kindselektor heißt auf Englisch *child combinator*, wählt nur Kinder aus und benutzt als Trennzeichen das Größer-als-Zeichen >.

Hier zwei Beispiele für Kindselektoren:

▶ `body > header` selektiert alle `header`-Elemente, die Kinder von `body` sind, also *direkt* von `body` abstammen. In der Regel ist das nur der Seitenheader. `header` innerhalb von Artikeln werden von diesem Selektor nicht gefunden.

▶ `main > article` selektiert alle Artikel, die *direkt* von `main` abstammen. Wenn also im Quelltext der Seite direkt nach `<main>` ein `<section>` folgt und dann erst die Artikel kommen, wählt dieser Selektor nichts aus, da die Artikel dann Enkelkinder von `main` sind.

Die Funktionsweise des Kindselektors und der Unterschied zum Nachfahrenselektor werden im folgenden Beispiel anhand einer einfachen, verschachtelten Navigationsliste deutlich:

```
<nav>
  <ul>
    <li><a href="#">Startseite</a></li>
    <li><a href="#">Reisen</a>
    <ul>
      <li><a href="#">Italien</a></li>
      <li><a href="#">Island</a></li>
    </ul>
    </li>
```

```
    <li><a href="#">Kontakt</a></li>
  </ul>
</nav>
```

Listing 8.1 Eine einfache Navigationsliste

Die an sich einfache Aufgabe besteht darin, auf der Webseite für die ansonsten ungestal-
tete Liste nur die erste Listenebene einzurücken, also das padding-left zu entfernen.

```
/* Der Nachfahrenselektor */
nav ul { padding-left: 0; }


/* Der Kindselektor */
nav > ul { padding-left: 0; }
```

Listing 8.2 Nachfahrenselektor und Kindselektor im Überblick

Abbildung 8.1 zeigt die unterschiedliche Auswirkung von Nachfahrenselektor nav ul
und Kindselektor nav > ul.

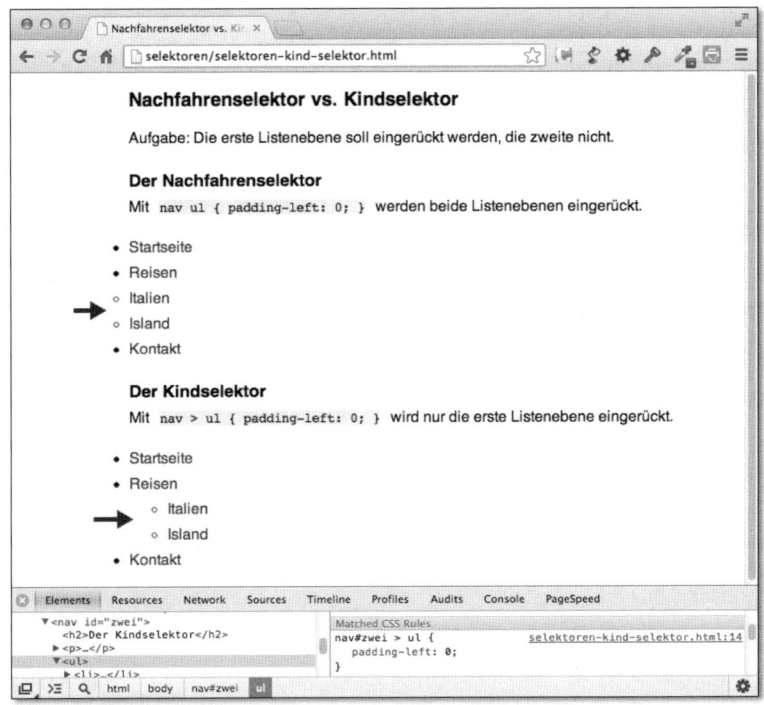

Abbildung 8.1 Der Kindselektor wählt nur die erste Listenebene aus.

Kindselektoren sind also sehr praktisch, aber man muss im Weballtag manchmal auf-
passen, da das Verhältnis zwischen Eltern und Kind in HTML nicht immer so stabil ist,
wie es auf den ersten Blick wirkt. So kann ein Kind durch ein aus Gestaltungsgründen
nachträglich eingefügtes div unversehens zu einem Enkel werden.

Die Leerstellen vor und nach den Kombinatoren sind optional

Bei allen Familienselektoren ist die Leerstelle vor und nach dem Trennzeichen optional.
Ein Selektor wie ul>li ist zwar schlechter lesbar, aber für den Browser völlig in Ordnung und identisch mit ul > li.

8.1.3   Die Geschwisterselektoren: Pluszeichen + und Tilde ~

Geschwister sind Elemente, die im DOM auf derselben Stufe stehen. Dazu gibt es in CSS
zwei Kombinatoren:

▶ Das Pluszeichen + ist der *benachbarte Geschwisterselektor* (*adjacent sibling combinator*) und bereits bekannt aus CSS 2.1. Er wählt nur direkte aufeinander folgende
Geschwister aus.

▶ Neu in CSS3 ist der *allgemeine Geschwisterselektor* (*general sibling combinator*), bei
dem die Elemente mit einer Tilde ~ kombiniert werden. Er wählt alle Geschwister aus.

Der Unterschied zwischen diesen beiden Kombinatoren wird an einem einfachen Beispiel deutlich:

```
<header>
  <h3>Die beiden Geschwister-Selektoren + und ~</h3>
  <p class="info">Diesen Absatz finden beide nicht.</p>
</header>
<p>Diesen Absatz finden beide Selektoren [...] </p>
<p>Diesen Absatz findet nur der Selektor mit ~ [...] </p>
```

Listing 8.3 Ein kurzer Artikel für die Geschwisterselektoren.

Dieses HTML wird von den folgenden Geschwisterselektoren gestaltet:

```
header + p { border-left: 5px solid lightblue; }
header ~ p { border-right: 5px solid pink; }
```

Listing 8.4 Die Geschwisterselektoren machen links und rechts eine Linie.

Abbildung 8.2 zeigt die unterschiedlichen Auswirkungen dieser beiden Selektoren im Browser. Der erste Selektor `header + p` wählt nur den ersten Fließtextabsatz aus, der zweite Selektor `header ~ p` hingegen beide.

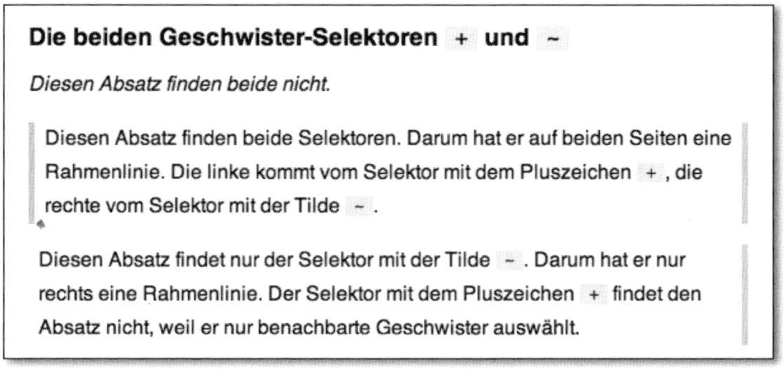

Die beiden Geschwister-Selektoren + und ~

Diesen Absatz finden beide nicht.

Diesen Absatz finden beide Selektoren. Darum hat er auf beiden Seiten eine Rahmenlinie. Die linke kommt vom Selektor mit dem Pluszeichen + , die rechte vom Selektor mit der Tilde ~ .

Diesen Absatz findet nur der Selektor mit der Tilde ~ . Darum hat er nur rechts eine Rahmenlinie. Der Selektor mit dem Pluszeichen + findet den Absatz nicht, weil er nur benachbarte Geschwister auswählt.

Abbildung 8.2 Die beiden Geschwisterselektoren im Einsatz

Und hier die Erklärung zu Abbildung 8.2:

▶ Der erste Absatz `p.info` ist ein Kind von `<header>` und steht im DOM eine Stufe tiefer. Daher finden ihn beide Geschwisterselektoren nicht.

▶ Der Selektor `header + p` wählt nur direkt *benachbarte Geschwister*. Im Beispiel ist das nur der erste Absatz, was in der Abbildung durch die Rahmenlinie links gekennzeichnet wird.

▶ `header ~ p` wählt *alle Geschwister*, im Beispiel also beide Absätze. In der Abbildung haben deshalb beide Absätze rechts eine Linie.

So viel zu den Familiengeschichten. Weiter geht es mit Attributselektoren und eckigen Klammern.

8.2   Attributselektoren haben eckige Klammern

Attributselektoren ist die Position des Elements völlig egal, denn wie ihr Name bereits ahnen lässt, kümmern sie sich ausschließlich um die Attribute im Anfangs-Tag. Attributselektoren helfen also dabei, Elemente unter Berücksichtigung bestimmter Attribute auszuwählen, und man erkennt sie auf Anhieb an den eckigen Klammern.

In diesem Abschnitt möchte ich Ihnen insgesamt sechs Attributselektoren vorstellen:

▶ Die ersten drei gab es bereits in CSS 2.1. Bei diesen Attributselektoren müssen die gesuchten Zeichen komplett mit dem im HTML gefundenen Attributwert übereinstimmen.

▶ In CSS3 sind mit Hütchen, Dollar und Sternchen drei neue Attributselektoren hinzu-gekommen, mit denen man auch Teilübereinstimmungen finden kann.

Der IE8 unterstützt diese Selektoren allesamt, der IE7 nur zum Teil. Im Zweifelsfall hilft der Selektortest auf *css3.info/selectors-test* oder die Übersicht auf *quirksmode.org*:

▶ *quirksmode.org/css/selectors/*

8.2.1   Nur das Attribut: element[attribut]

Dieser Selektor ist recht einfach und heißt im Klartext:

>*Selektiere alle Elemente, die dieses Attribut haben.*«

Er schaut also einfach nur, ob im Anfangs-Tag des Elements das angegebene Attribut vorhanden ist oder nicht. Hier zwei einfache Beispiele:

▶ `a[title]` findet alle Hyperlinks, die das Attribut `title` haben.

▶ `input[checked]` findet alle Eingabefelder mit dem Attribut `checked`.

8.2.2   Nur ein Gleichheitszeichen: element[attribut="zeichen"]

Der Selektor `element[attribut="zeichen"]` hat folgenden Auftrag:

>*Finde alle Elemente, bei denen im HTML der Wert des Attributs genau den gesuch-ten Zeichen entspricht.*«

Der Attributselektor mit dem Gleichheitszeichen ist zum Beispiel ideal, um die vielen unterschiedlichen einzeiligen Eingabefelder in Formularen unterscheiden zu können. Sie haben alle das Attribut `type`, und das hat jedes Mal einen anderen Wert. Die folgen-den Beispiele verdeutlichen diesen Sachverhalt:

▶ `input[type="text"]` findet `<input type="text">`

▶ `input[type="email"]` selektiert `<input type="email">`, also alle Felder für E-Mail-Adressen.

▶ `input[type="submit"]` wählt nur den Abschicken-Button aus.

8.2.3   Mit Tilde und Gleichheitszeichen: element[attribut~="zeichen"]

Wenn bei einem Attributselektor vor dem Gleichheitszeichen noch eine Tilde steht, kann das Attribut im HTML auch mehrere Werte haben. Der Auftrag an den Browser lautet:

>*Selektiere alle Elemente, bei denen im HTML der Wert des Attributs die gesuchten Zeichen in einer mit Leerstellen getrennten Werteliste enthält.*«

Puh. Langer Satz. Ein Beispiel macht die Sache deutlicher. Hier zunächst ein Tilde-Attributselektor im CSS, der einen Absatz selektieren soll, sofern dieser die Klasse infobox hat:

```
p[class~="infobox"]
```

Dieser Selektor findet alle Absätze mit der Klasse infobox, und zwar auch dann, wenn mehrere Klassen vorhanden sind:

```
<p class="subtitle infobox warning">
```

Die Reihenfolge der Attribute spielt dabei keine Rolle.

8.2.4   Mit Hütchen und Gleichheitszeichen: element[attribut^="zeichen"]

Hütchen und Gleichheitszeichen bedeuten in einem Attributselektor:

>*Selektiere alle Elemente, bei denen im HTML das Attribut einen Wert hat, der mit den gesuchten Zeichen beginnt.«*

Hier ein konkretes Beispiel für diesen Selektor, mit dem man alle externen Links gestalten kann:

```
a[href^="http"]
```

Der Selektor findet alle Links, bei denen das Attribut href einen Wert hat, der mit http beginnt. Beide im Folgenden gezeigten Links werden selektiert:

```
<a href="http://w3.org">Startseite des W3C</a>
<a href="https://w3.org">Startseite des W3C</a>
```

Mit diesem Attributselektor und den weiter unten erläuterten Pseudoelementen ::before oder ::after können Sie externe Links auf Ihren Webseiten automatisch zum Beispiel mit einem kleinen Pfeil kennzeichnen. Mehr dazu etwas weiter unten bei den Pseudos.

8.2.5   Mit Dollar und Gleichheitszeichen: element[attribut$="zeichen"]

Ein Dollar vor dem Gleichheitszeichen bedeutet in einem Attributselektor:

>*Selektiere alle Elemente, bei denen im HTML das Attribut einen Wert hat, der mit dieser Zeichenfolge endet.«*

Und hier ein Beispiel zum Aufspüren und Gestalten von Links zu PDF-Dateien:

```
a[href$=".pdf"]
```

Dieser Selektor findet alle Links, bei denen das Attribut href einen Wert hat, der mit den Zeichen .pdf endet. Oder einfacher gesagt alle Links, die auf eine PDF-Datei zeigen. Hier ein Beispiel:

```
<a href="download/es-ist-ein.pdf">PDF-Download</a>
```

Mit diesem Selektor können Sie PDF-Links automatisch mit der kleinen PDF-Grafik versehen, die Sie zum Beispiel als Hintergrundgrafik im CSS einbinden.

8.2.6 Mit Sternchen und Gleichheitszeichen: element[attribut*="zeichen"]

Last, but not least kann vor dem Gleichheitszeichen auch ein Sternchen stehen. Dieses ist wie immer ein Joker und bedeutet:

> *»Selektiere alle Elemente, bei denen im HTML das Attribut einen Wert hat, in dem irgendwo diese Zeichen stehen.«*

Das folgende Beispiel zeigt das Sternchen im Einsatz. Zunächst der Selektor:

```
a[href*="wikipedia.org"]
```

Dieser Selektor findet alle Hyperlinks, bei denen im Attribut href irgendwo die Zeichen »wikipedia.org« stehen, wie zum Beispiel bei diesem:

```
<a href="http://de.wikipedia.org/wiki/Html">Zur Wikipedia</a>
```

8.2.7 Zum Nachschlagen: Alle Attributselektoren in einer Tabelle

Da die Attributselektoren einerseits sehr praktisch sind, sich aber andererseits anfangs eher schlecht einprägen, zeigt Tabelle 8.1 eine Übersicht zum Nachschlagen. el steht darin für *Element* und attr für *Attribut*.

Attributselektor	Das Element hat das Attribut, ...
el[attr]	egal mit welchem Wert.
el[attr="zeichen"]	mit *genau* diesem Wert.

Tabelle 8.1 Attributselektoren in der Kurzübersicht

Attributselektor	Das Element hat das Attribut, …
`el[attr~="zeichen"]`	mit *unter anderem* diesem Wert.
`el[attr^="zeichen"]`	und `"zeichen"` steht *am Anfang* des Wertes.
`el[attr$="zeichen"]`	und `"zeichen"` steht *am Ende* des Wertes.
`el[attr*="zeichen"]`	und `"zeichen"` steht *irgendwo* im Wert.

Tabelle 8.1 Attributselektoren in der Kurzübersicht (Forts.)

8.3   Pseudoelemente haben einen doppelten Doppelpunkt

Pseudoelemente heißen so, weil sie keine ganzen Elemente auswählen, sondern nur einen Teil davon. Pseudoelemente gab es auch schon in CSS 2.1:

▶ `:before`
▶ `:after`
▶ `:first-line`
▶ `:first-letter`

Da sie aber oft mit den im nächsten Abschnitt ausführlich vorgestellten Pseudoklassen wie z. B. `:first-child` verwechselt werden, hat man ihnen in CSS3 einen zweiten Doppelpunkt spendiert:

▶ `::before`
▶ `::after`
▶ `::first-line`
▶ `::first-letter`

Der IE8 versteht diesen doppelten Doppelpunkt nicht, und da die Pseudoelemente auch weiterhin mit nur einem Doppelpunkt funktionieren, sollten Sie die Variante mit einem Doppelpunkt benutzen, wenn der IE8 mitspielen soll. Umgekehrt ebenso: Soll der IE8 nicht mitspielen, nehmen Sie den doppelten Doppelpunkt.

Mit den Pseudoelementen `:before` und `:after` können Sie Inhalte vor und nach dem Element einfügen. Genau genommen werden die Inhalte *in* dem Element eingefügt, und zwar *vor* beziehungsweise *nach* dem Inhaltsbereich.

Eine der beliebtesten Anwendungen dieser Pseudoelemente ist die weiter oben bereits erwähnte Kennzeichnung von externen Links mit kleinen Grafiken oder Symbolen.

Um zum Beispiel einen externen Link mit einem Pfeil nach rechts zu versehen, benötigen Sie zunächst einmal den hexadezimalen Unicode-Wert des gewünschten Zeichens. Ein Pfeil nach rechts hat die Nummer 2192. Im CSS schreiben Sie einen Backslash vor diese Zahl und geben diese dann zusammen mit einer Leerstelle als Wert für die Eigenschaft content ein:

```
a[href^="http"]:after {
  content: " \2192"
}
```

Listing 8.5 Hyperlinks, die mit »http« beginnen, bekommen einen Pfeil.

Abbildung 8.3 zeigt, dass nach einem externen Link eine Leerstelle und ein Pfeil nach rechts eingefügt werden. Interne Links bleiben unverändert.

Abbildung 8.3 Externe Links kennzeichnen mit »::after«

Natürlich können Sie auch andere Zeichen benutzen, zum Beispiel

- einen Doppelpfeil nach rechts ⇒ mit 21D2
- oder einen Nordost-Pfeil nach rechts oben ↗ mit 2197.

Eine schöne Site zum Kennenlernen und Nachschlagen solcher und anderer Sonderzeichen ist *nice-entity.com*. Dort werden die beliebtesten Sonderzeichen schön geordnet präsentiert.

Eine komplette Liste finden Sie auf der folgenden sehr schönen Website, die von einigen jungen Leuten aus St. Petersburg betrieben wird:

▶ *unicode-table.com/de/*

Alle Unicode-Symbole können im Browser nur dargestellt werden, wenn sie in der verwendeten Schriftart auch tatsächlich enthalten sind.

Die Pseudoelemente `:first-letter` zum Selektieren des ersten Buchstabens beziehungsweise `:first-line` des ersten Satzes in einem Element eignen sich hauptsächlich für typographische Effekte. `:first-letter` ist zum Beispiel ideal für den *Initial* oder *DropCap* genannten optisch hervorgehobenen ersten Buchstaben in einem Absatz.

Vertiefende Lektüre zu »:before« und »:after«

Beim Smashing Magazine gibt es einen sehr ausführlichen Artikel von Louis Lazaris zum Einsatz der Pseudoelemente `:before` und `:after`:

▶ »Learning To Use The :before And :after Pseudo-Elements In CSS«
  bit.ly/css-before-after

8.4   Pseudoklassen zum Selektieren von Kindern

Jeder Webseitenautor kennt die Pseudoklassen `:link`, `:visited`, `:hover`, `:focus` und `:active`, mit denen Links je nach Zustand unterschiedlich gestaltet werden können.

Pseudoklassen heißen so, weil damit zwar einerseits wie mit einer Klasse eine *Gruppe von Elementen* ausgewählt wird, das aber andererseits ohne das Attribut *class* im HTML geschieht.

Content-Management-Systeme vergeben viele Klassen. Nutzen Sie sie.

Ein CMS hat die Aufgabe, den Quelltext für viele Situationen zu optimieren und nicht nur für eine einzige. Aus diesem Grund definieren CMS-Systeme im HTML oft viele Klassen, und es spricht nichts dagegen, diese zu nutzen.

So könnte man eine Zebrastreifen-Tabelle mit eventuell im HTML vorhandenen Klassen wie `tr.even` und `tr.odd` gestalten, statt erst die genaue Syntax von `tr:nth-child(2n)` nachschlagen zu müssen.

8.4.1   Ganz besondere Kinder mit :first-child, :last-child und :only-child

Die beiden Selektoren :first-child (aus CSS 2.1) und :last-child sind einfach zu verstehen und im Web-Alltag sehr nützlich.

So soll zum Beispiel in Navigationsleisten der erste Menüpunkt oft ein bisschen anders aussehen als die anderen. Wenn er im HTML nicht durch eine Klasse gekennzeichnet ist, hilft die Pseudoklasse :first-child weiter. Gegeben sei folgende einfache Navigationsliste für eine horizontale Navigation:

```
<nav>
  <ul>
    <li><a href="#">Startseite</a></li>
    <li><a href="#">News</a></li>
    <li><a href="#">Reisen</a></li>
    <li><a href="#">Kontakt</a></li>
  </ul>
</nav>
```

Listing 8.6 Eine einfache Navigationsliste für eine horizontale Navigation

Jeder Menüpunkt bekommt im folgenden CSS mit border-right eine rechte Rahmenlinie. Da die Navigation ganz links mit einer Rahmenlinie beginnen soll, muss der erste Menüpunkt zusätzlich eine Rahmenlinie links bekommen. Die können Sie ihm mit der Pseudoklasse :first-child zuweisen:

```
nav ul { padding: 0; margin: 0; }
nav li {
  float: left;
  list-style-type: none;
  padding: 0 0.5em;
  border-right: 1px solid #ccc
  margin-right: 0.5em;
}
nav li:first-child { border-left: 1px solid #ccc; }
```

Listing 8.7 »:first-child« fügt eine Rahmenlinie vor dem ersten »li« hinzu.

Abbildung 8.4 zeigt diesen Sachverhalt im Browser.

Der Selektor für Einzelkinder

Mit :only-child gibt es auch eine Pseudoklasse zum Finden von Einzelkindern. Diese findet alle Elemente, die keinerlei Geschwister im DOM haben.

Abbildung 8.4 Der Selektor »:first-child« fügt die erste Rahmenlinie hinzu.

8.4.2   Der Zauberstab zum Kinderauswählen ist :nth-child()

Sie können mit Pseudoklassen wie eben gesehen ganz einfach das erste und das letzte Kind eines Elements ansprechen, aber das ist noch lange nicht alles, denn mit :nth-child() können Sie richtiggehend zaubern.

Der englische Ausdruck *the nth child* heißt frei übersetzt so viel wie »das xte Kind« oder auch »das soundsovielte Kind«. Das »n« ist ein Platzhalter für Ordnungszahlen wie *first*, *second*, *third* und so weiter.

Die Zaubertricks zum Auswählen von Kindelementen werden durch das Klammernpaar nach der Pseudoklasse möglich. Zunächst einmal kann man dort einfache ganze Zahlen notieren:

▶ :nth-child(1) selektiert das erste Kind

Das macht genau dasselbe wie die Pseudoklasse :first-child aus dem vorherigen Abschnitt. Aber :nth-child ist flexibler, denn die Klammer kann natürlich auch andere Zahlen enthalten.

▶ :nth-child(2) wählt zum Beispiel das zweite Kind aus.

Das folgende Listing zeigt wieder die einfache Navigation, die Sie etwas weiter oben bei :first-child schon gesehen haben:

```
<nav>
  <ul>
    <li><a href="#">Startseite</a></li>
    <li><a href="#">News</a></li>
    <li><a href="#">Reisen</a></li>
```

```
    <li><a href="#">Kontakt</a></li>
  </ul>
</nav>
```

Listing 8.8 Eine einfache Navigationsleiste

Mit :nth-child() und ganzen Zahlen können Sie die vier Listenelemente auswählen und ihnen eine unterschiedliche Hintergrundfarbe zuweisen:

```
nav li:nth-child(1) { background-color: #058; }
nav li:nth-child(2) { background-color: #069; }
nav li:nth-child(3) { background-color: #07b; }
nav li:nth-child(4) { background-color: #08c; }
```

Listing 8.9 Listenelemente auswählen

Im Browser sieht diese Kombination aus HTML und CSS so aus wie in Abbildung 8.5.

Abbildung 8.5 Die Pseudoklasse »:nth-child()« in Aktion

Die Klammern der Pseudoklasse :nthchild() können aber nicht nur Zahlen aufnehmen, sondern auch einfache Ausdrücke nach dem Muster :nth-child(an+b). Dabei stehen »a« und »b« für beliebige ganze Zahlen.

:nth-child(2n) wählt jedes zweite Kind aus und beginnt bei null. Da es kein nulltes Kind gibt, werden Nummer zwei, vier, sechs und so weiter selektiert, also alle geraden Kindelemente. Für diesen Selektor gibt es mit :nth-child(even) auch eine Kurzform.

Die Pseudoklasse :nth-child(2n+1) wählt hingegen beginnend beim ersten alle ungeraden Kinder aus. Auch hierfür gibt es mit :nth-child(odd)eine Kurzform.

Die folgende Aufzählung zeigt ein paar weitere Beispiele:

► :nth-child(2n+3) wählt alle ungeraden Kinder aus, beginnt aber erst beim dritten.

► :nth-child(3n) selektiert beginnend bei null jedes dritte Kind, also die Nummern drei, sechs, neun und so weiter.

► :nth-child(3n+2) selektiert wie oben jedes dritte Kind, beginnt aber beim zweiten. Selektiert werden also zwei, fünf, acht etc.

► :nth-child(-n+4) hat ein Minuszeichen vor dem n und selektiert die ersten vier Kinder.

Abbildung 8.6 zeigt die Auswirkungen von li:nth-child(3n+2) anhand einer einfachen Liste. Beginnend mit dem zweiten Element wird jedes dritte Element selektiert.

Abbildung 8.6 Die Pseudoklasse »li:nth-child(3n+2)« im Einsatz

Die Möglichkeiten von :nth-child() tendieren gegen unendlich, und zum Üben gibt es im Web ein sehr schönes Tool:

▶ *css-tricks.com/examples/nth-child-tester/*

Die Pseudoklasse :nth-child() ist bei Listen und Tabellen besonders hilfreich, denn dort gibt es für ein Elternelement in der Regel viele gleichartige Kindelemente.

Mit :nth-last-child() kann man auch von hinten anfangen zu zählen

Die Pseudoklasse :nth-last-child() funktioniert genau wie :nth-child(), nur dass man von hinten anfängt zu zählen:

▶ Der Selektor :nth-last-child(1) selektiert das letzte Kind und ist identisch mit dem weiter oben vorgestellten :last-child.

▶ :nth-last-child(2) wäre dementsprechend das vorletzte Kind.

Auch das kann man mit dem *nth-child-tester* auf *css-tricks.com* üben.

8.4.3 Die Pseudoklassen :first-of-type, :last-of-type und :only-of-type

Neben den Pseudoklassen zum Abzählen von Kindern gibt es auch noch welche zum Auswählen von bestimmten Elementtypen. Mit »Elementtyp« sind hier zum Beispiel Absätze vom Typ p, Listenelemente vom Typ li oder auch Tabellenzeilen vom Typ tr gemeint.

Die beiden geläufigsten Pseudoklassen für Typen sind:

▶ :first-of-type selektiert das erste Kindelement eines bestimmten Elementtyps. Ein Beispiel folgt etwas weiter unten.

▶ :last-of-type selektiert das letzte Kindelement eines bestimmten Elementtyps.

Die Syntax dieser Pseudoklassen funktioniert genau wie bei den in Abschnitt 8.1.2, »Alle direkten Kinder selektieren: ›ul > li‹«, beschriebenen Kindselektoren. Aber wozu verwendet man jetzt »Pseudoklassen-Typ-Selektoren«? Folgender Quelltext stellt den Beginn eines typischen Blogbeitrags dar:

```
<article>
  <h3>Don't Worry. We All Feel Overwhelmed</h3>
  <p>Dies ist der Teaser zu diesem Artikel... </p>.
  <p>Dies ist der Fließtext zu diesem Artikel ...</p>
</article>
```

Listing 8.10 Teaser sind ein typisches Einsatzgebiet für »first-of-type«.

Der Teaser dieses Artikels ist im HTML dummerweise nicht markiert. Er hat weder das Element b drumherum noch eine Klasse wie z. B. `<p class="teaser">`. Eine gute Lösung zur Gestaltung des Teasers wäre eine Pseudoklasse, die das erste Vorkommen eines bestimmten Elementtyps selektiert:

```
article > p:first-of-type {
  font-style: italic;
  margin-top: 0;
}
```

Listing 8.11 Eine Pseudoklasse für Elementtypen selektiert den Teaser.

Der Teaser ist das erste p-Element innerhalb von article. Abbildung 8.7 zeigt die beiden Listings im Browser.

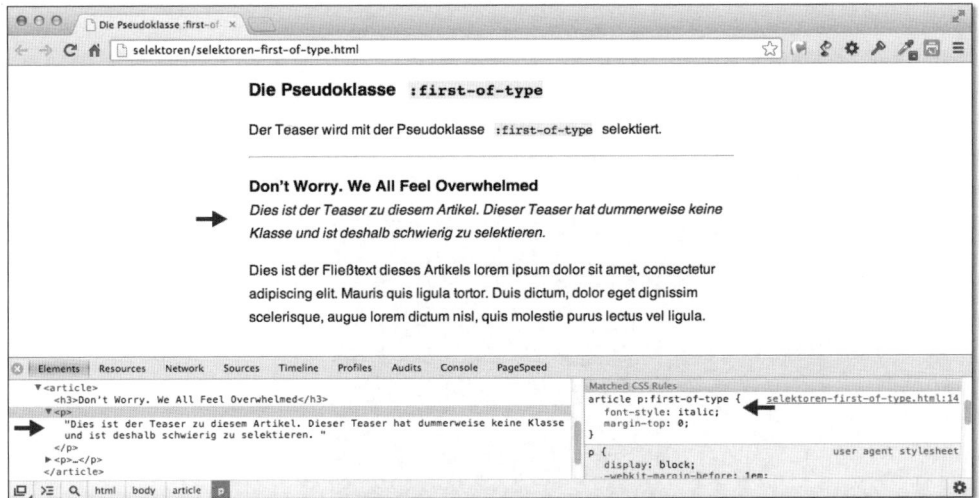

Abbildung 8.7 »:first-of-type« selektiert den Teaser des Artikels.

Es gibt noch mehr Pseudoklassen für Elementtypen

Der Vollständigkeit halber seien noch die übrigen Vertreter dieser Gattung genannt:

▸ :nth-of-type() zählt den soundsovielten eines bestimmten Typs ab.

▸ :nth-last-of-type() fängt hinten an zu zählen.

▸ :only-of-type prüft, ob es genau ein Kind von diesem Typ gibt.

Beide funktionieren von der Syntax her genau wie bei den Kindselektoren, die etwas weiter oben beschrieben sind. Ein Beispiel für die Kombination von :nth-of-type() und :nth-last-of-type() wird im nächsten Abschnitt vorgestellt, um alle Elemente außer dem ersten und dem letzten auszuwählen.

8.4.4   Pseudoklassen kombinieren: Alle außer dem ersten und dem letzten

Sie können Pseudoklassen auch miteinander kombinieren. Falls Sie zum Beispiel in einer Liste oder Tabelle alle Elemente gestalten möchten außer dem ersten und dem letzten, dann wird die Sache zwar etwas komplizierter, ist aber machbar.

Abbildung 8.8 zeigt die dazu nötige Kombination der Pseudoklassen :nth-of-type() und :nth-last-of-type() und das Ergebnis im Browser.

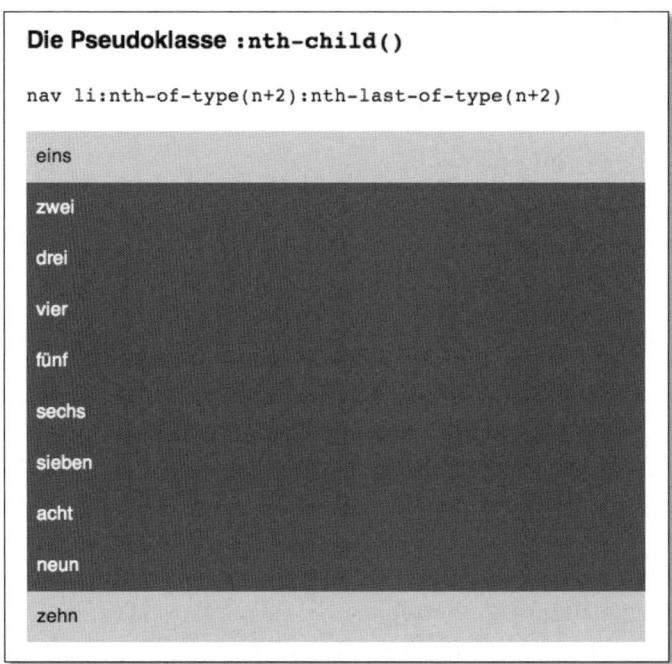

Abbildung 8.8 Alle Elemente außer dem ersten und dem letzten selektieren

Aber der Reihe nach:

▸ li:nth-of-type(n+2) bedeutet »Selektiere alle Elemente und fange beim zweiten an«.

▸ li:nth-last-of-type(n+2) macht dasselbe, fängt aber hinten an.

Zusammen bewirken diese beiden Pseudoklassen, dass sowohl das erste als auch das letzte Element einer Reihe nicht ausgewählt werden.

Die strukturellen Pseudoklassen beim W3C

Falls Sie auf den Geschmack gekommen sind und noch mehr wissen möchten, finden Sie beim W3C weitere Informationen und Beispiele für diese strukturellen Pseudoklassen:

▶ *w3.org/TR/css3-selectors/#structural-pseudos*

8.5   Pseudoklassen für Linkziele und Formulare

Zum Abschluss stelle ich Ihnen noch ein paar Pseudoklassen für recht spezielle Einsatzgebiete vor.

8.5.1   Die Pseudoklassen :target, :not() und :empty

Mit der Pseudoklasse :target kann man das Sprungziel eines Hyperlinks hervorheben. Ein sehr schönes Beispiel dafür findet sich in der Wikipedia. Wenn man dort auf ein hochgestelltes Fußnotenzeichen klickt, springt man zu der Fußnote auf derselben Seite weiter unten. Diese Fußnote wird mit der Pseudoklasse :target farblich hervorgehoben (Abbildung 8.9).

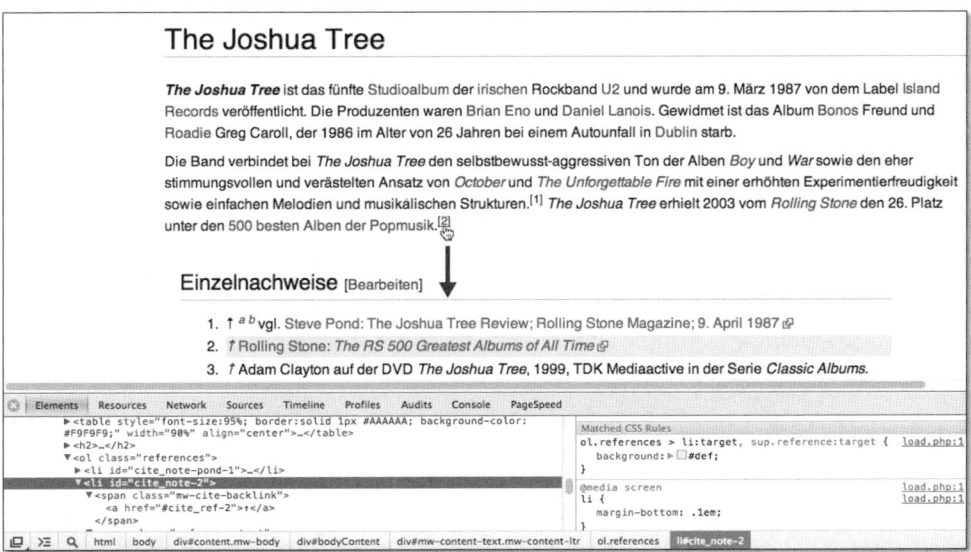

Abbildung 8.9 Die angeklickte Fußnote wird per »:target« hervorgehoben.

Der Link `<a href="#cite_note-2">[2]</a>` springt zu der ID der Fußnote `<li id="cite_note-2">` unten auf der Seite. Das Element mit dieser ID wird dann durch eine CSS-Anweisung hervorgehoben:

```
ol.references > li:target {
  background: #def
}
```

Listing 8.12 Der Style zur Hervorhebung der Fußnote in der Wikipedia

Das Pfiffige an `:target` ist, dass das `li`-Element nur hervorgehoben wird, wenn vorher auf einen Link geklickt wurde, der die ID aufruft. Sie werden mit `:target` weiter unten in diesem Buch eine mobile Navigation erstellen.

Die Pseudoklassen :empty und :not

Es gibt noch zwei Pseudoklassen, die nicht unerwähnt bleiben sollen:

- `:empty` wählt Elemente aus, die keinerlei Inhalt haben. Das ist zum Beispiel nützlich, um leere Tabellenzellen auszuwählen.

- `:not()` kehrt alles um. `li:not(:target)` wählt alle Listenelemente aus, die *nicht* per Hyperlink aufgerufen wurden.

Das klingt vielleicht ein bisschen abstrakt, aber ein konkretes Beispiel für die Zusammenarbeit von `:not()` und `:target` kommt beim Erstellen eines Akkordeons in Abschnitt 15.2, »Workshop Nr. 2: Akkordeon – Text ein- und ausblenden«.

8.5.2   Pseudoklassen für Formulare

Zum Abschluss dieses Abschnitts über Selektoren möchte ich Ihnen noch drei Pseudoklassen vorstellen, die ihr Einsatzgebiet bei Formularelementen haben:

- `:disabled` wählt Formularfelder aus, die mit dem Attribut `disabled` deaktiviert wurden. Letztlich erreicht man dasselbe mit dem Attributselektor `input[disabled]`.

- `:enabled` findet alle Formularfelder, die *nicht* deaktiviert sind, und entspricht somit `input:not([disabled])`.

- `:checked` selektiert Kontrollkästchen, die angekreuzt sind, und entspricht dem Attributselektor `input[checked]`.

Diese drei Pseudoklassen sind also nicht so wirklich wichtig, denn sie haben alle Entsprechungen in Form von einfachen Attributselektoren.

8.6 Workshop: Grundformatierung der Layoutbereiche

Auf der recht einfachen Beispielseite sind die meisten der gezeigten komplexen Selektoren nicht wirklich nötig. Im folgenden Beispiel benutzen Sie aber Attributselektoren zur Gestaltung der Layoutbereiche, sodass die Gestaltung der Beispielseiten etwas weiter voranschreitet.

8.6.1 Layoutbereiche selektieren und mit Innenabstand versehen

Die Beispielseiten bestehen aus verschiedenen Layoutbereichen:

- Kopfbereich `<header role="banner">`
- Navigation `<nav role="navigation">`
- Inhaltsbereich mit Wrapper `<div class="wrap">` drumherum
- Fußbereich `<footer role="contentinfo">`

Auf HTML5-Seiten können Layoutbereiche wie `header` und `footer` auf einer Seite durchaus mehrfach vorkommen, und deshalb reicht ein einfacher Typselektor wie `header`, `nav` oder `footer` nicht aus, um einen bestimmten Bereich auszuwählen. Um die genannten Layoutbereiche gezielt zu selektieren und mit einem `padding` zu versehen, benutzen Sie im Folgenden einfach Attributselektoren.

- Öffnen Sie *layout.css,* und fügen Sie den folgenden Style ein:

```css
/* Padding für die Layoutbereiche */
header[role="banner"],
nav[role="navigation"],
body > div[class="wrap"],
footer[role="contentinfo"] {
  padding: 1em; }
```

Mit diesem Style sieht die Startseite ungefähr so aus wie in Abbildung 8.10.

Kindselektoren würden auch gut funktionieren

Eine Alternative zum Auswählen der Layoutbereiche wären Kindselektoren:

```css
body > header,
body > nav,
body > div.wrap,
body > footer {
  padding: 1em;
}
```

Allerdings wäre diese Variante empfindlicher gegen Änderungen in der DOM-Hierarchie. Wenn Sie zum Beispiel aus Layoutgründen irgendwann einen Wrapper um die ganze Seite legen, würden Kindselektoren nicht mehr greifen.

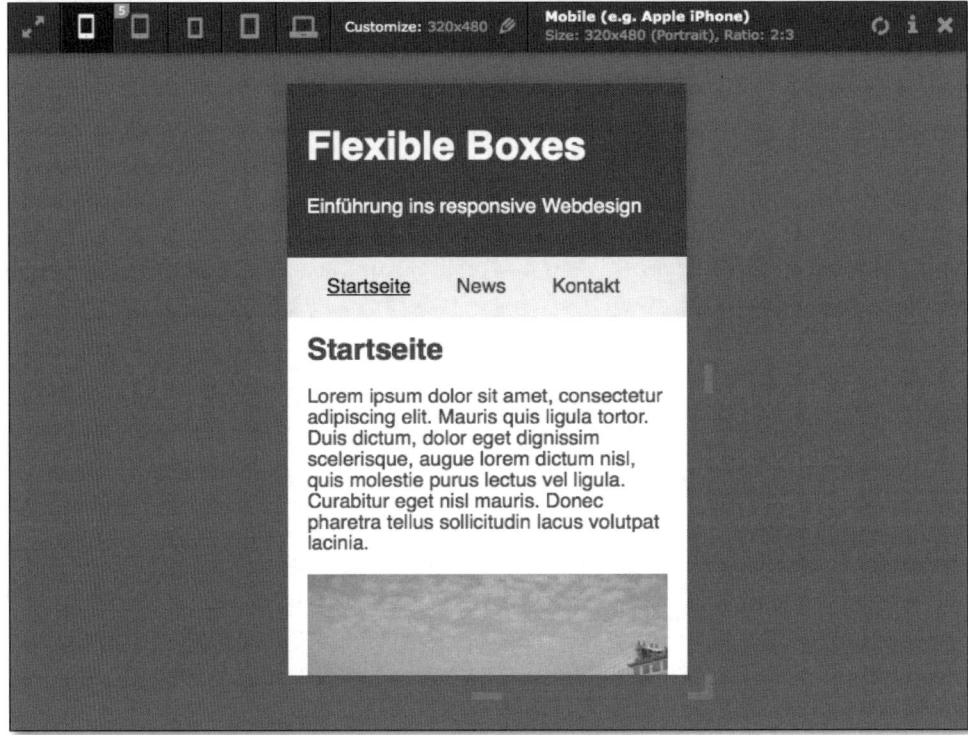

Abbildung 8.10 Die Layoutbereiche mit einem »padding« von 1em

8.6.2   Die Elemente im Kopf- und Fußbereich gestalten

Im Kopfbereich werden von der Überschrift und dem Absatz zum Abschluss die Margins korrigiert, und die Schriftfarbe wird definiert, auch für Links.

▶ Öffnen Sie *layout.css,* und fügen Sie die folgenden Styles ein:

```
/* Pageheader und -footer */
header[role="banner"] h1 {
  color: white;
  line-height: 1;
  padding: 0;
```

```
    margin: 0 0 0.25em 0;
}
/* Links im Kopfbereich (Überschrift zur Startseite) */
header[role="banner"] a {
  color: white;
  text-decoration: none;
}
header[role="banner"] p {
  padding: 0;
  margin: 0;
}
/* Links im Fußbereich, z. B. Impressum */
footer[role="contentinfo"] a {
  color: white;
  text-decoration: none;
}
```

Mit diesen Styles sieht die Startseite ungefähr so aus wie in Abbildung 8.11.

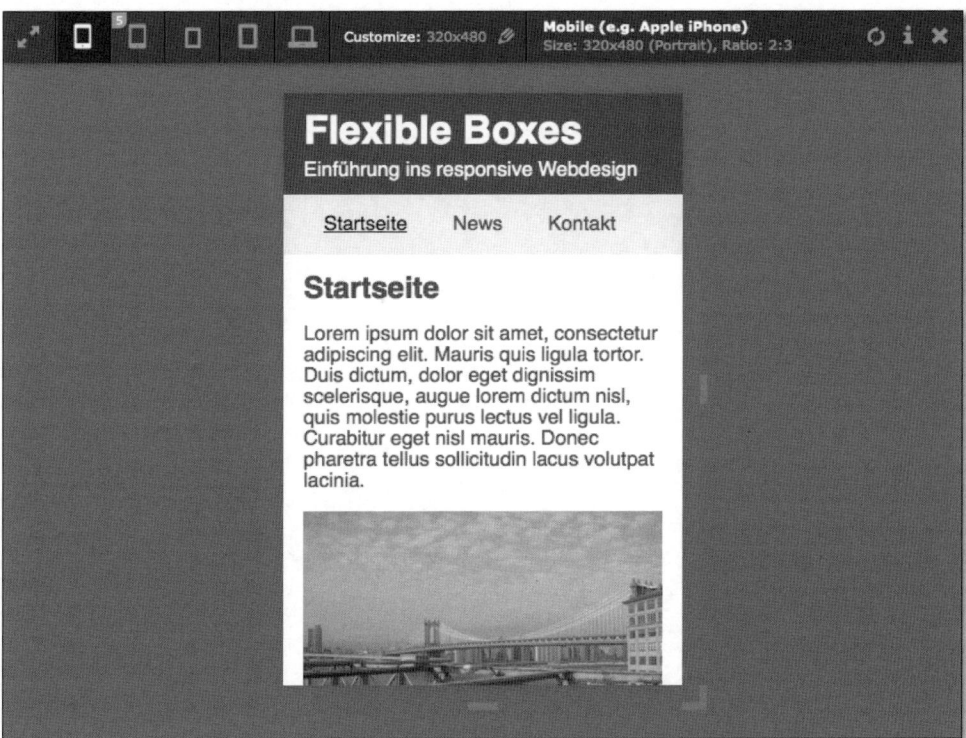

Abbildung 8.11 Die Startseite mit platzsparendem Kopfbereich

Navigation linksbündig ausrichten

Wenn Sie möchten, können Sie die Navigation so ausrichten, dass der erste Navigationspunkt STARTSEITE links mit den Überschriften aus dem Kopf- und Inhaltsbereich bündig erscheint:

```
nav li a:first-child {
   padding-left: 0;
}
```

Dieser Style entfernt das padding-left nur vom ersten Navigationspunkt.

Kapitel 9
Text gestalten mit CSS3

Worin Sie mit »rem« eine neue Einheit kennen lernen und sich um Abstände im Fließtext, die Einbindung von Web- und Iconfonts sowie um ein paar nette Effekte mit Textschatten kümmern.

Die Themen im Überblick:

In diesem Kapitel dreht sich alles um die Formatierung von Text im weitesten Sinne.

9.1 Die Schriftgröße definieren mit »rem«

Diskussionen über die beste Art und Weise, die Schriftgröße bzw. den Schriftgrad zu definieren, sind wahrscheinlich so alt wie das Web. Neben den traditionellen Kandidaten wie px, em und % gibt es mit rem einen neuen Stern am Schriftgrad-Himmel, der das Beste der anderen Einheiten in sich vereint.

9.1.1 Früher mal Standard: »em« und »%«

Bis etwa 2008 galt es weitgehend als Best Practice, den Schriftgrad im CSS so flexibel wie möglich zu definieren. Dazu wurden die Einheiten em oder % eingesetzt, relativ zur Standardeinstellung im Browser, die in den meisten Fällen bei 16 Pixel liegt, oder zu einer eigenen, meist für html oder body definierten Basisschriftgröße.

Diese flexible Mischung servierte den Nutzern damals das beste Lese-Erlebnis, denn viele Browser hatten noch keinen Seitenzoom, und der IE6 konnte mit Pixel definierten

Text überhaupt nicht zoomen, jedenfalls nicht ohne einen Eingriff in die Browserein-
stellungen.

Sowohl bei em als auch % gab es in der Praxis aber Probleme mit der Vererbung der
Schriftgrößen. Eine Prozentangabe ist immer relativ zu irgendetwas, meist zum Elternelement, und bei em ist das nicht anders:

▶ Bei einer Box-Modell-Eigenschaft wie margin-bottom orientiert sich em an der Schriftgröße des Elements selbst. Ändert sich die Schriftgröße, ändert sich der Abstand, was
  zum Beispiel im Fließtext häufig ein gewünschter Effekt ist.

▶ Bei der Schriftgröße selbst hingegen gilt als Basis für ein em die Schriftgröße des Eltern-
  elements. Eine Angabe von zum Beispiel 0.875em wird also bei jeder Verschachtelung
  ein Stückchen kleiner.

Fast wie bei Alice im Wunderland. Mal zu groß, mal zu klein, aber so richtig passen tut es
selten.

9.1.2   Die vorübergehende Emanzipation des »px«

Im Februar 2009 hielt Jens Grochtdreis in seinem Blogartikel »Die leidige Sache mit der
Schriftskalierung« (*bit.ly/jens-font-px*) ein kurzes Plädoyer für Pixel. Moderne Browser
hatten damals einen Seitenzoom, und der IE6 wurde als Gegenargument immer weniger wichtig. Ein Jahr später schrieb Gerrit van Aaken auf praegnanz.de einen Beitrag mit
dem Titel »Warum ich Pixel für CSS-Schriftgrade verwende« (*bit.ly/gerrit-font-px*).

Der Vorteil der Einheit px ist, dass sie einfach zu verstehen ist und man nicht so viel
rechnen muss. 14px sind 14px. Sollte man denken. Ist aber nicht so. Pixel sind nämlich
genau genommen eine relative Einheit.

In den Achtzigerjahren war bei Bildschirmen eine Pixeldichte von 72ppi gängig. Die Einheit *ppi* steht für *pixel per inch*. Ein *inch* heißt auf Deutsch »Zoll« und ist 2,54 cm lang.
Während Apple ursprünglich die 72ppi übernahm, ging Windows von 96ppi aus, was
lange Zeit als Standardwert galt. Aber der ppi-Wert hat sich in den letzten Jahrzehnten
stetig erhöht:

▶ Ein iMac hat bei einer Monitorgröße von 27 Zoll und einer Auflösung von
  2560x1140px eine Pixeldichte von 104ppi.

▶ Ein iPhone 5 mit Retina-Display hat eine Auflösung von 1136x640px. Auf seinem
  4-Zoll-Bildschirm entspricht das 326ppi.

72ppi, 96ppi, 104ppi und 326ppi. Da ein Zoll immer gleich groß ist, werden zwangsläufig
die Pixel kleiner. Pixel sind also nicht immer gleich groß.

Wenn der Safari auf einem iPhone eine CSS-Anweisung von `font-size:14px` wörtlich nehmen würde, wäre die Schrift fast mikroskopisch klein und kaum noch lesbar. Deshalb unterscheiden mobile Browser zwischen *Gerätepixel* und *CSS-Pixel* und rechnen einen im CSS definierten Pixelwert um in Pixel auf ihrem Display. Fazit ist, dass die Angabe von `font-size:14px` längst nicht immer zu einer 14px großen Schrift führt.

Aber das eigentliche Problem der Pixel ist, dass sie die Vererbung der Eigenschaft `font-size` unterbrechen:

▶ Mit Einheiten wie `em` und `%` kann man die Schrift für das ganze Dokument definieren, indem man den Basiswert für `html` oder `body` ändert. Die Schriftgröße wird an Kindelemente vererbt, die Schriftgröße ändert sich auf der ganzen Seite, und die Proportionen bleiben erhalten.

▶ Sind die Einheiten im Fließtext in `px` definiert, funktioniert das nicht. Wenn für den Fließtext z. B. 14px definiert wurden, bewirkt eine Änderung der Basisschriftgröße in `html` oder `body` gar nichts.

Bei stets weiter auseinanderdriftenden Bildschirmgrößen und -auflösungen ist `px` zur Definition von Schriftgrößen nicht mehr zeitgemäß. Wenn ein Text auf einem Smartphone gut lesbar ist, kann er auf einem großen Bildschirm durchaus zu klein sein. Text sollte auf großen Bildschirmen manchmal ein klein bisschen größer sein als auf kleinen, und mit der Einheit `px` ist das eine Menge Arbeit im Stylesheet.

9.1.3 Das »root em«: »rem« hat <html> als Basis

Seit etwa 2011 wird das `rem` langsam, aber sicher bekannter, denn es vereint die Vorteile von `px` und `em`. Es ist genauso flexibel wie sein älterer Bruder `em`, umgeht aber dessen Nachteile bei der Vererbung, weil sich das »root em« immer auf das Stammelement `html` bezieht (nicht auf `body`!).

Um den gewünschten Wert für `rem` zu erhalten, teilt man die gewünschte Pixelgröße der Schrift durch den Ausgangswert 16px. Im CSS könnte eine solche Schriftgrad-Definition wie folgt aussehen:

```
html { font-size: 100%; }     /* Browserdefault, 16px */
h1 { font-size: 1.625rem; }  /* 26/16 */
h2 { font-size: 1.375rem; }  /* 22/16 */
p { font-size: 0.875rem; }   /* 14/16 */
```

Listing 9.1 Schriftgrad definieren mit »rem«

Auf diese Weise lässt sich ganz einfach eine Kaskade von Schriftgraden aufbauen. Um den Schriftgrad auf einem Smartphone zu verkleinern oder auf einem großen Bildschirm zu vergrößern, müssen Sie nur die Basis ändern. Das Verhältnis von Fließtext zu Überschriften bleibt erhalten.

9.1.4   »px« als Fallback für ältere Browser

Das alles klingt fast zu gut, um wahr zu sein, und tatsächlich hat die Geschichte nur einen einzigen Haken: alte Browser, was sonst. Auf *caniuse.com/rem* kann man sich einen guten Überblick verschaffen, und der sieht gar nicht so schlecht aus (Abbildung 9.1)

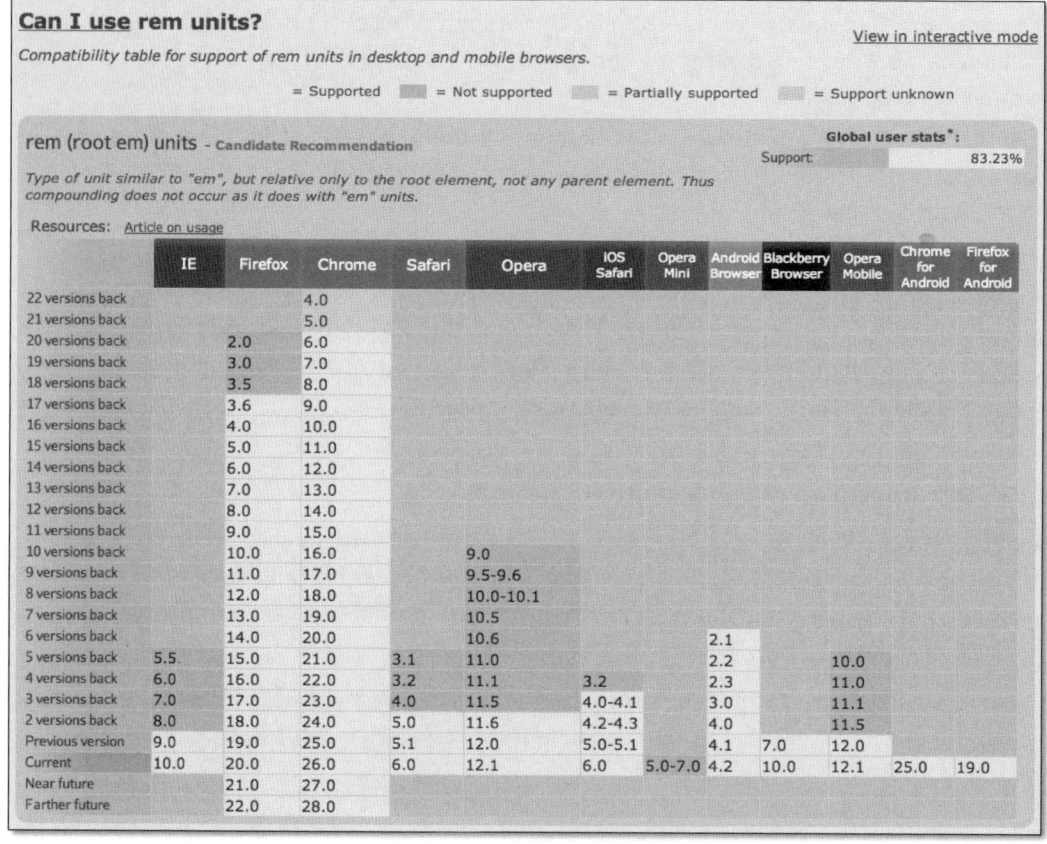

Can I use rem units?

View in interactive mode

Compatibility table for support of rem units in desktop and mobile browsers.

= Supported   = Not supported   = Partially supported   = Support unknown

rem (root em) units - Candidate Recommendation

Global user stats*:
Support: 83.23%

Type of unit similar to "em", but relative only to the root element, not any parent element. Thus compounding does not occur as it does with "em" units.

Resources: Article on usage

	IE	Firefox	Chrome	Safari	Opera	iOS Safari	Opera Mini	Android Browser	Blackberry Browser	Opera Mobile	Chrome for Android	Firefox for Android
22 versions back			4.0									
21 versions back			5.0									
20 versions back		2.0	6.0									
19 versions back		3.0	7.0									
18 versions back		3.5	8.0									
17 versions back		3.6	9.0									
16 versions back		4.0	10.0									
15 versions back		5.0	11.0									
14 versions back		6.0	12.0									
13 versions back		7.0	13.0									
12 versions back		8.0	14.0									
11 versions back		9.0	15.0									
10 versions back		10.0	16.0		9.0							
9 versions back		11.0	17.0		9.5-9.6							
8 versions back		12.0	18.0		10.0-10.1							
7 versions back		13.0	19.0		10.5							
6 versions back		14.0	20.0		10.6			2.1				
5 versions back	5.5	15.0	21.0	3.1	11.0			2.2		10.0		
4 versions back	6.0	16.0	22.0	3.2	11.1	3.2		2.3		11.0		
3 versions back	7.0	17.0	23.0	4.0	11.5	4.0-4.1		3.0		11.1		
2 versions back	8.0	18.0	24.0	5.0	11.6	4.2-4.3		4.0		11.5		
Previous version	9.0	19.0	25.0	5.1	12.0	5.0-5.1		4.1	7.0	12.0		
Current	10.0	20.0	26.0	6.0	12.1	6.0	5.0-7.0	4.2	10.0	12.1	25.0	19.0
Near future		21.0	27.0									
Farther future		22.0	28.0									

Abbildung 9.1 Browserunterstützung für »rem« auf »caniuse.com/rem«

Die Schwachpunkte sind der IE vor Version 9 sowie Opera Mini. Für diese beiden (und alle anderen alten Browserkollegen) kann man in seinen Stylesheets ein Pixel-Fallback einbauen, das für das obige Beispiel so aussehen könnte:

```
html { font-size: 100%; } /* Browserdefault, 16px  */
h1 {
  font-size: 26px;
  font-size: 1.625rem;
}
h2 {
  font-size: 22px;
  font-size: 1.375rem;
}
p {
  font-size: 14px;
  font-size: 0.875rem;
}
```

Listing 9.2 Schriftgröße mit »rem« und Fallback mit »px«

Moderne Browser lesen und überschreiben im Rahmen der Kaskade den px-Wert mit dem rem-Wert, ältere hingegen nehmen die px-Anweisung und ignorieren die zweite Zeile. Perfekt.

Das Pixel-Fallback kann man eventuell auch ausgliedern

Das Pixel-Fallback gilt für IE8 und älter sowie Opera Mini. Wenn Ihnen Opera Mini egal sein sollte, können Sie das Fallback auch in ein Stylesheet namens *altebrowser.css* auslagern.

Aber das Fallback direkt im Quelltext ist eigentlich gar nicht so schlimm. Es dient auch als Gedächtnisstütze und erspart das Schreiben eines Kommentars, wie viele Pixel 0.875rem denn nun wieder genau waren.

9.1.5   Zum Nachschlagen: Umrechnung von Pixel in »rem«

Der Einsatz von rem bringt ein paar vergleichsweise krumme Zahlenwerte mit sich. Die Formel zur Umrechnung lautet px/Browserbasis=rem. Wenn Sie also eine Schriftgröße von 14px erreichen möchten, sieht das so aus:

```
14px/16px = 0.875rem
```

Listing 9.3 Formel zur Umrechnung von »px« in »rem«

Tabelle 9.1 zeigt die gängigsten Pixelwerte und ihre Entsprechung in rem.

px	rem (Basis 16px)
12px	0.75rem
13px	0.8125rem
14px	0.875rem
15px	0.9375rem
16px	1rem
17px	1.0625rem
18px	1.125rem
20px	1.25rem
22px	1.375rem
24px	1.5rem
26px	1.625rem
28px	1.75rem
30px	1.875rem
32px	2

Tabelle 9.1 Schriftgrößen auf Basis von 1rem = 16px

Auch die Basis von 16px ist nur eine Annahme

Diese Umrechnungstabelle erleichtert die Arbeit im Alltag, aber Sie sollten sich darüber im Klaren sein, dass auch die 16px Basisschriftgröße der Browser nicht in Stein gemeißelt ist und sich durchaus ändern kann. Das Kindle Fire z. B. hat eine Basisschriftgröße von 20px.

9.2   Abstände im Fließtext: »line-height« und »margin«

Für die Lesbarkeit eines Textes ist neben der Wahl einer adäquaten Schriftgröße die Gestaltung der Abstände von größter Wichtigkeit, und zwar sowohl *innerhalb* der Absätze als auch dazwischen.

9.2.1   Vertikaler »margin« und »line-height« sind wichtig für die Lesbarkeit

Der Text in Abbildung 9.2 hat einen viel zu kleinen Zeilenabstand und keinerlei vertikale Abstände zwischen den Absätzen. Dieses Beispiel ist gestellt, aber achten Sie beim Surfen einmal drauf. Solche schlecht lesbaren Texte gibt es wirklich im Netz.

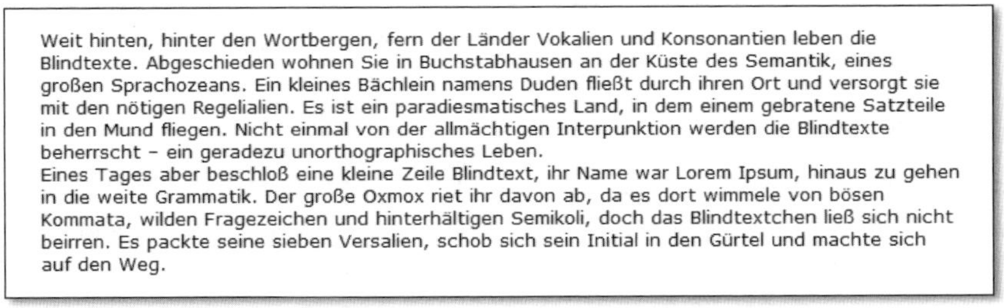

Weit hinten, hinter den Wortbergen, fern der Länder Vokalien und Konsonantien leben die Blindtexte. Abgeschieden wohnen Sie in Buchstabhausen an der Küste des Semantik, eines großen Sprachozeans. Ein kleines Bächlein namens Duden fließt durch ihren Ort und versorgt sie mit den nötigen Regelialien. Es ist ein paradiesmatisches Land, in dem einem gebratene Satzteile in den Mund fliegen. Nicht einmal von der allmächtigen Interpunktion werden die Blindtexte beherrscht – ein geradezu unorthographisches Leben.
Eines Tages aber beschloß eine kleine Zeile Blindtext, ihr Name war Lorem Ipsum, hinaus zu gehen in die weite Grammatik. Der große Oxmox riet ihr davon ab, da es dort wimmele von bösen Kommata, wilden Fragezeichen und hinterhältigen Semikoli, doch das Blindtextchen ließ sich nicht beirren. Es packte seine sieben Versalien, schob sich sein Initial in den Gürtel und machte sich auf den Weg.

Abbildung 9.2 Fließtext ohne »line-height« und vertikalen »margin«

Abbildung 9.3 zeigt denselben Fließtext mit einem vertikalen `margin` von `1em` und einer `line-height` von ungefähr `1.5` (ohne Einheit dahinter).

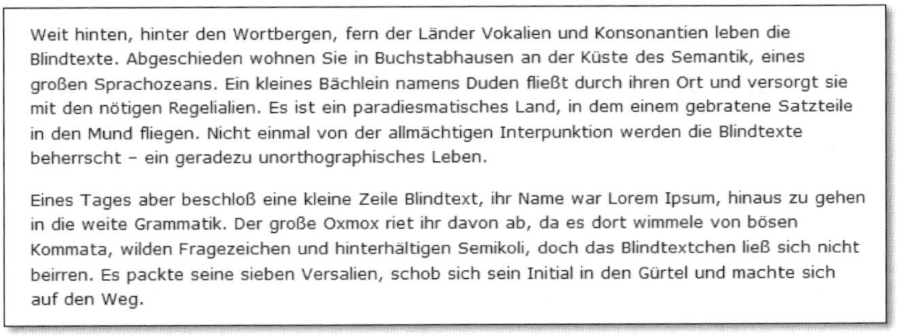

Weit hinten, hinter den Wortbergen, fern der Länder Vokalien und Konsonantien leben die Blindtexte. Abgeschieden wohnen Sie in Buchstabhausen an der Küste des Semantik, eines großen Sprachozeans. Ein kleines Bächlein namens Duden fließt durch ihren Ort und versorgt sie mit den nötigen Regelialien. Es ist ein paradiesmatisches Land, in dem einem gebratene Satzteile in den Mund fliegen. Nicht einmal von der allmächtigen Interpunktion werden die Blindtexte beherrscht – ein geradezu unorthographisches Leben.

Eines Tages aber beschloß eine kleine Zeile Blindtext, ihr Name war Lorem Ipsum, hinaus zu gehen in die weite Grammatik. Der große Oxmox riet ihr davon ab, da es dort wimmele von bösen Kommata, wilden Fragezeichen und hinterhältigen Semikoli, doch das Blindtextchen ließ sich nicht beirren. Es packte seine sieben Versalien, schob sich sein Initial in den Gürtel und machte sich auf den Weg.

Abbildung 9.3 Fließtext mit »line-height« und vertikalem »margin«

Die meisten Browser definieren in ihren Stylesheets den vertikalen Außenabstand mit `margin: 1em 0`. Der obere *und* untere Abstand werden also auf `1em` gesetzt, und das kann durchaus sinnvoll sein. Folgen zwei Absätze direkt aufeinander, kollabieren die Außenabstände (*collapsing margins*), hat das vorhergehende oder folgende Element keinen Außenabstand, greift der vordefinierte `margin-top` bzw. `margin-bottom`. So bleibt in jedem Fall ein ausreichender Abstand erhalten.

9.2.2   Der Zeilenabstand: »line-height« ohne Einheit

Für die Lesbarkeit des Fließtextes am Bildschirm ist außerdem ein ausreichender Zeilenabstand wichtig. Die Anweisung `line-height: 1.5` sorgt zum Beispiel dafür, dass der

Zeilenabstand immer das Anderthalbfache der Schriftgröße beträgt. Die Eigenschaft line-height wird für den Fließtext tatsächlich ohne Einheit angegeben und liegt idealerweise zwischen 1.5 und 2. Der Klassiker zum Thema »line-height ohne Einheit« ist ein Beitrag von Eric Meyer: *bit.ly/unitless-line-heights.*

Falls Sie den Zeilenabstand pixelgenau definieren möchten, hilft die Formel *Zielgröße/Schriftgröße = Zeilenabstand*. Taschenrechner aufrufen, Werte eintippen, Ergebnis in die Zwischenablage kopieren, im CSS wieder einfügen und als Merkhilfe einen Kommentar schreiben. Man gewöhnt sich dran.

Hier ein Beispiel: Wenn der Browser für den Fließtext eine Schriftgröße von 14px errechnet hat und Sie einen Zeilenabstand von 24px anstreben, dann lautet die Rechenaufgabe *24px/14px=1.71428571428571.* Im CSS könnte das dann so aussehen:

```
font-size: 0.875rem;   /* 14px */
line-height: 1.71428571428571;   /* 24px */
```

Listing 9.4 Formel zur Berechnung eines pixelgenauen Zeilenabstands

Wenn Sie vierzehnstellige Dezimalzahlen nicht so mögen, ist das zwar verständlich, aber Sie sollten sie trotzdem komplett hinschreiben. Wenn Sie den Wert abkürzen und einfach line-height: 1.7 definieren, entscheidet der Browser. Ein Wert von 1.7 ergibt bei einer Schriftgröße von 14px genau 23,8 Pixel. Da Browser keine halben Pixel darstellen, runden sie entweder auf 23px ab oder auf 24px hoch.

Beim Zeilenabstand mag ein Pixel mehr oder weniger vielleicht nicht so wichtig sein, aber bei den Breitenangaben in mehrspaltigen Layouts sieht das später anders aus. Bei mehrspaltigen Layouts werden Ihnen vielstellige Dezimalzahlen noch häufiger begegnen, aber dann bringen sie in Form eines flexiblen Layouts auch einen echten Mehrwert. Und so schlimm sind sie nicht. Kopieren, einfügen, kommentieren. Man gewöhnt sich dran.

Eine Ausnahme für »line-height« ist die vertikale Zentrierung

Eine Ausnahme für die Regel, dass line-height ohne Einheit angegeben wird, ist die vertikale Zentrierung von Text:

▶ Ein Blockelement hat eine definierte Höhe von sagen wir mal 3em.

▶ Das Element enthält eine Zeile Text, die vertikal zentriert werden soll.

Das ist am einfachsten, wenn man line-height denselben Wert wie height gibt, im Beispiel also auch 3em. In Navigationsbuttons oder einem einzeiligen Header könnte das zum Beispiel sehr praktisch sein.

9.3   Webfonts: Die Schriftart gleich mitliefern

Schriftarten werden im CSS mit der Eigenschaft font-family definiert. Das Problem dabei ist, dass die dort angegebenen Schriftarten auch auf dem Computer des Benutzers vorhanden sein müssen. Aus diesem Grund äußern Webdesigner bei font-family immer eine ganze Reihe von Schriftartwünschen und ordnen diese dann der Reihe nach.

Einfacher wäre es, die gewünschte Schriftart gleich mitzuliefern, und was jahrelang wie ein schöner Traum erschien, wird langsam, aber sicher Wirklichkeit.

9.3.1   Webfonts und @font-face

In CSS3 gibt es mit @font-face eine Möglichkeit zur Einbindung von Schriftarten, aber technische und rechtliche Probleme haben die Entwicklung lange verzögert:

► Rechtlich geht es in erster Linie darum, dass lizenzrechtlich geschützte Fonts im Web via @font-face nicht verwendet werden dürfen, da der Font bei jedem Besucher auch ohne Lizenz zur Verfügung stehen würde.

► Technisch tobt der Streit um die genaue Syntax von @font-face und um das ideale Dateiformat.

Bei den Dateiformaten gibt es eine wahrlich verwirrende Vielfalt mit so schönen Abkürzungen wie *eot*, *ttf*, *svg* oder *woff*. Der vielversprechendste Kandidat ist das im Jahre 2009 definierte *Web Open Font Format* (*WOFF*). Viele Schriftenhersteller haben ihre Unterstützung angekündigt, und alle großen Browserhersteller arbeiten daran, WOFF zu integrieren.

Die Syntax von @font-face gibt auch immer wieder Anlass zur Diskussion. Chris Coyier von *css-tricks.com* dokumentiert den aktuellen Stand:

► *css-tricks.com/snippets/css/using-font-face/*

Das folgende Listing zeigt diese Variante, die unter anderem auch in dem weiter unten vorgestellten *Webfont Kit* von Fontsquirrel enthalten ist:

```
@font-face {
  font-family: 'MyWebFont';
  src: url('webfont.eot');
  src: url('webfont.eot?#iefix') format('embedded-opentype'),
       url('webfont.woff') format('woff'),
```

```
        url('webfont.ttf') format('truetype'),
        url('webfont.svg#svgFontName') format('svg');
}
```

Listing 9.5 Die Syntax von @font-face

Der technisch bequemste und rechtlich sicherste Weg zur Nutzung von Webfonts führt über Hosting Services wie Google Fonts oder kostenpflichtige Varianten von TypeKit (*typekit.com*) oder FontDeck (*fontdeck.com*). Diese Dienste stellen die Schriften in webgerechten Formaten auf zentralen Servern bereit, erzeugen die zur Einbindung benötigten Befehle und kümmern sich auch um die rechtliche Seite mit den Schriftherstellern.

9.3.2   Google Fonts: Gehostete, lizenzfreie Schriften im Handumdrehen

Die *Google Fonts*, früher als *Google Web Fonts* bekannt, sind die wahrscheinlich einfachste Art der Nutzung von Webfonts. Der erste Schritt ist ein Besuch auf der Website:

▸ *google.com/fonts*

Schauen Sie sich dort zunächst ein paar verschiedene Schriften an, und spielen Sie ein bisschen mit den vorhandenen Optionen (Abbildung 9.4). Falls Sie die Auswahl der Schriften überwältigend finden, googeln Sie nach »best google webfonts«, oder lesen Sie den Artikel *bit.ly/elma-googlefonts-2013*, in dem Ellen Bauer von Elma Studio ihre »Top 10 Google Webfonts« vorstellt.

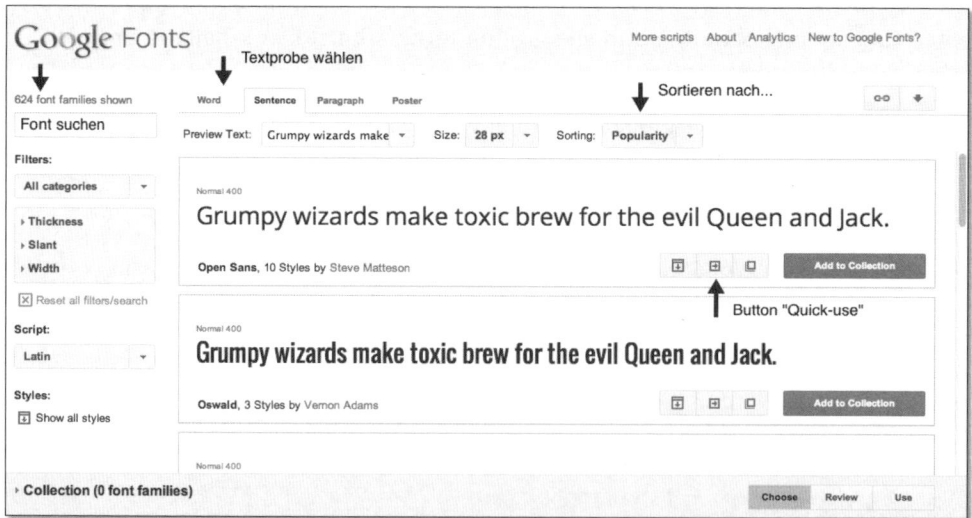

Abbildung 9.4 Die Google Fonts unter »google.com/fonts«

Wenn Sie eine geeignete Schrift gefunden haben, können Sie diese mit einem Klick auf den Button ADD TO COLLECTION der am unteren Bildschirmrand angezeigten Sammlung hinzufügen und so mehrere Schriften sammeln.

Im Folgenden möchte ich Ihnen am Beispiel der beliebten Schrift *Open Sans* zeigen, wie Sie sie auf Ihren Webseiten nutzen können. Wenn die Beschreibung der *Open Sans* angezeigt wird, klicken Sie auf den in Abbildung 9.4 markierten Button QUICK-USE. Auf der folgenden Seite müssen Sie nur noch wenige einfache Schritte erledigen:

▶ Im ersten Schritt 1. CHOOSE THE STYLES YOU WANT wählen Sie zunächst die gewünschten Schriftschnitte, zum Beispiel Normal 400, *Normal 400 italic* und **Bold 700**.

▶ Im zweiten Schritt 2. CHOOSE THE CHARACTER SETS YOU WANT wählen Sie den Zeichensatz. LATIN ist bereits voreingestellt.

▶ Im letzten Schritt 3. ADD THIS CODE TO YOUR WEBSITE wählen Sie die gewünschte Einbindung auf Ihren Webseiten. Als STANDARD vorgegeben ist ein `link`-Element, aber Sie können den Font auch per `@import`-Anweisung oder JavaScript einbinden. Kopieren Sie den angezeigten Code, und fügen Sie ihn auf Ihren Webseiten (`link`-Element) oder in einem Stylesheet (`@import`) ein (Abbildung 9.5).

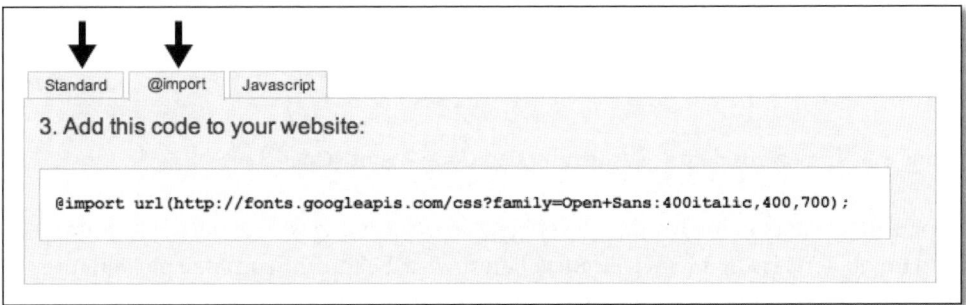

Abbildung 9.5 Die @import-Anweisung für den Font »Open Sans«

▶ Im letzten Schritt 4. INTEGRATE THE FONTS INTO YOUR CSS geht es um die Benutzung eines Google Fonts in Ihren Stylesheets. Dort können Sie die eingebundene Schriftart ganz normal nutzen:

```
body {
  font-family: 'Open Sans', sans-serif;
}
```

Listing 9.6 CSS-Anweisung zur Nutzung des Google Fonts »Open Sans«

Der Browser holt die benötigte Schriftart direkt aus dem Web von den Google-Servern. Sie können natürlich wie gewohnt auch noch weitere Schriften als Fallback angeben:

```
body {
  font-family: 'Open Sans', Arial, Helvetica, sans-serif;
}
```

Listing 9.7 CSS-Anweisung zur Nutzung des Google Fonts »Open Sans«

Falls es Sie interessiert, können Sie sich das von Google generierte und bei Ihnen einge-bundene Stylesheet auch direkt im Browser anschauen. Dazu geben Sie einfach die in Abbildung 9.5 gezeigte URL im Adressfeld des Browsers ein.

Das Stylesheet enthält @font-face-Anweisungen für einen Font im Format WOFF, der direkt von den Google-Servern geladen wird. Das folgende Listing zeigt ein Beispiel, wobei ich die URL zum Font leicht gekürzt habe:

```
@font-face {
  font-family: 'Open Sans';
  font-style: normal;
  font-weight: 400;
  src: local('Open Sans'), local('OpenSans'),
       url(http://lange-url-opensans.woff) format('woff');
}
```

Listing 9.8 Auszug aus dem Stylesheet für den Google Font »Open Sans«

Google liefert dabei eine für den jeweiligen Browser maßgeschneiderte Variante. Wäh-rend im obigen Listing nur WOFF ausgeliefert wird, bekommt zum Beispiel ein Internet Explorer zusätzlich noch eine EOT-Datei, damit die Schrift überall möglichst problem-los dargestellt wird.

Alternativen zu Google Fonts: Typekit und Fontdeck

Die Google Fonts sind kostenlos, Profis bemängeln aber die bei manchen Schriften nicht ausreichende Qualität. Alternativen sind kostenpflichtige Hosting Services wie die folgenden:

▶ *fonts.com/web-fonts*

▶ *typekit.com*

▶ *fontdeck.com*

9.3.3   Webfonts auf dem eigenen Webspace

Falls Sie Webfonts lieber auf dem eigenen Webspace hosten möchten, gibt es mehrere Themen, mit denen Sie sich beschäftigen müssen:

▶ Zunächst einmal benötigen Sie entweder eine lizenzfreie Schrift oder eine Lizenz zur Einbettung der gewünschten Schrift für Webseiten.

▶ Die Schrift muss in guter Qualität für alle gängigen Formate vorliegen.

▶ Zum Schluss müssen Sie die Schrift per `@font-face` auf Ihren Seiten einbinden.

Der erste Schritt ist aber in jedem Fall, dass Sie eine Schrift finden, die Ihnen gefällt. Als Ausgangspunkt für die Suche eignen sich Websites wie *fontsquirrel.com*, *myfonts.com*, *dafont.com* oder *fontspring.com*. Hier kann man stundenlang stöbern und staunen.

Um die im vorherigen Abschnitt von Google eingebundene Schriftart »Open Sans« von Ihrem eigenen Server aus zu servieren, schauen Sie zum Beispiel einmal bei *fontsquirrel.com* vorbei. Dort können Sie einen kompletten *Webfont Kit* herunterladen, der alles enthält, was Sie zur Einbindung der Schriftart benötigen (Abbildung 9.6).

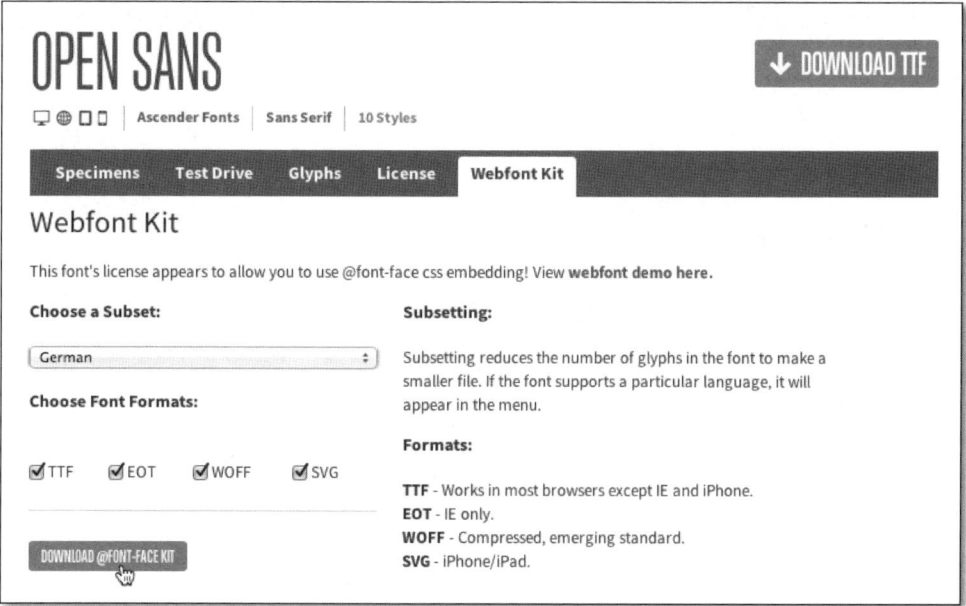

Abbildung 9.6 Ein Webfont Kit für »Open Sans« auf »fontsquirrel.com«

Sie können also frei wählen, ob Sie eine Schriftart wie *Open Sans* lieber gehostet oder vom eigenen Webspace servieren möchten.

9.3.4   Andere Schriftarten konvertieren lassen

Wenn Sie on- oder offline irgendwo eine Schriftart gefunden haben, die Sie gerne einsetzen würden, müssen Sie diese in die erforderlichen Formate wie *eot*, *ttf*, *svg* und *woff* konvertieren, bevor Sie sie einbinden können.

Zur Konvertierung der Schriftart gibt es diverse Onlinedienste wie zum Beispiel die folgenden:

- *fontsquirrel.com/tools/webfont-generator*
- *fontface.codeandmore.com*
- *web-font-generator.com*
- *convertfonts.com*

Manchmal sind die Server dieser häufig kostenlosen Dienste allerdings auch chronisch überlastet, und die Qualität der Konvertierung ist ebenfalls sehr unterschiedlich. Abbildung 9.7 zeigt den *Webfont Generator* auf *fontsquirrel.com*.

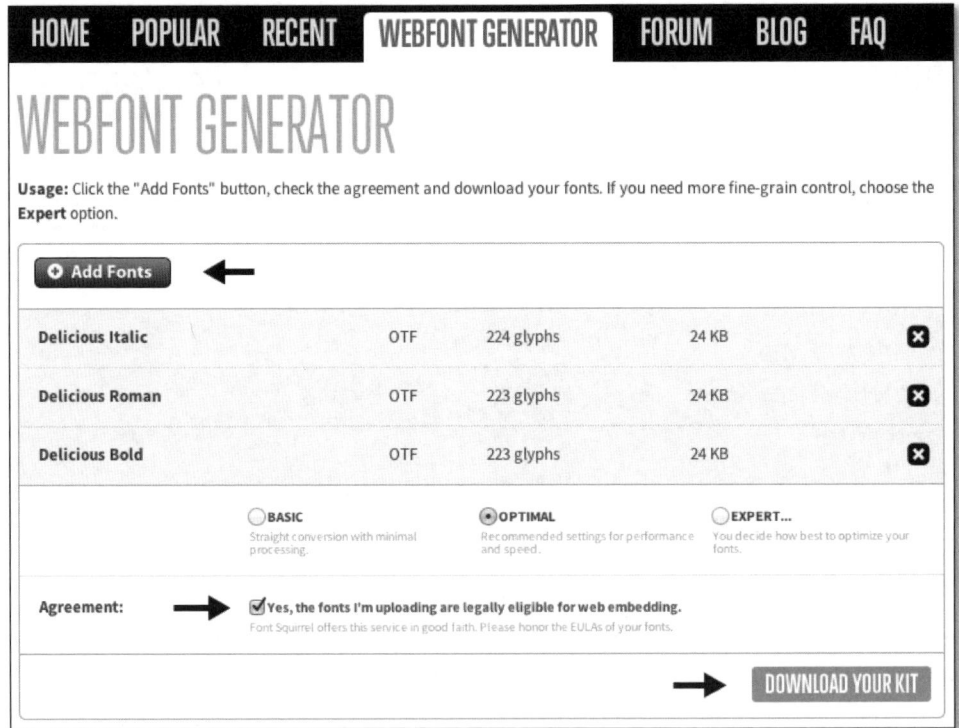

Abbildung 9.7 Der Webfont Generator auf fontsquirrel.com

Nach erfolgter Konvertierung müssen Sie die Font-Dateien in Ihren Stylesheets einbinden. Den dazu erforderlichen Code liefern Ihnen die Webfont-Generatoren in der Regel gleich mit, und Sie müssen ihn nur noch kopieren und einfügen.

Danach heißt es dann testen, testen, testen. So kann eine Schrift unter OS X im Browser völlig anders aussehen als unter iOS, Windows oder Android. Abbildung 9.8 zeigt zweimal dieselbe Webseite: oben in einem Browser unter OS X, unten in einem Browser unter Windows 7.

Abbildung 9.8 Webfonts in der Praxis – testen, testen, testen ...

Ursache für die Fehldarstellung unter Windows war in diesem Fall eine nicht ganz geglückte Konvertierung der Webfonts. Da hilft nur ein erneuter Konvertierungsversuch, vielleicht bei einem anderen Onlinedienst, und dann wieder testen, testen, testen.

9.4   Bilder als Schrift: Skalierbare Symbole mit Iconfonts

Wenn Bilder in pixelbasierten Formaten wie JPG oder PNG zu stark gezoomt werden, werden sie bekanntermaßen pixelig und unscharf. Im Zeitalter immer höher auflösender Bildschirme wird das ein zunehmendes Problem, und Iconfonts sind eine mögliche Lösung.

9.4.1 Iconfonts am Beispiel »Genericons«: Die Einbindung

Auch Icons werden häufig als Grafiken eingebunden, die dann auf einem hochauflösenden Bildschirm leicht unscharf wirken. Iconfonts ermöglichen die Einbindung von Symbolen als Schrift, und die ist immer scharf. Egal wie groß.

Iconfonts haben wie so vieles im Leben Vor- und Nachteile. Die Icons sind wie gesagt unabhängig von der Skalierung immer scharf, leicht einzubinden und können per CSS gestaltet werden. Die Auswahl zum Beispiel an Social-Media-Icons ist zwar momentan noch etwas eingeschränkt, aber das wird sich im Laufe der Zeit sicherlich bessern. Einziger wirklicher Nachteil ist, dass ein Iconfont im Gegensatz zu einer Icon-Grafik nicht beliebig viele Farben enthalten kann.

Zur Nutzung muss man den Iconfont mit `@font-face` als zusätzliche Schrift einbinden und kann dann im HTML oder im CSS auf die einzelnen Icons zurückgreifen. Anhand der kostenlosen *Genericons* von Automattic möchte ich die Verwendung eines Iconfonts kurz vorstellen (Abbildung 9.9).

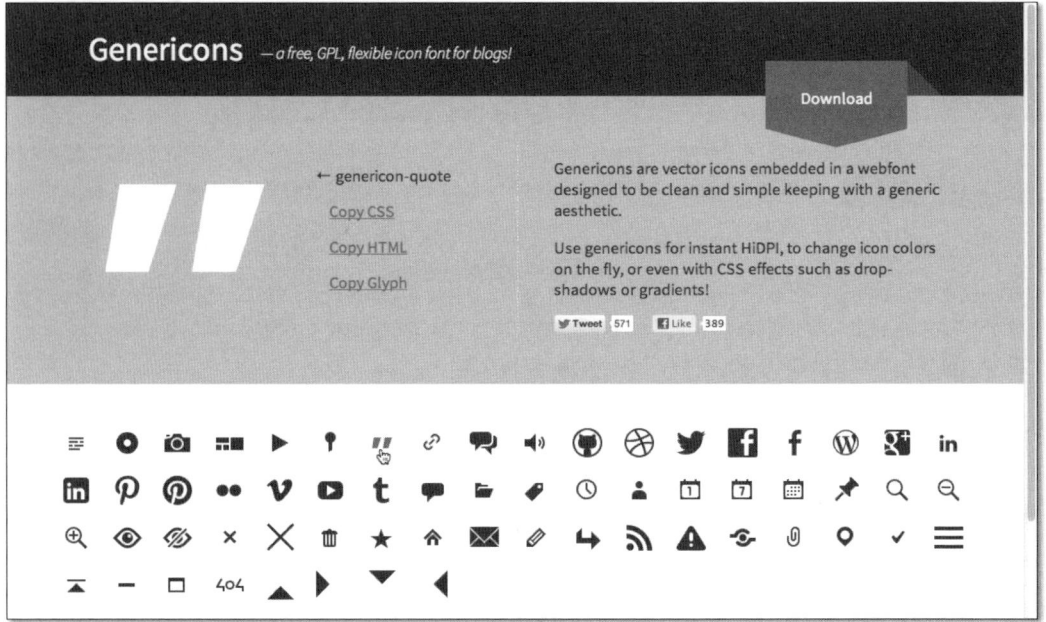

Abbildung 9.9 Die Startseite von genericons.com

Laden Sie sich die ZIP-Datei von der Website *genericons.com* herunter, und entpacken Sie sie auf Ihrer Festplatte. Danach finden Sie im Ordner *genericons* unter anderem ein

Stylesheet *genericons.css* und einen Ordner namens *font* mit den Fontdateien in den gängigen vier Formaten.

Um die Genericons nutzen zu können, kopieren Sie das Stylesheet *genericons.css* und den Ordner *font* in Ihren Stylesheet-Ordner. Anschließend binden Sie das Stylesheet zum Beispiel mit einer @import-Anweisung in Ihrem zentralen Stylesheet ein:

```
@import url("genericons.css");
```

Listing 9.9 Die Einbindung des Stylesheets genericons.css

In diesem Stylesheet steht unter anderem die Anweisung @font-face zum Einbinden der vier Schriftart-Dateien aus dem Unterordner *font*.

9.4.2   Beispiel Nr. 1: Das Twitter-Symbol als Schrift einbinden

Bevor es los geht, habe ich noch zwei kurze Anmerkungen:

► Genericons sind für eine Größe von 16px optimiert und sollten möglichst diese Größe oder ein Vielfaches davon haben, damit sie auch wirklich gut aussehen. Deshalb wird die Größe in px definiert.

► Die Icon-Nummer zum Einfügen in Ihren Styles finden Sie im Stylesheet *genericon.css* oder auf der Website, indem Sie zuerst auf das gewünschte Symbol klicken und dann auf den Link Copy CSS.

Um das Twitter-Symbol auf einer Webseite darzustellen, genügt mit den Genericons folgende Zeile:

```
<a href="#" class="genericon genericon-twitter"></a>
```

Listing 9.10 Twitter-Icon einbinden per Iconfont

Der Link enthält zwischen <a> und </a> keinen Text. Da das Icon als Schrift eingebunden wird, bekommt es die Schriftfarbe des Links. Das können Sie mit der CSS-Eigenschaft color aber leicht ändern. Listing 9.11 zeigt einen Style, mit dem Sie einen Twitter-Vogel im Originalblau bekommen, frei skalierbar und auf jedem Display scharf:

```
a.genericon-twitter {
  color: #1bb2e9; /* Twitter-Blau */
  font-size: 32px;
}
```

Listing 9.11 Den Twitter-Vogel einfärben und vergrößern

Abbildung 9.10 zeigt das fertige Exemplar.

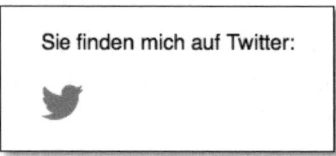

Abbildung 9.10 Das Twitter-Symbol im Twitter-Blau als Iconfont

Die Klasse `genericon-twitter` wird übrigens im Stylesheet *genericons.css* definiert. Dort wird mit der Pseudoklasse `:before` das Twitter-Symbol aus dem Iconfont eingebunden:

```
.genericon-twitter:before { content: '\f202'; }
```

Listing 9.12 Die Klasse genericon-twitter

9.4.3   Beispiel Nr. 2: Eine Social-Media-Leiste mit Iconfonts

Sie können natürlich nicht nur das Twitter-Symbol einbinden, sondern zum Beispiel auch eine komplette Social-Media-Leiste. Das folgende Listing zeigt zunächst eine ungeordnete Liste mit Links und den Klassen zur Einbindung von Twitter, Facebook und Google Plus:

```
<ul class="socialmedia">
  <li>
    <a href="#" class="genericon genericon-twitter"></a>
  </li>
  <li>
    <a href="#" class="genericon genericon-facebook-alt"></a>
  </li>
  <li>
    <a href="#" class="genericon genericon-googleplus"></a>
  </li>
</ul>
```

Listing 9.13 Liste mit Icons für Twitter, Facebook und Google Plus

Abbildung 9.11 zeigt, dass diese Liste ungestaltet nicht sehr einladend aussieht. Die Symbole bekommen die Farbe der Links und stehen einfach nur untereinander, begleitet von jeweils einem Aufzählungszeichen.

Abbildung 9.11 Die noch ungestalteten Social-Media-Symbole

Ein paar einfache CSS-Regeln lassen die Sache in einem ganz anderen Licht erscheinen. Sie können die im HTML vergebenen Klassen zum Beispiel wie folgt gestalten:

```
ul.socialmedia { padding: 0; margin: 0; }
.socialmedia li { display: inline-block; margin-right: 36px; }
.socialmedia a.genericon { font-size: 36px; }
.socialmedia a.genericon-twitter { color: #00acee; }
.socialmedia a.genericon-facebook-alt { color: #3b5998; }
.socialmedia a.genericon-googleplus { color: #db4a39; }
```

Listing 9.14 Gestaltung der Social-Media-Liste

Die Listenelemente werden mit `display: inline-block` nebeneinandergestellt und bekommen ein bisschen Abstand nach rechts. Die Größe der Icons wird über die Klasse `genericon` definiert, und anschließend bekommt jedes Symbol die für den Dienst typische Farbe. Abbildung 9.12 zeigt die Icons oben mit einer Schriftgröße von 32px und unten mit 160px. Wie Sie sehen, verlieren die als Text eingebundenen Symbole auch bei einer extremen Vergrößerung nichts von Ihrer Schärfe.

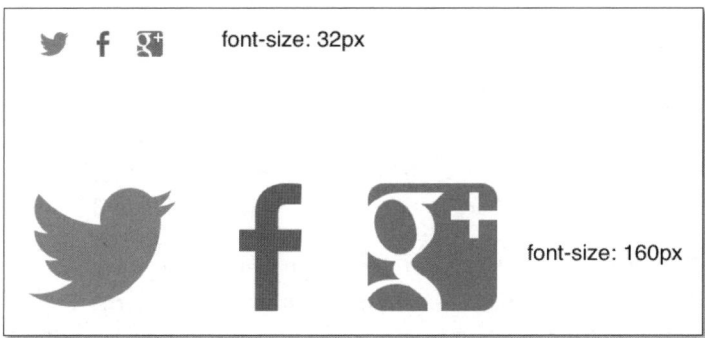

Abbildung 9.12 Iconfonts mit font-size von 32px (oben) und 160px (unten)

So haben Sie mit wenigen Zeilen HTML und CSS eine grafikfreie, anklickbare Social-Media-Leiste, die hervorragend skalierbar ist und per CSS gestaltet werden kann. Fehlt nur noch ein Genericon für XING.

Genaue Farbwerte für bekannte Markennamen

Falls Sie mal auf der Suche nach dem genauen Farbwert für eine bestimmte Marke sind, finden Sie auf der folgenden Seite eine Übersicht:

▶ *brandcolors.net*

Von Amazon bis Yahoo ist dort alles vertreten, was Rang und Namen hat.

9.4.4   Beispiel Nr. 3: Häkchen als Aufzählungszeichen

Als letztes Beispiel für den Einsatz der Iconfonts möchte ich Ihnen in diesem Abschnitt zeigen, wie Sie eine Liste mit dem Genericon *Checkmark* als Aufzählungssymbol erstellen (Abbildung 9.13).

• Icon-Fonts sind skalierbar
• Icon-Fonts sind einfach einzubinden
• Icon-Fonts werden immer mehr

✔ Icon-Fonts sind skalierbar
✔ Icon-Fonts sind einfach einzubinden
✔ Icon-Fonts werden immer mehr

Abbildung 9.13 Eine Liste mit Häkchen als Aufzählungszeichen

Im HTML erstellen Sie zunächst eine ganz normale Liste. Der Name der Klasse ist hierbei frei wählbar:

```
<ul class="iconlist">
  <li>Iconfonts sind skalierbar </li>
  <li>Iconfonts sind einfach einzubinden </li>
  <li>Iconfonts werden immer mehr </li>
</ul>
```

Listing 9.15 Das HTML

Danach wird im CSS die Gestaltung der Liste vorbereitet. Dazu werden die vorhandenen Aufzählungszeichen deaktiviert und eventuell vorhandene Abstände entfernt. Einzige Besonderheit in Listing 9.16 ist die Anweisung `text-indent:-16px`, die die erste Zeile eines Listenelements 16 Pixel nach links zieht und so Platz für das Icon macht:

```
ul.iconlist { padding: 0; margin: 0; }
.iconlist li {
  text-indent: -16px;
  list-style-type: none;
```

```
  line-height: 1.2;
  margin-bottom: 0.5em;
}
```

Listing 9.16 Vorbereitung der Liste

Um die Listenelemente mit einem individuellen Aufzählungszeichen zu versehen, würden Sie in traditionellem CSS eine Hintergrundgrafik einbinden. Stattdessen benutzen Sie im Folgenden die Pseudoklasse `:before` und das Checkmark-Genericon mit der Nummer `f148`:

```
ul.iconlist li:before {
  content: '\f418'; /* Platz in der Schrifttabelle */
  font-family: "Genericons";
  font-size: 16px;
  font-weight: normal;
  line-height: 1;
  vertical-align: middle;
  -webkit-font-smoothing: antialiased;
}
```

Listing 9.17 Das CSS zur Erstellung der neuen Aufzählungszeichen

Und fertig ist die Liste mit den Häkchen, ohne Grafik und frei skalierbar, sodass es in allen Auflösungen scharf bleibt.

Im Downloadpaket der Genericons ist eine HTML-Datei namens *example.html* enthalten, in der ein paar Beispiele zum Einsatz der Genericons, darunter auch ein Listen-Beispiel, gezeigt werden. Nur damit Sie sich beim Vergleichen nicht wundern: Das CSS in diesem Abschnitt ist etwas anders als das dort gezeigte Beispiel, damit auch mehrzeilige Listenpunkte mit längerem Text und Zeilenumbruch gut aussehen.

Weitere Iconfonts: »IcoMoon« und »Font-Awesome«

Falls Sie in diesem Abschnitt auf den Geschmack gekommen sind, probieren Sie auch einmal die folgenden Iconfonts.

► IcoMoon – Custom Built and Crisp Icon Fonts, Done Right
  icomoon.io

► Font Awesome – The iconic font designed for use with Bootstrap
  fortawesome.github.io/Font-Awesome/

Das »r« in *fortawesome* ist übrigens kein Tippfehler, auch wenn der Dienst selbst *Font Awesome* heißt. Beide Websites bieten mehr Auswahl als die Genericons, sind aber dadurch auch etwas komplexer in der Handhabung.

9.5   Schatten im Text: »text-shadow«

Die Eigenschaft `text-shadow` dient, wie der Name bereits andeutet, zur Definition von Schatten um Text. Was den Praxiseinsatz noch ein wenig trübt, ist die Tatsache, dass der Internet Explorer diese Eigenschaft erst ab der Version 10 kennt. Alle anderen Browser können schon länger damit umgehen. Unter *caniuse.com/css-textshadow* bekommen Sie bei Bedarf detailliertere Auskünfte.

9.5.1   Die Syntax und ein paar einfache Beispiele

Die Eigenschaft eignet sich hauptsächlich für Überschriften oder andere kurze Textpassagen und kennt vier Werte:

```
text-shadow: offset-x offset-y blur-radius farbe /* Syntax */
text-shadow: 0px      2px      3px         #333 /* Beispiel */
```

Listing 9.18 Syntax und Beispiel für »text-shadow«

Die ersten beiden Werte bestimmen die Positionierung des Schattens, der dritte den Grad der Verschwommenheit (*Weichzeichnung*) und der vierte die Farbe:

▶ Der erste Wert bestimmt die horizontale Verschiebung (*offset*) des Schattens auf der x-Achse. Ein positiver Wert verschiebt den Schatten nach rechts, ein negativer nach links.

▶ Der zweite Wert definiert die vertikale Verschiebung. Ein positiver Wert verschiebt den Schatten nach unten, ein negativer nach oben.

▶ Der dritte Wert ist optional und bestimmt die Größe sowie den Grad der Verschwommenheit (*blur-radius*) des Schattens. Standardwert ist 0. Negative Werte sind nicht erlaubt. Je höher der Wert, desto größer und heller wirkt der Schatten.

▶ Der vierte Wert bestimmt die Farbe des Schattens und kann auch *vor* den drei anderen Werten stehen. RGBA- und HSLA-Werte sind erlaubt.

Abbildung 9.14 zeigt ein paar Beispiele für verschiedene Textschatten.

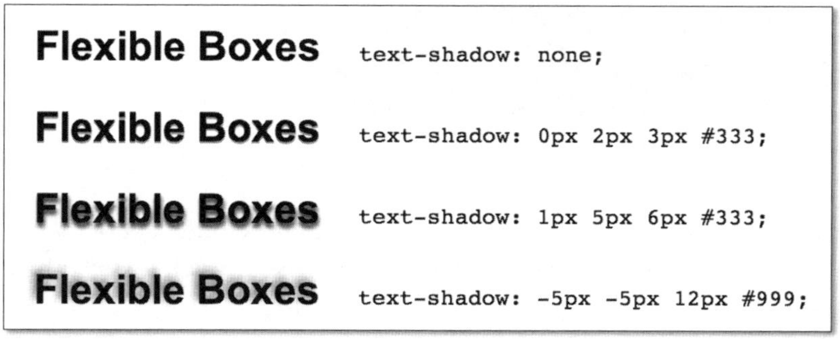

Flexible Boxes   `text-shadow: none;`

Flexible Boxes   `text-shadow: 0px 2px 3px #333;`

Flexible Boxes   `text-shadow: 1px 5px 6px #333;`

Flexible Boxes   `text-shadow: -5px -5px 12px #999;`

Abbildung 9.14 Ein paar Beispiele für einfache Textschatten

9.5.2   Effekte mit mehrfachen Schatten

Die Eigenschaft `text-shadow` kann wie Gegenstände in der richtigen Welt durchaus mehrere Schatten haben, die durch Komma voneinander getrennt werden. Hier ein Beispiel mit zwei unterschiedlichen Schatten:

```
text-shadow: 1px 1px 0 #fff, 2px 2px 0 #999;
```

Listing 9.19 Ein Text mit zwei Schatten

In diesem Beispiel hat der erste Schatten die Farbe des Hintergrunds, und der zweite ist leicht versetzt mit einem dunkleren Schatten. Beide Schatten haben keinen *blur-radius* und dadurch scharfe Kanten. Diese Kombination gibt dem Text eine leicht plastische Wirkung (Abbildung 9.15).

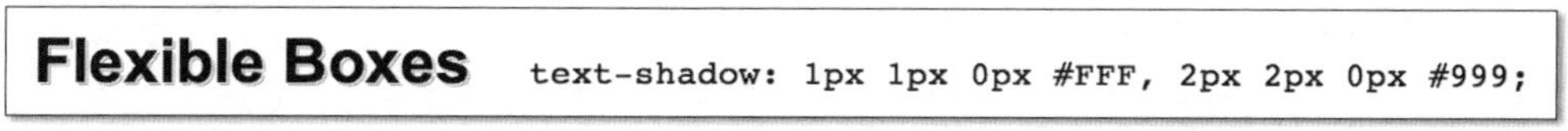

Flexible Boxes   `text-shadow: 1px 1px 0px #FFF, 2px 2px 0px #999;`

Abbildung 9.15 »text-shadow« mit zwei Schatten

Ein leichter Glüheffekt wird genau umgekehrt erreicht: Mehrere Schatten liegen ohne horizontalen oder vertikalen Versatz genau auf dem Text, haben aber einen wachsenden *blur-radius*.

```
text-shadow: 0 0 1em #fff,
             0 0 5em #fff,
             0 0 10em #fff;
```

Listing 9.20 Ein dreifacher Schatten bringt den Text zum Glühen

Der Effekt kommt auf einem dunklen Hintergrund am besten zur Geltung (Abbildung 9.16).

Abbildung 9.16 Ein Glüheffekt mit »text-shadow«

Ebenfalls sehr beliebt sind Effekte mit »eingedrückten« (Gravureffekt) oder »hervorgehobenen« (Prägeeffekt) Buchstaben, bei denen die Buchstaben wirken, als ob sie tiefer bzw. höher liegen als der Hintergrund.

```
text-shadow: 0 -1px 1px #666, 0 1px 1px #fff; /* Inset */
text-shadow: 0 -1px 1px #fff, 0 1px 1px #666; /* Emboss */
```

Listing 9.21 Schatten für eingedrückten und hervorgehobenen Text

Abbildung 9.17 zeigt diese beiden Varianten im Browser.

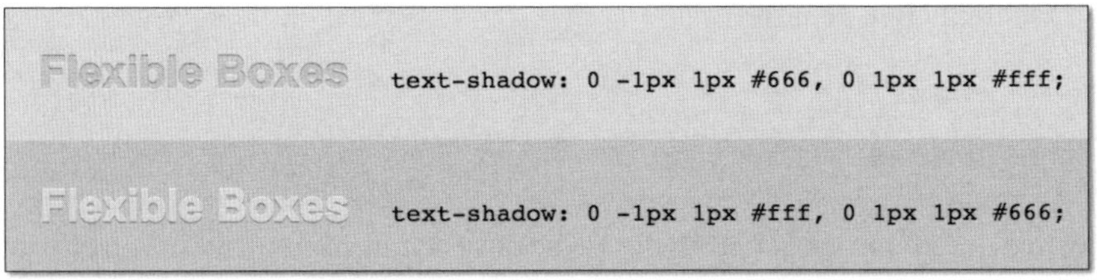

Abbildung 9.17 Oben eingedrückter Text, unten hervorgehobener

> **Beispiele für ungewöhnliche Schatteneffekte**
>
> Weitere Textschatten-Beispiele finden Sie in den folgenden Artikeln:
>
> ▸ line25.com/articles/using-css-text-shadow-to-create-cool-text-effects
> ▸ kremalicious.com/make-cool-and-clever-text-effects-with-css-text-shadow/
>
> Und nicht vergessen: IE kennt Textschatten erst ab Version 10.

9.6   Workshop: Textformatierung für die Beispielsite

Zum Abschluss dieses Kapitels können Sie einige der gezeigten Techniken auf den Beispielseiten integrieren.

9.6.1   »Dosis« – Schriftgestaltung für den Kopfbereich

In Abschnitt 9.3.2, »Google Fonts: Gehostete, lizenzfreie Schriften im Handumdrehen« habe ich beschrieben, wie man Fonts von Google einbindet. Da der Titel »Flexible Boxes« im Kopfbereich den Charakter eines Logos hat, soll er eine spezielle Schriftart bekommen. Die Wahl fiel auf den Google Font »Dosis«, der lebendig wirkt, ohne sich dabei in die Gefilde von »Comic Sans« zu begeben.

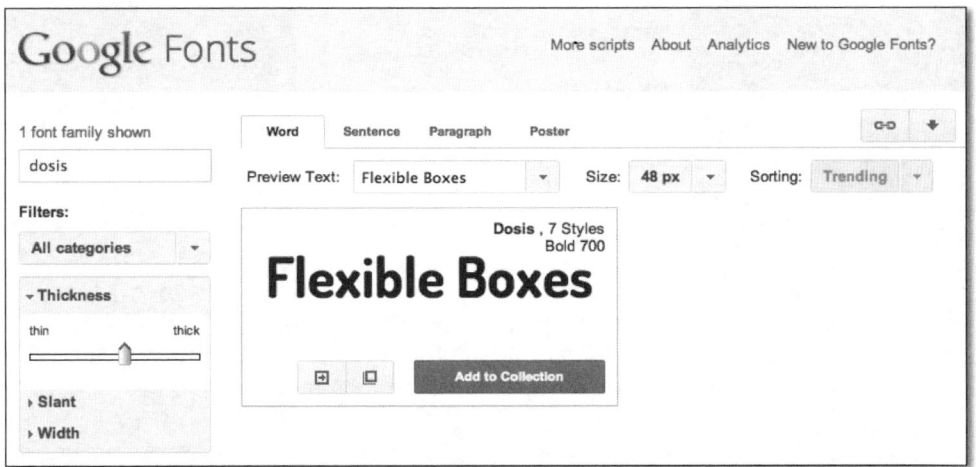

Abbildung 9.18 Der Google Font »Dosis«

Zur Einbindung auf den Beispielseiten öffnen Sie zunächst *styles.css* und fügen relativ am Anfang die von Google erzeugte @import-Regel ein, die in einer Zeile stehen sollte:

```
/* Google Fonts - Dosis für den Titel im Kopfbereich */
@import url("http://fonts.googleapis.com/css?family=Dosis:400,700");
```

Listing 9.22 Den Google Font »Dosis« im Stylesheet importieren

Im Stylesheet *layout.css* fügen Sie am Ende folgenden Style zur Gestaltung des Titels ein, oder ergänzen Sie den vorhandenen Style um die folgenden Anweisungen:

```
header[role="banner"] h1 {
  font-family: Dosis, 'Open Sans', sans-serif;
  font-size: 32px;
  font-size: 2rem;
  letter-spacing: 1px;
}
```

Listing 9.23 Den Titel im Kopfbereich gestalten

Nach diesem Schritt sieht der Kopfbereich ungefähr so aus wie in Abbildung 9.19:

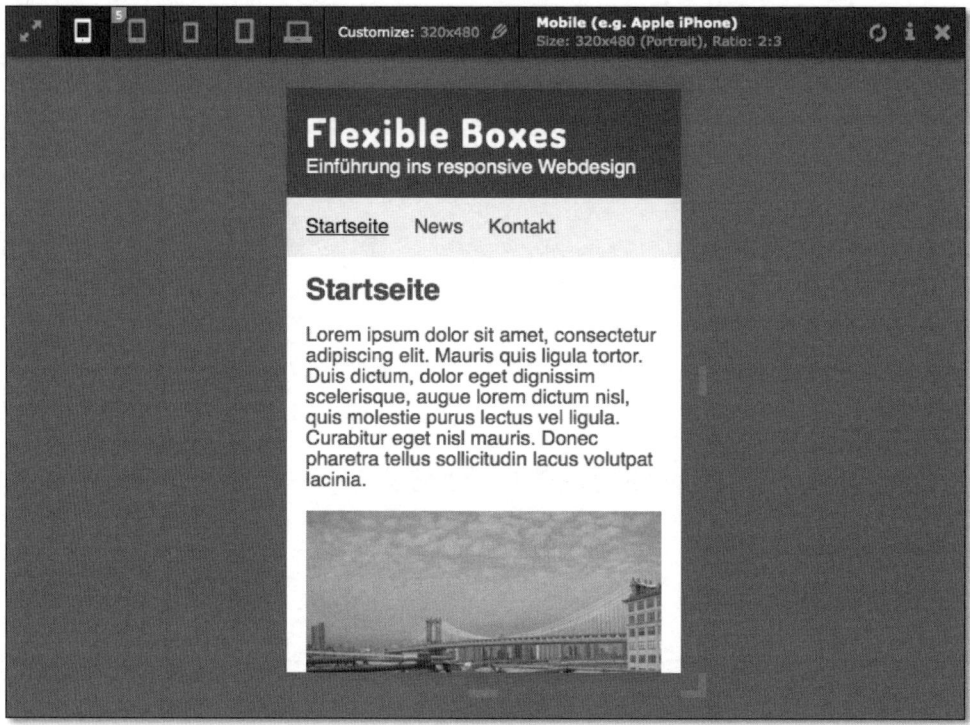

Abbildung 9.19 Der Titel »Flexible Boxes« mit dem Google Font »Dosis«

9.6.2 »Open Sans« – Schriftgestaltung für Überschriften und Fließtext

Der Fließtext soll mit dem in Abschnitt 9.3.2, »Google Fonts: Gehostete, lizenzfreie Schriften im Handumdrehen«, beschriebenen Font »Open Sans« gestaltet werden und einen größeren Zeilenabstand bekommen, sodass er besser lesbar wird.

Zunächst fügen Sie in *styles.css* die von Google erzeugte @import-Regel ein, die in einer Zeile stehen sollte:

```
/* Google Fonts - Open Sans für Überschriften und Fließtext */
@import
url("http://fonts.googleapis.com/css?family=Open+Sans:400italic,400,700");
```

Listing 9.24 Den Google Font »Open Sans« im Stylesheet importieren

Anschließend öffnen Sie das Stylesheet *layout.css* und fügen die Anweisungen zur Gestaltung des Fließtextes ein. Hier ein Vorschlag:

```
html {
  font-family: 'Open Sans', Arial, sans-serif;
  font-size: 100%;
}
body { font-size: 14px; font-size: 0.875rem; }
h1 { font-size: 32px; font-size: 2rem; }
h2 { font-size: 22px; font-size: 1.375rem; }
h3 { font-size: 20px; font-size: 1.25rem; }

main { line-height: 1.7; }
```

Listing 9.25 Fließtext und Überschriften mit »Open Sans«

Abbildung 9.20 zeigt den Fließtext auf der Startseite, der mit »Open Sans« in 0.875rem und einem Zeilenabstand von 1.7 gut lesbar ist.

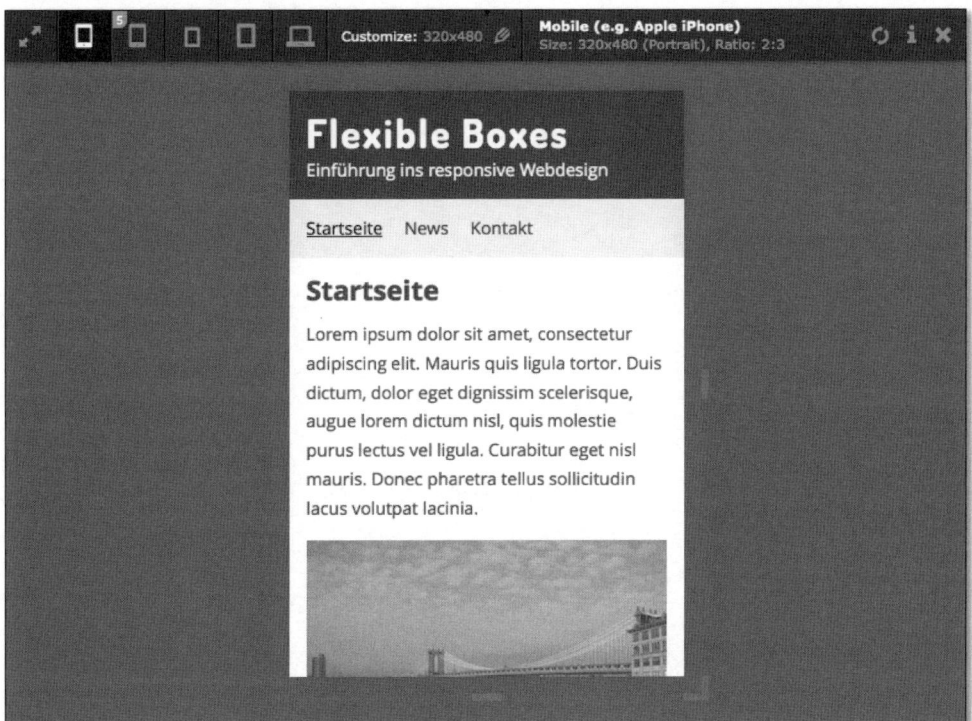

Abbildung 9.20 Der Text im Inhaltsbereich mit »Open Sans«

9.6.3   »Genericons« – Social-Media-Icons im Fußbereich

In Abschnitt 9.4, »Bilder als Schrift: Skalierbare Symbole mit Iconfonts«, wird beschrieben, wie man mit einem Iconfont namens Genericon arbeitet:

▶ Kopieren Sie das Stylesheet *genericons.css* und den Ordner *font* in Ihren Stylesheet-Ordner.

▶ Öffnen Sie das Stylesheet *styles.css* im Editor, und fügen Sie folgende Regel ein, zum Beispiel gleich nach den Google Fonts:

```
/* Iconfont von genericons.com */
@import url("genericons.css");
```

Anschließend fügen Sie auf allen Seiten das benötigte HTML ein, zum Beispiel als Liste im Fußbereich. Als Linkziel sollten Sie statt der Raute die URLs zu Ihren Profilen eingeben:

```
<ul class="socialmedia">
  <li>
    <a href="#" class="genericon genericon-twitter"></a>
  </li>
  <li>
    <a href="#" class="genericon genericon-facebook-alt"></a>
  </li>
  <li>
    <a href="#" class="genericon genericon-googleplus"></a>
  </li>
</ul>
```

Listing 9.26 Das HTML für die Social-Media-Icons

Im Stylesheet *layout.css* gestalten Sie die Social-Media-Liste zum Beispiel so:

```
/* Social-Media-Genericons im Footer */
ul.socialmedia {
  padding: 0;
  margin: 0;
}
ul.socialmedia li {
  display: inline-block;
  margin-right: 2em;
}
ul.socialmedia a.genericon {
```

```
  color: #fff;
  font-size: 2em;
}
```

Listing 9.27 Die Gestaltung der Social-Media-Icons

Nach diesen Schritten haben Sie im Fußbereich ein paar flexible Social-Media-Icons, die sich in schickem Schwarz-Weiß dem Design anpassen (Abbildung 9.21).

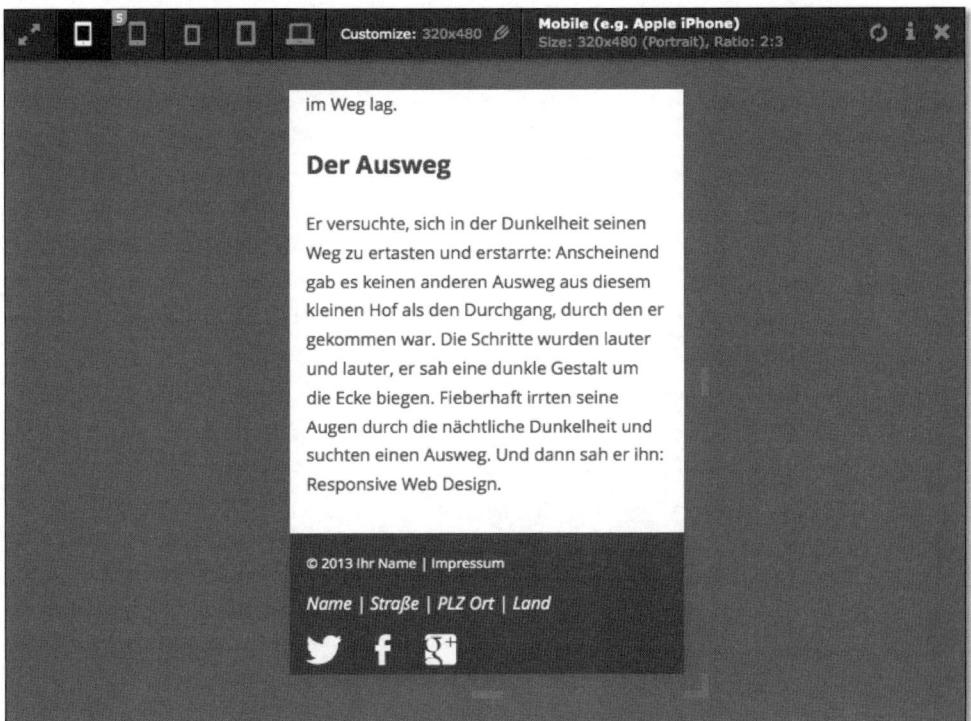

Abbildung 9.21 Social-Media-Symbole als Iconfont im Footer

Kapitel 10

Boxen gestalten mit CSS3

Worin Sie die mit der Border-Box ein alternatives Box-Modell kennen lernen, Elemente mit CSS3 statt mit Grafiken gestalten und ein bisschen Bewegung auf Ihre Webseiten bringen.

Die Themen im Überblick:

► Boxen wie im richtigen Leben: »box-sizing: border-box«, Seite 239

► CSS3 statt Grafik: Schatten, runde Ecken und Farbverläufe, Seite 245

► Transparente Boxen: »opacity« und Alphakanal, Seite 254

► Bewegung mit CSS3: »transform« und »transition«, Seite 255

► Workshop: Den Inhalt der Beispielseiten gestalten, Seite 263

In diesem Kapitel geht es in erster Linie um die Gestaltung von Boxen, also Rechtecken. Die Border-Box erleichtert die Berechnung der erforderlichen Breite. CSS-Eigenschaften und Werte wie box-shadow, border-radius, linear-gradient oder opacity ersetzen aufwändige Grafikbasteleien. Zum Abschluss bringen transform und transition Bewegung auf die Seite.

10.1 Boxen wie im richtigen Leben: »box-sizing: border-box«

Das klassische Box-Modell von CSS war noch nie besonders intuitiv, und in CSS3 wurde mit box-sizing: border-box eine Alternative eingeführt, die besonders bei flexiblen Layouts viele Vorteile hat, aber zunächst folgt ein kleiner Rückblick auf das klassische Box-Modell.

10.1.1 Das klassische Box-Modell: »box-sizing: content-box«

Wenn Sie im analogen Alltag die Breite einer Kiste angeben, dann ist damit immer die Entfernung von einem Außenrand zum anderen gemeint, inklusive Innenabstand (padding) und Rand der Kiste (border).

Beim klassischen Box-Modell ist das anders. Dort definiert width nur die Breite des Inhaltsbereichs, und Angaben für padding oder border werden *addiert*. Im CSS heißt die entsprechende Anweisung box-sizing: content-box, und das ist die Standardeinstellung für alle Browser. Visuell sieht dieses klassische Box-Modell so aus wie in Abbildung 10.1.

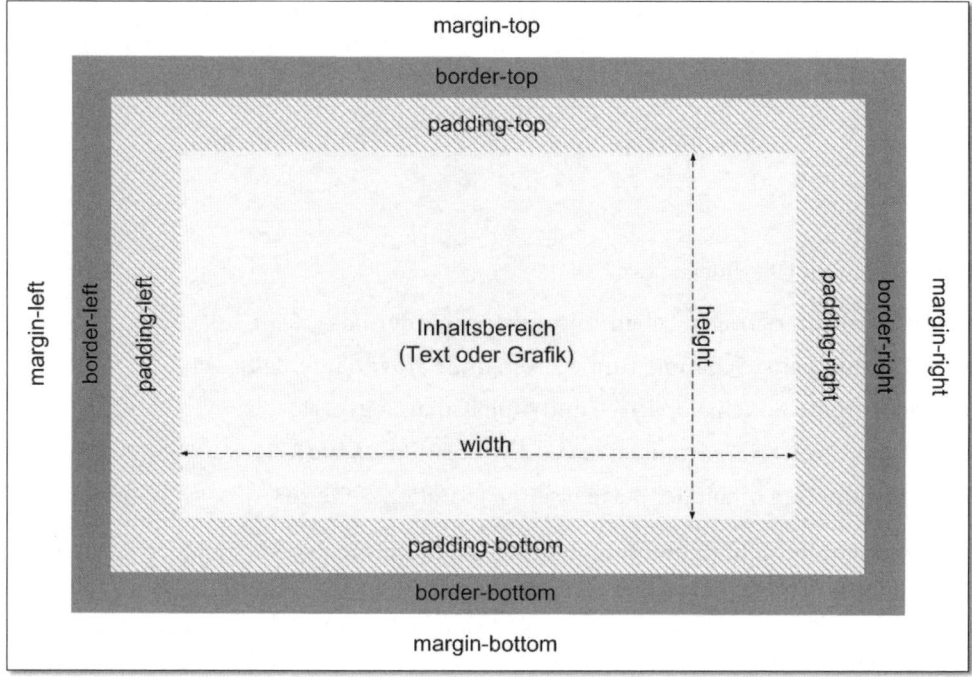

Abbildung 10.1 Das klassische Box-Modell »content-box«

Abbildung 10.2 zeigt eine einfache Box mit einer Breite von 500px, ohne padding oder border. Die Box darunter hat ebenfalls eine Breite von 500px, aber zusätzlich noch ein horizontales padding von 20px und 10px dicke Rahmenlinien. Insgesamt benötigt die untere Box in der Breite 560px, plus einen eventuell definierten horizontalen margin.

Man muss manchmal ein bisschen rechnen oder tricksen, bis alles passt, was nervig sein kann, aber bei Layouts mit festen Pixelbreiten durchaus machbar ist.

Im HTML5 werden »Block-Elemente« jetzt »Flow Content« genannt

In der HTML5-Spezifikation werden Sie die Begriffe *Block-Element* bzw. *Block-Level-Element* oder *Inline-Element* vergeblich suchen, denn dafür gibt es neue Begriffe. Etwas vereinfacht gesagt sieht die Sache so aus:

▶ *Block-Elemente* heißen jetzt *Flow Content*.

▶ *Inline-Elemente* heißen jetzt *Phrasing Content*.

Es gibt auch noch ein paar andere und auch neue Elementtypen, aber diese beiden reichen für den Anfang. Eine komplette Übersicht finden Sie beim W3C:

▶ *bit.ly/html5-element-content-categories*

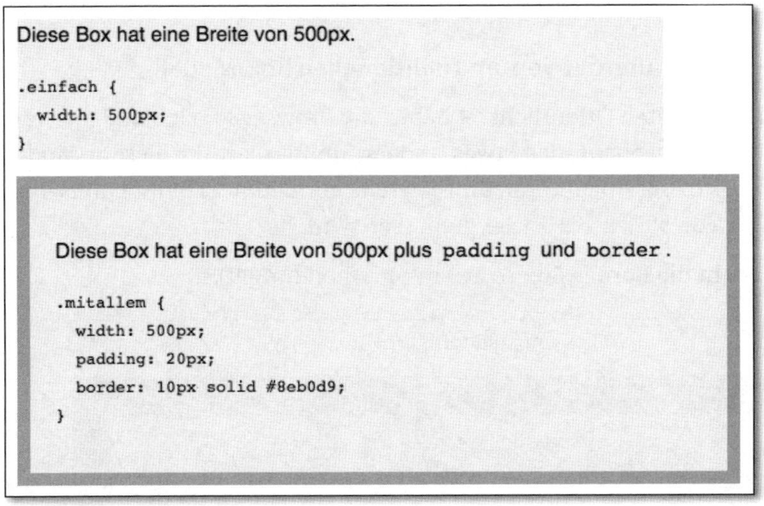

Diese Box hat eine Breite von 500px.

```
.einfach {
  width: 500px;
}
```

Diese Box hat eine Breite von 500px plus padding und border.

```
.mitallem {
  width: 500px;
  padding: 20px;
  border: 10px solid #8eb0d9;
}
```

Abbildung 10.2 Die Content-Box – Gesamtbreite nur mit Rechnen erhältlich

10.1.2 Verschiedene Einheiten und das doppelte »div«

Wirklich problematisch wird das klassische Box-Modell erst, wenn innerhalb einer Box bei den Angaben für width, padding, border oder margin verschiedene Einheiten verwendet werden, denn dann lässt sich die Gesamtbreite dieses Elements nicht mehr zuverlässig bestimmen. Hier ein Beispiel:

▶ Eine mit <aside class="sidebar"> erstellte Layoutspalte soll eine Breite von 20% und ein padding links und rechts von jeweils 10px bekommen.

▶ Frage: Wie viel Platz muss man für die Sidebar im Layout reservieren?

▶ Antwort: Keine Ahnung. Das kann man nicht zuverlässig berechnen.

Damit flexible Layouts aber nicht zur reinen Lotterie verkommen, hat man sich beholfen, indem man das HTML-Element verdoppelt und die Box-Modell-Eigenschaften auf die beiden Elemente verteilt:

▶ Innerhalb von `aside` wird ein zusätzliches `div` eingefügt.

▶ `aside` bekommt `width:20%` zugewiesen.

▶ Das innere `div` bekommt eventuelle Angaben für `padding`, `border` oder auch `margin`.

Dadurch hat die Sidebar unabhängig vom `padding`, `border` und `margin` immer eine Breite von 20 % und wird im wahrsten Sinne des Wortes berechenbar. Diese Dopplung von HTML-Elementen ist heute so selbstverständlich, dass wir fast vergessen haben, dass es ursprünglich mal eine Notlösung war.

10.1.3   Die Border-Box als Alternative zum traditionellen Box-Modell

Fast unbemerkt von der breiten Öffentlichkeit haben die Browser so nach und nach ein alternatives Box-Modell eingebaut, das etwas anders funktioniert. In diesem Modell sind `padding` und `border` in der Angabe von `width` bereits enthalten. Es heißt *border-box*, weil die Breite der Box von `border` bis `border` gemessen wird.

Grafisch dargestellt sieht die Border-Box so aus wie in Abbildung 10.3.

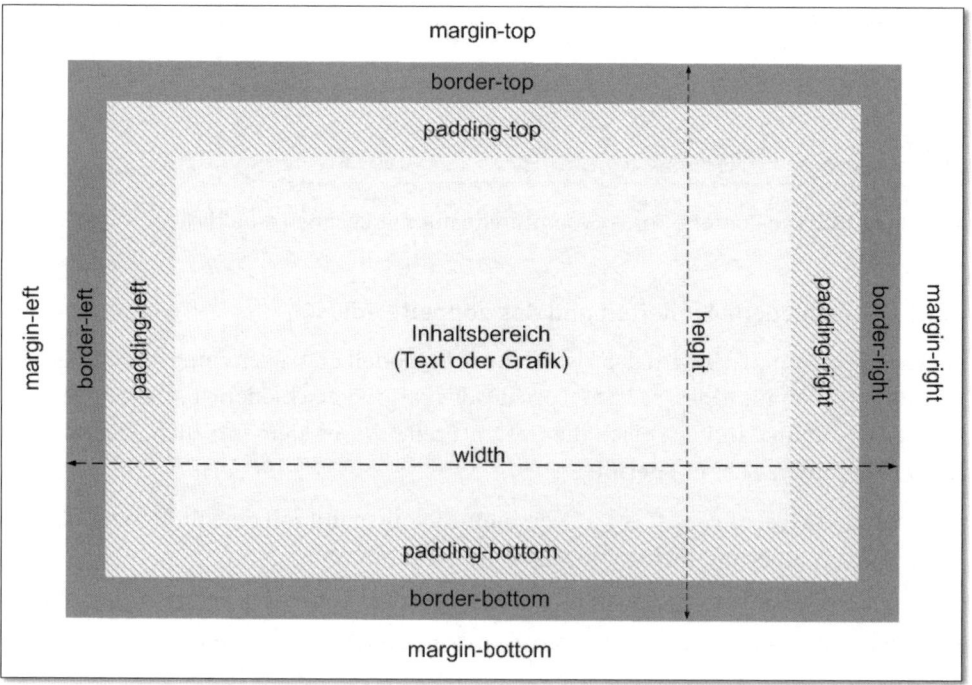

Abbildung 10.3 Boxen wie im richtigen Leben mit »border-box«

Im Webdesigner-Alltag ist diese unscheinbare Änderung beim Layouten sehr praktisch. Bei der weiter oben beschriebenen Sidebar spart man damit zum Beispiel das doppelte, innere HTML-Element:

▶ Zunächst wird `.sidebar { box-sizing:border-box}` definiert.

▶ Dann werden dem Element z. B. `width:20%` und beliebige Werte für `padding` oder `border` zugewiesen.

▶ Fertig.

Mit der *Border-Box* ist es völlig egal, wie viel `padding` oder `border` ein Element bekommt, denn diese Werte werden von der Breite *abgezogen* und nicht hinzugefügt. Was in den meisten Fällen einfach nur praktisch ist. Die Breite der Sidebar aus dem obigen Beispiel wird auch ohne Dopplung der HTML-Elemente berechenbar.

Abbildung 10.4 zeigt das Beispiel aus Abbildung 10.2 weiter oben, aber dieses Mal wurde für die zweite Box im CSS `box-sizing:border-box` definiert. Ergebnis ist, dass die Box trotz `padding` und `border` 500px breit bleibt. Der horizontale Innenabstand und die Rahmenlinien links und rechts werden von dieser Breite *abgezogen*.

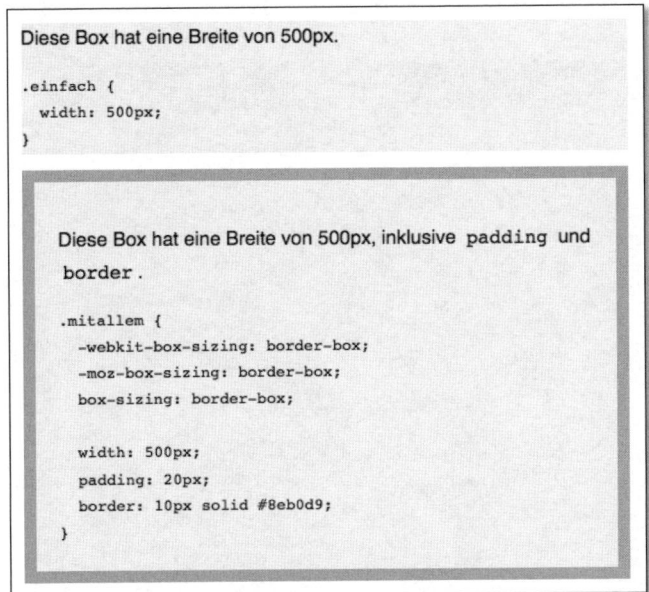

Abbildung 10.4 Die Border-Box – Breite ist gleich Gesamtbreite.

Falls mit `margin` ein horizontaler Außenabstand definiert wird, kommt dieser natürlich immer noch zur `width` hinzu, aber das ist bei den Boxen im richtigen Leben auch so.

Die »border-box« gab es schon im IE5

Falls Sie schon länger Webseiten bauen und Ihnen diese Art der Berechnung bekannt vorkommt: Ja, es stimmt, das ist genau »das etwas andere Box-Modell« des Internet Explorer 5. Gut Ding braucht Weile …

10.1.4   »caniuse.com«: Die Border-Box im Weballtag

Wenn man erst einmal so richtig begriffen hat, wie praktisch diese Border-Box sein kann, kommt natürlich unweigerlich die Frage nach der Browserunterstützung auf. Abbildung 10.5 zeigt die Antwort auf diese Frage auf *caniuse.com/css3-boxsizing*.

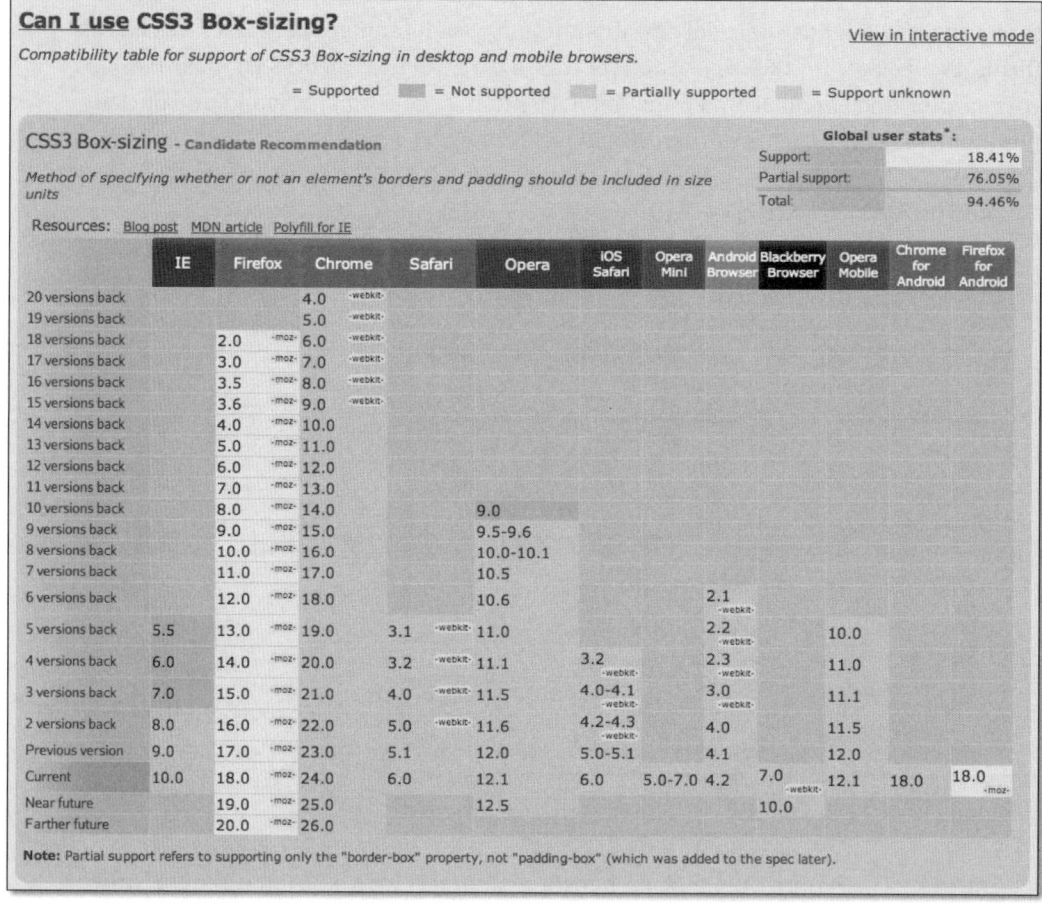

Abbildung 10.5 Browserunterstützung auf caniuse.com/css3-boxsizing

Hey, hey, sogar IE8 versteht das. Unbelievable. Mozilla möchte zwar noch ein Präfix, aber wer den IE7 draußen lassen kann, könnte sein Stylesheet mit folgendem Style beginnen:

```
* {
  -webkit-box-sizing: border-box;
     -moz-box-sizing: border-box;
          box-sizing: border-box;
}
```

Listing 10.1 Alle Elemente auf »border-box«

Die Border-Box ist eine mehr als willkommene Alternative zum klassischen Box-Modell, und als Basis für flexible Layouts wird die Border-Box wahrscheinlich schon bald ziemlich normal sein. Aber bevor Sie komplett umsteigen, sollten Sie erst einmal ein bisschen damit experimentieren.

10

Lesenswerte Beiträge zu »border-box«

Im Folgenden ein paar Links zu Artikeln, die gleichzeitig den Werdegang von vorsichtigen Versuchen bis zur Empfehlung widerspiegeln:

▶ Paul Irish, *{ border-box } FTW* (02/2012)
paulirish.com/2012/box-sizing-border-box-ftw/

▶ Chris Coyier, *Box-Sizing* (09/2010)
css-tricks.com/box-sizing/

▶ Dirk Jesse, *CSS – Alles wird gut?* (12/2006)
webkrauts.de/artikel/2006/css3-alles-wird-gut

Und zum Schluss noch zwei Referenzen:

▶ W3C, *CSS3 ui box-sizing*
w3.org/TR/css3-ui/#box-sizing

▶ Mozilla Developer Network, *box-sizing*
developer.mozilla.org/en-US/docs/CSS/box-sizing

10.2 CSS3 statt Grafik: Schatten, runde Ecken und Farbverläufe

Schatten, runde Ecken und Farbverläufe wurden bis vor gar nicht allzu langer Zeit fast immer mit aufwändigen Grafikbasteleien umgesetzt. Dieser Abschnitt stellt Ihnen CSS3-Eigenschaften vor, die dieselben Effekte ohne Grafiken ermöglichen.

Das spart Zeit beim Erstellen dieser Effekte und verbessert ganz nebenbei die Performance der Webseite, denn beim Downloaden der Seite gibt es sowohl weniger HTTP-Requests als auch weniger Daten.

10.2.1   Schattenboxen mit »box-shadow«

Leichte Schattierungen verleihen Elementen und Texten auf Webseiten oft das gewisse Etwas. Mit CSS3 wird die Erstellung von Schatten fast zum Vergnügen, denn dazu gibt es eine Eigenschaft namens box-shadow, die vier Werte kennt:

```
box-shadow: offset-x offset-y blur-radius farbe /* Syntax */
box-shadow: 4px      4px       10px       #888  /* Beispiel */
```

Listing 10.2 Syntax und Beispiel für »box-shadow«

Die Syntax ist genau wie bei text-shadow, das Sie in Abschnitt 9.5, »Schatten im Text: ›text-shadow‹«, kennen gelernt haben. Die ersten beiden Werte bestimmen die Positionierung des Schattens, der dritte den Grad der Verschwommenheit und der vierte die Farbe:

▶ offset-x kümmert sich um die horizontale Verschiebung (*offset*) des Schattens. Ein positiver Wert verschiebt den Schatten nach rechts, ein negativer nach links.

▶ offset-y legt die vertikale Verschiebung fest. Ein positiver Wert verschiebt den Schatten nach unten, ein negativer nach oben.

▶ Der *blur-radius* ist optional und bestimmt die Größe sowie den Grad der Verschwommenheit des Schattens. Je höher der Wert, desto größer und heller wirkt der Schatten. Der Standardwert ist 0, negative Werte sind nicht erlaubt.

▶ Der vierte Wert schließlich definiert die Farbe des Schattens. Er kann auch *vor* den drei anderen Werten stehen. RGBA- und HSLA-Werte sind nicht nur erlaubt, sondern sogar erwünscht, da der Schatten damit hübscher wirkt.

Die mit box-shadow erzeugten Schatten sind auf einer Webseite oft wie das sprichwörtliche »Salz in der Suppe«: Ganz ohne fehlt was, aber wenn die Suppe nach Salz schmeckt, ist es definitiv zu viel.

Abbildung 10.6 zeigt Vorschaubilder von der Seite *500px.com/planepix*, die allesamt mit einem leichten Salz-in-der-Suppe-Schatten versehen wurden, den Sie sich am besten im Original auf der Webseite selbst anschauen. Die Bilder aus Abbildung 10.6 werden mit folgendem CSS gestaltet:

```
.d4 .photo {
  -webkit-box-shadow: 0px 1px 3px rgba(0, 0, 0, 0.3);
```

```
   -moz-box-shadow: 0px 1px 3px rgba(0, 0, 0, 0.3);
        box-shadow: 0px 1px 3px rgba(0, 0, 0, 0.3); }
```

Listing 10.3 Schatten für die Vorschaubilder auf »500px.com«

Abbildung 10.6 »500px.com/planepix« mit sehr dezentem Schatten

Der Schatten hat überhaupt keinen horizontalen Versatz, nur einen einzigen Pixel nach unten und drei Pixel Weichzeichnung. Als Schattenfarbe kommt ein einfaches Schwarz mit einer Deckkraft von 30 % zum Einsatz.

Surfen Sie einmal bei *500px.com* vorbei. Dort gibt es nicht nur phantastische Fotos, sondern Sie können sich den Schatten für die Vorschaubilder direkt im Browser anschauen und im Developer-Tool Ihres Browsers mit den Werten spielen, um ein Gefühl dafür zu bekommen, was sie bewirken.

Ein kurzer Check auf *caniuse.com* zeigt, dass box-shadow durchaus ohne Browser-Präfixe verwendet werden kann (Abbildung 10.7).

CSS3 Box-shadow – Candidate Recommendation						*Usage stats:		Global	
Method of displaying an inner or outer shadow effect to elements						Support:		82.32%	
						Partial support:		2.31%	
						Total:		84.63%	
Show all versions	IE	Firefox	Chrome	Safari	Opera	iOS Safari	Opera Mini	Android Browser	Blackberry Browser
								2.1 -webkit-	
								2.2 -webkit-	
						3.2 -webkit-		2.3 -webkit-	
						4.0-4.1 -webkit-		3.0 -webkit-	
	8.0	19.0	25.0			4.2-4.3 -webkit-		4.0	
	9.0	20.0	26.0	5.1		5.0-5.1		4.1	7.0 -webkit-
Current	10.0	21.0	27.0	6.0	12.1	6.0	5.0-7.0	4.2	10.0
Near future	11.0	22.0	28.0						
Farther future		23.0							
Notes Known issues (2) Resources (6) Feedback								Edit on GitHub	
Can be partially emulated in older IE versions using the non-standard "shadow" filter. Partial support in Safari, iOS Safari and Android Browser refers to missing "inset" and blur radius value support.									

Abbildung 10.7 »box-shadow« ist auch ohne Browser-Präfixe einsetzbar.

Durch einen Schatten wird eine Box übrigens nicht breiter. Der Schatten steht außerhalb des Box-Modells und ragt effektiv in den Zwischenraum zwischen Boxen hinein. Ist der Zwischenraum zu klein oder der Schatten zu groß, könnte ein Schatten sogar in eine benachbarte Box hineinragen.

»overflow:hidden« kann Schatten abschneiden

Die Anweisung `overflow:hidden` wird bei CSS-Layouts häufig eingesetzt, um gefloatete Elemente zu umschließen. Das Umschließen der Floats ist dabei aber nur eine angenehme Nebenwirkung, denn der eigentliche Zweck von `overflow:hidden` ist es, überfließenden Inhalt abzuschneiden.

Beim Einsatz von `box-shadow` sollten Sie dabei vorsichtig sein, denn `overflow:hidden` versteckt nicht nur die Inhalte außerhalb der Box, sondern schneidet auch einen Schatten ab.

10.2.2   Runde Ecken mit »border-radius«

Das Erstellen von abgerundeten Ecken ist mit Hilfe von `border-radius` denkbar einfach. Abbildung 10.8 zeigt ein einfaches `div` mit einer Rahmenlinie, bei dem alle vier Ecken gleichmäßig gerundet werden.

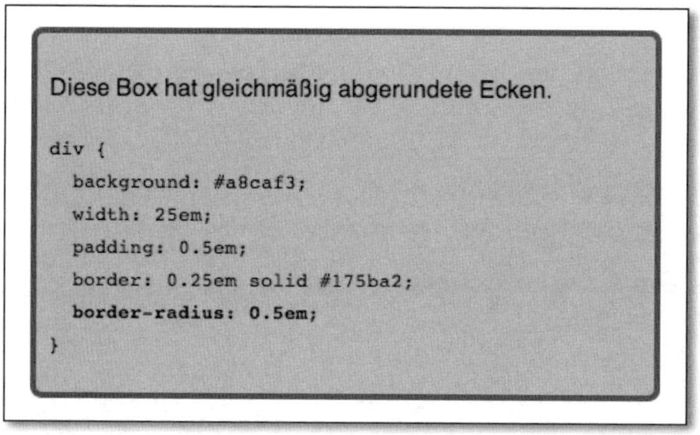

Abbildung 10.8 Mit Rahmenlinie und »border-radius«

Als Einheiten können Sie px, %, em oder auch rem verwenden. Abbildung 10.8 liegt folgendes CSS zugrunde:

```
div {
  background: #a8caf3;
  width: 25em;
```

```
  padding: 0.5em;
  border: 0.25em solid #175ba2;
  border-radius: 0.5em;
}
```

Listing 10.4 Runde Ecken mit einem Radius von 0.5em

Die Syntax für `border-radius` ist ähnlich wie bei bereits bekannten Box-Modell-Eigenschaften. Wenn also nur ein Wert angegeben wird, gilt dieser Wert für alle vier Ecken.

Sie können `border-radius` natürlich auch für Elemente ohne Rahmenlinie einsetzen, wie das folgende Listing zeigt:

```
div {
  background: #a8caf3;
  width: 25em;
  padding: 0.5em;
  border-radius: 0.5em;
}
```

Listing 10.5 Runde Ecken ohne Rahmenlinie

Dieses Listing bewirkt im Browser, dass die Box nur mit der Hintergrundfarbe und abgerundeten Ecken erscheint (Abbildung 10.9).

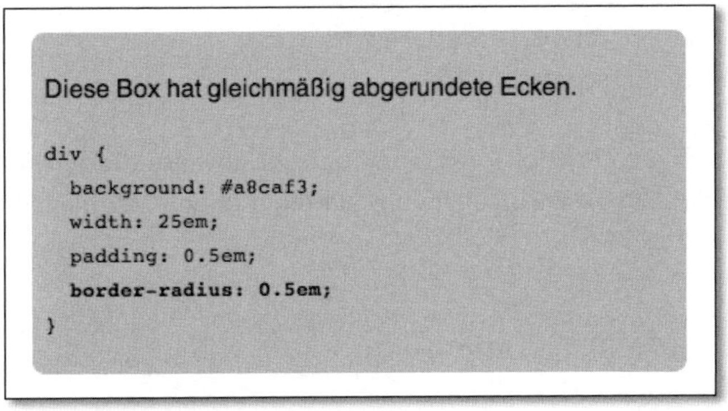

Abbildung 10.9 Mit »border-radius«, aber ohne Rahmenlinie

Möchten Sie die einzelnen Ecken verschieden stark abrunden, geht das natürlich auch, und zwar wie immer im Uhrzeigersinn:

```
div {
  background: #a8caf3;
  width: 25em;
  padding: 0.5em;
  border-radius: 0.25em 3em 0.25em 3em;
}
```

Listing 10.6 Runde Ecken mit einem Radius von 0.25em und 3em

Der erste Wert ist für die Ecke oben links zuständig, und danach geht es wie immer im Uhrzeigersinn weiter: oben rechts, unten rechts und unten links (Abbildung 10.10).

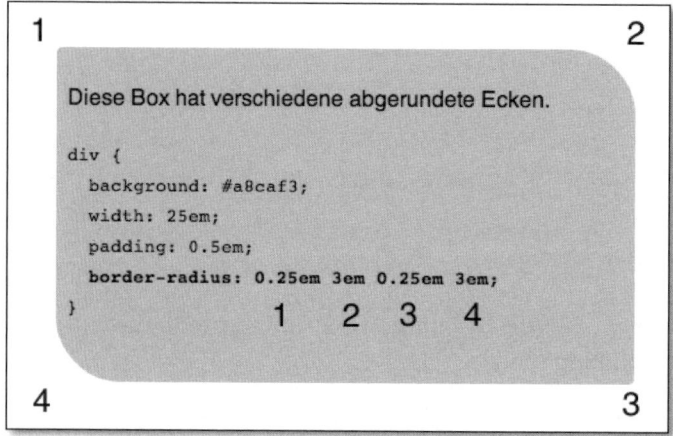

Abbildung 10.10 Verschiedene Werte für »border-radius«

Die Eigenschaft border-radius ist genau genommen eine Kurzschreibweise für die vier folgenden Eigenschaften, und falls Sie die Ecken einzeln gestalten möchten, können Sie dazu diese Eigenschaften benutzen:

▶ border-top-left-radius
▶ border-top-right-radius
▶ border-bottom-right-radius
▶ border-bottom-left-radius

»border-radius« benötigt kein Browser-Präfix mehr

Endlich mal eine gute Nachricht: Die Eigenschaft border-radius verstehen alle aktuellen Browser auch ohne Browser-Präfix.

10.2.3   Lineare Farbverläufe: Die Syntax

Lineare Farbverläufe werden in CSS3 mit der Eigenschaft background und dem Wert linear-gradient erstellt.

Die einfachste Variante mit einem Verlauf von einem dunklen zu einem hellen Blauton von oben nach unten sieht so aus:

```
div { background: linear-gradient(#175ba2, #a8caf3); }
```

Listing 10.7 Ein einfacher linearer Farbverlauf von oben nach unten

Ohne Angabe einer Richtung geht der Farbverlauf immer von oben nach unten. Abbildung 10.11 zeigt diesen Verlauf im Browserfenster.

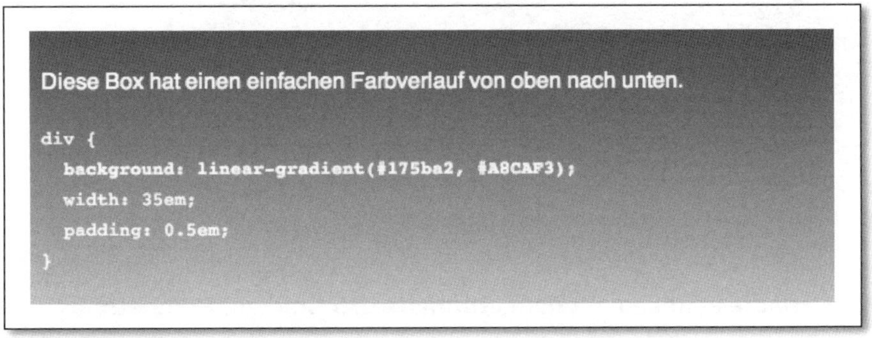

Abbildung 10.11 Ein einfacher Farbverlauf von oben nach unten

Um dem Farbverlauf eine andere Richtung zu geben, geben Sie das Keyword to ein, gefolgt vom gewünschten *Endpunkt* des Verlaufs:

▶ to bottom definiert einen Farbverlauf von oben *nach unten*. Das entspricht der Standardeinstellung.

▶ to top definiert einen Farbverlauf von unten *nach oben*.

▶ to right geht von links nach rechts.

▶ to left beginnt rechts und verläuft nach links.

Diagonale Farbverläufe erreichen Sie durch die Kombination von zwei Richtungsangaben:

▶ to right bottom definiert einen diagonalen Farbverlauf von links oben nach rechts unten.

▶ to left top verläuft umgekehrt von rechts unten nach links oben.

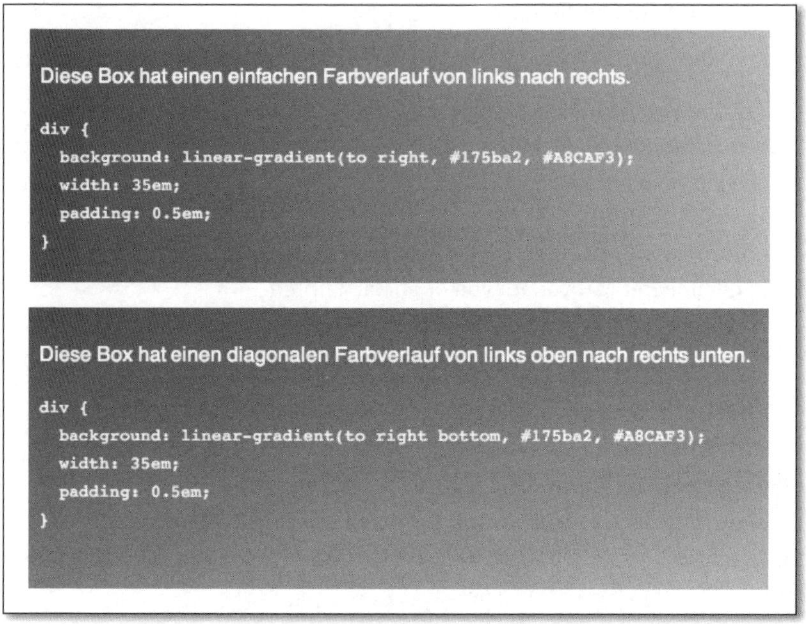

Abbildung 10.12 Zwei weitere Beispiele für »linear-gradient«

10.2.4   Farbverläufe erstellen mit dem »Ultimate CSS Gradient Generator«

Die Syntax zur Erstellung von *Linear Gradients* ist mit Browser-Präfixen und allem Drum und Dran eher unübersichtlich und hat sich zudem in den letzten Jahren bereits des Öfteren zum Teil ziemlich grundlegend geändert. Daher ist es in der Praxis einfacher, browserübergreifende Farbverläufe mit einem Online-Tool zu generieren, das die aktuelle Syntax nebst entsprechenden Browser-Präfixen automatisch berücksichtigt. Besonders empfehlenswert ist das Online-Tool von Colorzilla-Programmierer Alex Sirota:

▶ *Ultimate CSS Gradient Generator*
  www.colorzilla.com/gradient-editor/

Dieses Tool liegt bereits in der vierten Version vor und kann alles, was man im Alltag benötigt (Abbildung 10.13).

Da die Bedienung anfangs ein klein bisschen gewöhnungsbedürftig ist, hier zunächst eine kleine Anleitung zum in Abbildung 10.13 dargestellten *Ultimate CSS Gradient Generator*.

❶ Zunächst legen Sie in dem Farbbalken links die Anzahl der Haltepunkte fest (STOPS), und zwar oben die OPACITY STOPS und unten die COLOR STOPS. Das ist Mausarbeit. Für den Anfang reichen zwei Haltepunkte am Anfang und am Ende aus.

❷ Um die Opacity bzw. den Farbwert zu bearbeiten, wählen Sie einen Haltepunkt aus und ändern dann die Werte. REVERSE dreht die Farbwerte um, ein Klick auf HUE/ SATURATION öffnet ein weiteres Bedienfeld zur Einstellung der Farben.

❸ Im Bereich PREVIEW rechts oben sehen Sie eine Vorschau und können die Richtung des Farbverlaufs festlegen.

❹ Im Bereich CSS können Sie das Farbformat definieren, die Kommentare und den IE9-Support aktivieren und den erzeugten Code kopieren.

❺ Um den erzeugten Farbverlauf links oben im Bereich PRESETS zu speichern, vergeben Sie einen Namen und klicken auf SAVE.

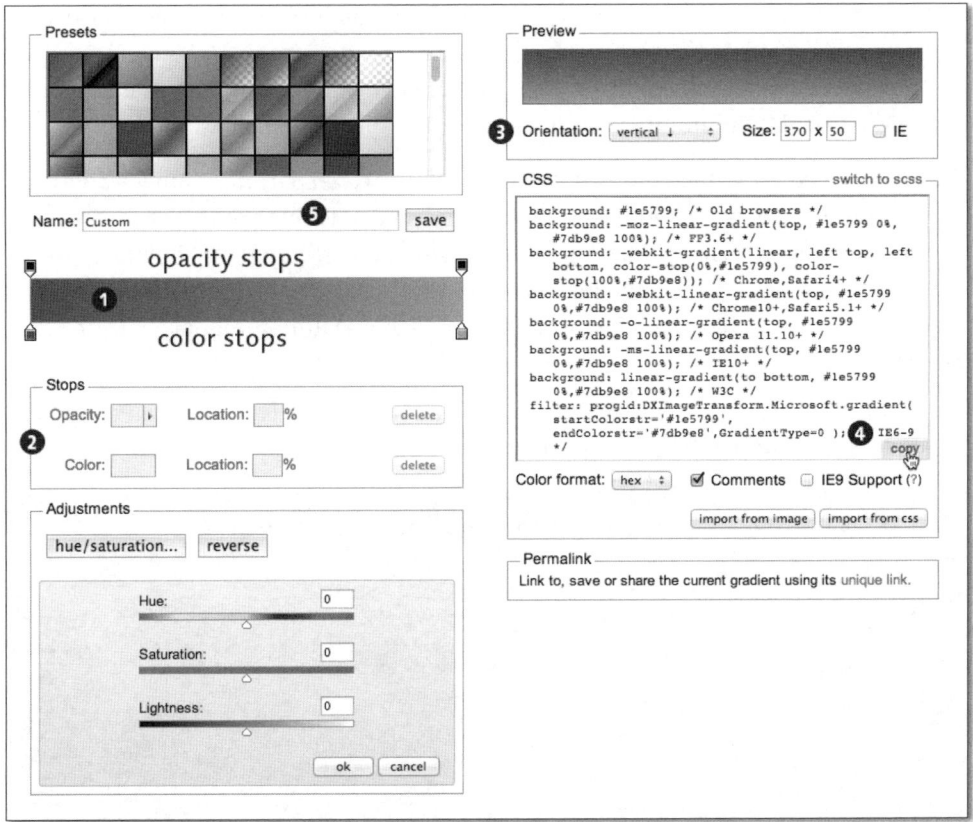

Abbildung 10.13 Der »Ultimate CSS Gradient Generator«

Mit den Schaltflächen IMPORT FROM IMAGE und IMPORT FROM CSS können Sie einen bereits existierenden Farbverlauf importieren und bearbeiten. Unterhalb des Gradient Generators finden Sie weitere Informationen und eine Kurzhilfe zur Bedienung.

10.3   Transparente Boxen: »opacity« und Alphakanal

Mit opacity und RGBA bzw. HSLA gibt es zwei grundsätzlich verschiedene Wege, Boxen transparent erscheinen zu lassen. In diesem Abschnitt möchte ich Ihnen die Funktionsweise und die Unterschiede der beiden Varianten kurz darlegen:

▶ opacity heißt auf Deutsch so viel wie »Deckkraft« und ist eine CSS-Eigenschaft, die Werte zwischen 0 und 1 haben kann. 1 entspricht dabei einer vollständigen Deckkraft und ist nicht durchsichtig, 0 hingegen steht für komplett durchsichtig. Die Anweisung opacity: 0.7; erzeugt eine 70%ige Deckkraft, sodass der Hintergrund ein bisschen durchscheint.

▶ RGBA bzw. HSLA sind keine CSS-Eigenschaften, sondern in CSS3 definierte Farbräume, und beide kennen einen »Alphakanal«. Mit diesem Alphakanal wird die Transparenz der jeweiligen Farbe eingestellt. Der Wert ist eine Dezimalzahl zwischen 0 und 1, wobei 0 für undurchsichtig und 1 für komplett durchsichtig steht.

Der Unterschied zwischen RGB und HSL liegt in der Art der Farbmischung. RGB mischt einen Farbton wie bei den altbekannten hexadezimalen Farbwerten aus Rot, Grün und Blau. HSL hingegen steht für *hue* (Farbton), *saturation* (Sättigung) und *lightness* (Helligkeit) und ist besonders bei Grafikern eine beliebte Art, Farben zu mischen. In diesem Abschnitt ist nur wichtig, dass beide Farbräume den erwähnten Alphakanal zur Transparenz kennen.

Der wichtigste Unterschied zwischen opacity und RGBA bzw. HSLA wird an einem einfachen Beispiel deutlich (Abbildung 10.14).

Abbildung 10.14 »opacity« versus RGBA mit Alphakanal

In Abbildung 10.14 sehen Sie drei untereinanderstehende div-Elemente:

▶ Die oberste Box hat einen grauen Hintergrund mit dem Wert #c0c0c0 bzw. rgb(192,192,192) und schwarze Schrift.

▶ Die mittlere Box hat zusätzlich die Anweisung opacity: 0.7. Wenn Sie genau hinsehen, fällt auf, dass sowohl der Hintergrund als auch die Schrift transparent sind, was die Lesbarkeit beeinträchtigt.

▶ Die unterste Box hat keine opacity, sondern eine per RGBA definierte Hintergrundfarbe. Der Hintergrund wird transparent, die Schrift aber bleibt schwarz und ist besser lesbar.

Wie Sie sehen, haben opacity und RGBA/HSLA also verschiedene Einsatzgebiete. Bei opacity gilt die Transparenz für *alle* Elemente in der Box. Die Eigenschaft ist daher hauptsächlich bei Bildern nützlich, da dort RGBA oder HSLA nicht wirken.

Wenn Text betroffen ist, sollte man Transparenzen also per RGBA/HSLA definieren, denn damit können Sie ganz gezielt nur eine bestimmte Farbe ansprechen.

10

IE7 und 8: Fallback statt Alphakanal

Falls Sie eine Hintergrundfarbe mit einem Alphakanal definieren und Sie ältere Internet Explorer berücksichtigen müssen, sollte direkt davor eine Hintergrundfarbe stehen, die auch ältere Browser verstehen:

```
background-color: #c0c0c0;
background-color: rgba(192,192,192,0.7)
```

Ältere Browser nehmen die erste Anweisung und ignorieren die zweite. Neuere Browser überschreiben den Hex-Wert mit dem RGBA-Wert. Eine etwas aufwändigere Vorgehensweise mit speziellen Filtern für den IE beschreibt Jens Grochtdreis in seinem Blog:

▶ »rgba auch für den IE6«
grochtdreis.de/weblog/2012/03/29/rgba-auch-fuer-den-ie6/

10.4   Bewegung mit CSS3: »transform« und »transition«

Mit den CSS3-Eigenschaften transform und transition können Sie ein bisschen Bewegung in die Webseiten bringen.

10.4.1   »Transformers«: Elemente bewegen mit »transform«

Der Kinohit *Transformers* und seine diversen Fortsetzungen handeln von intelligenten Robotern, die ihre Körper in andere Formen verwandeln können. Ganz so weit ist CSS noch nicht, aber mit der Eigenschaft `transform` können Sie HTML-Elemente immerhin skalieren, drehen, verzerren und verschieben.

Am Beispiel der in Abbildung 10.15 gezeigten kleinen Galerie mit drei Bildern möchte ich Ihnen die Eigenschaft `transform` kurz vorstellen, zunächst solo und danach zusammen im Duett mit `transition`.

Abbildung 10.15 Die Ausgangsposition – drei Bilder nebeneinander

Im HTML werden drei Bilder eingebunden, jeweils in einem `figure`-Element und ohne Größenangabe:

```
<figure id="eins">
  <img src="noorderhaven.jpg" alt="Der Hafen">
</figure>
<figure id="zwei">
  <img src="noorderplantsoen.jpg" alt="Der Park">
</figure>
<figure id="drei">
  <img src="oranjebuurt.jpg" alt="Die Nachbarschaft">
</figure>
```

Listing 10.8 Drei Bilder jeweils in einem »figure«

Das folgende Listing zeigt die Basisformatierung dieser Bilder im CSS:

```
img { max-width: 100%; border: 0.25rem solid white;}
figure { float: left; margin: 1rem; width: 20rem; }
figure:first-of-type { margin-left: 0; }
figure:last-of-type { margin-right: 0; }
```

Listing 10.9 Die Formatierung von »figure« und »img«

Die Bilder bekommen einen weißen Rahmen und werden in keinem Fall größer als das Elternelement. figure selbst wird nach links gefloatet, hat eine feste Breite und bekommt einen margin, damit zwischen den Bildern ein bisschen Abstand ist.

Zum Schluss werden vom ersten und letzten figure-Element in der Galerie noch der linke bzw. rechte margin entfernt. Durch die Verwendung der Pseudoklassen :first-of-type und :last-of-type werden immer das erste und das letzte figure-Element selektiert. Dabei spielt es keine Rolle, wie viele Bilder in der Galerie vorhanden sind.

10.4.2   Elemente vergrößern mit »transform: scale()«

Das folgende Beispiel zeigt, wie die Eigenschaft transform mit der Funktion scale(1.2) das Element bei Mausberührung um den Faktor 1.2 vergrößert. Der Vollständigkeit halber sind im folgenden Listing auch die zusätzlichen Anweisungen mit Browser-Präfix notiert. Die Ausrichtung am Doppelpunkt zwischen Eigenschaft und Werten erhöht die Lesbarkeit, und Flüchtigkeitsfehler bei den Werten fallen so leichter auf:

```
figure:hover {
  -webkit-transform: scale(1.2);
     -moz-transform: scale(1.2);
       -o-transform: scale(1.2);
          transform: scale(1.2);
}
```

Listing 10.10 Vergrößere das Element um den Faktor 1.2

Abbildung 10.16 zeigt, dass die Bilder beim Hovern etwas vergrößert werden. Sie können die Bilder nicht nur um den Faktor 1.2 vergrößern, sondern natürlich um einen beliebigen Wert. scale(2) lässt das Bild beim Hovern doppelt so groß erscheinen.

Abbildung 10.16 Beim Hovern wird das Bild um Faktor 1.2 vergrößert.

Die Größenänderung per transform hat übrigens keinerlei Einfluss auf den *Flow*, den Fluss der Elemente, sodass sich die Position der umliegenden Bilder dadurch nicht verändert.

Die Eigenschaft »transform« und die Browser

Details zur Browserkompatibilität finden Sie wie immer auf *caniuse.com*:

▶ *caniuse.com/transforms2d*

Für Webkit und ältere Versionen der meisten anderen Browser benötigen Sie Browser-Präfixe, was die Sache recht schnell recht unübersichtlich werden lässt.

10.4.3   Elemente drehen mit »transform: rotate()«

Mit der Funktion rotate() kann man ein Element drehen. Dabei wird zwischen den Klammern die Gradzahl der Drehung angegeben. *Grad* heißt auf Englisch *degree,* und die Angabe von transform: rotate(3deg) dreht das Element um *three degrees,* also um drei Grad. Ein positiver Wert dreht das Element im Uhrzeigersinn, ein negativer Wert andersherum.

Wenn das Element vergrößert *und* gedreht werden soll, schreibt man einfach die beiden Funktionen durch eine Leerstelle getrennt hintereinander:

```
figure:hover {
  -webkit-transform: scale(1.2) rotate(3deg);
    -moz-transform: scale(1.2) rotate(3deg);
     -o-transform: scale(1.2) rotate(3deg);
        transform: scale(1.2) rotate(3deg); }
```

Listing 10.11 »figure« wird bei Mausberührung vergrößert und gedreht.

Im Browser sieht das so aus wie in Abbildung 10.17.

Abbildung 10.17 Zoomen und leichte Drehung mit »transform«

10.4.4   Elemente verschieben mit »transform: translate()«

Bis jetzt wurde die Transformierung immer durch einen Hover-Effekt ausgelöst, aber Transformationen sind nicht an das Hovern gebunden. Die Fotos in Abbildung 10.18 erscheinen direkt nach dem Laden der Webseite bereits fertig gedreht und verschoben, wodurch die Anordnung der Bilder etwas lebendiger wirkt.

Abbildung 10.18 Mit »transform« gedrehte und verschobene Bilder

In Abbildung 10.18 wurden die Bilder mit `rotate()` gedreht und danach mit der Funktion `translate(x,y)`zusätzlich noch ein bisschen verschoben:

▶ Der erste Wert von `translate()` verschiebt das Element horizontal auf der x-Achse.

▶ Der zweite Wert verschiebt das Element vertikal auf der y-Achse.

Das CSS zu Abbildung 10.18 sieht so aus wie im folgenden Listing:

```
figure#eins {
  -webkit-transform: rotate(-15deg);
     -moz-transform: rotate(-15deg);
       -o-transform: rotate(-15deg);
      -ms-transform: rotate(-15deg);
          transform: rotate(-15deg);
}
figure#zwei {
  -webkit-transform: rotate(15deg) translate(-100px,20px);
     -moz-transform: rotate(15deg) translate(-100px,20px);
       -o-transform: rotate(15deg) translate(-100px,20px);
      -ms-transform: rotate(15deg) translate(-100px,20px);
```

```
                  transform: rotate(15deg) translate(-100px,20px);
}
figure#drei {
  -webkit-transform: rotate(-15deg) translate(-250px,-80px);
     -moz-transform: rotate(-15deg) translate(-250px,-80px);
       -o-transform: rotate(-15deg) translate(-250px,-80px);
      -ms-transform: rotate(-15deg) translate(-250px,-80px);
          transform: rotate(-15deg) translate(-250px,-80px);
}
```

Listing 10.12 Die Bilder werden mit »transform« gedreht und verschoben.

Das erste Bild wird um 15 Grad gegen den Uhrzeigersinn gedreht. Das zweite Foto wird im Uhrzeigersinn gedreht und um 100px nach links sowie 20px nach oben verschoben, sodass es das erste Bild überlappt. Das letzte Foto wird wieder gegen den Uhrzeigersinn gedreht und nach links und nach unten verschoben. Die genauen Werte aus den Listings sind nicht so wichtig. Am besten experimentieren Sie so lange mit den Funktionen rotate() und translate(), bis Ihnen das Ergebnis gefällt.

»transform« kennt noch weitere Funktionen

Der Vollständigkeit halber sei noch erwähnt, dass transform noch zwei weitere Funktionen kennt:

▶ transform-origin(x y) ist optional und definiert, an welchem Punkt die Transformation beginnt. Beim Drehen mit rotate() ist das z. B. der Fixpunkt für die Drehung. x gibt die Position von links an, y von oben. Standardeinstellung ist der Mittelpunkt des Elements.

▶ skew(x,y) dient zum Verzerren von Elementen. *To skew* heißt *verdrehen*, und genau das macht es auch. Einfach mal ausprobieren. Die Verdrehung wird in Grad angegeben, also z. B. 30deg.

Die vollständige Syntax können Sie z. B. auf *css3files.com* nachschlagen:

▶ *css3files.com/transform/*

Die Website ist auch unabhängig von transform einen Besuch wert.

10.4.5   Fließende Übergänge mit »transition«

Die Hover-Effekte mit transform sind recht hübsch, aber ein bisschen sehr abrupt: Zack ist das Bild groß und noch mal zack ist es wieder klein. Ein sanfter Übergang zwischen den beiden Zuständen wäre sehr viel schöner anzusehen, und den erzeugt die CSS3-Eigenschaft transition.

Als Beispiel dient die Bildergalerie mit dem einfachen Vergrößerungseffekt aus Abschnitt 10.4.2, »Elemente vergrößern mit ›transform: scale()‹«. Abbildung 10.19 zeigt die fertige Beispielgalerie mit einem sanften Übergang per transition, was zugegebenermaßen in Abbildung 10.19 nicht wirklich gut rüberkommt.

Abbildung 10.19 Ein sanfter Übergang mit »transition«

Die Eigenschaft transition kennt mehrere Werte, die durch eine Leerstelle getrennt hintereinandergeschrieben werden. Das folgende Listing bewirkt, dass das Bild beim Hovern sanft vergrößert wird, und enthält bereits alle Browser-Präfixe:

```
figure:hover {
  -webkit-transition: all 1s ease;
     -moz-transition: all 1s ease;
       -o-transition: all 1s ease;
      -ms-transition: all 1s ease;
         transition: all 1s ease;
}
```

Listing 10.13 Ein einfaches Beispiel für »transition«

Die Anweisung transition: all 1s ease ist genau genommen eine Kurzschreibweise und besteht aus mehreren Eigenschaften:

▶ transition-property gibt an, welche Eigenschaft der selektierten Elemente animiert werden soll. Der Wert all besagt, dass alle Eigenschaften animiert werden. Es wäre auch möglich, nur bestimmte Eigenschaften wie background oder width zu animieren.

▶ transition-duration definiert die zeitliche Dauer des Effekts und wird in Sekunden gemessen. 1s steht für eine Sekunde, 0.1s entspricht einer Zehntelsekunde.

261

▶ Optional ist die `transition-timing-function`, die die Art der Beschleunigung angibt und so definiert, wie die Beschleunigung erfolgt. Standardwert ist `ease`, andere Möglichkeiten sind `ease-in`, `ease-out`, `ease-in-out` und `linear`. Einfach ausprobieren, aber der Unterschied ist meist kaum wahrnehmbar.

▶ Ebenfalls optional ist die Eigenschaft `transition-delay`, mit der beim Start eine Verzögerung in Sekunden festgelegt wird.

Listing 10.14 zeigt die Kurzschreibweise `transition: all 1s ease` in der ausführlichen Variante mit einzeln notierten Eigenschaften (der Übersichtlichkeit halber ohne Browser-Präfixe):

```
/* Browser-Präfixe nicht vergessen */
figure {
    transition-property: all;
    transition-duration: 1s;
    transition-timing-function: ease
}
```

Listing 10.14 Die Eigenschaften von »transition« ohne Kurzschreibweise

Zum Schluss noch ein Hinweis: Die Anweisung `transition: all 1s ease` bewirkt im Beispiel einen sanften Übergang hin zur Vergrößerung, aber wenn der Mauszeiger das Element verlässt, ist der Sprung zurück zur normalen Größe immer noch sehr abrupt. Schön wäre zu diesem Zweck eine Pseudoklasse wie `:unhover` oder `:on-mouse-out`, um auch das Verlassen des Elements zu animieren.

Da es diese Eigenschaften nicht gibt, hilft ein kleiner Trick: Der per `transition` definierte Übergang wird zweimal definiert, und zwar einmal für den Hover-Effekt und noch einmal für das Element im Normalzustand. Das folgende Listing zeigt diesen Trick für die Beispielgalerie:

```
/* Browser-Präfixe nicht vergessen */
figure {
    float: left;
    margin: 1rem;
    width: 20rem;
    transition: all 1s ease;
}
figure:hover {
    transition: all 1s ease;
}
```

Listing 10.15 Ein einfaches Beispiel für »transition«

Jetzt werden Ein- *und* Ausgangseffekt animiert, sodass es keine ruckartigen Bewegungen mehr gibt.

Übergänge mit »transition«: Detaillierte Syntax und Browserübersicht

Die komplette Syntax zu transition finden Sie verständlich dargestellt auf der Site *css3files.com*:

▸ *css3files.com/transition/*

Details zur Browserkompatibilität gibt's wie immer auf *caniuse.com*:

▸ *caniuse.com/css-transitions*

Momentan benötigen Webkit und ältere Versionen der meisten anderen Browser für die Eigenschaft transition entsprechende Browser-Präfixe.

10.5 Workshop: Den Inhalt der Beispielseiten gestalten

Zum Abschluss dieses Kapitel gestalten Sie wieder die Beispielsite.

10.5.1 Grafik im Inhaltsbereich gestalten

Für die Grafik im Inhaltsbereich können Sie per CSS einen dezenten Schatten und die momentan angesagten leicht abgerundeten Ecken als Standard definieren.

▸ Öffnen Sie das Stylesheet *inhalt.css* im Editor, und fügen Sie am Ende folgenden Style ein:

```
main img {
   box-shadow: 0px 2px 6px rgba(0, 0, 0, 0.3);
   border-radius: 0.5em;
}
```

Listing 10.16 Abgerundete Ecken und Schatten für Bilder im Inhaltsbereich

Sie können natürlich gerne andere Werte verwenden. Abbildung 10.20 zeigt die Grafik auf der Startseite im Browser.

Falls auch Bilder in eventuellen aside-Elementen außerhalb von main gestaltet werden sollen, könnten Sie als Selektor zum Beispiel div.wrap img einsetzen.

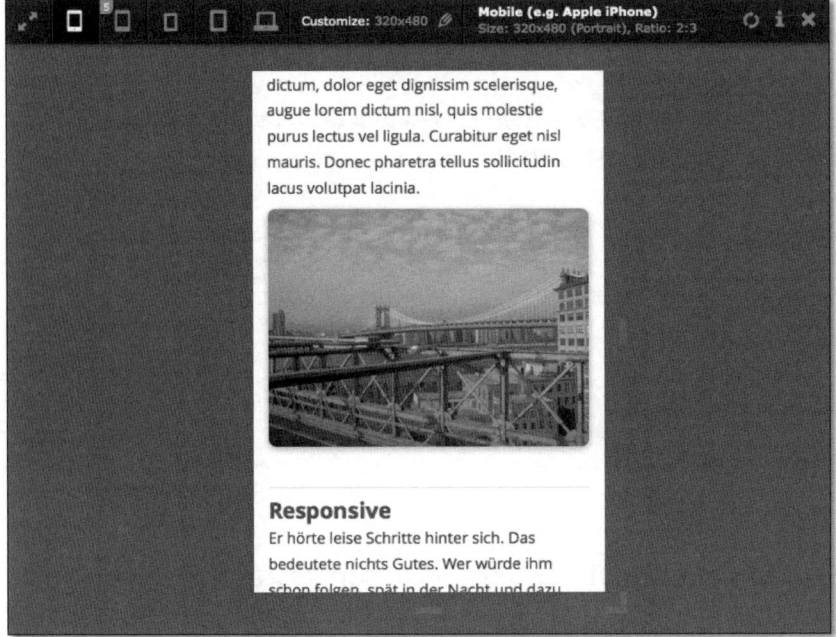

Abbildung 10.20 Die Grafik auf der Startseite mit Schatten und Rundungen

10.5.2   Überschriften und Fließtext gestalten

In diesem Abschnitt werden die h3-Überschriften, die Absätze mit den Infos zum Beitrag auf der News-Seite, die Links und die Listen im Inhaltsbereich der Seiten gestaltet.

Obwohl der gesamte Inhalt innerhalb von `div.wrap` steht, werden nur die einfachen Typselektoren `main` und `aside` verwendet, damit die Einstellungen zum Beispiel für die Listen später im Rahmen der Kaskade durch eine einfache CSS-Klasse überschrieben werden können.

▸ Öffnen Sie das Stylesheet *inhalt.css* im Editor, und fügen Sie am Ende folgende Regeln ein:

```
main h3, aside h3 {
    color: #444;
    line-height: 1;
    padding-top: 0.5em;
    border-top: 1px solid #ddd;
    margin: 1.5em 0 0.25em 0;
}
```

```
main p, aside p {
  margin-top: 0;
  margin-bottom: 1em;
}
main p.artikelinfo, aside p.artikelinfo {
  font-size: 13px;
  font-size: 0.8125rem;
  color: #999;
}
main a, aside a { color: #08c; text-decoration: none; }
main ul, aside ul {
  list-style-type: square;
  padding: 0;
  margin: 1em 0 2em 2em;
}
```

Listing 10.17 Gestaltung diverser Inhalte

Abbildung 10.21 zeigt diese CSS-Regeln auf der News-Seite.

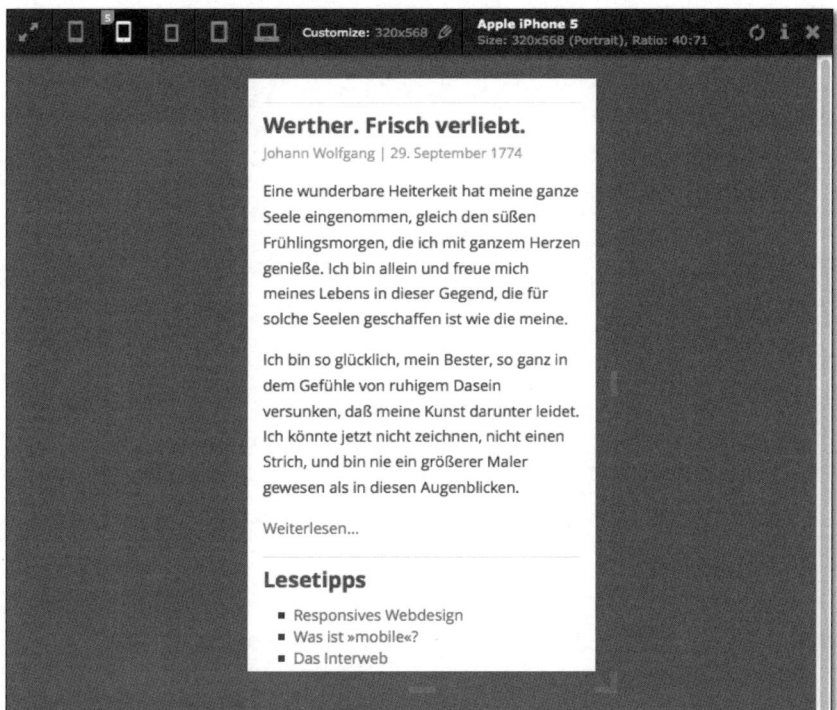

Abbildung 10.21 Ein Ausschnitt aus der News-Seite

10.5.3   Das Formular auf der Kontaktseite gestalten

In der *normalize.css* wurde das Fundament zur Gestaltung von Formularen gelegt, auf dem Sie jetzt aufbauen können. So wirken die Formatierungen für den Submit-Button auch in Webkit-Browsern, die das normalerweise hartnäckig boykottieren.

Auf kleinen Bildschirmen stehen Beschriftung und Formular am besten untereinander, in einem größeren Viewport können sie auch nebeneinander stehen. Das folgende Listing gibt ein Beispiel zur Gestaltung des Formulars.

▶ Speichern Sie das folgende CSS in einem Stylesheet namens *interaktion.css*, das in *styles.css* importiert wird:

```css
form#kontakt {
  line-height: 1;
  background-color: #f9f9f9;
  box-shadow: 0 2px 6px rgba(0,0,0,0.3);
  padding: 1em;
  border-radius: 0.5em;
  margin-bottom: 2em;
}
#kontakt label {
  display: block;
  line-height: 1.7;
  cursor: pointer;
}
input[type="text"],
input[type="email"],
input[type="submit"],
textarea {
  min-width: 12em;
  padding: 0.25em;
  border: 1px solid #ccc;
  border-radius: 0.25em;
  margin-bottom: 1em;
}
textarea { min-width: 18em; }
/* Submit-Schaltfläche */
input[type="submit"] {
  background-color: #08c;
  color: white;
  padding: 1em;
}
```

```
input[type="submit"]:hover,
input[type="submit"]:focus {
  background-color: #005985;
  text-decoration: underline;
}
input[type="submit"]:active {
  background-color: darkorange;
}
```

Listing 10.18 Das CSS zur Gestaltung des Kontaktformulars

▶ Abbildung 10.22 zeigt dieses CSS im Browser.

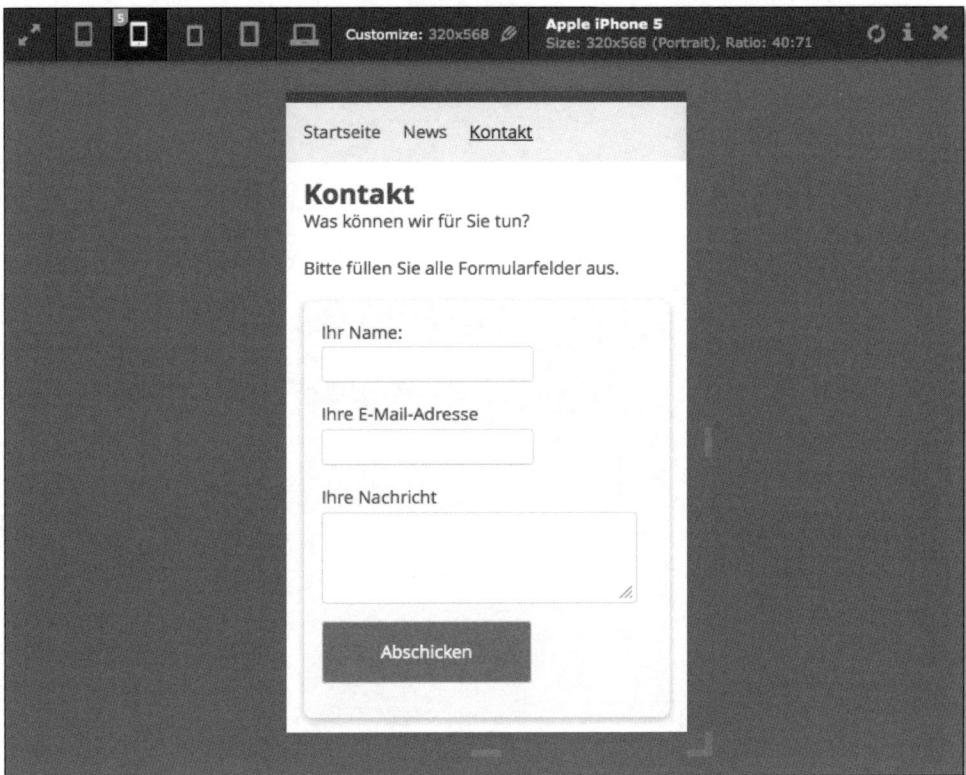

Abbildung 10.22 Das Kontaktformular auf einem kleinem Bildschirm

Kapitel 11
Mobile Navigation

Worin Sie mögliche Navigationslösungen kennen lernen und eine mobile Navigation für die Beispielseiten erstellen. Zum Schluss gibt es noch ein paar Anmerkungen zum Testen von mobilen Webseiten.

Die Themen im Überblick:

- Mobile Navigation: Entdecke die Möglichkeiten, Seite 269
- Workshop: Eine Navigation für die Beispielseiten, Seite 276
- Testen, testen, testen, Seite 287

In diesem Kapitel geht es um eine der größten Herausforderungen beim Erstellen von Websites für kleine Bildschirme, nämlich der Navigation. Zunächst erfahren Sie kurz, welche Möglichkeiten es gibt, und dann erstellen Sie eine funktionierende, platzsparende und elegante Navigation mit dem Pseudoselektor `:target`. Diese auch für mobile Endgeräte geeignete Navigation wird im nächsten Kapitel responsiv.

11.1 Mobile Navigation: Entdecke die Möglichkeiten

Zunächst einmal möchte ich Ihnen einen kurzen Überblick über die wichtigsten Möglichkeiten geben, die Ihnen bei der Erstellung von Navigationen zur Verfügung stehen.

11.1.1 Möglichkeit 1: Alles so lassen, wie es ist

Die Beispielsite hat nur sehr wenige Menüpunkte mit kurzen und knackigen Beschriftungen, und in diesem Fall wäre es völlig in Ordnung, überhaupt gar nichts zu unternehmen und alles so zu lassen, wie es ist.

Wenn die Navigation weitere Menüpunkte mit längeren Beschriftungen wie WIR ÜBER UNS bekommt, bricht das Menü zwar um, aber es würde immer noch gut funktionieren (Abbildung 11.1).

Man muss bei der Gestaltung eigentlich nur darauf achten, dass der Abstand zwischen den Links groß genug ist, damit sie auch mit dem Finger leicht ausgewählt werden können.

Abbildung 11.1 Die erweiterte Navigation auf der Beispielsite (rechts)

11.1.2 Möglichkeit 2: Die Navigationspunkte untereinander

Eine zweite Option funktioniert ebenfalls bei Menüs mit wenig Menüpunkten am besten und besteht darin, die Navigationspunkte mit display:block zu gestalten, sodass sie untereinanderstehen und die volle Breite des Bildschirms einnehmen.

Abbildung 11.2 Eine geblockte Navigation auf »yaml.de«

Bei dieser Option passiert es relativ leicht, dass man außer der Navigation auf dem Bildschirm nichts mehr sieht (Abbildung 11.2).

11.1.3   Möglichkeit 3: Die Navigation im Footer platzieren

Eine weitere, recht einfach zu realisierende Möglichkeit besteht darin, die komplette Navigation in oder unter den Fußbereich der Seiten zu verschieben. Im Kopfbereich der Seiten baut man dann einen Navigationsbutton ein, der bei Aktivierung zur Navigation im Fußbereich springt. Technisch ist das sehr einfach:

▶ Das HTML für die Navigation steht im Footer oder darunter und bekommt eine ID, z. B. `<nav id="nav">`.

▶ Im Kopfbereich wird ein Navigationsbutton eingebaut, der bei Aktivierung zur Navigation springt: `<a href="#nav">Menu</a>`

Die Footer-Navigation hat viele Vorteile: Sie ist technisch einfach zu realisieren, funktioniert immer und überall und benötigt kein JavaScript. Außerdem steht unten im Footer beliebig viel Platz zur Verfügung, und so kann man dort problemlos auch komplexere Navigationen mit Unterpunkten erstellen. Oben im Kopfbereich bleibt nur ein einziger Button. Abbildung 11.3 zeigt eine Footer-Navigation auf *greygoose.com*.

Abbildung 11.3 Eine Footer-Navigation auf »greygoose.com«

Auf *greygoose.com* befindet sich die Navigation übrigens auch bei der Desktop-Version unten am Bildschirmrand. Sollte das nicht erwünscht sein, ist es am einfachsten, die Navigation im HTML zu doppeln – eine oben für die Desktop-Version und eine unten im Footer – und bei Bedarf per CSS auszublenden.

Stehen, wie z. B. beim CMS Contao, auch serverseitige Komponenten zur Verfügung, können für mobile Geräte andere Navigationskomponenten ausgeliefert werden, sodass die Dopplung der Navigationsmodule entfällt.

Ein Nachteil der Footer-Navigation ist, dass Benutzer sie verwirrend finden könnten. Der Inhalt der Seite ist nach einem Klick auf den Navigationsbutton nicht mehr zu sehen, was manchmal zu Orientierungsproblemen führt. Dem Benutzer ist ja in der Regel nicht bewusst, dass er sich noch auf derselben Seite befindet und einfach nur nach unten gesprungen ist.

11.1.4   Möglichkeit 4: Die Navigation als Select-Liste

Eine weitere Möglichkeit, eine Navigation auf mobilen Geräten umzusetzen, ist ein HTML-Formular mit einer per `select` erstellten Auswahlliste.

Da die meisten Benutzer die Arbeit mit Auswahllisten kennen, bereitet die Bedienung wenig Probleme. Dafür gibt es andere Nachteile, denn im Gegensatz zur Footer-Navigation ist die Erstellung einer Select-Navigation technisch oft recht aufwändig:

▶ Im HTML steht für die Navigation meist eine ungeordnete Liste `<ul>`.

▶ Für die Select-Navigation benötigen Sie ein Formular mit `<select>`.

Ohne serverseitige Tricks bleiben nur zwei Möglichkeiten:

▶ Sie erstellen die Navigation zweimal, einmal als `<ul>` und einmal als `<select>` und verbergen per `display:none` die Option, die Sie gerade nicht benötigen.

▶ Sie wandeln die `<ul>` bei Bedarf per JavaScript in eine `<select>`-Liste um. Dazu gibt es z. B. auf *tinynav.viljamis.com* ein nur 443 Byte großes jQuery-Plugin. Auf der Seite ist auch ein kurzes Tutorial.

Ein weiterer Nachteil ist, dass man die Auswahlliste auf der Webseite selbst nur schlecht und das nach der Aktivierung erscheinende Auswahlmenü überhaupt nicht gestalten kann. Abbildung 11.4 zeigt das Select-Menü auf *pmueller.de*, links im iPhone 4, rechts im Standardbrowser von Android 4.1.

Aber nicht nur die Betriebssysteme stellen Select-Listen unterschiedlich dar. Jeder Browser hat so seine eigene Interpretation. Die obige Navigation sieht im Chrome auf demselben Android-Smartphone wiederum ganz anders aus. Abbildung 11.5 zeigt, dass die

Gestaltung der Select-Liste dort gut übernommen wird (links), dass aber nach Aktivierung des Menübuttons ein fast bildschirmfüllendes Auswahlmenü erscheint (rechts).

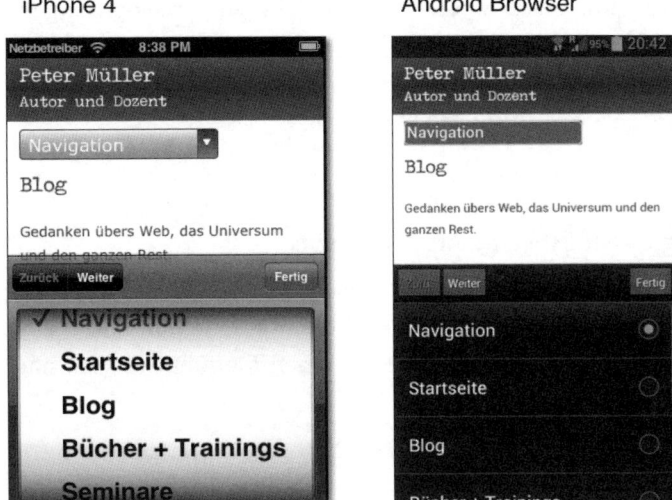

Abbildung 11.4 Select-Navigation im iPhone 4 und im Android-Browser

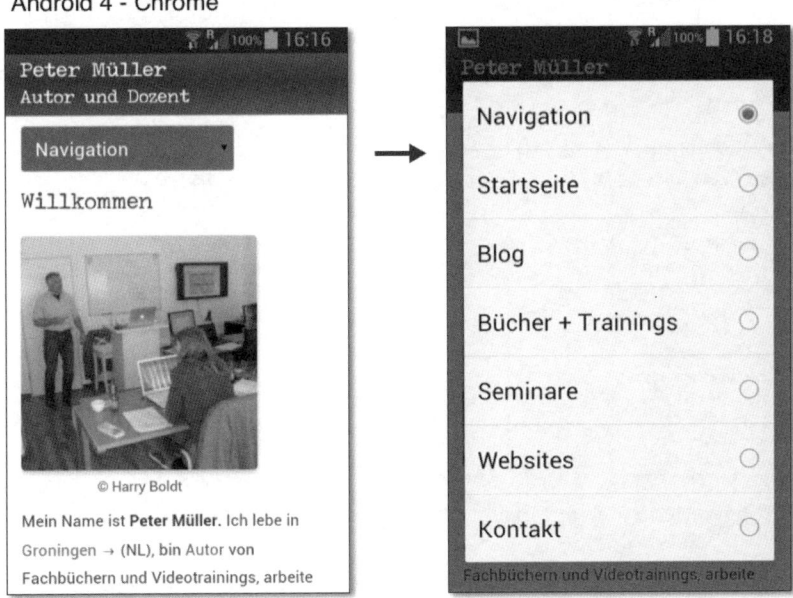

Abbildung 11.5 Die Select-Navigation auf »pmueller.de« im Chrome

Die Select-Liste auf »pmueller.de« wurde serverseitig eingefügt

Um diese Navigation auf *pmueller.de* zu sehen, müssen Sie die Site tatsächlich mit einem Smartphone besuchen. Das Select-Menü wird dort nicht per JavaScript umgewandelt, sondern serverseitig statt der normalen Navigation eingefügt, sofern der Benutzer ein mobiles Endgerät benutzt. In dem für die Website verwendeten Content-Management-System Contao 3 ist so etwas recht einfach zu realisieren.

11.1.5   Möglichkeit 5: Toggle-Menüs – eine Art Dropdown

Das englische Wort »toggle« heißt auf Deutsch so viel wie »ein- und ausschalten«. Aus Benutzersicht haben Toggle-Menüs Ähnlichkeit mit der bereits gesehenen Footer-Navigation und der Select-Liste. In allen Variationen gibt es einen Menübutton, der nach Aktivierung die Menüoptionen anbietet.

Abbildung 11.6 zeigt ein Toggle-Menü in Aktion: Links sehen Sie die Startseite von *contao.org* vor dem Klick, und rechts schiebt sich das Menü nach dem Klick von links über die Webseite.

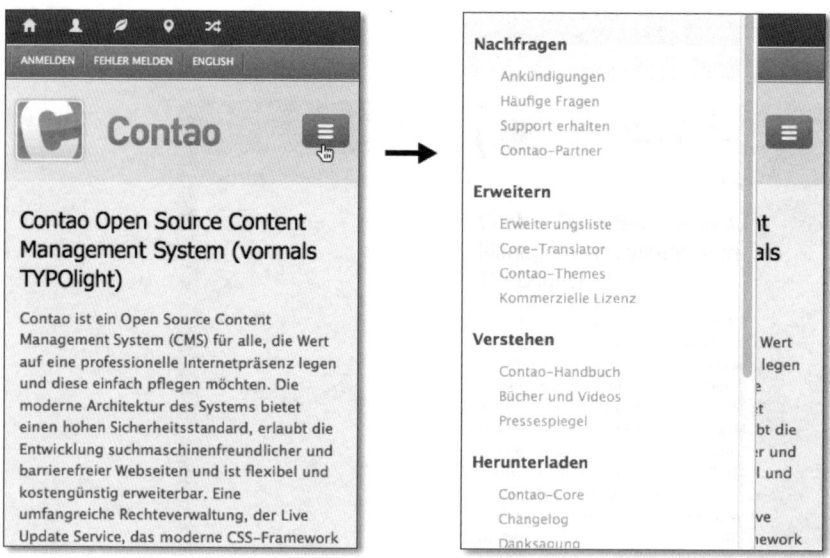

Abbildung 11.6 Ein Toggle-Menü auf contao.org

Das Menü auf *contao.org* basiert wie viele Toggle-Menüs auf JavaScript, aber es gibt auch diverse Varianten, die nur CSS benötigen, wie zum Beispiel die Navigation auf der Website von Tim Kadlec (Abbildung 11.7).

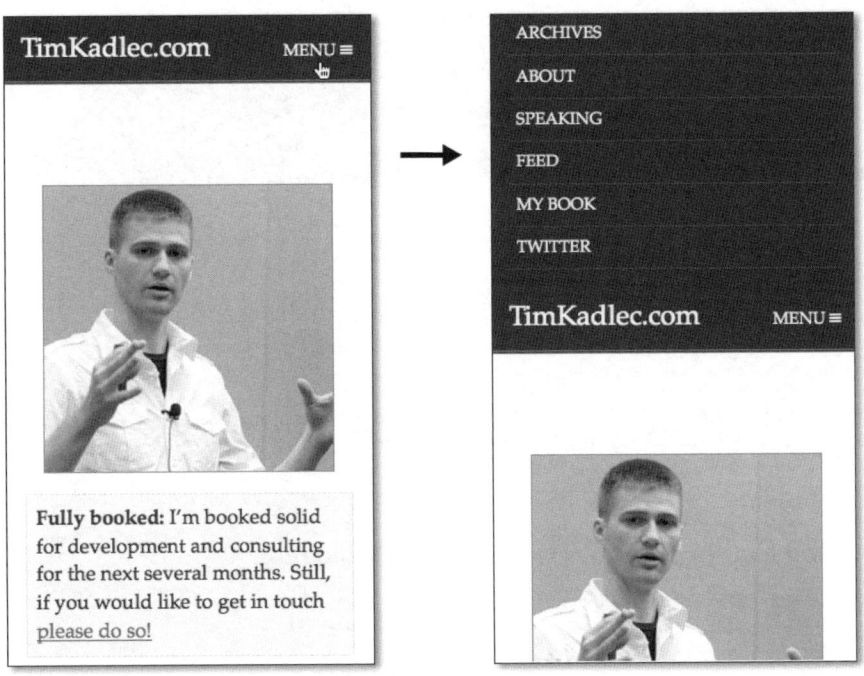

Abbildung 11.7 Das Toggle-Menü auf »timkadlec.com« erscheint oben.

11.1.6 Nützliche Websites zu responsiven Navigationen

Es gibt noch zahlreiche andere Techniken zur Umsetzung mobiler Navigationen, und es werden fast täglich mehr. Die folgenden Artikel geben einen guten Überblick über verschiedene Techniken:

▶ Der Klassiker: Brad Frost – »Responsive Navigation Patterns«
bradfrostweb.com/blog/web/responsive-nav-patterns/

▶ Ausführlich: Kevin Liew – »Responsive Mobile Navigation Menu ...«
bit.ly/liew-res-nav (führt zum Artikel auf *queness.com*)

Neben diesen Überblickartikeln zeigt Erick Arbe auf seiner Website mit dem schönen Titel »Adventures in Responsive Navigation« einige Techniken im Überblick, und zwar jeweils mit einer beispielhaften Umsetzung:

▶ *responsivenavigation.net*

Abbildung 11.8 zeigt einen Ausschnitt aus der Startseite.

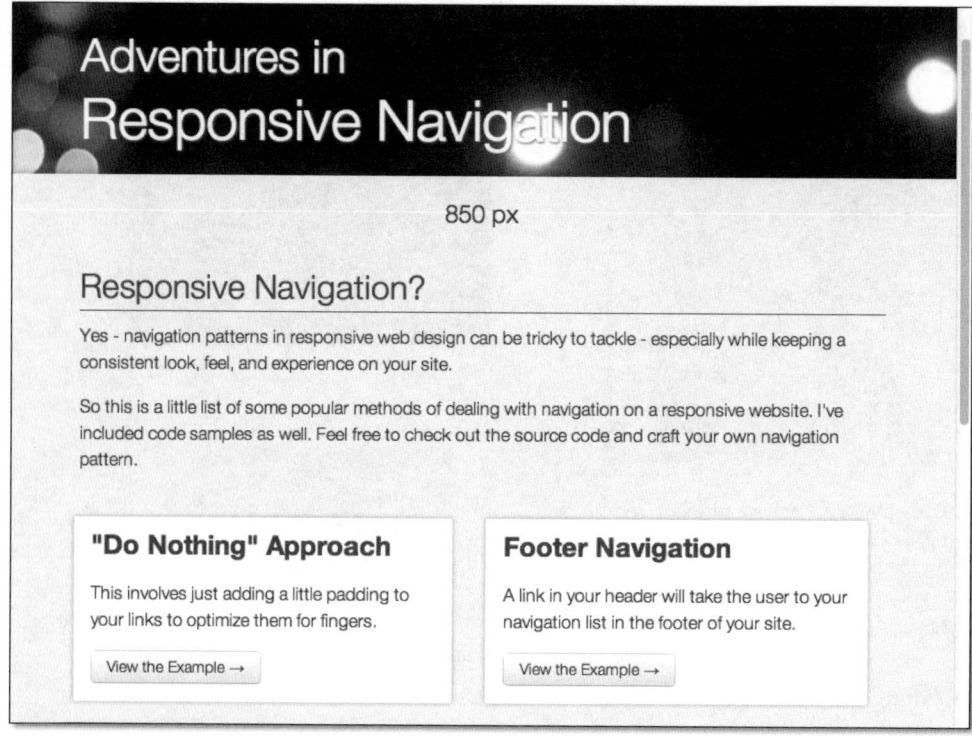

Abbildung 11.8 »responsivenavigation.net« mit Übersicht und Beispielen

11.2   Workshop: Eine Navigation für die Beispielseiten

In diesem Abschnitt erstellen Sie ein JavaScript-freies Toggle-Menü für die Beispielseiten, das auf dem pfiffigen Einsatz der Pseudoklasse :target basiert, die Sie in Kapitel 8, »Selektoren für alle Fälle«, bereits kennen gelernt haben.

11.2.1   Das Problem von Dropdown-Navigationen auf Touchscreens

Bei mobilen Navigationen gibt es zwei grundlegende Probleme:

▶ Problem Nummer eins betrifft den Platz, denn auf den kleinen Bildschirmen der mobilen Endgeräte hat man davon nur sehr wenig zur Verfügung, um die Menü-punkte darzustellen.

▶ Problem Nummer zwei betrifft die Technik, denn viele platzsparende Desktop-Drop-down-Navigationen basieren auf der Pseudoklasse :hover, und die ist auf Touchscreens eine Besonderheit.

Smartphones und Tablets haben einen Touchscreen, bei dem die Webseite per Berührung mit Finger oder Stift bedient wird. Die Bedienung mit Fingern ist völlig anders als mit der Maus.

Im klassischen Webdesign beruhen Dropdown-Navigationen wie gesagt oft auf der Pseudoklasse :hover, und das Grundproblem von Dropdown-Navigationen auf mobilen Geräten ist, dass es genau dieses Hover nicht gibt:

▶ »Hovern« ist definiert als »berühren, aber nicht aktivieren«. Der Mauszeiger schwebt über einem Button und berührt ihn in gewisser Weise dadurch bereits. Aktiviert wird der Button erst durch einen Klick.

▶ Auf einem Touchscreen gibt es diesen Unterschied nicht. Wenn der Finger den Button berührt, wird er auch aktiviert. Es gilt der Schachgrundsatz »berührt – geführt«.

Dieser kleine, aber feine Unterschied macht die Erstellung von mobilen Navigationen mit :hover schwierig, denn die verschiedenen Betriebssysteme interpretieren und emulieren das Ereignis auf verschiedene Art und Weise. Deshalb kommt bei der Navigation in diesem Workshop die Pseudoklasse :target zum Einsatz.

11.2.2   Die Navigation im Überblick

Der Benutzer sieht von der Navigation zunächst einmal einen ganz normalen Menübutton mit einem kleinen Pfeil nach unten. Klickt er auf den Button, wird das Menü mit einer leichten Animation sichtbar, und der kleine Pfeil zeigt nach oben. Der aktuelle Menüpunkt ist optisch hervorgehoben (Abbildung 11.9).

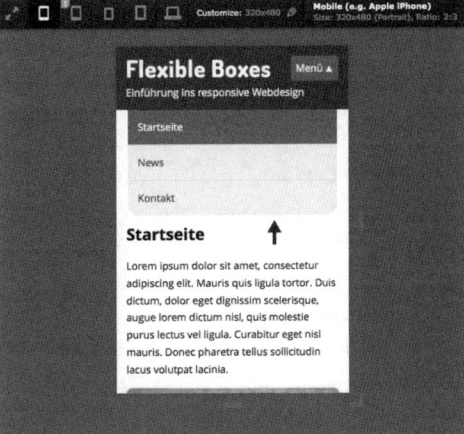

Abbildung 11.9 Die Navigation aus diesem Workshop im Überblick

11.2.3   Schritt 1: Das HTML

Die Navigation benötigt zum Funktionieren zwei IDs, die per Hyperlink aufgerufen und im CSS mit der Pseudoklasse `:target` gestaltet werden. Die genaue Funktionsweise wird im Laufe dieses Workshops deutlich werden, aber zunächst einmal müssen die beiden IDs im HTML eingebaut werden.

Zum Einblenden der Navigation wird später die ID #menu verwendet, die an body vergeben wird, zum Ausblenden kommt die ID #nomenu zum Einsatz, die der header bekommt. Die Namen der IDs sind nicht wichtig, aber #menu und #nomenu sind aussagekräftiger als # hamburg und #london:

```
<body id="menu" class="...">
  <header role="banner" id="nomenu">
```

Listing 11.1 Die beiden IDs werden für die Navigation benötigt.

So weit zu den IDs. Die Navigation selbst besteht aus zwei Teilen:

▶ Die bereits vorhandene ul-Navigationsliste innerhalb von nav wird zwar in Schritt 3 anders gestaltet, das HTML bleibt aber unverändert.

▶ Zusätzlich benötigen Sie noch zwei Hyperlinks für den Menübutton zum Ein- und Ausblenden der Navigation. Die beiden Hyperlinks werden in Schritt 4 mit der CSS-Eigenschaft display so ein- und ausgeblendet, dass immer nur einer von beiden zu sehen ist.

Ein guter Platz zur Aufbewahrung der beiden Hyperlinks ist in einem eigenen div mit der Klasse menubutton am Ende von nav, direkt unterhalb der Navigationsliste. Im Quelltext sieht die komplette Navigation so aus wie im folgenden Listing:

```
<nav role="navigation" id="nav">
  <h1>Navigation</h1>
  <ul id="navlist">
    <li class="active"><a href="index.html">Startseite</a></li>
    <li><a href="news.html">News</a></li>
    <li><a href="kontakt.html">Kontakt</a></li>
  </ul>
  <div class="menubutton">
    <a href="#menu" class="shownavlist">Menü</a>
    <a href="#nomenu" class="hidenavlist">Menü</a>
  </div>
</nav>
```

Listing 11.2 Das komplette HTML für die Navigation

Abbildung 11.10 zeigt die beiden Links im Navigationsbereich. Im nächsten Schritt werden die beiden positioniert und gestaltet.

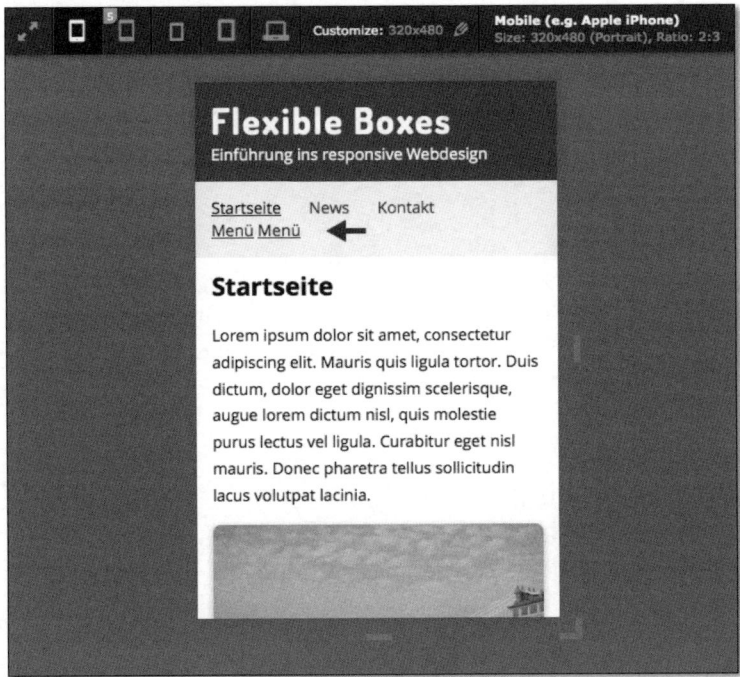

Abbildung 11.10 Die beiden Links für den Menübutton

11.2.4   Schritt 2: Menübutton positionieren und gestalten

In diesem Schritt positionieren und gestalten Sie den Menübutton oder genauer genommen die beiden Menübuttons:

▶ Das Element `body` bekommt `position: relative`, damit es als Bezugspunkt für die absolute Positionierung von `div.menubutton` fungieren kann.

▶ Der Kopfbereich bekommt unten einen Schatten. Wenn die Navigation ausgeblendet ist, sieht der Schatten schick aus, wenn sie eingeblendet wird, bewirkt er einen räumlichen Effekt.

Das folgende Listing zeigt das CSS:

```
body {
  position: relative;
}
```

```
header[role="banner"] {
  box-shadow: 0 2px 6px rgba(51,51,51,0.3);
}
```

Listing 11.3 Menübutton positionieren– Vorbereitung

Nach dieser Vorbereitung erfolgt im folgenden Listing die Positionierung des Menübuttons:

```
/* Positionierung */
div.menubutton {
  display: block;
  position: absolute;
  right: 1em;
  top: 1em;
  z-index: 1000;
}
```

Listing 11.4 Positionierung des Menübuttons

Nach der Positionierung werden die beiden Hyperlinks gestaltet:

```
/* Gestaltung */
div.menubutton a {
  display: block;
  color: white;
  background: #08c;
  text-decoration: none;
  padding: 0.5em;
  border-radius: 0.25em;
  border: none;
}
```

Listing 11.5 Die Gestaltung der Links in der mobilen Navigation

Mit der Pseudoklasse :after bekommen die Links nach dem Wort MENÜ die Pfeile nach unten bzw. oben hinzugefügt. Danach wird der zweite Menübutton a.hidenavlist versteckt:

```
div.menubutton a.shownavlist:after {
  content: " \25bc"; /* Pfeil nach unten */
  font-size: 0.7rem;
}
```

```
div.menubutton a.hidenavlist:after {
  content: " \25b2"; /* Pfeil nach oben */
    font-size: 0.7rem;
}
div.menubutton a.hidenavlist {
  display:none;
}
```

Listing 11.6 Positionierung und Gestaltung des Menübuttons

Ein Fallback für rem ist nicht nötig, da die Navigation in einem späteren Kapitel mit einer Media Query umrahmt wird und für IE8 oder kleiner sowieso nicht zu sehen ist. Abbildung 11.11 zeigt den positionierten und gestalteten Menübutton.

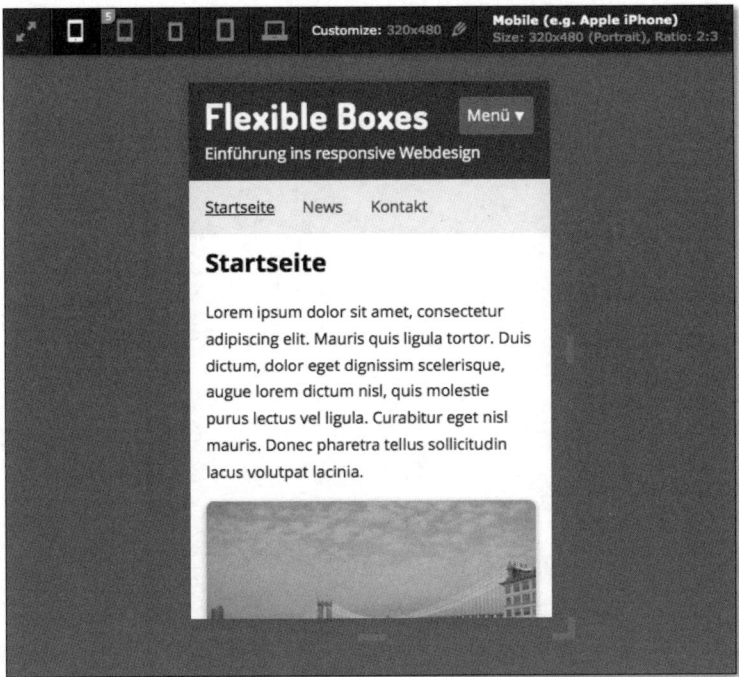

Abbildung 11.11 Der Menübutton – positioniert und gestaltet

11.2.5   Schritt 3: Die Gestaltung des Navigationsbereichs

Nach der Positionierung des Menübuttons geht es jetzt in diesem Schritt an die Gestaltung der Navigationsliste:

- ▶ Die Navigationsliste wird mit `max-height:0` ausgeblendet. Um die Navigationsliste während der Gestaltung aber sehen zu können, wird diese Anweisung vorerst noch auskommentiert.

- ▶ Mit `overflow:hidden` wird sichergestellt, dass außerhalb des Elements nichts zu sehen ist.

- ▶ Beim Einblenden wird die Navigationsliste mit `transition: 0.25s` etwas animiert.

- ▶ Die Listenelemente haben zur optischen Abtrennung eine leichte Rahmenlinie unten. Das letzte Listenelement soll keine Rahmenlinie haben.

Das folgende Listing zeigt das CSS zu diesen Überlegungen:

```
nav[role="navigation"] {
  padding: 0 1rem;
  margin: 0;
  background: white;
}
nav[role="navigation"] ul#navlist {
  /* max-height: 0; */ /* nach dem Gestalten Kommentarzeichen entfernen! */
  overflow: hidden;
  transition: 0.25s;
  list-style-type: none;
  padding: 0;
  border-radius: 0 0 1rem 1rem;
  margin: 0;
}
nav[role="navigation"] li {
  display: block;
  border-bottom: 1px solid #ddd;
}
nav[role="navigation"] li:last-of-type {
  border-bottom: 0;
}
```

Listing 11.7 Gestaltung der Navigationsliste

11.2.6   Schritt 4: Die Gestaltung der Links in der Navigationsliste

Nach der Gestaltung der Liste selbst geht es jetzt um die darin enthaltenen Hyperlinks. Diese werden geblockt, bekommen einen hellgrauen Hintergrund und sollen bequem per Touch bedient werden können.

Bei Maus- oder Tastaturbedienung wird der Menüpunkt mit dem Fokus unterstrichen. Der aktuelle Menüpunkt bekommt dieselbe Farbe wie der Menübutton:

```
nav[role="navigation"] li a {
  display: block;
  text-decoration: none;
  background: #eee;
  color: #333;
  padding: 1rem;
}
nav[role="navigation"] li.active a {
  background: #08c;
  color: white;
  text-decoration: none; }
```

Listing 11.8 Gestaltung der Hyperlinks

Abbildung 11.12 zeigt die gestaltete Navigationsliste, die mit der Anweisung max-height: 0 ausgeblendet wird.

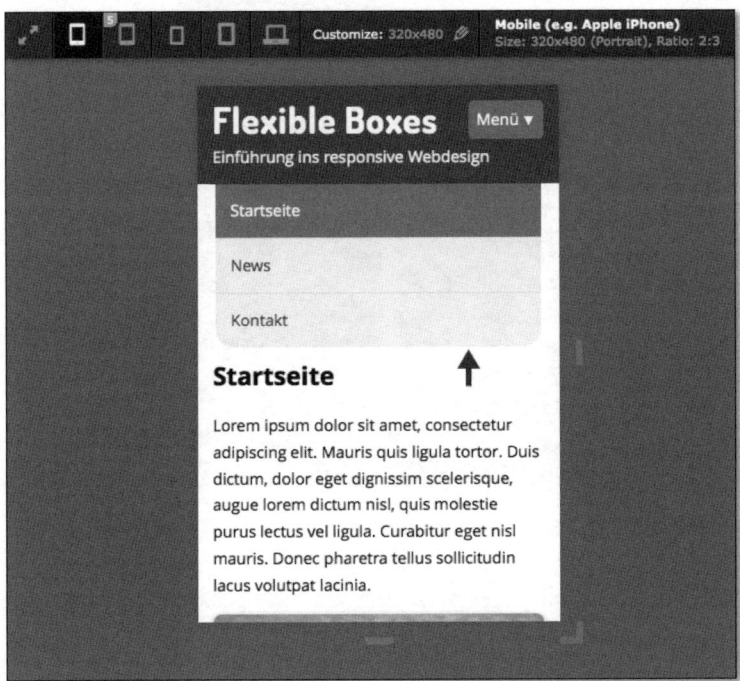

Abbildung 11.12 Die gestaltete Navigationsliste ist noch zu sehen.

> **Nicht vergessen: Kommentar entfernen, um die Liste auszublenden**
>
> Vor dem nächsten Schritt sollte die Navigationsliste ausgeblendet werden, indem Sie den Kommentar um `max-height:0` entfernen.

11.2.7   Schritt 5: »Right on :target« – die Navigation in Aktion

Bevor es jetzt mit der Pseudoklasse `:target` an den eigentlichen Clou der Navigation geht, zeigt Abbildung 11.13 die Ausgangsposition. Rechts oben ist der Menübutton, und die Navigationsliste ist ausgeblendet.

Abbildung 11.13 Menübutton und versteckte Navigationsliste

Die beiden in `div.menubutton` aufbewahrten Hyperlinks sind wie gesagt nie gleichzeitig sichtbar. Sie werden mit einfachem CSS so gestaltet, dass sie rechts oben im Header sitzen und wie ein Button aussehen. Nach dem Laden der Seite ist, wie in Abbildung 11.13 zu sehen, der erste Hyperlink sichtbar, der nach dem Wort MENÜ im CSS einen Pfeil nach unten bekommen hat:

```
<a href="#menu" class="shownavlist">Menü</a>
```

Listing 11.9 Der Button zum Öffnen des Menüs

Ein Klick auf diesen Menübutton ruft die ID #menu auf, die weiter oben in Schritt 1 an body vergeben wurde, und hängt diese ID an die URL. Die Adresse der Startseite ändert sich also durch einen Klick auf den Menübutton und lautet danach index.html#menu.

Auf dieser simplen Tatsache basiert der Trick mit der Pseudoklasse :target, der die Grundlage für die Navigation bildet:

▶ Im CSS steht ein Style mit dem Selektor #menu:target ul#navlist, der die Navigation mit max-height: 25rem einblendet. Die Höhe sollte entsprechend der Anzahl der Menüpunkte angepasst werden.

▶ Dieser Style wird angewendet, wenn in der URL #menu vorhanden ist.

Es gibt noch zwei weitere Styles mit :target-Selektoren, die gleichzeitig den Menübutton austauschen, sodass oben rechts der Button mit dem Pfeil nach oben erscheint.

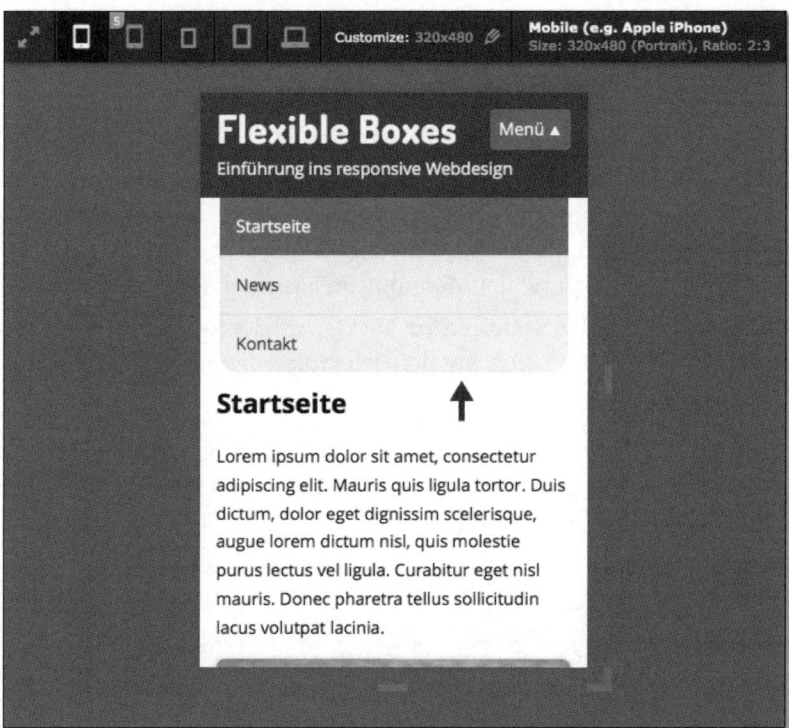

Abbildung 11.14 Navigationsliste eingeblendet und Menübutton getauscht

Das folgende Listing zeigt das dazu benötigte CSS:

```
#menu:target ul#navlist {
  max-height: 25em;
}
#menu:target a.shownavlist {
  display: none;
}
#menu:target a.hidenavlist {
  display: block;
}
```

Listing 11.10 Die drei Styles zum Einblenden des Menüs

Abbildung 11.14 zeigt die Startseite nach einem Klick auf den Menübutton. Die Navigationsliste wird eingeblendet, die aktuelle Seite hervorgehoben und der Menübutton hat jetzt einen Pfeil nach oben.

11.2.8   Schritt 6: Die Navigationsliste wieder ausblenden

Sobald der Fragment Identifier #menu nicht mehr in der URL steht, verschwindet die Navigationsleiste von alleine, und der Menübutton hat wieder seinen ursprünglichen Zustand. Dabei gibt es zwei mögliche Varianten:

▶ Wenn der Benutzer einen Menüpunkt aus der Navigationsleiste auswählt, wird die entsprechende Seite aufgerufen. Da die URL dann kein #menu mehr enthält, ist die Navigationsleiste nicht zu sehen, und der Menübutton hat einen Pfeil nach unten.

▶ Wenn der Benutzer erneut auf den Menübutton klickt, wird der Identifier #nomenu an die URL gehängt. Dadurch werden Styles mit den Selektoren #menu:target arbeitslos, und das Menü ist ausgeblendet.

Theoretisch könnte man das Menü also auch nur über die Änderung der URL ein- und ausblenden. Abbildung 11.15 zeigt, dass die Navigation der Beispielsite nach einem Klick auf den Menüpunkt NEWS wieder ausgeblendet wird.

Die Nachteile von »:target«

Kein Vorteil ohne Nachteil. Die Navigation per :target ist ziemlich stabil und ist gut zu gestalten, hat aber zwei Nachteile:

▶ Opera Mini versteht die :target-Selektoren nicht korrekt, die Navigation wird aber offen angezeigt und ist somit benutzbar.

▶ Wenn ein Benutzer das Menü durch Klicken auf den Menübutton auf- und zuklappt, ohne die Seite zu wechseln, wird die History des Browsers bei jedem Klick um einen Eintrag verlängert.

Das sind zwei Nachteile, mit denen die meisten Seitenersteller wahrscheinlich durchaus leben können.

Abbildung 11.15 Die Navigation nach dem Aufrufen der »News«-Seite

11.3   Testen, testen, testen

Auch wenn dieses Buch nicht in erster Linie um »mobile« geht, möchte ich Ihnen zum Abschluss dieses Kapitels ein paar Hinweise zum Testen von Webseiten auf mobilen Geräten geben. Spätestens bei Interaktionen wie z. B. einer Navigation reicht es nicht mehr aus, einfach nur die Größe des Browserfensters zu ändern. Das Erscheinungsbild der mobilen Navigation können Sie in einem Desktop-Viewport testen, die Funktionsweise aber nicht. Dazu benötigen Sie entweder echte Geräte oder zumindest einen guten Nachbau. Aber immer der Reihe nach.

Zum Testen die Webseiten auf einen Webspace hochladen

Um die Webseiten mit den im folgenden Abschnitt vorgestellten Tools zu testen, ist es am einfachsten, die Beispielseiten auf einen Webspace hochzuladen und von dort abzurufen. Alternativ können Sie auch eine lokale Entwicklungsumgebung wie MAMP (OS X) oder XAMPP (Win) benutzen.

11.3.1   Ein kleiner Viewport reicht nicht zum Testen von Interaktionen

Tools wie das Bookmarklet *Viewport Resizer* oder die *Webdeveloper Toolbar* simulieren einfach nur ein kleines Browserfenster und sind im Alltag praktisch zum Testen von Layouts.

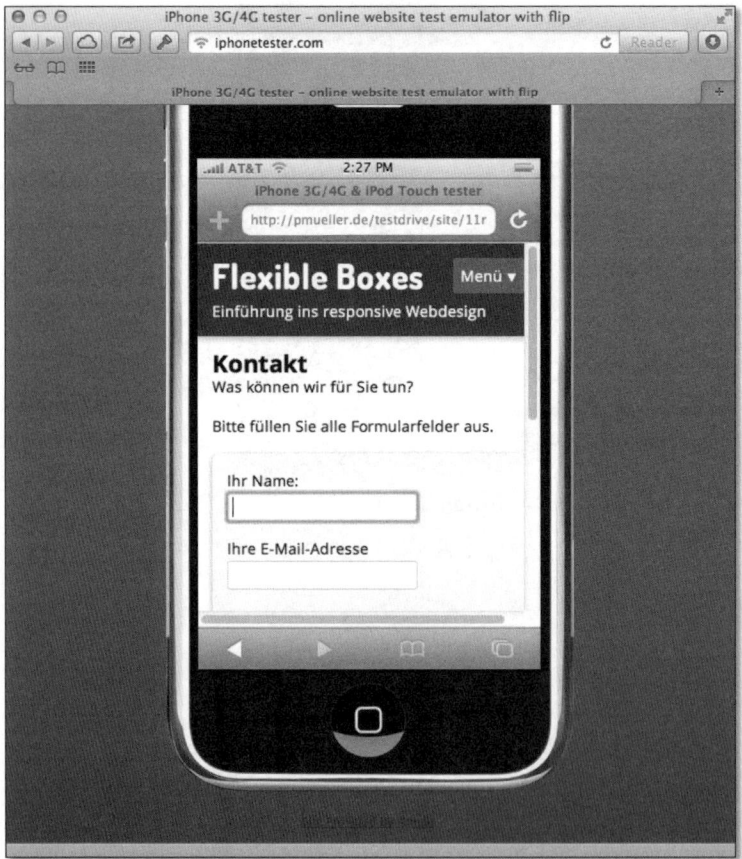

Abbildung 11.16 »iphonetester.com« zeigt für das Formular keine Tastatur.

Websites wie *testiphone.com* oder *iphonetester.com* geben zusätzlich noch die Optik eines iPhones drumherum, nennen sich *simulator* oder *emulator* und versuchen so, etwas professioneller zu erscheinen. Letztlich bieten sie aber auch nur einen kleinen Viewport.

Ein guter Test ist die Interaktion mit einem Formular. Abbildung 11.16 zeigt *iphonetester.com* mit der Kontaktseite der Beispielsite. Nach der Aktivierung des Formularfeldes sieht die Seite genauso aus wie in einem normalen Desktop-Browser.

Wenn Sie hingegen in einem echten Handy oder auch in einem echten Emulator/Simulator ein Formularfeld aktivieren, reagiert das Betriebssystem auf diese Aktion und bietet Ihnen je nach aktiviertem Formularfeld ein Bedienelement, sei es eine virtuelle Tastatur oder eine Auswahlliste. Abbildung 11.17 zeigt dieselbe Webseite im iOS-Simulator, und beim Testen von Navigationen ist der Unterschied ähnlich groß wie bei Formularen.

Abbildung 11.17 Der iOS-Simulator zeigt für das Formular eine Tastatur.

Fazit: Kleine Viewports sind praktisch, um Layouts oder CSS-Formatierungen zu testen, aber bei Navigationen und anderen Interaktionen sind sie nicht sehr aussagekräftig.

11.3.2 Tools zum Testen: Echte Geräte, Emulatoren und Simulatoren

Am besten sind natürlich echte Geräte, aber da gibt es diverse Gründe, die dem Vorhaben einen Riegel vorschieben, auch wenn Brad Frost in seinem Artikel dafür plädiert:

► Brad Frost – »Test on Real Mobile Devices without Breaking the Bank«
bit.ly/frost-test-on-real (führt zu *bradfrostweb.com*)

Abbildung 11.18 zeigt sein Gerätelabor.

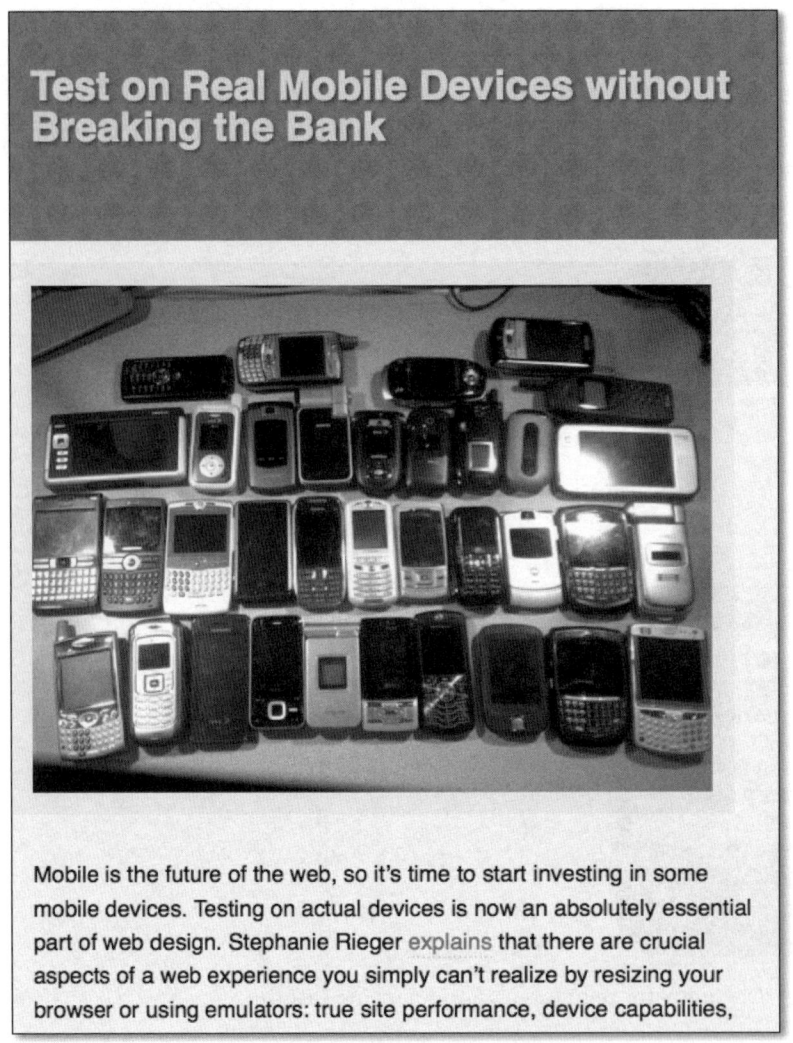

Abbildung 11.18 Am besten testen Sie mit echten Geräten ...

Wenn Sie das nächste Mal im Media-Markt oder Apple-Shop sind, achten Sie mal drauf, ob nicht ein Teil der am iPhone Interessierten einfach nur mal eben schnell eigene Webseiten testet.

Wenn echte Geräte aus welchen Gründen auch immer nicht verfügbar sind, helfen Simulatoren und Emulatoren weiter. Die beiden Begriffe werden im Web wild durcheinander benutzt, aber folgender Unterschied hat sich herauskristallisiert:

▶ Ein *Emulator* stellt die Software- *und* die Hardware-Umgebung eines Gerätes nach.

▶ Ein *Simulator* beschränkt sich auf die Software-Umgebung.

Bei der Programmierung von nativen Apps ist der Unterschied zwischen Emulator und Simulator vielleicht signifikant, beim Testen von einfachen Interaktionen auf Webseiten nicht. Beides ist auf jeden Fall um Größenordnungen besser als einfach nur ein kleiner Viewport.

Für Opera Mini gibt es einen Online-Simulator, den Sie direkt im Browser aufrufen können, und für Opera Mobile gibt es einen Emulator zum Downloaden und Installieren:

▶ *opera.com/de/developer/opera-mini-simulator* (benötigt Java)

▶ *opera.com/de/developer/mobile-emulator* (für Win, Mac und Linux)

Die meisten anderen Simulatoren und Emulatoren sind Teil einer Programmierumgebung (*Software Developer Kit*, kurz SDK), die Sie auf Ihrem Computer installieren müssen, bevor Sie damit arbeiten können.

> **»Mobile Emulators & Simulators: The Ultimate Guide«**
>
> Auf der folgenden Seite gibt es eine immer mal wieder aktualisierte Übersicht über zahlreiche Emulatoren und Simulatoren:
>
> ▶ *mobilexweb.com/emulators*
>
> Die Seite wird von Max Firtman gepflegt, Autor von »Programming the Mobile Web«.

11.3.3 Der iOS-Simulator – iPhone und iPad simulieren (nur OS X)

Zum Testen von Webseiten im iPhone und im iPad gibt es von Apple einen *iOS-Simulator*, mit dem ich auch einige der Screenshots in diesem Buch erstellt habe.

Den iOS-Simulator gibt es nur für OS X ab 10.7.4, und er ist Teil der Programmierumgebung Xcode, die Sie aus dem Appstore heraus installieren können und die etwa 1,65 GB an Speicherplatz benötigt.

Abbildung 11.19   Xcode gibt es im Appstore für OS X ab 10.7.4.

Um den iOS-Simulator zu nutzen, starten Sie zunächst Xcode. Danach gibt es zwei Möglichkeiten:

▶ Wählen Sie im Untermenü Xcode > Open Developer Tool den Befehl iOS Simulator.

▶ Klicken Sie mit der rechten Maustaste auf das Xcode-Symbol im Dock, und wählen Sie wieder im Untermenü Open Developer Tool den Befehl iOS Simulator.

Nach dem ersten Start können Sie das Symbol einfach im Dock behalten und beim nächsten Mal direkt aufrufen, ohne vorher Xcode zu starten. Im Startbildschirm des iOS-Simulators ist Safari bereits installiert (Abbildung 11.20).

Abbildung 11.20 Der Startschirm des iOS-Simulators

Der Android-Emulator ist Teil des Android SDK

Der Android-Emulator ist Teil des Android SDK und in erster Linie für Programmierer gedacht, die Apps für Android entwickeln möchten. Falls Sie es probieren möchten:

▶ »Get the Android SDK«
   developer.android.com/sdk/

Den Download gibt es in zwei Varianten. Standardmäßig wird ADT vorgeschlagen, die kompletten *Android Developer Tools* inklusive SDK, Eclipse und vielem mehr. Auf der Seite können Sie auch nur das SDK herunterladen. Probieren Sie es aus. Für den Einstieg ist das Handbuch hilfreich:

▶ »Using the Android Emulator«
   developer.android.com/tools/devices/emulator.html

TEIL III

Getting responsive –
Media Queries, Grids und Frameworks

Kapitel 12
Media Queries –
die Seiten werden responsiv

Worin Sie Media Queries und deren Möglichkeiten kennen lernen. In dem Workshop werden die Beispielseiten durch den Einsatz von Media Queries responsiv.

Die Themen im Überblick:

In diesem Kapitel lernen Sie Media Queries kennen und erstellen damit eine Desktop-Version für die Beispielseiten. In drei Workshops erweitern Sie das Layout, die Navigation und den Inhaltsbereich um Media Queries, sodass die Beispielseiten in allen Viewport-Breiten eine gute Figur machen.

12.1 CSS 2: Medientypen definieren das Ausgabemedium

Die Idee der Media Queries ist gar nicht so neu, denn verschiedene Mediatypen gab es bereits in CSS 2. Mit »Medientyp« ist dabei nicht ein Mitarbeiter von Presse oder Rundfunk gemeint, sondern das Ausgabemedium für die Webseite wie zum Beispiel screen, print oder handheld. Der Normalfall im Web ist der Medientyp screen, den Sie mit Abstand am häufigsten benutzen werden. Zunächst möchte ich Ihnen aber die Medientypen print und handheld kurz vorstellen.

12.1.1 Eine Druckversion mit »@media print«

Webseiten werden typischerweise mit dem Medientyp screen an einem Bildschirm angezeigt. Ein anderer weit verbreiteter Medientyp ist print, der zur Erstellung einer Druckversion benutzt wird.

Schon 2006 in der Urversion von »Little Boxes«[1] wurde diese Unterscheidung gemacht. Per `link`-Element wurde für die Beispielseiten eine Version für den Bildschirm und eine für den Ausdruck erstellt:

```
<link href="bildschirm.css" rel="stylesheet" media="screen">
<link href="druckversion.css" rel="stylesheet" media="print">
```

Listing 12.1 Stylesheets für den Bildschirm und für die Druckausgabe

Auch in der Vorlage HTML5 Bones ist bereits eine einfache Druckversion enthalten, die bei den Beispielseiten in der Datei *print.css* aufbewahrt wird und bis jetzt fast komplett ignoriert wurde.

Die Einschränkung auf die Druckausgabe geschieht dort mit der Anweisung `@media print` innerhalb des Stylesheets:

```
@media print {
  * {
    color:#000 !important;
    box-shadow:none !important;
    text-shadow:none !important;
    background:transparent !important;
  }
  html { background-color:#fff; }
  /* Hide navigation */
  nav { display:none; }
  /* Show link destinations in brackets after the link text */
  a[href]:after { content: " (" attr(href) ") "; }
  a[href] {
    font-weight:bold;
    text-decoration:underline;
    color:#06c;
    border:none;
  }
  /* Don't show link destinations for JS or internal links */
  a[href^="javascript:"]:after,   a[href^="#"]:after {
    content:"";
  }
  /* Show abbr title value in brackets after the text */
  abbr[title]:after { content: " (" attr(title) ")"; }
  figure {
```

---

1 Peter Müller, Little Boxes, Webseiten gestalten mit CSS. Grundlagen. Books on Demand 2006.

```
    margin-bottom:1em;
    overflow:hidden;
  }
  figure img { border:1px solid #000; }
}
```

Listing 12.2 Die Styles aus der Druckversion von HTML5 Bones

Nach einer Grundformatierung mit `!important` wird die Navigation versteckt, die Links werden formatiert und noch ein paar andere Feineinstellungen erledigt. Sie können diese Druckversion natürlich beliebig erweitern und zum Beispiel die Social-Media-Icons im Fußbereich ausblenden.

Print-Stylesheets kann man mit der Druckvorschau im Firefox oder im Internet Explorer testen. Webseiten *drucken* kann der Internet Explorer richtig gut (Abbildung 12.1).

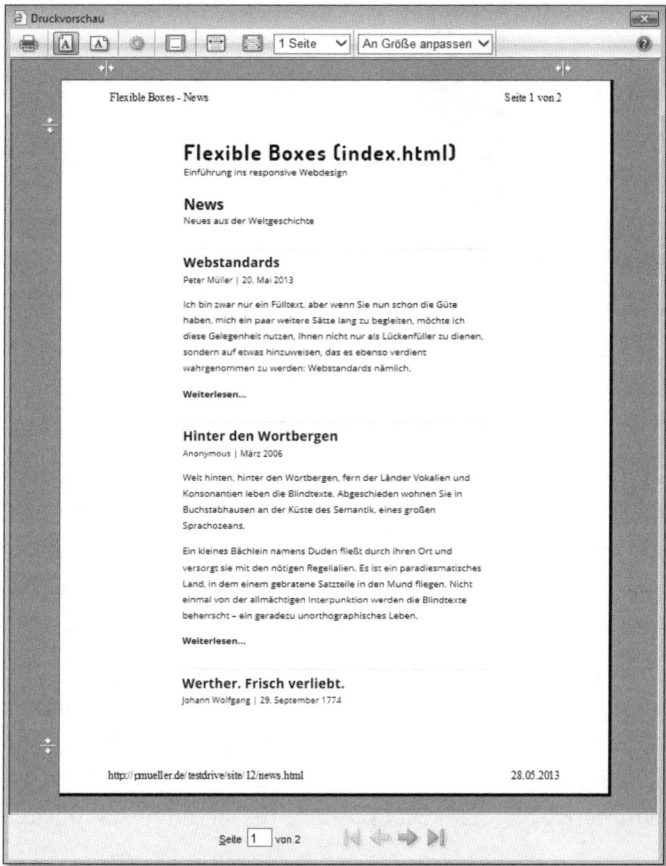

Abbildung 12.1 Die Seite »News« in der Druckvorschau des IE

12.1.2   Smartphones und Tablets kennen den Medientyp »handheld« nicht

Theoretisch wäre der Medientyp handheld ideal, um CSS-Formatierungen für Smartphones und Tablets an die Browser auszuliefern, aber die Praxis sieht etwas anders aus. Smartphones und Tablets werden bei der Bedienung zwar in der Hand gehalten, deren Browser unterstützen aber den Medientyp handheld nicht.

Als das iPhone 2007 auf den Markt kam, ignorierte der im iOS eingebaute Safari handheld und antwortete nur auf screen. Das lag unter anderem daran, dass es damals nicht sonderlich viele Webseiten vom Typ handheld gab und der Browser daher nicht viel darzustellen gehabt hätte, aber leider hat sich bis heute daran nichts geändert.

Um herauszufinden, welche Medientypen ein bestimmter Browser unterstützt, surfen Sie mit ihm einfach zur Website *cssmediaqueries.com*. Gleich auf der Startseite erhalten Sie die Antwort (Abbildung 12.2).

Abbildung 12.2 »cssmediaqueries.com« im iOS-Simulator

12.2   CSS3: Media Queries ergänzen die Medientypen

Mit CSS3 wurden als Ergänzung zu den Medientypen die so genannten *Media Queries* eingeführt. Wörtlich übersetzt heißt das *Medienabfrage*, und diese Abfragen ermöglichen es, einen Medientyp wie screen genauer zu definieren und zum Beispiel nach der Breite des Browserfensters zu fragen. Dadurch können Sie beim Gestalten der Seiten auf die Browserumgebung reagieren und die Seiten unterschiedlich gestalten.

Media Queries funktionieren in allen modernen Browsern und im Internet Explorer ab Version 9. IE8 und älter bekommen deshalb bei den mit »Mobile First« erstellten Beispielseiten auch auf einem großen Monitor die einfache, eigentlich für kleine Bildschirme bestimmte Version. Oder etwas allgemeiner ausgedrückt: Browser, die keine Media Queries verstehen, ignorieren die CSS-Regeln in den für sie unverständlichen Media Queries.

Der Internet Explorer ist also mal wieder ein Spielverderber, aber lassen Sie sich davon nicht abhalten. Sie können zum Beispiel mit Conditional Comments (mal wieder) spezielle IE-Stylesheets ausliefern oder ein Skript namens *respond.js* einsetzen, das dem IE8 Media Queries beibringt, oder einfach alles so lassen, wie es ist. In Abschnitt 14.3, »›10, 9, 8, 7 …‹ – der Countdown im Internet Explorer«, finden Sie alle Möglichkeiten im Überblick.

> **Media Queries gelten nur für das CSS**
>
> Media Queries gelten wie die Medientypen nur für CSS, und Sie können damit kein HTML schreiben. So können Sie im HTML als <img> eingebundene Grafiken nicht per Media Query in verschiedenen Versionen ausliefern. Für im CSS eingebundene Hintergrundgrafiken hingegen geht das.

12.2.1   Die grundlegende Syntax: »@media Medientyp and (Media Query)«

Media Queries verfeinern die bestehenden Medientypen. So können Sie dem Browser nicht nur sagen »Wenn die Webseite auf einem Bildschirm dargestellt wird«, sondern zum Beispiel zusätzlich noch eine Mindestbreite festlegen. Soll ein Stylesheet zum Beispiel nur eingesetzt werden, wenn der Viewport mindestens 320px breit ist, hilft folgende Media Query:

```
<link href="smallviewport.css" rel="stylesheet" media="screen and (min-width: 320px)">
```

Listing 12.3 »link«-Element mit Media Query für eine Mindestbreite

Nach dem Medientyp folgt ein and, das den Medientyp und die Media Query miteinander verknüpft. Nach dem and folgt in Klammern ein Ausdruck wie (min-width:320px), der für eine bestimmte Eigenschaft wie min-width einen Wert wie 320px definiert.

Eine Media Query muss nicht unbedingt in einem link-Element stehen, sondern kann mit einer @media-Anweisung auch innerhalb der Stylesheets auftauchen. Die Anweisung gilt dann nur für die CSS-Regeln zwischen den geschweiften Klammern:

```
@media screen and (min-width: 320px) {
  /* CSS-Regeln */
}
```

Listing 12.4 Medientyp mit Media Query für eine Mindestbreite

Die Abfrage der Eigenschaft `min-width` bezieht sich auf die Mindestbreite des Viewports und nicht auf die Breite des Bildschirms. Man kann als Bedingung natürlich auch eine maximale Breite angeben. Wenn das Browserfenster maximal 767px breit sein soll, lautet die Media Query wie folgt:

```
@media screen and (max-width: 767px) {

  /* CSS-Regeln */

}
```

Listing 12.5 Medientyp mit Media Query für eine maximale Breite

Auch eine Kombination ist problemlos möglich:

```
@media screen and (min-width:320px) and (max-width:767px) {

  /* CSS-Regeln */

}
```

Listing 12.6 Medientyp mit zwei Media Queries

Die innerhalb dieser Abfrage definierten CSS-Regeln sind nur gültig, wenn das Browserfenster zwischen 320 und 767 Pixel groß ist.

> **»only« neue Browser ansprechen: »@media only screen«**
>
> Es könnte passieren, dass ältere Browser, die zwar `@media screen` kennen, aber die Media Query `and (min-width: 320px)` ignorieren, die Styles in der Query versehentlich laden. Um sicherzugehen, dass das nicht passiert, kann man vor dem Medientyp das Schlüsselwort `only` ergänzen:
>
> `@media only screen and (min-width:320px) { /* CSS-Regeln */ }`
>
> Da ältere Browser `only` nicht kennen, ignorieren sie die komplette Medienabfrage mit allen darin definierten Styles.

12.2.2   Media Queries: Gängige Breiten für Breakpoints

Die Abfrage der Mindest- und Maximalbreite des Viewports gehört zweifelsohne zu den am häufigsten eingesetzten Media Queries. Damit werden verschiedene Umbruchstellen definiert, an denen das Layout ein bisschen angepasst (*Tweakpoints*) oder komplett geändert wird (*Breakpoints*).

Eine erste Orientierung bieten zum Beispiel die Voreinstellungen des in Abschnitt 7.1.2 vorgestellten Viewport Resizer:

▶ 320x480px: viele Smartphones

▶ 800x600px: kleine Tablets (zum Beispiel 7 Zoll)

▶ 1024x768px: normale Tablets, Notebooks etc.

▶ 1280x800px: Notebooks mit 16:9-Breitbild

▶ alle anderen Einstellungen

Abbildung 12.3 Die Voreinstellungen des Bookmarklet »Viewport Resizer«

Das sind natürlich nur grobe Kategorisierungen, aber für eine erste Orientierung wie gesagt besser als gar nichts. Folgende Vorgehensweise ist denn auch einfach umzusetzen, weit verbreitet und für die ersten Gehversuche durchaus empfehlenswert:

▶ Unterhalb von 768px gibt es ein einspaltiges Layout für Smartphones und kleine Tablets im Hochformat.

▶ Ab 768px wird für alles andere ein mehrspaltiges Layout erstellt.

Zusätzlich kann man natürlich noch diverse andere Tweak- und Breakpoints definieren, aber man sollte immer dran denken, dass die Sache noch einigermaßen übersichtlich bleiben sollte.

Die Orientierung an gängigen Geräten ist ein einfacher Einstieg, aber wirklich entscheidend ist das Layout der Webseite und nicht das Gerät, auf dem es dargestellt werden soll. Auch wenn bestimmte Kennzahlen momentan weiter verbreitet sind als andere, sollte man sie allesamt mit Vorsicht genießen, denn es kommen jede Woche neue Geräte auf den Markt. Das in Abbildung 12.4 gezeigte Gerätediagramm von Viljami Salminen aus dem Jahre 2012 lässt ahnen, dass die Grenzen verschwimmen und es zunehmend schwieriger werden wird, sinnvolle Klassifizierungen zu finden:

▶ *viljamis.com/blog/2012/responsive-workflow/*

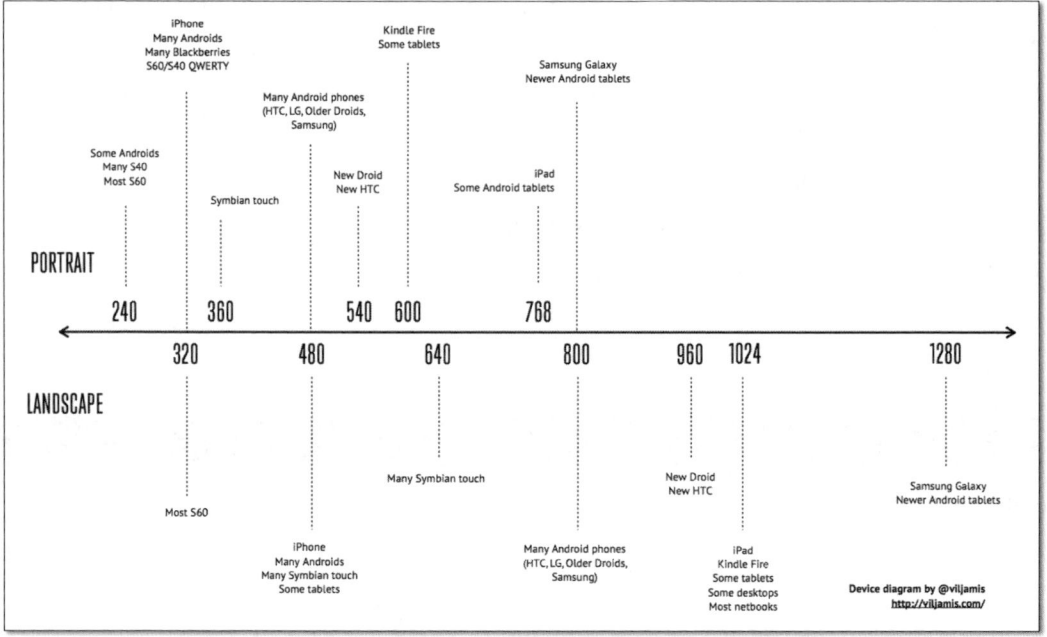

Abbildung 12.4 Ein Gerätediagramm von »viljamis.com«

12.2.3   Was man mit Media Queries alles so abfragen kann

In den meisten Fällen werden Sie mit Media Queries die Breite eines Viewports testen, aber es sind auch noch andere Eigenschaften möglich. Die folgende Liste enthält einen kurzen Überblick über die wichtigsten Abfragen:

▶ width. Viewport-Breite. Wird meist als `min-width` oder `max-width` abgefragt.

▶ height. Viewport-Höhe. Auch als `min-height` bzw. `max-height`.

▶ `device-width` fragt die Breite des Mediums ab, bei `screen` also die des Bildschirms.

▶ `device-height` fragt entsprechend die Höhe des Mediums ab.

▶ `orientation` stellt fest, ob ein Gerät im Querformat (`landscape`) oder im Hochformat gehalten wird (`portrait`).

Auf der folgenden Webseite finden Sie eine Auflistung vieler Eigenschaften, und es wird auch gleich getestet, ob der Browser, mit dem Sie die Seite besuchen, diese Eigenschaft versteht:

▶ *cssmediaqueries.com/overview.html*

Am besten besuchen Sie die Seite mit verschiedenen Browsern und verschiedenen Geräten und schauen sich die Ergebnisse an.

Die definitive Quelle zu Media Queries finden Sie übrigens beim W3C:

▶ *w3.org/TR/css3-mediaqueries/*

Ausführlich. Aktuell. Und *in English*.

Die Abfrage der Pixeldichte bei hochauflösenden Displays

Um für hochauflösende Displays (Retina und Co.) zum Beispiel andere Hintergrundbilder zu servieren, könnte man die Pixeldichte des Gerätes abfragen.

Die Syntax dazu ist noch nicht ganz einheitlich, aber momentan funktioniert folgende Abfrage, die in einer Zeile stehen kann und mit der abgefragt wird, ob auf dem Bildschirm für einen CSS-Pixel mindestens zwei Geräte-Pixel verwendet werden:

```
@media only screen and
       (-webkit-min-device-pixel-ratio: 2),
       (min-resolution: 192dpi)
```

Die Bedingung `min-device-pixel-ratio` richtet sich per Präfix an Webkit-Browser. Firefox, Opera und IE10 verstehen hingegen die zweite Variante mit `min-resolution`. Der Wert 192dpi ergibt sich aus der Dopplung des Standardwertes von 96dpi.

12

12.2.4   Ohne `<meta name="viewport">` funktionieren Media Queries nicht

In Abschnitt 4.2.4, »Diese Seite bitte nicht verkleinern: Das Meta-Element für den Viewport«, haben Sie bereits gelesen, dass viele Smartphones Webseiten von Haus aus verkleinert darstellen. Die Ursache dafür ist, dass zum Beispiel der Safari auf dem iPhone 3 von einem Viewport mit einer Breite von 980px ausgeht, diesen aber so weit verkleinert, dass er auf den Bildschirm mit einer Auflösung von 320x480px passt. Mit leicht unterschiedlichen Werten machen das alle modernen Smartphones so: Android-Browser und Firefox nehmen einen Viewport von 800px, Opera Mobile rechnet mit 850px.

Der Browser ist auf Smartphones also zwar immer im Vollbild, aber Viewport (*width*) und Bildschirmbreite (*device-width*) haben unterschiedliche Werte. Das kann bei Media Queries unvorhergesehene Folgen haben. Stellen Sie sich zum Beispiel folgende Abfrage vor:

```
@media screen and (max-width:767px) { ... }
```

Listing 12.7 Media Query für »Viewport höchstens 767px breit«

Diese Media Query würde auf Smartphones nicht greifen. Da der Viewport des Browsers mit Werten zwischen ca. 800px und 980px über dem in der Abfrage geforderten Limit von höchstens 767px liegt, ignoriert der Browser die speziell erstellte mobile Version und liefert die Desktop-Version aus.

Aus diesem Grunde benötigen Smartphones den »Meta-Viewport«, eine von Apple eingeführte und zum Quasi-Standard gewordene Anweisung im HTML, damit die definierten Media Queries überhaupt Wirkung zeigen. Die Basisversion dieser Anweisung lautet:

```
<meta name="viewport" content="width=device-width">
```

Listing 12.8 Die einfachste Form der »Meta-Viewport«-Anweisung

Das bedeutet frei übersetzt »Bitte mache den Viewport (*width*) genauso breit wie deinen Bildschirm (*device-width*)«, und dann funktioniert auch eine Media Query wie `screen and (max-width:767px)`. Manchmal steht noch der Zusatz `initial-scale=1.0` dahinter, der nichts anderes besagt, als dass der Browser anfangs die normale Zoomstufe benutzen soll. Falls Sie auf einer Website einen Meta-Viewport mit der Angabe `maximum-scale=1` sehen: Dieser Zusatz nimmt Benutzern die Möglichkeit, die Seite zu zoomen, und sollte daher nicht benutzt werden.

HTML5 Bones enthält den Meta-Viewport bereits

Die Beispielseiten enthalten die Anweisung für Meta-Viewport bereits. Siehe auch Abschnitt 4.2.4.

12.2.5   Ein Pixel ist nicht immer ein Pixel. Lektüre freiwillig.

Ein Pixel ist nicht immer ein Pixel. Falls Sie leicht zu Schwindelanfällen neigen, können Sie diesen Abschnitt einfach überspringen. Wirklich relevant ist für Sie nur das Fazit am Ende.

Die für Smartphones übliche Breite von 320px stammt ursprünglich vom iPhone 3, das tatsächlich eine Auflösung von 320x480 hatte. Dieser Wert wird aber auch von modernen Handys an den Browser signalisiert, obwohl diese meist eine viel höhere Auflösung haben.

Diese Handys unterscheiden zwischen *CSS-Pixeln* und *Geräte-Pixeln*:

▶ Auf dem iPhone 3 war ein Pixel noch ein Pixel. Das bedeutet, wenn Sie im CSS eine Breite von 240px definiert haben (*CSS-Pixel*), wurden auf dem Display des iPhone 3 tatsächlich 240px zur Darstellung benutzt (*Geräte-Pixel*).

▶ Das iPhone 4 hatte mit 640x960 eine doppelt so hohe Auflösung. Ein Element mit 240 CSS-Pixeln wäre auf dem Display also nur noch halb so groß gewesen. Deshalb rechnet das iPhone 4 einen CSS-Pixel in zwei Gerätepixel um, und das Element auf dem Display bleibt gleich groß.

Moderne Smartphones haben immer höhere Auflösungen, aber Basis für die Umrechnung sind immer noch die 320px des iPhone 3.

Mobil-Experte Peter Paul Koch (aka *ppk*) hat diese Geschichte in einem Artikel und einer Präsentation genau beschrieben:

▶ *quirksmode.org/blog/archives/2010/04/a_pixel_is_not.html*

▶ *quirksmode.org/presentations/Autumn2012/viewports_fronteers.pdf*

Artikel und Präsentation sollten Sie sich aber nur zu Gemüte führen, wenn Sie es wirklich wissen wollen, denn Peter Paul Koch hat das Problem sehr genau beschrieben. Für Sie und mich ist das folgende Fazit wichtig:

So the trick for creating a responsive design is using <meta name="viewport" content="width=device-width"> in combination with width media queries. You probably already knew that, but now you also understand why.

Der Trick für responsive Layouts ist es also, im HTML den Meta-Viewport zu definieren und im CSS Media Queries für die Viewport-Breite einzusetzen. Den Meta-Viewport haben Sie bereits im HTML Ihrer Webseiten definiert, und mit der Erstellung von Media Queries beginnen Sie gleich im nächsten Abschnitt.

Bei Wikipedia gibt es eine »Liste der Bildschirme per Pixeldichte«

Wenn Sie die technischen Daten der Bildschirme interessieren, gibt es bei der englischen Wikipedia eine nach Herstellern geordnete Liste mit Informationen über Displays:

▶ *en.wikipedia.org/wiki/List_of_displays_by_pixel_density*

Auch die Website *screensiz.es* hat eine lange Liste. Es sind natürlich nicht alle gelistet, aber schon eine ganze Menge.

12.3   Workshop Nr. 1: Die Navigation wird responsiv

In diesem Workshop wird die Navigation für die Beispielseiten verfeinert und erscheint danach in drei Versionen. Zwei davon gibt es bereits:

▶ Die Basisversion hat keine Media Query und entspricht der Formatierung aus dem Workshop am Ende von Abschnitt 7.4.

▶ Ab 320px Fensterbreite soll die in Abschnitt 11.2 erstellte mobile Navigation mit dem Menübutton dargestellt werden.

Noch erstellt werden muss in diesem Workshop die Navigation für die Desktop-Version ab 768px. Dazu werden die Navigationselemente als hübsch formatierte Buttons horizontal nebeneinander dargestellt (Abbildung 12.6).

12.3.1   Schritt 1: Die Basisversion ohne Media Query

Das Stylesheet *navigation.css* beginnt mit der folgenden Basisgestaltung für den Navigationsbereich:

```
nav[role="navigation"] { background: #eee; color: #333; }
nav[role="navigation"] ul { padding: 0; margin: 0; }
nav[role="navigation"] li {
  display: inline-block;
  padding: 0;
  margin: 0;
}
nav[role="navigation"] li a {
  text-decoration: none;
  color: #333;
  padding: 1em;
}
nav[role="navigation"] li.active a {
  color: black;
  text-decoration: underline;
}
```

Listing 12.9 Basisgestaltung für den Navigationsbereich in »navigation.css«

Zusätzlich zu diesen Styles wird für body eine minimale Breite von 280px definiert, weil die Seiten darunter nicht mehr benutzbar sind. Außerdem wird das div mit den beiden Menülinks ausgeblendet, damit diese in der Basisversion der Navigation nicht sichtbar sind:

```
body { min-width: 280px; }
nav[role="navigation"] div.menubutton { display: none; }
```

Listing 12.10 Minimale Breite von 280px und Menübuttons ausblenden

Da die Basisversion im Stylesheet der Beispielseiten momentan von der mobilen Navigation überlagert wird, können Sie sie erst nach dem nächsten Schritt testen (siehe Abbildung 12.5).

12.3.2   Schritt 2: Die mobile Version – von 320px bis 767px

Damit bei einer Viewport-Größe zwischen 320px und 767px die mobile Navigation erscheint, fügen Sie in *navigation.css* unterhalb der Styles für die Basisversion eine entsprechende Media Query ein.

Innerhalb dieser Media Query machen Sie, wie im folgenden Listing gezeigt, zunächst die weiter oben in Listing 12.10 ausgeblendeten Menübuttons wieder sichtbar:

```
@media screen and (min-width:320px) and (max-width:767px) {
  /* Menübuttons sichtbar machen */
  nav[role="navigation"] div.menubutton {
    display: block;
  }

  /**
   * Hier folgt das CSS für die mobile Navigation
     aus Abschnitt 11.2
   */

} /* Ende @media */
```

Listing 12.11 Die Media Query für die mobile Navigation

Die in Abschnitt 11.2 erstellte mobile Navigation steht komplett innerhalb dieser Media Query. Durch die Begrenzung auf 767px müssen Sie für die in Schritt 3 zu erstellende Desktop-Version der Navigation nicht die Styles dieser mobilen Version überschreiben.

Abbildung 12.5 zeigt die beiden bisher vorhandenen Navigationen im Überblick. Links sehen Sie in einem 280px breiten Viewport die Basisversion, rechts bei 320px die mobile Navigation mit dem Menübutton.

12

Viewport kleiner als 320px = Basisversion   Viewport kleiner als 320px = mobile Navigation

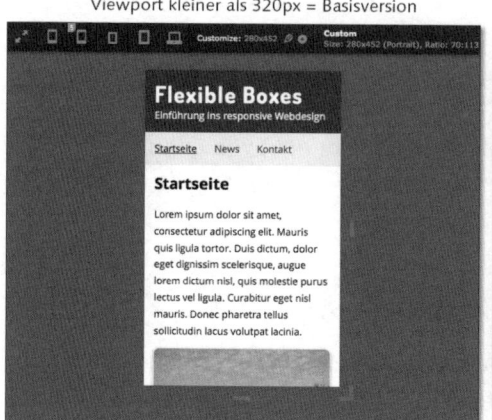
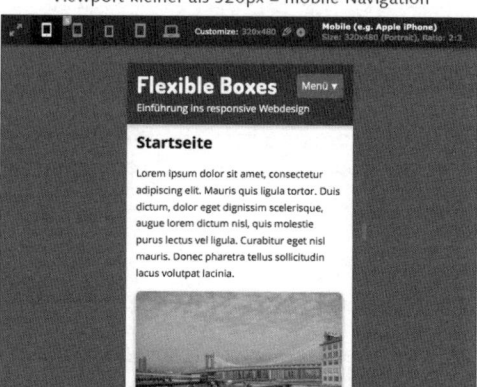

Abbildung 12.5 Links die Basisversion, rechts die mobile Navigation

12.3.3 Schritt 3: eine horizontale Navigation für den Desktop (ab 768px)

In der dritten Ausbaustufe werden die Navigationspunkte als abgerundete Rechtecke nebeneinander dargestellt, und zwar ab einer Fensterbreite von mindestens 768px.

Das folgende Listing zeigt das CSS für die horizontale Navigation aus Abbildung 12.6, aber Sie können auch gerne experimentieren und die Navigation anders gestalten:

```
@media screen and (min-width: 768px) {
  header[role="banner"] {
    box-shadow: 0 2px 6px rgba(51,51,51,0.3);
    margin-bottom: 0.5em;
  }
  nav[role="navigation"] {
    background: white;
    padding: 0.5em 1em 0 1em;
    margin: 0;
  }
  nav[role="navigation"] ul {
    position: relative;
    padding-left: 0;
    margin: 0;
  }
  nav[role="navigation"] li {
    list-style-type: none;
    display: inline-block;
```

```
    }
  nav[role="navigation"] a {
    display: block;
    min-width: 6em;
    background-color: #eee;
    color: #333;
    text-align: center;
    text-decoration: none;
    border-radius: 0.5em;
    padding: 0.5em 0;
    margin: 1em 2em 1em 0;
}
  nav[role="navigation"] li.active a {
    background: #08c;
    color: #fff;
    text-decoration: none;
  }
  nav[role="navigation"] a:hover,
  nav[role="navigation"] a:focus {
    text-decoration: underline;
  }
} /* Ende @media */
```

Listing 12.12 Das CSS für die Desktop-Navigation

Mit diesen Styles haben Sie auf den Beispielseiten unterhalb von 768px die mobile Navigation mit dem Menübutton und ab 768px die horizontale Navigation, bei der die Buttons nebeneinanderstehen. Am besten sichtbar wird dieser Effekt auf einem kleinen Tablet, bei dem im Querformat (800x600) die horizontale Navigation angezeigt wird (Abbildung 12.6).

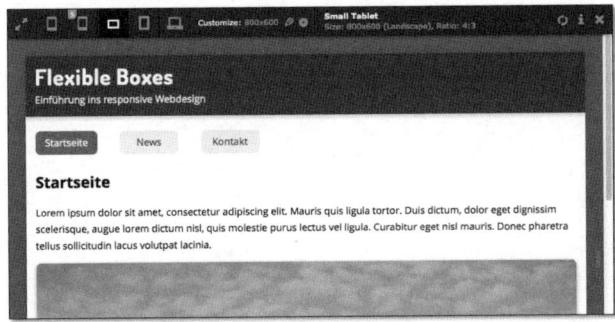

Abbildung 12.6 Bei 800px Breite erscheint die horizontale Navigation.

Dreht man das Tablet ins Hochformat, wird bei 600x800px die mobile Navigation mit dem Menübutton dargestellt (Abbildung 12.7).

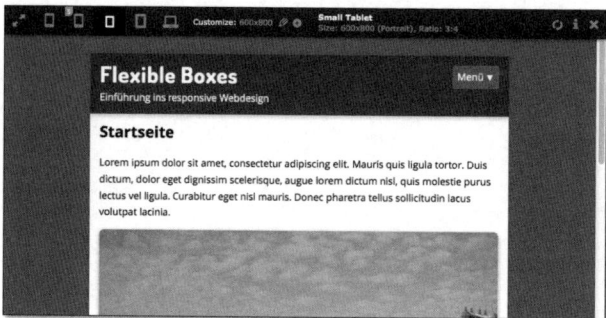

Abbildung 12.7 Bei 600px Breite wird die mobile Navigation angezeigt.

12.4 Workshop Nr. 2: Das Layout wird responsiv

Die Seiten werden im Browserfenster momentan von einem `max-width:480px` im Zaum gehalten, damit sie sich auf großen Bildschirmen nicht über die volle Fensterbreite erstrecken.

In diesem Workshop erstellen Sie ein klassisches, zentriertes Layout für den Desktop, wobei es nicht so sehr um die Feinheiten geht, sondern in erster Linie um die prinzipielle Vorgehensweise.

Mobile Versionen sind oft durch ein einspaltiges Layout geprägt. Falls Sie bei der Gestaltung von mehrspaltigen Abschnitten bemerken, dass ein anderes HTML praktischer wäre, sollten Sie den Quelltext ruhigen Gewissens ändern und zum Beispiel um benötigte `div`-Elemente ergänzen. Dazu sind die da.

12.4.1 Schritt 1: Die Webseiten im Browserfenster zentrieren

Zunächst öffnen Sie das Stylesheet *layout.css* im Editor und kommentieren am Anfang die maximale Breite für `body` aus:

```
body {
  background: white;
  color: #333;
  /*max-width: 480px;*/
  margin: 0 auto; }
```

Listing 12.13 Die Begrenzung für »body« auskommentieren

Danach werden die Beispielseiten in der Breite begrenzt und im Browserfenster zentriert. Dazu fügen Sie am Ende von *layout.css* folgendes CSS ein:

```css
@media screen and (min-width: 768px) {
  body {
    width: 90%;
    max-width: 960px;
    margin: 1em auto;
  }

  /* Hier folgen gleich noch weitere Styles */

} /* Ende @media */
```

Listing 12.14 Layout begrenzen und zentrieren

Durch diese CSS-Regel nimmt die Seite ab einem Viewport von 768px eine Breite von 90 % des Browserfensters ein, sodass sie sich flexibel anpasst, bis unterhalb von 768px das einspaltige Layout erscheint. Den Wert von 90 % können Sie dabei gerne verändern, er ist nur eine gute Ausgangsposition. Nach oben wird das Layout durch `max-width` begrenzt, sodass es nicht breiter wird als 960px.

»body« statt Wrapper

Auf den Beispielseiten wird kein Wrapper um die ganze Seite eingesetzt (`#wrapper`, `#page`, `#container` etc.). Dadurch verschieben sich die Styles für die Gestaltung der ganzen Seite um eine Ebene:

▶ Die Einschränkung der Layoutbreite, die oft an den Wrapper vergeben wird, übernimmt `body`.

▶ Die Gestaltung des gesamten Viewport (Hintergrund, Schriftgröße etc.) wird an das Stammelement `html` gegeben.

Das funktioniert wunderbar, aber falls Sie lieber mit einem `div` als Wrapper arbeiten, bauen Sie ihn einfach ein. Die sind nicht verboten.

12.4.2   Schritt 2: Den Hintergrund der Webseiten gestalten

Durch die Zentrierung der Seitenbreite entsteht rechts und links eine freie Fläche, die Sie zum Beispiel durch eine dezente Hintergrundgrafik füllen können.

Im folgenden Listing wird dem Stammelement `html` eine Grafik namens *grey-bg.png* zugewiesen, die im Ordner */css* liegt. Alle Styles stehen innerhalb der im vorigen Schritt erstellten Media Query, sodass sie erst ab einer Viewport-Breite von 768px wirksam werden:

```
@media screen and (min-width: 768px) {
  body {
    width: 90%;
    max-width: 960px;
    margin: 1em auto;
  }
  html {
    background:#ddd url("grey_bg.png") repeat left top;
  }
  div.wrap {
    background: white;
    overflow: hidden;
  }
  footer[role="contentinfo"] {
    clear:both;
  }

} /* Ende @media */
```

Listing 12.15 Hintergrund der Webseite gestalten und Footer clearen

Der zweite Style für `div.wrap` mit `overflow:hidden` dient dazu, eventuell enthaltene gefloatete Elemente zu umschließen. Eine mögliche Alternative zum Umschließen von Floats wäre `display:table`.

Zum Schluss wird noch der Pagefooter gecleart, da ein eventueller Float-Zustand aus dem Inhaltsbereich hier in jedem Fall beendet werden soll. Abbildung 12.8 zeigt die Seite im Browser bei einer Viewport-Breite von mindestens 768px.

Hintergründe von »SubtlePattern.com«

Die Aufgabe eines Hintergrundbildes ist es meistens, eine ansonsten leere Fläche interessant zu füllen, dabei aber nicht sonderlich aufzufallen. Auf der folgenden Website finden Sie eine nützliche Sammlung geeigneter Hintergrundmuster:

▶ *subtlepatterns.com*

Mit dem *Subtle Patterns Bookmarklet* von Brad Jasper können Sie die Hintergrundbilder von *Subtle Patterns* direkt im Browserfenster testen:

▶ *bradjasper.com/subtle-patterns-bookmarklet/*

Einfach die Beispielseiten im Browser laden, das Bookmarklet aktivieren und ausprobieren, welches Hintergrundbild Ihnen am besten gefällt.

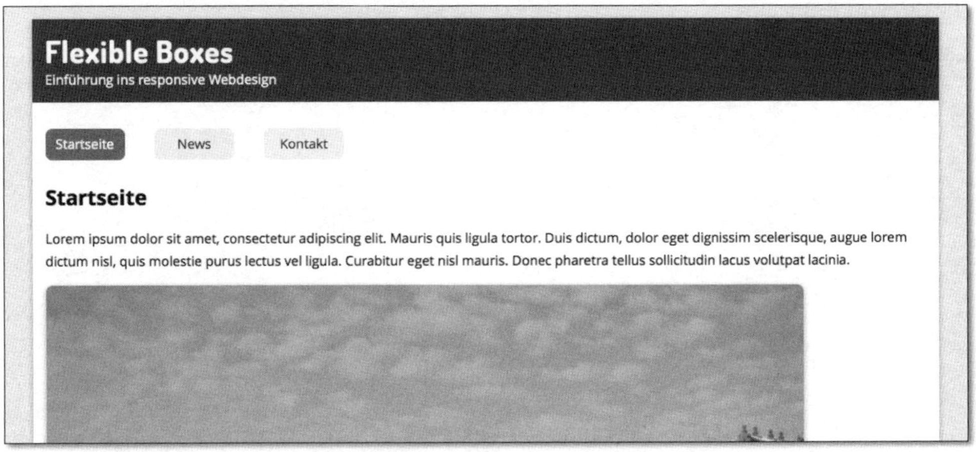

Abbildung 12.8 Die Desktop-Version im Browser

12.4.3 Exkurs: »Cover me« – Flächendeckende Hintergrundgrafiken

Inhaltliche Bilder, die mit dem HTML-Element `img` eingefügt werden, lassen sich problemlos skalieren, entweder direkt über die Eigenschaften `width` und `height` oder indirekt mit `max-width:100%` über die Größe des umgebenden Elements. Hintergrundbilder hingegen blieben in ihrer Größe erhalten und wurden meist nur horizontal und vertikal wiederholt, bis die Hintergrundfläche gefüllt war.

In CSS3 gibt es mit der Eigenschaft `background-size` Möglichkeiten, die Größe eines Hintergrundbildes zu beeinflussen. Zunächst einmal kann die Größe des Hintergrundbildes mit zwei Werten definiert werden, von denen der erste die Breite und der zweite die Höhe des Bildes bestimmt:

▶ `background-size: 100px 200px`
▶ `background-size: 100% 100%`

Bei der Variante mit 100 % füllt das Bild zwar die gesamte Fläche aus, wird dabei aber verzerrt. In der Praxis interessanter sind oft die Schlüsselwörter `contain` und `cover`:

► `background-size: contain` sorgt dafür, dass das Element das Hintergrundbild enthält (*contain*). Das bedeutet, dass das Bild immer komplett zu sehen ist, auch wenn es nicht die gesamte Fläche ausfüllt.

► `background-size: cover` ist das Gegenteil: Hintergrundbilder bedecken so weit wie möglich die gesamte Fläche des Elements, auch wenn sie dabei nicht komplett zu sehen sind.

Ein Bild sagt dabei wie so oft mehr als tausend Worte. Abbildung 12.9 zeigt ein großes Hintergrundbild.

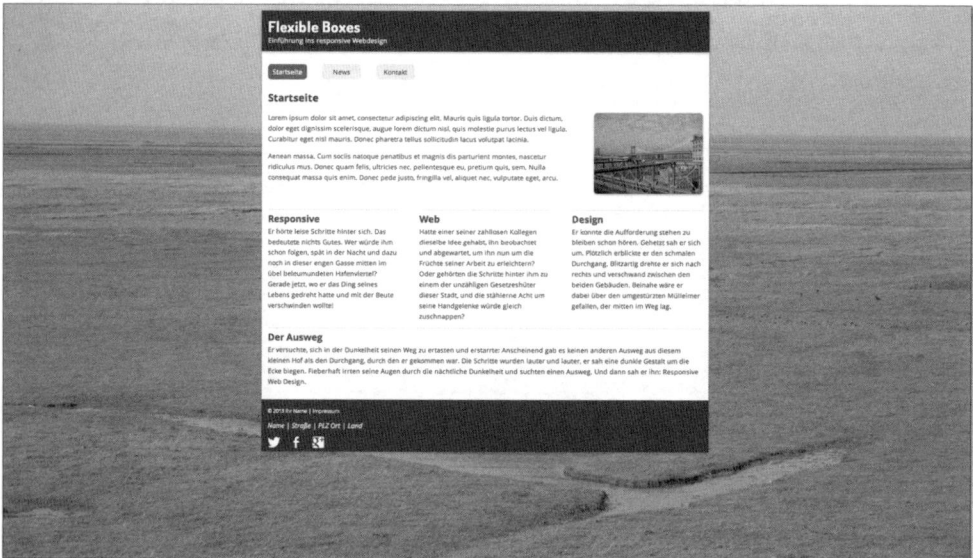

Abbildung 12.9 »background-size:cover« in Aktion

Das Hintergrundbild aus Abbildung 12.9 wurde mit folgenden Anweisungen eingebunden:

```
@media screen and (min-width: 1140px)
  html {
    min-height: 100%;
    background-size: cover;
    background-image: url("bigpicture.jpg");
    background-position: left bottom;
    background-repeat: no-repeat;
  }
} /* Ende @media */
```

Listing 12.16 Ein flächendeckendes Hintergrundbild

Mit `min-height:100%` wird sichergestellt, dass das Stammelement `html` auch wirklich die gesamte Höhe des Browserfensters ausfüllt. Danach wird das Bild mit der Anweisung `background-size:cover` gebeten, die gesamte Fläche auszufüllen, egal wie groß das Browserfenster wird, und zwar erst ab einer Viewport-Breite von 1140px, damit sich das Herunterladen der Grafik auch lohnt.

Was im ersten Moment beeindruckend aussieht, hat in der Praxis einige Nachteile, die vor allem mit Bild- und Dateigröße zu tun haben. Das Bild aus dem Beispiel heißt nicht ohne Grund *bigpicture.jpg*, denn der Name ist Programm.

Ein iMac mit 27 Zoll benötigt 2560 x 1440 Pixel für ein bildschirmfüllendes Bild und ein 10-Zoll-iPad mit einem Retina-Display immerhin noch 2048 x 1536. Ein flächendeckendes Hintergrundbild sollte diese Menge an Pixeln also schon mitbringen, um auch auf diesen Geräten eine gute Figur zu machen. Das Beispielbild *bigpicture.jpg* ist denn auch 2592 x 1944 Pixel groß und wiegt nach der Behandlung mit JPEGmini noch 472 KB. Für ein Hintergrundbild.

Details zu »background-size«

Weitere Details und zahlreiche Beispiele finden Sie auf folgenden Seiten:

▶ *css3.info/preview/background-size/*

▶ *css3.info/preview/multiple-backgrounds/*

Dort gibt es auch jede Menge andere interessante Infos zu CSS3.

12.5 Workshop Nr. 3: Der Inhaltsbereich wird responsiv

Last, but not least kümmern Sie sich in diesem Schritt um den Inhaltsbereich und stellen dort Elemente nebeneinander. Dabei gibt es folgende Schwerpunkte:

▶ Auf der Startseite wird das Bild ein bisschen sehr groß. Es soll verkleinert und neben den Fließtext gestellt werden.

▶ Die drei Artikel `#a1`, `#a2` und `#a3` direkt darunter sollen nebeneinandergestellt werden.

▶ Auf der News-Seite wird der Inhaltsbereich zweispaltig. Links steht der Inhalt von `main`, rechts daneben eine Spalte mit `aside`.

Für diese Änderungen genügen ein paar Float-Anweisungen, die allesamt erst ab einer Viewport-Breite von 768px gelten sollen.

12.5.1   Schritt 1: Startseite – ein Bild neben den Text stellen

In der mobilen Version ist das HTML im Header des Inhaltsbereichs mit einem Absatz und einem Bild völlig ausreichend. Auch mit mehreren Textabsätzen gibt es keine Probleme, da alle Elemente untereinanderstehen.

In der Desktop-Version ist das etwas anders. Da das Bild mit den Brücken aus New York im Quelltext außerhalb des Textabsatzes p steht, werden beide Elemente gefloatet, um sie nebeneinanderzustellen, der Absatz nach links und das Bild nach rechts.

Das funktioniert, ist aber nicht sonderlich flexibel, denn schon ein zweiter Textabsatz würde das Layout sprengen. Deshalb ergänzen Sie im folgenden Listing zunächst das HTML:

▶ Der Header innerhalb von main wird um einen zweiten Textabsatz ergänzt.

▶ Beide Absätze werden von einem div umfasst, das eine Klasse namens headertext bekommt.

▶ Das Bild bekommt ebenfalls ein div mit der Klasse headerbild.

Dem umgebenden header wird im folgenden Listing mit der Klasse cf noch der in Abschnitt 7.4.2, »Grundformatierung der Layoutbereiche«, erwähnte Micro-Clearfix zugewiesen, damit er die gefloateten Elemente umschließt.

Öffnen Sie für diese Änderungen die Startseite *index.html* im Editor, und ergänzen Sie das HTML wie im folgenden Listing:

```
<main role="main">
  <section id="content">
    <header class="cf">
      <h2>Startseite</h2>
      <div class="headertext">
        <p>Lorem ipsum ... </p>
        <p>Aenean massa ...</p>
      </div>
      <div class="headerbild">
        <img src="bilder/newyorkbridges_mini.jpg"
             alt="Brücken in New York - Brooklyn und Manhattan">
      </div>
```

Listing 12.17 Das HTML im Header des Inhaltsbereichs wird erweitert.

Um dieses HTML zu gestalten, öffnen Sie das Stylesheet *inhalt.css* im Editor, und fügen Sie am Ende folgendes CSS zum Floaten von Absatz und Bild ein:

```
@media screen and (min-width: 768px) {
  .startseite main header .headertext {
    float: left;
    width: 70%;
  }
  .startseite main header .headerbild {
    float: right;
    width: 25%; /* lässt 5% Abstand zum Text */
  }

  /* Hier folgen gleich noch weitere Styles */

} /* Ende @media */
```

Listing 12.18 Let's float – Absatz nach links, Bild nach rechts

Da der Text mit einer Breite von 70 % nach links und das Bild mit einer Breite von 25 % nach rechts gefloatet wird, ist zwischen den beiden automatisch ein Abstand von 5 %. Mit den Prozentwerten für die Breite von Text und Bild können Sie gerne experimentieren. Abbildung 12.10 zeigt die Startseite nach diesen Schritten im Browser.

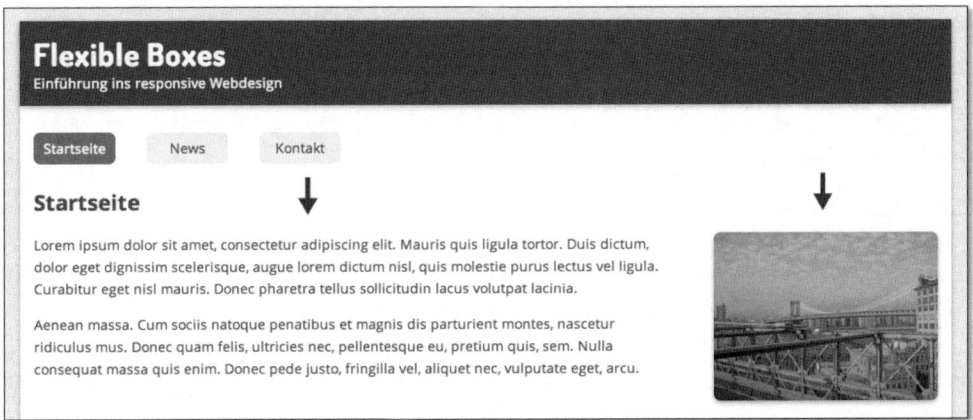

Abbildung 12.10 Die Grafik steht neben dem Fließtext.

12.5.2   Schritt 2: Startseite – drei Absätze nebeneinanderstellen

Um die drei Artikel #a1 bis #a3 unterhalb der Grafik nebeneinanderzustellen, genügen drei einfache Styles und ein Clearing im HTML.

Erstellen Sie in *inhalt.css* die folgenden Styles innerhalb der im vorhergehenden Schritt erstellten Media Query:

```
@media screen and (min-width: 768px) {

  /* Hier stehen die Styles aus dem vorherigen Listing */

.startseite #a1 { float: left; width: 30%; margin: 0;}
.startseite #a2 { float: left; width: 30%; margin: 0 5%;}
.startseite #a3 { float: right; width: 30%; margin: 0; }

  /* Hier folgen gleich noch weitere Styles */

} /* Ende @media */
```

Listing 12.19 Drei Textabsätze nebeneinander

Um die gesamte Breite des Inhaltsbereichs auszunutzen, werden die beiden ersten Artikel nach links gefloatet und der dritte nach rechts. Die Zwischenräume nach links und rechts bekommt der mittlere Artikel. Auch hier gilt, dass Sie mit den Prozentwerten experimentieren sollten, wobei die Summe der Werte 100 % nicht übersteigen sollte.

Bevor Sie sich die Startseite im Browser anschauen, sollte der vierte Artikel noch gecleart werden. Dazu öffnen Sie die Startseite *index.html* im Editor und ergänzen den öffnenden Tag des Artikels wie folgt:

```
<article id="a4" class="clear">
```

Listing 12.20 Der Artikel muss gecleart werden

Die gefloateten Elemente und das Box-Modell

Wenn Sie für die gefloateten Elemente im Inhaltsbereich der Startseite horizontal ein `padding` oder `border` vergeben möchten, müssen Sie `width` und `margin` anpassen, damit alles in eine Zeile passt.

Solange Sie für alle Eigenschaften dieselbe Einheit verwenden, ist das noch machbar, aber falls bei einem Element für die Box-Modell-Eigenschaften gemischte Einheiten verwendet werden sollen, wird die Sache unberechenbar, und Sie sollten für die betroffenen Elemente auf die `border-box` umsteigen, die in Abschnitt 10.1, »Boxen wie im richtigen Leben: ›box-sizing: border-box‹«, erklärt wurde. Ein Beispiel sehen Sie in Abschnitt 13.7, »Workshop Nr. 4: ›border-box‹ für ein stabileres Grid«, bei der Erstellung des Gridlayouts.

Alternativ können Sie natürlich auch wie früher mit doppelten HTML-Elementen arbeiten: Das äußere Element bekommt `width`, das innere `padding` und `border`.

Startseite

Lorem ipsum dolor sit amet, consectetur adipiscing elit. Mauris quis ligula tortor. Duis dictum, dolor eget dignissim scelerisque, augue lorem dictum nisl, quis molestie purus lectus vel ligula. Curabitur eget nisl mauris. Donec pharetra tellus sollicitudin lacus volutpat lacinia.

Aenean massa. Cum sociis natoque penatibus et magnis dis parturient montes, nascetur ridiculus mus. Donec quam felis, ultricies nec, pellentesque eu, pretium quis, sem. Nulla consequat massa quis enim. Donec pede justo, fringilla vel, aliquet nec, vulputate eget, arcu.

↓

Responsive

Er hörte leise Schritte hinter sich. Das bedeutete nichts Gutes. Wer würde ihm schon folgen, spät in der Nacht und dazu noch in dieser engen Gasse mitten im übel beleumundeten Hafenviertel? Gerade jetzt, wo er das Ding seines Lebens gedreht hatte und mit der Beute verschwinden wollte!

Web

Hatte einer seiner zahllosen Kollegen dieselbe Idee gehabt, ihn beobachtet und abgewartet, um ihn nun um die Früchte seiner Arbeit zu erleichtern? Oder gehörten die Schritte hinter ihm zu einem der unzähligen Gesetzeshüter dieser Stadt, und die stählerne Acht um seine Handgelenke würde gleich zuschnappen?

Design

Er konnte die Aufforderung stehen zu bleiben schon hören. Gehetzt sah er sich um. Plötzlich erblickte er den schmalen Durchgang. Blitzartig drehte er sich nach rechts und verschwand zwischen den beiden Gebäuden. Beinahe wäre er dabei über den umgestürzten Mülleimer gefallen, der mitten im Weg lag.

Der Ausweg

Er versuchte, sich in der Dunkelheit seinen Weg zu ertasten und erstarrte: Anscheinend gab es keinen anderen Ausweg aus diesem kleinen Hof als den Durchgang, durch den er gekommen war. Die Schritte wurden lauter und lauter, er sah eine dunkle Gestalt um die Ecke biegen. Fieberhaft irrten seine Augen durch die nächtliche Dunkelheit und suchten einen Ausweg. Und dann sah er ihn: Responsive Web Design.

Abbildung 12.11 Drei Absätze nebeneinander und der vierte darunter

12.5.3   Schritt 3: News-Seite – einen zweispaltigen Inhaltsbereich erstellen

Zu guter Letzt wird in diesem Workshop der Inhalt auf der Seite »News« auf zwei Spalten aufgeteilt. Im folgenden Listing verwenden Sie zur Definition der Spalten die bereits vorhandenen semantischen Elemente `main` und `aside`. Ein zusätzliches `div` ist für die Beispielseite nicht nötig. Sollten Sie bei einem komplexeren Layout für die Mehrspaltigkeit zusätzliche `div`-Elemente benötigen, fügen Sie sie nach Bedarf hinzu.

Die Styles aus dem folgenden Listing stehen in *inhalt.css* und innerhalb der Media Query aus Schritt 1 und 2:

```
@media screen and (min-width: 768px) {

  /* Hier stehen die Styles aus den vorherigen Listings */
```

```
.news main {
  float: left;
  width: 70%;
}
.news aside {
  float: right;
  width: 25%; /* lässt 5% Abstand zu main */
  margin-top: 75px; /* gleiche Höhe wie der erste Artikel */
}
.news aside h3 {
  margin-top: 0;
}

} /* Ende @media */
```

Listing 12.21 Das Styling für den Inhaltsbereich der News-Seite

Mit diesen einfachen Styles sieht die News-Seite etwa so aus wie in Abbildung 12.12.

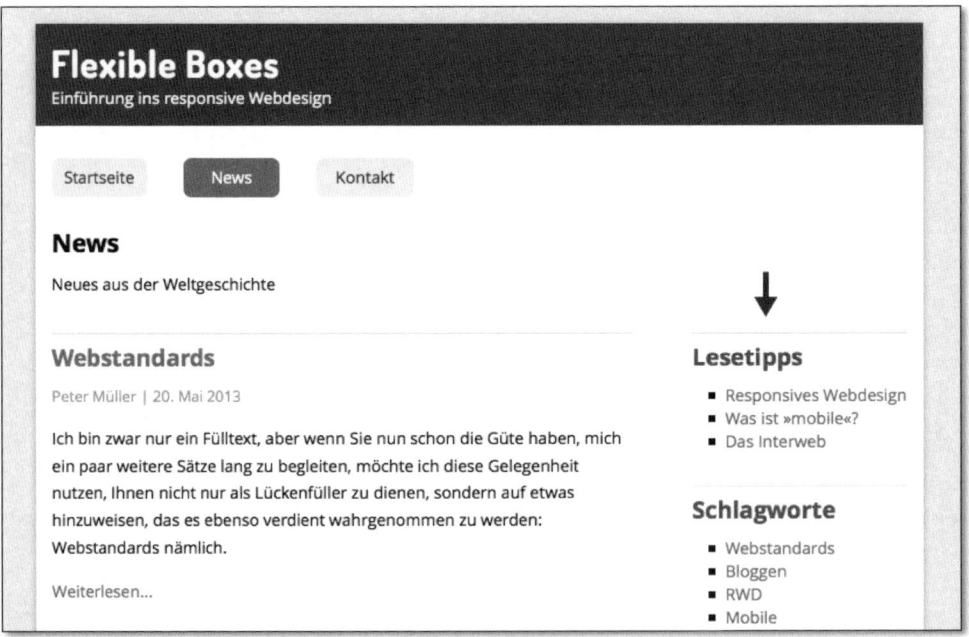

Abbildung 12.12 »main« und »aside« stehen nebeneinander.

Fazit: Die Beispielseiten sind responsiv

Am Ende dieses Kapitels sind die Beispielseiten recht flexibel:

▶ Unterhalb von 768px ist das Layout einspaltig.

▶ Ab 768px hat die Startseite mehrspaltige Abschnitte im Inhaltsbereich und die News-Seite ein zweispaltiges, mit entgegengesetzten Floats realisiertes Layout.

▶ Durch die Definition der Breiten in Prozent passt sich dieses Layout dem Browserfenster an.

Natürlich könnte man noch jede Menge Details verfeinern, aber das Grundprinzip ist, dass die Kombination von Media Queries und Breitenangaben in Prozent die Seiten flexibel macht.

12

Kapitel 13

Layouts mit Raster –
ein Gridsystem erstellen

*Worin Sie lernen, was Grids sind. Danach erstellen Sie ein einfaches Grid-
system und wenden es auf die Beispielseiten an.*

Die Themen im Überblick:

- Rasterlayouts – gestalten mit Grids, Seite 325
- Ein 960px-Grid mit zwölf Spalten, Seite 330
- Workshop Nr. 1: Das 960px-Grid erstellen, Seite 333
- Spielregeln zur Arbeit mit den Gridklassen, Seite 337
- Workshop Nr. 2: Die Seiten mit dem Grid gestalten, Seite 338
- Workshop Nr. 3: Die Ergänzung – das 744px-Grid, Seite 345
- Workshop Nr. 4: »border-box« für ein stabileres Grid, Seite 348
- Fazit: Ein Grid mit mehreren Stufen, Seite 350
- Frontend-Frameworks trennen Layoutgerüst und Inhalt, Seite 351

In diesem Kapitel erstellen Sie ein mehrstufiges, pixelbasiertes Gridsystem und wenden es auf die Beispielseiten an. Abbildung 13.1 zeigt die Startseite am Ende des Kapitels in allen drei Stufen, wobei das Raster mit einem Grid-Overlay sichtbar gemacht wurde.

Am Ende dieses Kapitels haben Sie ein einfaches, alltagstaugliches pixelbasiertes Grid-system, mit dem Sie adaptive Layouts erstellen können. Praktisch responsiv.

13.1 Rasterlayouts – gestalten mit Grids

Bevor Sie sich an die Erstellung eines gridbasierten Layouts machen, möchte ich kurz erklären, was ein »Grid« eigentlich ist.

13

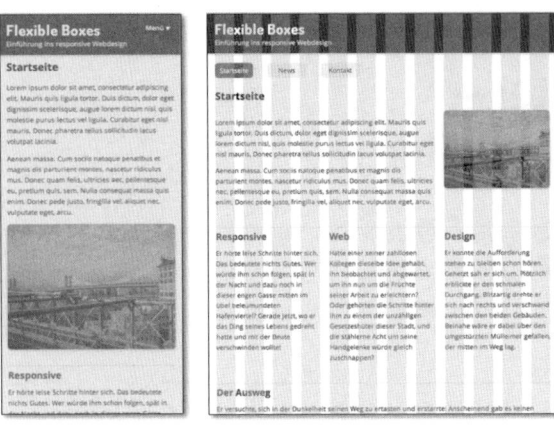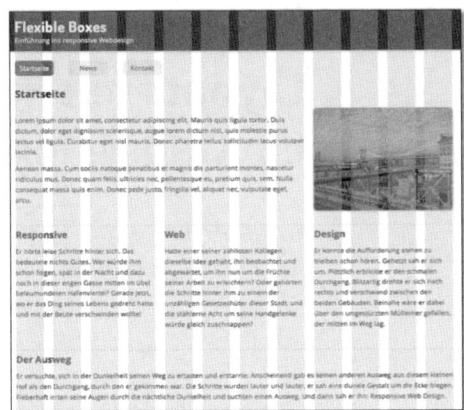

Abbildung 13.1 Die drei Stufen des Gridsystems in der Übersicht

13.1.1 Ein »Grid« ist ein Raster und schafft Ordnung

»Grid« ist das englische Wort für »Raster«, und ein »Gridlayout« ist ein Layout, dem ein Raster zugrunde liegt. Abbildung 13.2 zeigt zwei Layoutskizzen aus einer Einführung zum *960-Grid-System* vom Juli 2010:

▶ *sixrevisions.com/web_design/the-960-grid-system-made-easy*

Beide Skizzen sind eine Ansammlung von Rechtecken, aber in der oberen ist auf Anhieb eine Ordnung erkennbar, während in der unteren der Zufall vorzuherrschen scheint.

Abbildung 13.2 Oben ein Layout mit Raster, unten eines ohne

Unser Gehirn ist von Natur aus bequem veranlagt und mag es, wenn es bei der Wahrnehmung von Mustern nicht zu viel nachdenken muss. Wenn Objekte an einem Raster ausgerichtet sind, ist die Ordnung schneller erkennbar, und das Gehirn muss weniger nachdenken. Die meisten Leute empfinden das intuitiv – ohne lange darüber nachzudenken – als angenehm.

13.1.2 Grids sind ein Werkzeug für Grafikdesigner

Webdesigner Mark Boulton hat im Vorwort zu seiner im Juni 2005 erschienenen Artikelserie »Five simple steps to designing grid systems« Folgendes über Grids gesagt:

> In the context of graphic design, a grid is an instrument for ordering graphical elements of text and image … It's about mathematics … Ratios and equations are everywhere in grid system design.
> Quelle: bit.ly/boulton-grid-preface

Für Grafikdesigner ist ein Raster also ein Werkzeug, um Texte und Grafiken zu ordnen, und ein Grid basiert auf mathematischen Überlegungen.

13

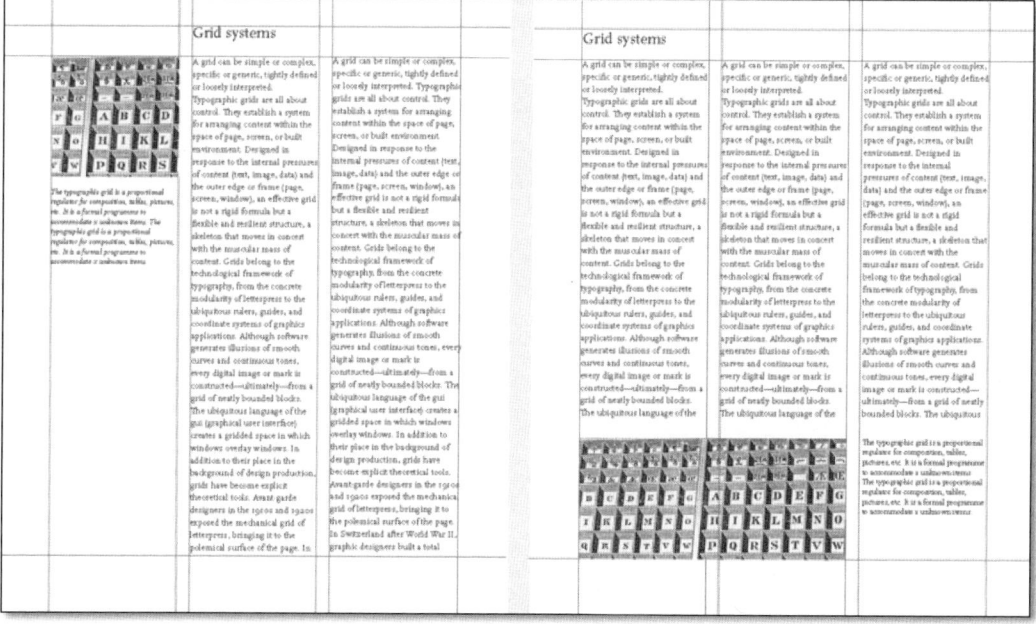

Abbildung 13.3 Mehrspaltiges Gridsystem für den Printbereich

Teilungsverhältnisse wie der goldene Schnitt sind seit der Antike bekannt und finden sich sowohl in der Natur als auch im Design. Moderne Rastersysteme für den Printbereich wurden in den 50er und 60er Jahren populär, unter anderem durch den Schweizer Josef Müller-Brockmann, dessen Buch »Grid Systems in Graphic Design – Rastersysteme für die visuelle Gestaltung« ein Klassiker wurde.

Abbildung 13.3 zeigt ein typisches, mehrspaltiges Gridsystem von der Website zum Buch »Thinking with Type« von Ellen Lupton:

► *thinkingwithtype.com/contents/grid/*

13.1.3 Rasterfahndung: Gridlayouts im Web

Beim Erstellen von Webseiten hat wohl jeder Autor schon verzweifelt nach der optimalen Breite für ein Bild oder eine Spalte gesucht und tausendfach die verschiedensten Einstellungen probiert, bis es irgendwie zu stimmen schien.

Ein Rastersystem könnte diese Entscheidungen erleichtern, hat aber im Web ein grundlegendes Problem: Basis für die Berechnung eines Rasters ist eine definierte Fläche, die nach mathematischen Grundsätzen aufgeteilt wird. Auf Papier ist das einfach, im Web nicht, denn eigentlich gibt es für Webseiten keine fest definierte Fläche.

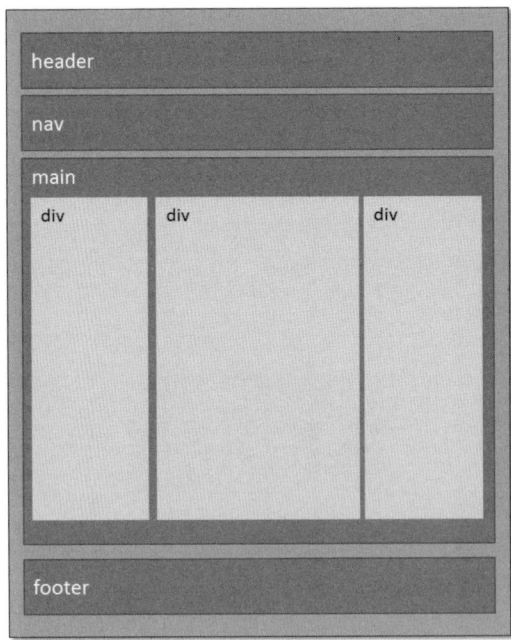

Abbildung 13.4 Ein typisches Spaltenlayout

Bei der Fahndung nach einer solchen definierten Fläche schien eine Layoutbreite von 960px vor ein paar Jahren der ideale Kandidat zu sein. Zum einen passten 960 Pixel locker auf fast alle Bildschirme, und zum anderen war die Zahl 960 eine gute mathematische Basis, da sie durch viele andere Zahlen teilbar ist: 2, 3, 4, 5, 6, 8, 10, 12, 15, 16, 20, 24, 30, 32, 40, 48, 60, 64, 80, 96, 120, 160, 192, 240, 320 und 480, um genau zu sein. So wurden 960px vorübergehend fast zu einer Standardbreite, zu einer Art »DIN A4« für Webseiten.

Ein Gridlayout ist, anders als ein traditionelles mehrspaltiges Layout, sehr flexibel in der horizontalen Raumaufteilung. Spaltenlayouts teilen den gesamten Inhaltsbereich in zwei oder drei Spalten auf. Diese Spalten geben die Grundeinteilung im Inhaltsbereich vor und können nicht oder nur mit erheblichem Aufwand durchbrochen werden (Abbildung 13.4).

Bei einem Gridlayout hingegen bleibt der Inhaltsbereich in der Regel einspaltig, und innerhalb dieser einen Spalte werden *Zeilen* definiert. Sie können (und müssen) die Raumaufteilung für jede Gridzeile einzeln festlegen. Dadurch gibt es wesentlich mehr Gestaltungsmöglichkeiten als bei einem Spaltenlayout.

Abbildung 13.5 zeigt ein 12-Spalten-Grid, bei dem die Raumaufteilung durch Zuweisung von CSS-Gridklassen erfolgt. Ein solches Gridsystem werden Sie im Laufe dieses Kapitels erstellen.

13

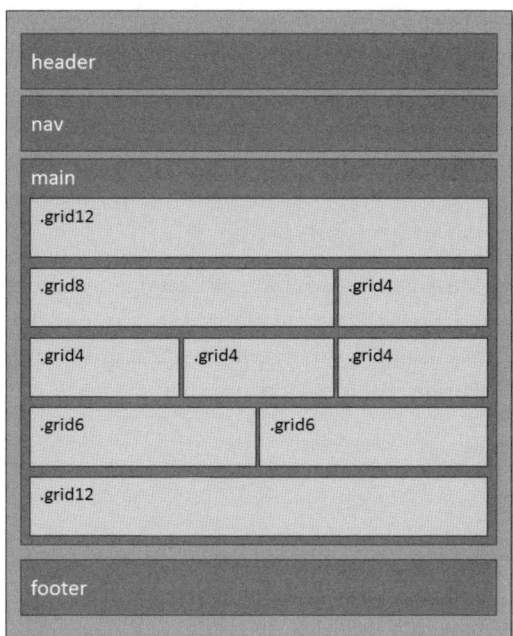

Abbildung 13.5 Ein typisches Gridlayout

Eine Zeile besteht in diesem Gridsystem immer aus 12 Spalten, die unterschiedlich aufgeteilt werden können. In Abbildung 13.5 sehen Sie vier verschiedene Möglichkeiten:

▶ Die Klasse `grid12` reserviert alle 12 Spalten für ein HTML-Element.

▶ Die Klassen `grid8` und `grid4` teilen die Zeile 2/3 zu 1/3.

▶ Die Klasse `grid4` drittelt die Gesamtbreite.

▶ Zweimal die Klasse `grid6` halbiert den Bereich.

Andere Einteilungen wie `grid9` und `grid3` sind kein Problem, solange die Summe in einer Zeile 12 ergibt. Ein solches 12-Spalten-Gridsystem werden Sie wie gesagt im weiteren Verlauf dieses Kapitels erstellen.

13.1.4 Grid-Frameworks drehen den Designprozess um

Nachdem Grids auch im Web immer beliebter wurden, entstanden ab 2008 zahlreiche CSS-Grid-Frameworks, wie zum Beispiel das bereits erwähnte *960-Grid-System* (*960.gs*). Diese Grid-Frameworks erleichtern die Erstellung von Gridlayouts und reduzieren die Umsetzung eines Weblayouts auf die Verteilung von `div`-Elementen und die Zuweisung von CSS-Klassen, stellen den Designprozess aber eigentlich auf den Kopf:

▶ Ein Grafikdesigner, der das Arbeiten mit Gridsystemen gelernt hat, leitet das Raster vom Layout ab. Irgendeine markante Form wie ein Logo, ein Schriftzug oder auch die vorgeschriebene Breite für eine Werbegrafik gibt den Rhythmus vor, und daraus entsteht ein Layoutraster.

▶ Mit einem Grid-Framework wie *960.gs* wird diese Vorgehensweise umgedreht: Nicht das Layout bestimmt das Raster, sondern das Raster das Layout. Das Framework gibt eine bestimmte Spaltenanzahl und -breite vor, und das Layout muss in dieses Raster passen.

Das ist natürlich erst einmal eine Einschränkung der Kreativität, aber da die Erstellung eines individuellen Gridlayouts eine Menge Know-how erfordert, empfinden viele Nicht-Grafikdesigner diese Tatsache nicht unbedingt als unangenehm. Das Grid-Framework mag vielleicht eine von außen aufgezwungene Ordnung sein, aber das ist immer noch besser als gar keine.

13.2 Ein 960px-Grid mit zwölf Spalten

Eine Layoutbreite von 960px ergibt bei zwölf Spalten eine Breite von 80px für jede Spalte, denn 12 mal 80 sind 960. Textblöcke, Grafiken und andere Elemente werden so auf der Webseite platziert, dass sie diesem Raster entsprechen.

13.2.1   Visualisierung: Das Grid in der Übersicht

Abbildung 13.6 zeigt ein Raster, wie es bei *960.gs* oder dem *12-Spalten-Grid* von *Contao 3* verwendet wird. Ein solches Grid werden Sie in diesem Kapitel erstellen.

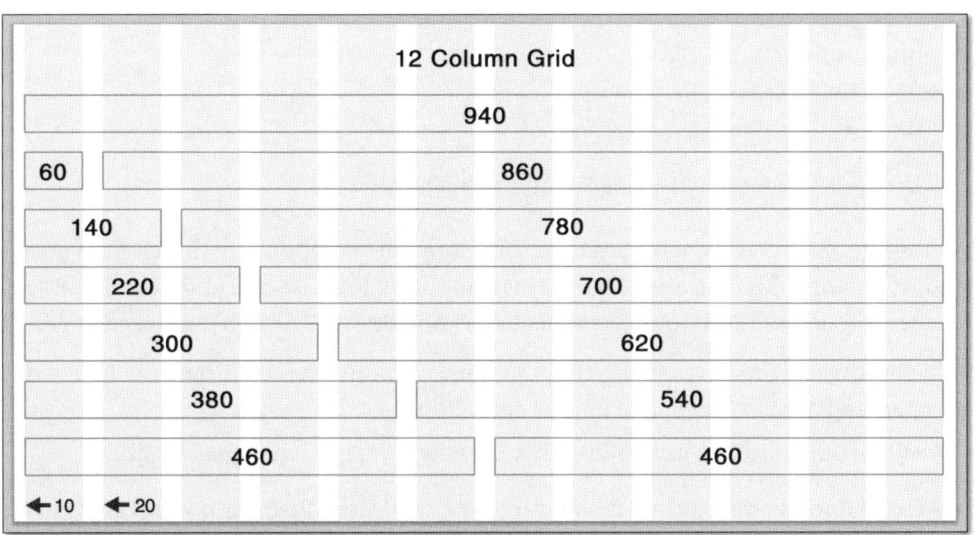

Abbildung 13.6 Ein 960px-Grid mit 12 Spalten à 60px (960.gs/demo.html)

Abbildung 13.6 zeigt zwölf farbige, 60px breite Spalten, was einer Gesamtbreite von 720px entspricht. Jede Spalte hat links und rechts 10px Außenabstand. Dadurch entstehen elf Zwischenräume von 20px (220px) sowie ganz links vor der ersten und ganz rechts nach der letzten Spalte zweimal 10px. Macht summa summarum genau 960px.

13.2.2   Die CSS-Klassen für das Grid

Die Zahlen innerhalb der in Abbildung 13.6 dargestellten Rechtecke entsprechen der Breite der Gridklassen im CSS, die Sie etwas weiter unten in Workshop Nr. 1 für die Beispielseiten erstellen.

Diese Gridklassen bilden den Kern des Gridsystems in diesem Kapitel, und das folgende Listing zeigt sie schon einmal vorab im Überblick. Selbst eingeben werden Sie sie erst im Workshop Nr. 1 etwas weiter unten:

```
.grid1  { width:60px;  }
.grid2  { width:140px; }
.grid3  { width:220px; }
.grid4  { width:300px; }
```

```
.grid5  { width:380px; }
.grid6  { width:460px; }
.grid7  { width:540px; }
.grid8  { width:620px; }
.grid9  { width:700px; }
.grid10 { width:780px; }
.grid11 { width:860px; }
.grid12 { width:940px; }
```

Listing 13.1 Die CSS-Klassen für die zwölf Gridspalten im Überblick

Die Definition der Gridklassenbreite ist die erste Kernkomponente des Grids. Verwirrend ist anfangs, dass die erste Spalte grid1 nur 60px breit ist, alle anderen aber 80px. Schauen Sie sich zur Erklärung das Schema aus Abbildung 13.6 noch einmal genau an:

▶ In der Angabe von width:140px für grid2 sind 20px für den Weißraum *zwischen* der ersten und der zweiten Spalte bereits enthalten.

▶ Zweimal 60px Spaltenbreite plus 20px Zwischenraum macht genau 140px.

So weit, so gut. Aber eigentlich fehlen für jede Gridklasse 20px, denn wenn *eine* Spalte 80px breit ist, dann müssten *zwei* Spalten eine Breite von 160px haben, und nicht 140px.

Diese fehlenden 20px bekommen die Gridklassen von einem zusätzlichen Style, der die zweite Kernkomponente des Gridsystems bildet:

```
.grid1, .grid2, .grid3, .grid4, .grid5, .grid6,
.grid7, .grid8, .grid9, .grid10, .grid11, .grid12 {
  float:left;
  margin-left:10px;
  margin-right:10px;
}
```

Listing 13.2 Jede Spalte wird gefloatet und bekommt 2 x 10px »margin«.

Der Browser floatet alle Elemente mit einer Gridklasse nach links *und* versieht sie mit einem margin-left und margin-right von jeweils 10px. So bekommt man zwischen den Spalten automatisch einen praktischen Abstand von 20px.

Insgesamt stimmt von den Zahlen her alles: Wenn Sie die 2 x 10px margin aus Listing 13.2 zur width der Gridklassen aus Listing 13.1 addieren, sind alle Spalten exakt 80px breit. Wie gesagt: »It's about mathematics«.

> **Ein kürzerer Selektor**
>
> Statt der Aufzählung aller Gridklassen könnte man in Listing 13.2 auch einen kürzeren Selektor wie [class*="grid"] einsetzen, der im Klartext bedeutet: »Elemente mit einer Klasse, die die Buchstaben grid enthält«.

13.3   Workshop Nr. 1: Das 960px-Grid erstellen

Die Erstellung für das Gridsystem in diesem Kapitel ist wie folgt aufgeteilt:

► In Workshop Nr. 1 erstellen Sie das 960px-Grid.

► Diese Gridklassen weisen Sie in Workshop Nr. 2 den Beispielseiten zu.

► In Workshop Nr. 3 erstellen Sie das schmale Grid mit einer Breite von 744px, das danach *automagically* einfach funktioniert.

► In Workshop Nr. 4 wird das Box-Modell auf »border-box« umgestellt, um das Grid robuster und vielseitiger zu machen.

Zum Abschluss gibt es noch einen kurzen Exkurs über die Verwendung von zusätzlichen div-Elementen.

> **Der Inhaltsbereich sollte zu Beginn des Workshops einspaltig sein**
>
> Die Ausgangsposition sind die Beispieldateien am Ende von Kapitel 12, »Media Queries – die Seiten werden responsiv«. Kommentieren Sie aber bitte die in Abschnitt 12.5 (Workshop Nr. 3) erstellten und am Ende von *inhalt.css* gespeicherten Styles zur Gestaltung des Inhaltsbereichs aus. Der Inhaltsbereich der Beispielseiten sollte momentan einspaltig sein.

13.3.1   Schritt 1: Vorbereitung – das HTML für die Beispielseiten ergänzen

Zunächst ergänzen Sie das HTML auf allen Beispielseiten und geben dem Seitenheader und -footer ein paar zusätzliche div-Elemente, sodass die HTML-Struktur für die Anforderungen des Grids gewappnet ist.

Der Seitenheader bekommt ein div mit der Klasse inside und sieht danach wie folgt aus:

13

```
<header  role="banner" id="nomenu">
<div class="inside">
  <div class="hgroup">...</div>
</div>
</header>
```

Listing 13.3 Der Seitenheader bekommt ein zusätzliches »div«.

Der Footer erhält gleich zwei zusätzliche div-Elemente. Das erste bekommt genau wie im Header die Klasse inside, das zweite div gruppiert die HTML-Elemente im Fußbereich und bekommt die Klasse footercontent:

```
<footer role="contentinfo">
<div class="inside">
  <div class="footercontent">
    <!-- Inhalt des Fußbereichs -->
  </div>
</div>
</footer>
```

Listing 13.4 Der Footer mit zwei zusätzlichen »div«-Elementen

13.3.2   Schritt 2: Das Fundament – Grundformatierung für beide Gridstufen

Nach der Ergänzung des HTML benötigen Sie zunächst ein neues Stylesheet, in dem alle in diesem Kapitel erstellten CSS-Regeln für das Grid gespeichert werden:

▶ Erstellen Sie im Ordner */css* ein neues Stylesheet namens *gridpage.css*.

▶ Importieren Sie *gridpage.css* im zentralen Stylesheet *styles.css*, und zwar vor *print.css*.

Am Anfang von *gridpage.css* notieren Sie eine Media Query für eine Mindestbreite von 768px und dazwischen ein paar Styles, die das Fundament für das Gridsystem bilden:

```
@media screen and (min-width:768px) {

  /* Reset horizontales Padding von 1em aus layout.css */
  header[role="banner"],
  nav[role="navigation"],
  div[class="wrap"],
  footer[role="contentinfo"] {
    padding-right: 10px;
    padding-left: 10px;
```

```
}

.grid1, .grid2, .grid3, .grid4, .grid5, .grid6,
.grid7, .grid8, .grid9, .grid10, .grid11, .grid12 {
  float:left;
  margin-right:10px;
  margin-left:10px;
}

/* Horizontaler margin für Header, Navi und Footer */
header[role="banner"] .inside ,
nav[role="navigation"],
footer[role="contentinfo"] .inside {
  margin-left: 10px;
  margin-right: 10px;
}

/* Hier folgen später die Styles für das 744px-Grid */

} /* Ende @media */
```

Listing 13.5 Das Fundament für das Grid

Und hier die Styles im Überblick:

▶ Der erste Style reduziert das bisher in *layout.css* definierte horizontale `padding` der Layoutbereiche von `1em` auf `10px`. Pixel lassen sich beim Grid besser berechnen und integrieren.

▶ Im nächsten Style floatet der Browser alle Elemente mit einer Gridklasse nach links und versieht sie mit einem `margin-left` und `margin-right` von jeweils `10px`.

▶ Da Kopf-, Navigations- und Fußbereich in der Regel keine Gridklassen enthalten, bekommen sie im letzten Style ebenfalls einen `margin-left` und `margin-right` von `10px`, damit sie mit den im Inhaltsbereich gefloateten Gridelementen bündig sind.

Nach diesen Styles sind Kopf-, Navigations- und Fußbereich bereits 10px eingerückt, der Inhaltsbereich hingegen ragt um genau diese 10px zu weit nach links, aber das wird sich nach der Zuweisung der Gridklassen in Workshop Nr. 2 ändern.

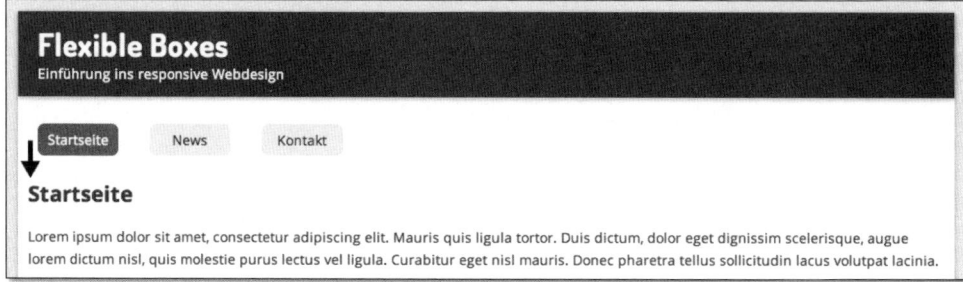

Abbildung 13.7 Der Inhaltsbereich beginnt links 10px zu früh.

Falls der Inhaltsbereich noch mehrspaltig ist …

Zu diesem Zeitpunkt sollte der Inhaltsbereich der Beispielseiten einspaltig sein. Falls bereits Elemente nebeneinanderstehen, kommentieren Sie bitte die in Abschnitt 12.5 (Workshop Nr. 3) erstellten Styles am Ende von *inhalt.css* aus.

13.3.3   Schritt 3: Die CSS-Klassen für das 960px-Grid definieren

Nachdem das Fundament gelegt ist, wird in diesem Schritt zunächst das 960px-Grid erstellt. Dazu wird für body eine Layoutbreite von 980px festgelegt: 960px für das Grid plus 2 x 10px padding links und rechts, um an beiden Seiten ein bisschen Luft zu haben, bevor der Hintergrund beginnt.

Die Media Query mit einer Mindestbreite von 980px entspricht genau dieser Breite. Das folgende Listing zeigt das CSS im Überblick:

```
@media screen and (min-width:980px) {

   body {
      width: 980px;      /* 960px Grid, plus 2x10 padding */
      max-width: none;   /* Reset max-width:960px aus layout.css */
      margin-right: auto;
      margin-left: auto;
   }


   .grid1  { width:60px;  }
   .grid2  { width:140px; }
   .grid3  { width:220px; }
```

```
.grid4  { width:300px; }
.grid5  { width:380px; }
.grid6  { width:460px; }
.grid7  { width:540px; }
.grid8  { width:620px; }
.grid9  { width:700px; }
.grid10 { width:780px; }
.grid11 { width:860px; }
.grid12 { width:940px; }

} /* Ende @media */
```

Listing 13.6 Die CSS-Regeln für das 960er-Grid

Mit diesen Styles ist das CSS für das 960er 12-Spalten-Grid definiert, und nach der Erklärung der Spielregeln im nächsten Abschnitt beginnen Sie mit der Gestaltung der Beispielseiten, indem Sie diese Klassen den HTML-Elementen zuweisen.

13.4   Spielregeln zur Arbeit mit den Gridklassen

Bevor es mit der eigentlichen Gestaltung losgeht, möchte ich Ihnen drei grundlegende Regeln bei der Zuweisung der Gridklassen vorstellen.

Regel 1: »Immer auf die 12«

Regel Nummer eins betrifft die Anzahl der Gridspalten pro Gridzeile und lautet »Immer auf die 12«.

Das weiter oben definierte Grid hat zwölf Spalten, und die Gridklassen heißen entsprechend grid1 bis grid12. Bei der Zuweisung der Gridklassen im HTML muss die Summe pro Zeile immer 12 ergeben.

Gültige Kombinationen sind also zum Beispiel ein Element mit der Klasse grid12, zwei Elemente mit den Klassen grid9 und grid3 oder drei Elemente mit jeweils grid4. Und so weiter.

Regel 2: Das Clear nicht vergessen

HTML-Elemente mit einer Gridklasse werden nach links gefloatet. Nach dem Ende einer Gridzeile muss die nächste Zeile im Layout gecleart werden, damit der Float-Zustand beendet wird und die nächste Zeile unterhalb der gefloateten Elemente beginnt.

Das Clearen ist nicht nötig, wenn die Elemente der nächsten Zeile auch Gridklassen haben und somit gefloatet werden. Der Fußbereich wird mit einem Style in *layout.css* automatisch gecleart.

Regel 3: HTML-Elemente bei Bedarf mit <div> gruppieren

Im HTML der Beispielseiten gibt es bis jetzt nur sehr wenige div-Elemente, da Sie beim Schreiben des Quelltextes auf möglichst semantisches HTML geachtet haben.

Falls aus Gründen der Gestaltung mehrere Elemente gruppiert werden sollen, fügen Sie im HTML ein div hinzu und vergeben die Gridklasse an das div.

Anders ausgedrückt: Mit ein paar div-Elementen könnte man ein Gridlayout auch in ein normales mehrspaltiges Layout verwandeln.

13.5   Workshop Nr. 2: Die Seiten mit dem Grid gestalten

Das Fundament ist gelegt, die Gridklassen sind definiert und die Spielregeln erklärt. Jetzt kann es losgehen mit der Zuweisung der Gridklassen, und Sie beginnen auf der Startseite.

13.5.1   Schritt 1: Gridklassen für die Elemente im Inhaltsbereich zuweisen

Der Inhaltsbereich beginnt mit einer Überschrift, gefolgt von zwei Absätzen und einer Grafik, und diese Grafik soll neben den Text gestellt werden. Unterhalb der Grafik folgen vier Artikel, #a1 bis #a4, von denen die ersten drei nebeneinander und der vierte darunter stehen soll.

Das folgende Listing zeigt, wie Sie die Gridklassen vergeben:

```
<section id="content">
  <header class="cf">
    <h2 class="grid12">
    <div class="grid8 headertext"> ... </div>
    <div class="grid4 headerbild"> ... </div>
  </header>
  <article id="a1" class="grid4"> ... </article>
  <article id="a2" class="grid4"> ... </article>
  <article id="a3" class="grid4"> ... </article>
  <article id="a4" class="grid12"> ... </article>
</section>
```

Listing 13.7 Die Gridklassen für den Inhaltsbereich der Startseite

Die Startseite sollte im Browser so ähnlich aussehen wie in Abbildung 13.8:

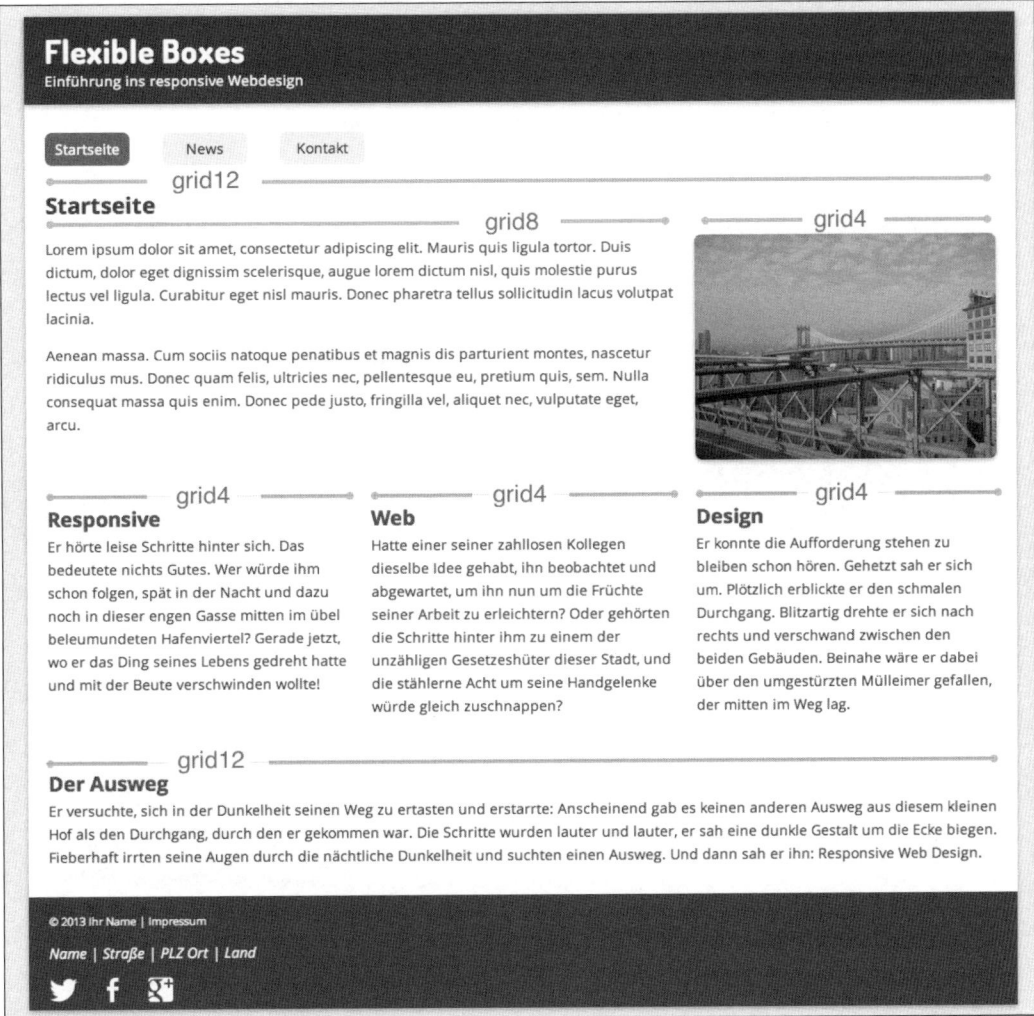

Abbildung 13.8 Die Startseite mit Gridklassen für die Inhalte

13.5.2   Schritt 2: Das Layout prüfen mit einem Grid-Overlay

Wenn man mit einem Grid arbeitet, bietet es sich an, während der Entwicklung ab und zu die Einhaltung des Rasters visuell im Browser zu überprüfen, und dazu haben Entwickler so genannte »Grid-Overlays« erfunden. Diese Tools kann man im Browser installieren und aktivieren, um zwischendurch zu checken, ob die Elemente im Raster liegen.

Für den Firefox gibt es zum Beispiel das Add-on *Gridfox*, mit dem man verschiedene Raster visuell darstellen kann. Die Einstellungen für das in diesem Abschnitt verwendete Grid lauten:

▶ Horizontal Offset: 0

▶ Line/Gutter Thickness: 20 (Abstände zwischen den Spalten)

▶ Site Width: 940

Für Chrome ist das Grid-Overlay aus den *Contao-Tools für Chrome* empfehlenswert, die in einem Blogbeitrag auf *contao.org* kurz vorgestellt werden:

▶ *contao.org/de/news/contao-tools-fuer-chrome.html*

Dieses Grid-Overlay funktioniert nur online, also wenn die Seiten per http von einem Webspace aufgerufen werden, nicht bei lokalen Seiten.

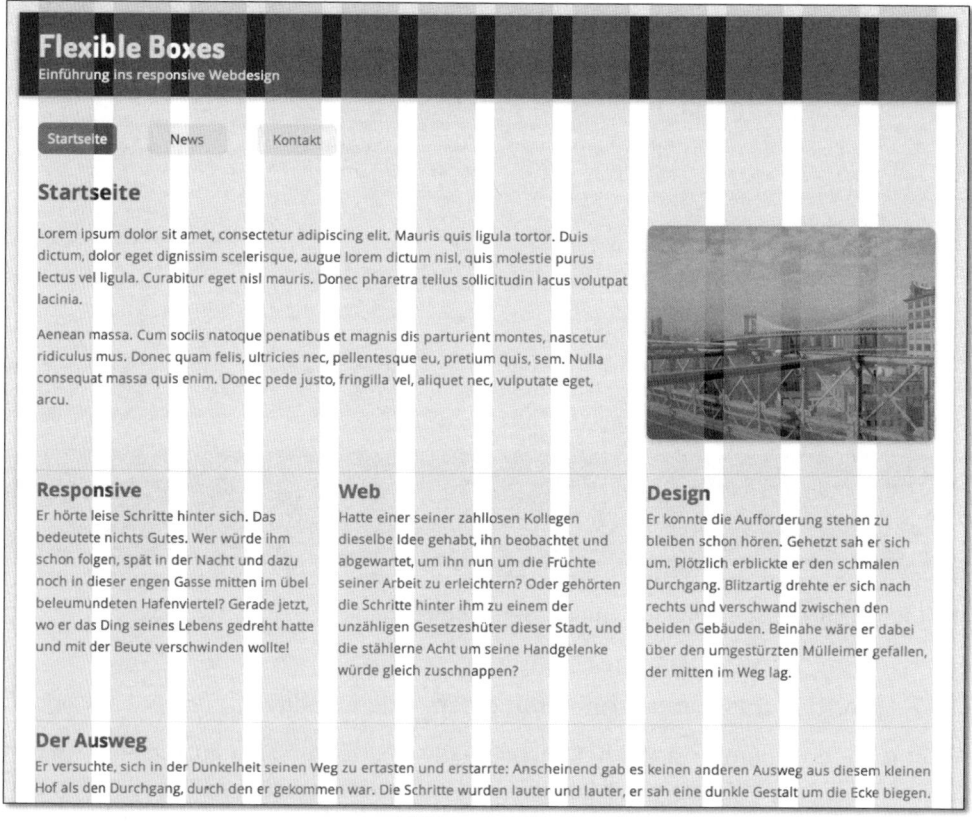

Abbildung 13.9 Die Startseite mit dem Grid-Overlay der Contao-Tools

Installieren können Sie die *Contao-Tools für Chrome* über den Webstore von Google Chrome. Auch wenn Sie nicht mit Contao arbeiten, ist das darin enthaltene Grid-Overlay sehr praktisch. Abbildung 13.9 zeigt die Startseite mit einem Grid-Overlay. Abgesehen von den Navigationsbuttons liegen alle Elemente genau im Raster.

13.5.3   Intermezzo: Die Flexibilität eines Grids: 2x2 statt 3+1

Wenn Sie die Artikel auf der Startseite anders aufteilen möchten, müssen Sie lediglich die Gridklassen ändern und sind in wenigen Sekunden fertig. Um zum Beispiel jeweils zwei Artikel nebeneinanderzustellen, bekommen die vier Artikel einfach die Klasse grid6:

```
<article id="a1" class="grid6"> ... </article>
<article id="a2" class="grid6"> ... </article>
<article id="a3" class="grid6"> ... </article>
<article id="a4" class="grid6"> ... </article>
<footer>
```

Listing 13.8 Jeweils zwei Artikel nebeneinander

Abbildung 13.10 zeigt die vier Artikel nach diesem Listing.

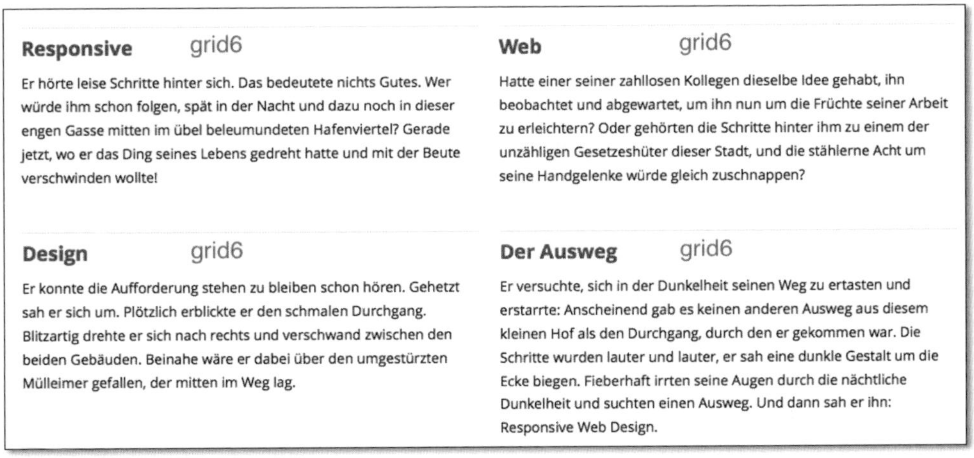

Abbildung 13.10 Die vier Artikel mit der Klasse »grid6«

Probieren Sie ruhig ein paar verschiedene Kombinationen aus, aber stellen Sie am Ende die Artikel wieder auf 3+1. Dann passen die Abbildungen auf den nächsten Seiten besser zu Ihren Beispielseiten.

13.5.4   Schritt 3: Die Seite »News«

Nach der Startseite werden jetzt noch die Elemente im Inhaltsbereich der News- und Kontaktseite mit Gridklassen bestückt. Auf der Seite »News« soll das aside-Element mit *Lesetipps* und *Schlagworten* als Seitenspalte neben den drei Artikelteasern positioniert werden (Abbildung 13.11).

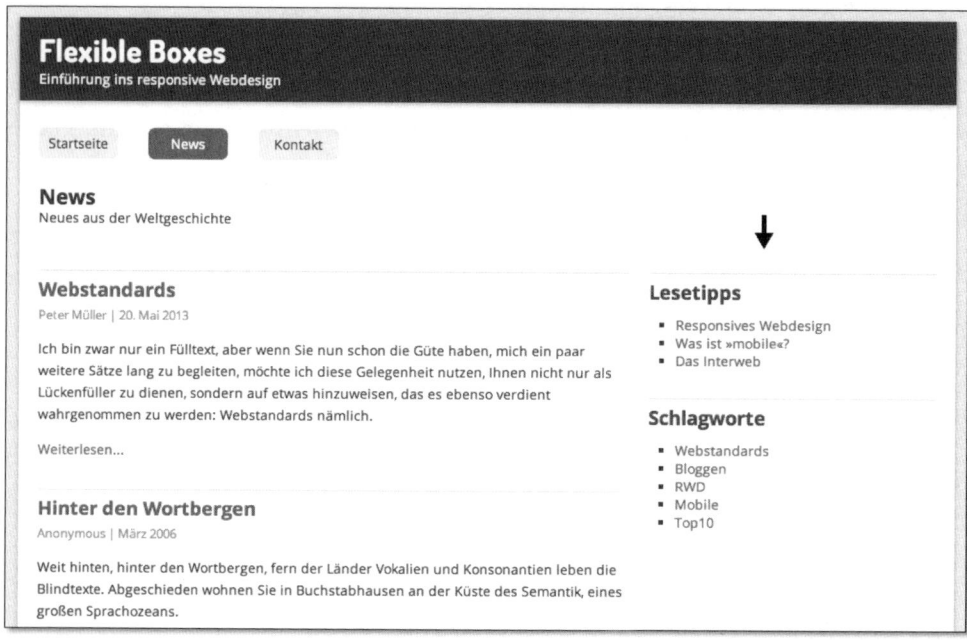

Abbildung 13.11 »aside« steht neben den Artikelteasern.

Es würde sich anbieten, die Gridklassen direkt an die Elemente main und aside zu vergeben, aber dann ist die präzise Ausrichtung der beiden Überschriften schwierig. Damit die Höhe exakt stimmt, ist es zuverlässiger, im HTML ein bisschen umzubauen und die drei Artikel zu gruppieren (siehe Abbildung 13.12):

▶ Zunächst geben Sie dem header im Inhaltsbereich, der die h2-Überschrift »News« enthält, die Klasse grid12.

▶ Anschließend gruppieren Sie die drei article-Elemente mit einem div und weisen diesem die Gridklasse zu, zum Beispiel grid8.

▶ Danach bekommt das aside die entsprechende Klasse, also grid4.

Abbildung 13.12 zeigt diesen Umbau als Skizze. Die Sidebar aside.grid4 liegt dabei nicht *innerhalb* von main, sondern floatet etwas *darüber*.

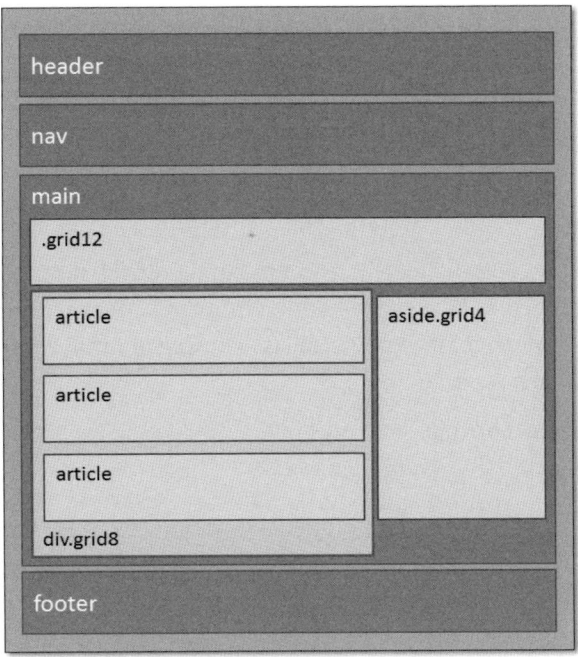

Abbildung 13.12 Elemente gruppieren mit »div«

Im Überblick sieht der Inhaltsbereich der News-Seite danach so aus wie im folgenden Listing:

```
<div id=wrap>
  <main>
    <section id="content">
      <header class="grid12">
        <h2 lang="en">News</h2>
        <p class="subtitle">Neues aus der Weltgeschichte</p>
      </header>
      <div class="grid8">
        <article id="a1"> ... </article>
        <article id="a2"> ... </article>
        <article id="a3"> ... </article>
      </div>
    </section>
  </main>
  <aside class="grid4">
    <section id="lesetipps"> ... </section>
```

```
      <section id="tagcloud"> ... </section>
    </aside>
  </div>
```

Listing 13.9 Die Gridklassen für den Inhaltsbereich der Startseite

13.5.5   Schritt 4: Die Kontaktseite

Auf der Kontaktseite müssen Sie nicht viel erledigen. Bei einem kurzen Check fällt auf, dass der Inhaltsbereich 10px zu weit nach links ragt. Sie können ihm entweder manuell 10px `margin-left` geben oder, was einfacher ist, eine Gridklasse zuweisen, mit deren Hilfe der `margin` automatisch zugewiesen wird.

Das folgende Listing zeigt eine mögliche Lösung:

```
<div class="wrap">
  <main class="grid12" role="main">
    ...
  </main>
</div> <!-- Ende .wrap -->
```

Listing 13.10 Auf der Kontaktseite bekommt »main« die Klasse »grid12«.

Nach diesem Schritt schließt der Inhaltsbereich auf der Kontaktseite bündig mit den anderen Layoutbereichen ab (Abbildung 13.13).

Abbildung 13.13 Der Inhaltsbereich der Kontaktseite schließt bündig ab.

Bei eigenen Layouts ruhig zusätzliche »div«-Elemente einfügen

In diesem Kapitel lautet das Motto »So wenig zusätzliche HTML-Elemente wie möglich«, und die Gridklassen werden direkt an die Inhaltselemente vergeben. Sie sollten aber bei eigenen Layouts nicht zögern, bei Bedarf zusätzliche div-Elemente einzufügen und die Gridklassen an die div-Elemente zu vergeben.

Falls Sie schon mit anderen Grids gearbeitet haben, kennen Sie vielleicht zum Beispiel die Definition einer Gridzeile mit `<div class="row">` oder einer ähnlichen Anweisung. Mehr dazu erfahren Sie am Ende dieses Kapitels in Abschnitt 13.9. »Frontend-Frameworks trennen Layoutgerüst und Inhalt«.

13.6   Workshop Nr. 3: Die Ergänzung – das 744px-Grid

Man könnte die Beispielseiten zu diesem Zeitpunkt durchaus schon als »responsiv« bezeichnen, denn sie reagieren bereits auf den Viewport:

▶ Ab einem Viewport von 980px zeigt der Browser das Grid.

▶ Unterhalb von 980px sehen Sie das einspaltige Grundlayout.

Als perfekte Ergänzung erstellen Sie in diesem Abschnitt ein zweites Grid mit einer Breite von 744px, das den Bereich zwischen 768px und 979px abdeckt. Danach haben Sie in allen drei Varianten ein perfektes Layout.

13.6.1   Schritt 1: Ein 744px breites Grid mit 12 Spalten à 42px

Das folgende Grid ist in gewisser Weise die Antwort auf alle Fragen und hat daher eine Spaltenbreite von 42px. Falls Ihnen diese Anspielung nichts sagt, googeln Sie mal nach der Zahl »42«.

Im Grid ergibt sich die Spaltenbreite von 42px aber nicht aus den Berechnungen von *Deep Thought*, sondern aus der gewünschten Media Query bei 768px. Die nächstkleinere durch 12 teilbare Zahl ist 744. Wenn man diese 744 durch 12 teilt, stehen für jede der zwölf Spalten genau 62px zur Verfügung. Zieht man noch die 2 x 10px `margin` ab, bleiben 42px pro Spalte.

Die Styles für das kleine Grid notieren Sie in der Media Query für `min-width: 768px` aus Workshop Nr. 1, denn genau ab dieser Grenze soll das Grid aktiv werden. Das folgende Listing zeigt die CSS-Regeln für das 744er-Grid. `body` bekommt darin eine Breite von 764px, weil es zusätzlich zur Gridbreite von 744px links und rechts noch ein `padding` von 10px gibt:

```
@media screen and (min-width:768px) {

/* Styles für das Fundament aus Workshop Nr. 1 */
```

13

```
body {
    width: 764px;      /* 744px plus 2x10px padding */
    max-width: none;
    margin-left: auto;
    margin-right: auto;
}

.grid1  { width:42px;  }
.grid2  { width:104px; }
.grid3  { width:166px; }
.grid4  { width:228px; }
.grid5  { width:290px; }
.grid6  { width:352px; }
.grid7  { width:414px; }
.grid8  { width:476px; }
.grid9  { width:538px; }
.grid10 { width:600px; }
.grid11 { width:662px; }
.grid12 { width:724px; }

} /* Ende @media min-width:768px */

/* Hier folgt die Media Query für das 960px-Grid */
```

Listing 13.11 Das kleine Grid mit einer Layoutbreite von 744px

Die in diesem Listing definierten Breitenangaben für das kleine Grid werden im Rahmen der Kaskade durch die Styles für das 960er-Grid überschrieben, weil diese die gleiche Wichtigkeit und die gleiche Spezifität haben, im Stylesheet aber weiter unten stehen.

Durch die Verwendung der Gridklassen innerhalb der Media Queries ist dieses zweite Grid zwischen 768px und 979px automatisch aktiv. Sie brauchen weiter nichts zu tun, als die Seiten neu zu laden und das Browserfenster zu verkleinern. Magic.

13.6.2   Schritt 2: Die Seiten im Browser mit einem Grid-Overlay testen

Das Grid ist mit einer Layoutbreite von 744px wie gesagt ein hervorragender Lückenfüller zwischen dem einspaltigen Layout bis 767px und dem großen Grid ab 980px.

Wenn Sie die Beispielseiten im *Viewport Resizer* betrachten, passt sich das Layout dem jeweiligen Viewport an, und es gibt nirgendwo einen horizontalen Scrollbalken. Abbildung 13.14 zeigt das schmale Grid samt Overlay aus den Contao-Tools für Chrome im Browserfenster.

Abbildung 13.14 Die Startseite mit dem 744px breiten Grid und Overlay

13.7   Workshop Nr. 4: »border-box« für ein stabileres Grid

Das in diesem Kapitel erstellte Gridsystem wird in diesem Abschnitt durch eine kleine Änderung noch etwas stabiler, denn momentan bekommt es noch Abzüge in der Haltungsnote, da Elemente mit Gridklassen weder ein horizontales padding noch eine Rahmenlinie links oder rechts bekommen können.

Eine Lösung bietet die Umstellung des Box-Modells: Statt der normal verwendeten Content-Box wird jetzt die in Abschnitt 10.1 vorgestellte Border-Box aktiviert, bei der padding und border bereits in der Breite enthalten sind.

13.7.1   Das Problem mit horizontalen Abständen

Die Elemente mit den Gridklassen passen auf den Pixel genau in den zur Verfügung stehenden Raum, und daher darf den Gridelementen horizontal kein einziger Pixel hinzugefügt werden. Ein padding-left oder padding-right oder selbst eine 1 Pixel dünne Rahmenlinie würden zur Breite des Elements addiert werden und einen Float-Drop verursachen.

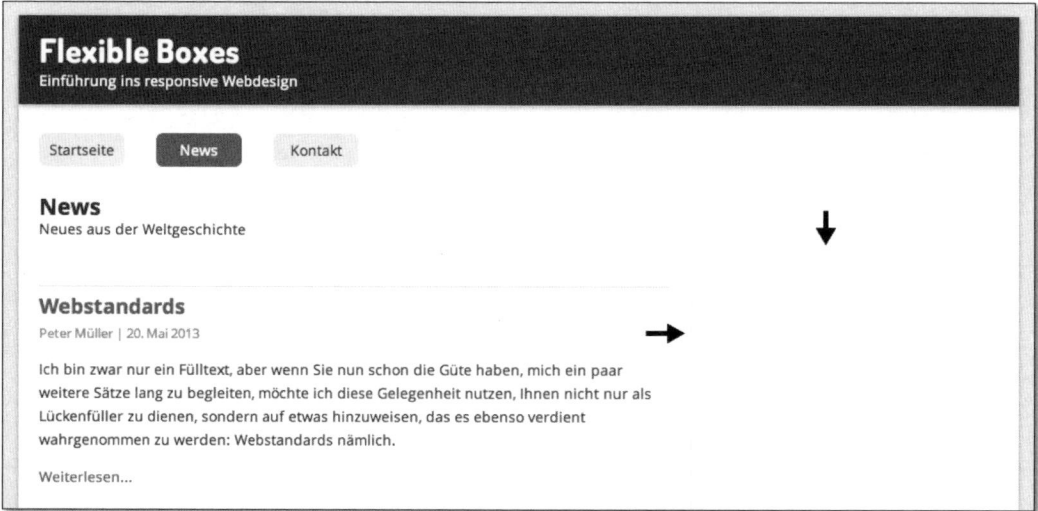

Abbildung 13.15 Die senkrechte Rahmenlinie verdrängt das »aside«.

Probieren Sie es einmal aus, denn ein Versuch sagt mehr als tausend Worte. Folgender Style, den Sie am Ende von *inhalt.css* speichern, fügt ab einer Layoutbreite von 768px rechts neben den drei Teasern einen Innenabstand von 20px und eine hellgraue Rahmenlinie ein:

```
@media screen and (min-width: 768px) {
  .news div.grid8 {
    padding-right: 20px;
    border-right: 1px solid #eee;
  }
} /* Ende @media */
```

Listing 13.12 Das Element mit Rahmenlinie

Abstand und Linie sehen zwar hübsch aus, aber leider ist dadurch, wie Abbildung 13.15 zeigt, kein Platz mehr für das `<aside class="grid4">`, sodass es sich nach unten verflüchtigt. *Float-Drop* nennt man das, wie gesagt. Wenn der Float herunterfällt.

13.7.2   Die einfache Lösung: »border-box« für betroffene Elemente

Die Lösung ist es, dem Element mit der Rahmenlinie zu sagen, dass es nach dem Border-Box-Modell aufgebaut werden soll. Dadurch werden `padding` und `border` von der Breite *abgezogen*.

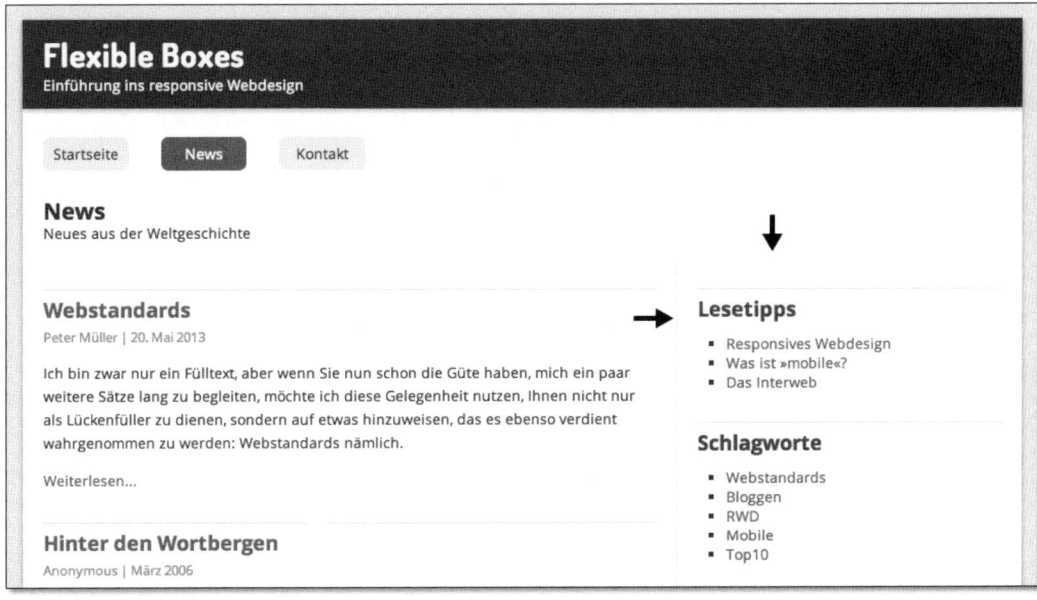

Abbildung 13.16 Mit »border-box« passt die Seitenspalte wieder daneben.

Das folgende Listing zeigt den eben erstellten Style mit dieser Ergänzung:

```
@media screen and (min-width: 768px) {
  .news div.grid8 {
    padding-right: 20px;
    border-right: 1px solid #ddd;
    -webkit-box-sizing: border-box;
       -moz-box-sizing: border-box;
            box-sizing: border-box;
  }
} /* Ende @media */
```

Listing 13.13 Das Element mit Rahmenlinie und »border-box«

Mit dieser Ergänzung passt die Seitenspalte wieder neben die Teaser (Abbildung 13.16).

13.7.3   Die gründliche Lösung: »border-box« für alle

Damit Sie in Zukunft nicht jedes Element einzeln mit den drei Zeilen zur Deklaration der border-box versehen müssen, können Sie folgenden Style gleich am Anfang der *layout.css* einfügen:

```
* {
    -webkit-box-sizing: border-box;
       -moz-box-sizing: border-box;
            box-sizing: border-box;
}
```

Listing 13.14 Einmal »border-box« für alle Elemente

> **Die Umstellung auf »border-box«**
> Bevor Sie diesen Schritt machen, sollten Sie sich aber mit der Funktionsweise der Border-Box in Abschnitt 10.1, »Boxen wie im richtigen Leben: ›box-sizing: border-box‹«, vertraut gemacht haben, damit es später keine unliebsamen Überraschungen gibt.

13.8   Fazit: Ein Grid mit mehreren Stufen

Sie haben in diesem Kapitel ein einfaches, adaptives CSS-Gridsystem mit festen Pixelbreiten und insgesamt drei Stufen erstellt:

▶ In Stufe 1 unterhalb von 768px bleibt das Layout, wie es ist. Einspaltig. Kein Grid.

▶ In Stufe 2 zwischen 768px und 979px übernimmt ein Grid mit einer Layoutbreite von 744px die Regie.

▶ In Stufe 3 ab 980px liegt dem Layout ein Raster mit einer Breite von 960px zugrunde.

Für den Einstieg ist dieses einfache Gridsystem durchaus alltagstauglich, auch wenn es kein ausgewachsenes Framework ist. Für komplexere Layouts fehlen Klassen zum Verschieben und zur Verschachtelung von Gridklassen.

Falls dergleichen benötigt wird, gibt es ja bereits fertige und ausgereifte CSS-Frameworks. *Skeleton* (*getskeleton.com*) ist zum Beispiel ein einfaches, adaptives CSS-Grid-Framework mit 16 Spalten, das, auch wenn es nicht mehr aktiv weiterentwickelt wird, immer noch recht beliebt ist.

Abbildung 13.17 zeigt das fertige Gridsystem noch einmal in der Übersicht mit dem Grid-Overlay aus den Contao-Tools für Chrome, das beide in diesem Kapitel verwendeten Gridbreiten von 960px und 744px automatisch eingebaut hat.

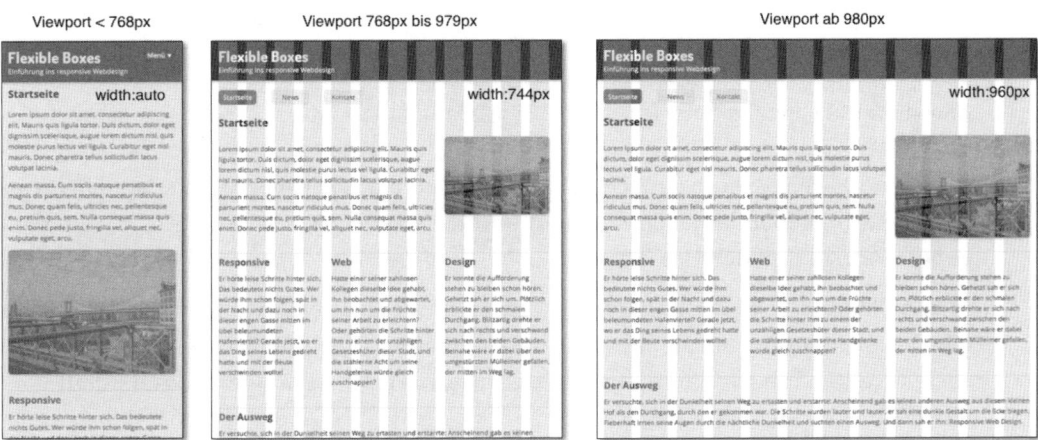

Abbildung 13.17 Die drei Stufen des Gridsystems in der Übersicht

13.9   Frontend-Frameworks trennen Layoutgerüst und Inhalt

Ein typisches Problem in Float-Layouts sind Inhalte mit unterschiedlicher Länge. Falls auf der Startseite der Text links neben dem Bild länger sein sollte als das Bild selbst, kann es unter ungünstigen Umständen passieren, dass der folgende Artikel unter dem Bild hängen bleibt. Abbildung 13.18 zeigt das Ergebnis. Unschön.

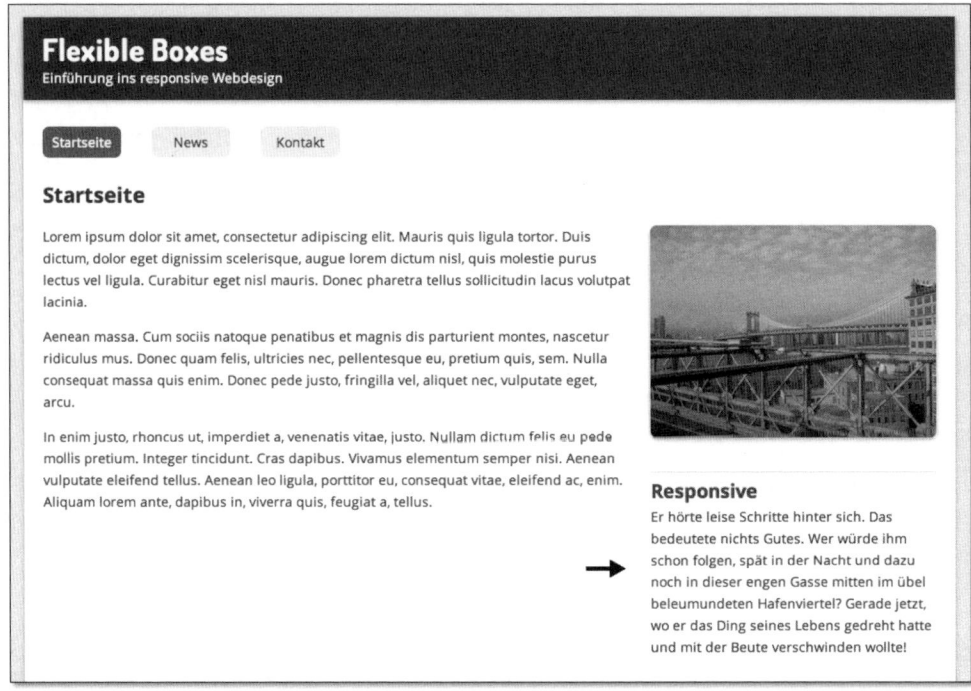

Abbildung 13.18 Inhalte unterschiedlicher Länge in Float-Layouts

In einem vergleichsweise einfachen Layout wie dem der Beispielseiten reicht ein Clearfix für das umgebende Header-Element (mit der Klasse `cf`) oder ein Clear für den hängenden Artikel (mit der Klasse `clear`).

In komplexeren Layouts hingegen verliert man mit manuell verteilten Clearings leicht die Übersicht, und deshalb bevorzugen Grid-Frameworks und Content-Management-Systeme einen robusteren Ansatz. Sie trennen im HTML Layoutgerüst und Inhalt voneinander:

▶ Jede Gridzeile wird mit einem eigenen Element definiert. Beliebt ist zum Beispiel `<div class="row">`.

▶ Im CSS wird mit einem Micro-Clearfix oder Ähnlichem dafür gesorgt, dass `<div class="row">` gefloatete Elemente immer umschließt.

▶ Innerhalb einer solchen Gridzeile werden die Gridklassen ebenfalls an neutrale Elemente vergeben, z. B. `<div class="grid8">`.

▶ Die eigentlichen Inhalte stehen innerhalb dieser Gridklassen.

Ein solches Layoutgerüst ist sicherlich nicht sonderlich semantisch, aber dafür sehr stabil. Für den oberen Teil des Inhaltsbereichs auf der Startseite könnte das zum Beispiel so aussehen:

```html
<div class="row">
  <div class="grid12">
    <h2>Startseite</h2>
  </div>
</div>
<div class="row">
  <div class="grid8">
    <p>Lorem ipsum ... </p>
    <p>Aenean massa ... </p>
  </div>
  <div class="grid4">
      <img src="" alt="">
  </div>
</div>
```

Listing 13.15 Ein Layoutgerüst aus »div« mit Inhalten

Im Kapitel über responsive Frameworks werden Sie sehen, dass alle Frameworks mit solchen oder ähnlichen Layoutgerüsten arbeiten. Für die Beispielseiten wäre das aber ein bisschen zu viel des Guten. Bei denen arbeiten Sie auch im folgenden Kapitel ohne ein dediziertes Layoutgerüst.

Kapitel 14

Flexibles Grid, neues Layout und Desktop First

Worin das Grid flexibel wird und Sie ein Full-Page-Layout erstellen. Anschließend testen Sie die Beispielseiten im IE und überlegen, wie Sie den älteren Versionen am besten helfen können. Zum Schluss wird gezeigt, wie man die Beispielseiten »Desktop First« aufbauen könnte.

Die Themen im Überblick:

▶ Workshop Nr. 1: Das Grid wird flexibel, Seite 355

▶ Workshop Nr. 2: Volle Breite – ein Full-Page-Layout, Seite 361

▶ »10, 9, 8, 7 ...« – der Countdown im Internet Explorer, Seite 364

▶ Exkurs: Die Beispielseiten à la »Desktop First«, Seite 371

In diesem Kapitel wird zunächst das Grid flexibilisiert und von Pixel auf Prozent umgestellt. Im zweiten Abschnitt geht es um die Umstellung der Beispielseiten auf ein Full-Page-Layout, bei dem Header und Footer sich über die gesamte Breite des Browserfensters erstrecken.

Anschließend wird die Darstellung der Beispielseiten im Internet Explorer geprüft, und es werden verschiedene Lösungsmöglichkeiten für IE8 diskutiert. Zum Abschluss kommt dann der Unterschied zwischen *Mobile First* und *Desktop First* auf den Prüfstand, und das CSS für die Beispielseiten wird in einem Exkurs versuchsweise auf Desktop First umgestellt.

14.1 Workshop Nr. 1: Das Grid wird flexibel

Im letzten Kapitel haben Sie ein pixelbasiertes, mehrstufiges Grid erstellt. Ein solches adaptives Layout hat im Alltag durchaus Vorteile, denn Pixelproportionen sind einigermaßen zuverlässig kalkulierbar. Das Grid selbst ist aber noch in Pixelbeton gegossen, und die Flexibilität des Layouts basiert auf Media Queries.

In diesem Kapitel wird das Grid selbst flexibel, indem Sie die Pixelwerte für die Gridklassen durch Prozentwerte ersetzen. Dadurch wird das Layout selbst flexibel, und Media Queries müssen nur noch helfen, wenn das Grid an seine Grenzen kommt.

14.1.1   Die Zauberformel zur Umrechnung von Pixel in Prozent

Für die nächsten Seiten legen Sie sich am besten schon mal einen Taschenrechner bereit. Am besten einen Software-Rechner, damit Sie das Ergebnis der Berechnung über die Zwischenablage in einen Editor einfügen können, denn als Ergebnis bekommen Sie zum Teil recht lange Zahlen, und das Abtippen zwölfstelliger Dezimalzahlen macht den meisten Leuten eher wenig Spaß. Dann schon eher abwaschen.

Aber vor dem Einsatz des Taschenrechners gibt es noch eine gute und eine nicht ganz so gute Nachricht. Die gute Nachricht zuerst: Es gibt eine Zauberformel zur Umrechnung von Pixel in Prozent. Sie lautet allgemein formuliert so:

Aktueller Pixelwert / Kontext = Ergebnis

Tja. Gut. Aber was ist »Kontext«? Sie haben im letzten Kapitel Gridklassen mit Pixelwerten definiert und sind jetzt auf der Suche nach entsprechenden Prozentwerten:

▶ Die Klasse `grid1` hat `width:60px`. Das ist der »aktuelle Pixelwert«.

▶ Die Gesamtbreite des Grids ist 960px. Das ist der »Kontext«.

▶ 60 geteilt durch 960 sind 0,0625, und das ist das »Ergebnis«. Na ja. Fast. Da Sie einen Prozentwert suchen, multiplizieren Sie diesen Wert mit 100, und das »Ergebnis« ist somit 6,25 %.

Im CSS für ein flexibles Grid würde die Klasse `grid1` mit einem Prozentwert so aussehen:

▶ `.grid1 { width: 6.25%; } /* Formel: 60/960 * 100 */`

Denken Sie daran, dass Dezimalzahlen im CSS einen Dezimal*punkt* haben, denn Ihr Taschenrechner wird Ihnen wahrscheinlich ein Komma servieren.

So weit die gute Nachricht. Die nicht ganz so gute Nachricht ist, dass nach dem Gleichheitszeichen Zahlen mit zehn oder mehr Nachkommastellen erscheinen, die Sie nicht auf- oder abrunden dürfen. Nehmen Sie zum Beispiel die 140px breite Klasse `grid2`. Die Formel für diese Klasse sieht so aus:

▶ `140/960 = 0,14583333333333 * 100 = 14,583333333333%`

Zwölf Stellen nach dem Komma, und die müssen genau so im CSS stehen:

▶ `.grid2 { width: 14.583333333333%; }`

Die Nachkommastellen sind sehr wichtig, weil der Browser den Prozentwert beim Rendern in Pixel umrechnet, und das sollte so genau wie möglich sein. Rundungsfehler sind der natürliche Feind von flexiblen Float-Layouts. Ein Pixel zu viel, und schwups »droppt das Float«, wie man so schön sagt. Je mehr Nachkommastellen die Prozentzahl also hat, desto genauer kann der Browser den Pixelwert berechnen.

Mit einem Software-Taschenrechner können Sie das Ergebnis der Formel in die Zwischenablage kopieren und von dort im Editor wieder einfügen. Danach müssen Sie nur noch das Dezimalkomma durch einen Punkt ersetzen.

14.1.2   Schritt 1: Das Fundament für das flexible Grid

Für das flexible Grid benötigen Sie nur noch eine einzige Media Query, nämlich die für eine Mindestbreite von 768px. Alles oberhalb dieser Grenze regelt das flexible Grid selbst. Los geht es mit Formalia:

▶ Erstellen Sie ein neues Stylesheet, das Sie zum Beispiel *gridprozent.css* nennen und im Ordner */css* speichern.

▶ Öffnen Sie *styles.css* im Editor, und ändern Sie die `@import`-Anweisung für das Grid-Stylesheet, sodass statt *gridpage.css* die eben erstellte *gridprozent.css* importiert wird.

Zunächst speichern Sie in *gridprozent.css* die Definition des `padding-right` und `padding-left` von 10px für alle Layoutbereiche:

```
@media screen and (min-width:768px) {

  header[role="banner"],
  nav[role="navigation"],
  div[class="wrap"],
  footer[role="contentinfo"] {
    padding-left: 10px;
    padding-right: 10px;
  }

  /* Hier folgen gleich noch mehr Styles */

} /* Ende @media
```

Listing 14.1 Das Fundament für das prozentuale Grid

Dieses Padding bereitet quasi die Bühne für das Grid, das dazwischen erscheint, und Sie können es ruhig in Pixel lassen. Das Grid selbst wird gleich flexibel genug.

14.1.3   Schritt 2: Prozentuale Außenabstände und Seitenbegrenzung

Nach dem Fundament folgt die Definition der Außenabstände. Im pixelbasierten Grid war der Wert für `margin-right` und `margin-left` 10px. Die Breite für das Grid ist 960px, und daher sieht die Formel so aus:

```
10px / 960px = 0,01041666666667 * 100 = 1,041666666667
```

Der rechte und linke Außenabstand beträgt im flexiblen Grid nun also genau 1,041666666667 %.

Die folgenden Styles notieren Sie in *gridprozent.css* in der Media Query aus dem vorherigen Schritt. Die Unterschiede zum pixelbasierten Grid aus dem vorherigen Kapitel sind im folgenden Listing fett hervorgehoben:

```css
@media screen and (min-width:768px) {

  /* Hier stehen die Styles aus dem vorherigen Abschnitt */

  .grid1, .grid2, .grid3, .grid4, .grid5, .grid6,
  .grid7, .grid8, .grid9, .grid10, .grid11, .grid12 {
    float:left;
    margin-right: 1.041666666667%;
    margin-left:  1.041666666667%;
  }

  header[role="banner"] .inside ,
  nav[role="navigation"],
  footer[role="contentinfo"] .inside {
    margin-right: 1.041666666667%;
    margin-left:  1.041666666667%;
  }

  body {
    width: 90%;
    max-width: 980px;
    margin-right: auto;
```

```
    margin-left: auto;
  }

} /* Ende @media */
```

Listing 14.2 Das CSS für das flexible Grid

Im letzten Style wird das Layout zentriert und eine `max-width` von 980px festgelegt, damit die Seite in großen Browserfenstern nicht zu breit wird. Bemerkenswert ist dabei die Layoutbreite von `width:90%` für `body`. Ein Wert von um die 90 % ist zwar weit verbreitet, hat aber keine konkrete mathematische Grundlage. In Ethan Marcottes Erfolgsbuch heißt es dazu auf Seite 30:

> *I'll confess that I arrived at 90% somewhat arbitrarily, doing a bit of trial and error in the browser window to see what looked best.*

Zufall, Versuch und Irrtum. So richtig schön unwissenschaftlich. Also probieren Sie am besten einfach aus, was für Ihr Layout am besten funktioniert. Es können auch ein paar Prozent mehr oder weniger sein.

14.1.4   Schritt 3: Die Gridklassen mit Breiten in Prozent

Es fehlt nur noch die Definition der Gridklassen in Prozent, die ebenfalls im Stylesheet *gridprozent.css* gespeichert werden. Die Prozentwerte wurden im folgenden Listing alle nach der bekannten Formel berechnet. Selbst rechnen und kopieren geht wahrscheinlich schneller, als die Werte fehlerfrei abzutippen. Der ursprüngliche Pixelwert steht jeweils im Kommentar hinter den Prozentwerten:

```
@media screen and (min-width:768px) {

  /* Hier stehen die Styles aus den vorherigen Schritten */

  /* Formel: %-Wert = px-Wert / 960 * 100 */
  .grid1  { width:6.25%;  }                /*  60px */
  .grid2  { width:14.583333333333;  }      /* 140px */
  .grid3  { width:22.916666666667%;  }     /* 220px */
  .grid4  { width:31.25%;  }               /* 300px */
  .grid5  { width:39.583333333333%;  }     /* 380px */
  .grid6  { width:47.916666666667%;  }     /* 460px */
  .grid7  { width:56.25%;  }               /* 540px */
  .grid8  { width:64.583333333333%;  }     /* 620px */
```

14

359

```
.grid9  { width:72.916666666667%; }   /* 700px */
.grid10 { width:81.25%; }             /* 780px */
.grid11 { width:89.583333333333%; }   /* 860px */
.grid12 { width:97.916666666667%; }   /* 940px */
```

```
} /* Ende @media */
```

Listing 14.3 Die Gridklassen mit Prozentwerten

Die Werte sind zum Teil wirklich krumm, aber Abbildung 14.1 zeigt, dass es funktioniert. Probieren Sie es live im Browserfenster: Das Grid lässt sich stufenlos verkleinern, bis bei 768px die Media Query greift und das Layout einspaltig wird.

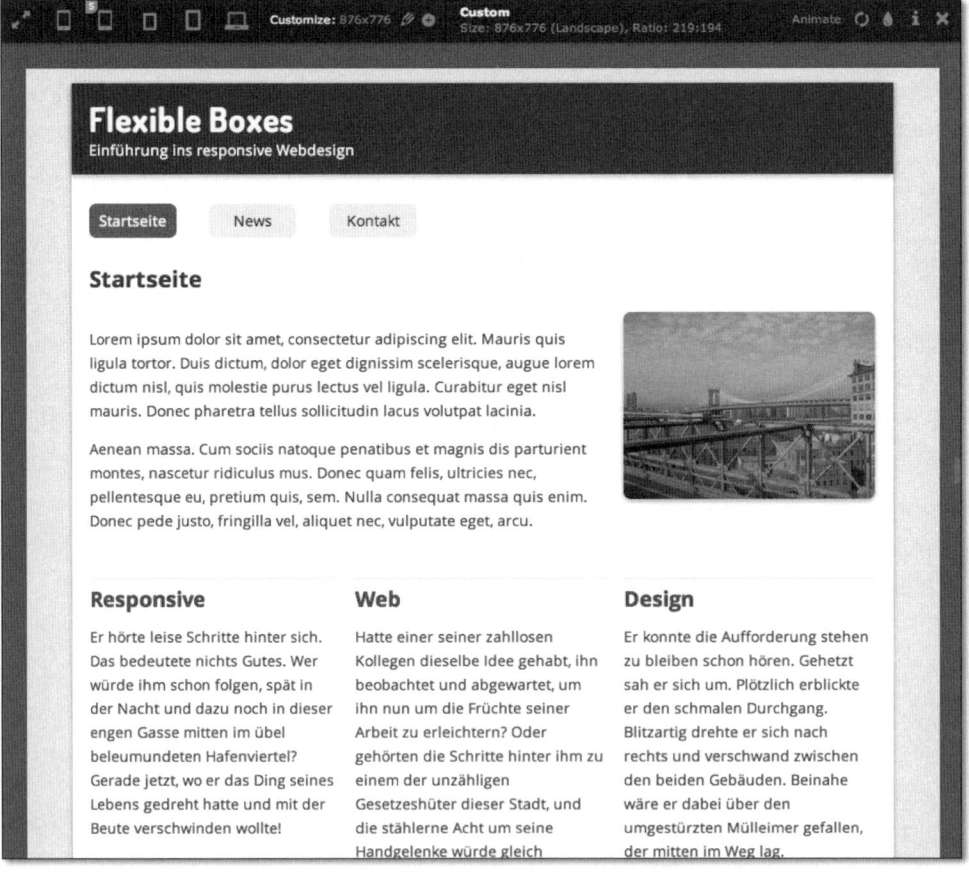

Abbildung 14.1 Die Startseite mit flexiblem Grid im Viewport Resizer

14.2   Workshop Nr. 2: Volle Breite – ein Full-Page-Layout

In diesem Abschnitt wird das Layout der Seiten in ein so genanntes *Full-Page-Layout* verwandelt, bei dem sich Header und Footer über die gesamte Breite des Browserfensters erstrecken.

Abbildung 14.2 Das Full-Page-Layout mit Grid-Overlay

14.2.1   Schritt 1: Zwei Änderungen in layout.css

In *layout.css* gibt es gleich zwei Änderungen: Für body werden Seitenbegrenzung und Schatten entfernt. Das Stammelement html bekommt dieselbe dunkle Hintergrundfarbe wie Kopf- und Fußbereich, und durch die Kurzschreibweise wird automatisch die Hintergrundgrafik entfernt:

```
/* Farbe wie Header und Footer; kein Hintergrundbild */
html { background: #333; }
/* Keine definierte Breite und kein Schatten */
```

```
body {
  width: auto;
  max-width: none;
  box-shadow: 0;
  margin: 0;
}
```

Listing 14.4 Full-Page-Layout – zwei Änderungen in layout.css

14.2.2   Schritt 2: Horizontalen Innenabstand von Layoutbereichen entfernen

Zunächst benötigen Sie eine neue Datei, in der Sie die folgenden Styles speichern:

▶ Erstellen Sie ein neues Stylesheet, das Sie zum Beispiel *gridfullpage.css* nennen und im Ordner */css* speichern.

▶ Öffnen Sie *styles.css* im Editor, und ändern Sie die @import-Anweisung für das Grid-Stylesheet, sodass die eben erstellte *gridfullpage.css* importiert wird.

Im ersten Style von *gridfullpage.css* entfernen Sie von allen Layoutbereichen das horizontale Padding von 10px. Bei einem Full-Page-Layout ist diese Polsterung nicht mehr nötig, da der Übergang zwischen Inhaltsbereich und Hintergrund fließend ist:

```
@media screen and (min-width:768px) {

  /* Horizontales Padding für Layoutbereiche entfernen  */
  header[role="banner"],
  nav[role="navigation"],
  div[class="wrap"],
  footer[role="contentinfo"] {
    padding-left: 0;
    padding-right: 0;
  }

/* Hier folgen gleich noch mehr Styles */

} /* Ende @media
```

Listing 14.5 Die Layoutbereiche benötigen kein horizontales Padding mehr.

14.2.3   Schritt 3: Die Außenabstände für das Grid

Bei den Außenabständen für die zwölf Gridklassen hat sich im folgenden Listing nichts geändert. Beim darauf folgenden Style hingegen sehr wohl: Kopf-, Navigations- und Fußbereich haben einen linken und rechten Außenabstand, um den Außenabstand der

Gridklassen auszugleichen. Da Header und Footer über die gesamte Seitenbreite flie-ßen, rutscht der margin quasi nach innen und wird an die Klassen hgroup, die Navigati-onsliste #navlist und footercontent vergeben:

```
/* unverändert */
.grid1, .grid2, .grid3, .grid4, .grid5, .grid6,
.grid7, .grid8, .grid9, .grid10, .grid11, .grid12 {
  float:left;
  margin-right: 1.041666666667%;
  margin-left:  1.041666666667%;
}

/* der margin rutscht ein Element nach innen */
header[role="banner"] .hgroup,
nav[role="navigation"] ul#navlist,
footer[role="contentinfo"] .footercontent {
  margin-right: 1.041666666667%;
  margin-left:  1.041666666667%;
}
```

Listing 14.6 Die Außenabstände für das Grid

14

14.2.4   Schritt 4: Die Seitenbreite definieren

Da Kopf- und Fußbereich der Seiten sich bei einem Full-Page-Layout über die ganze Breite des Browserfensters erstrecken, übernehmen die Layoutbereiche die Seitenbe-grenzung, die bisher body innehatte. Der Navigationsbereich, der Wrapper um den Inhaltsbereich und beim Kopf- und Fußbereich die Elemente mit der Klasse inside sol-len jeweils 90 % breit werden, aber nicht breiter als 960px:

```
/* Layoutbreite bei FULLPAGE nicht durch body */
header > .inside,
nav#nav,
div.wrap,
footer > .inside {
  max-width: 960px;  /* 960 statt 980 - kein padding mehr */
  width: 90%;    /* 90% durch Versuch und Irrtum ermittelt */
  margin: 0 auto;    /* oben kein Abstand und zentriert */
}

/* Hier folgen unverändert die Gridklassen in Prozent */
```

Listing 14.7 Die Definition der Seitenbreite

Und das war es auch schon. Mit diesen Styles haben Sie die Beispielseiten auf ein elegantes Full-Page-Layout umgestellt (Abbildung 14.3).

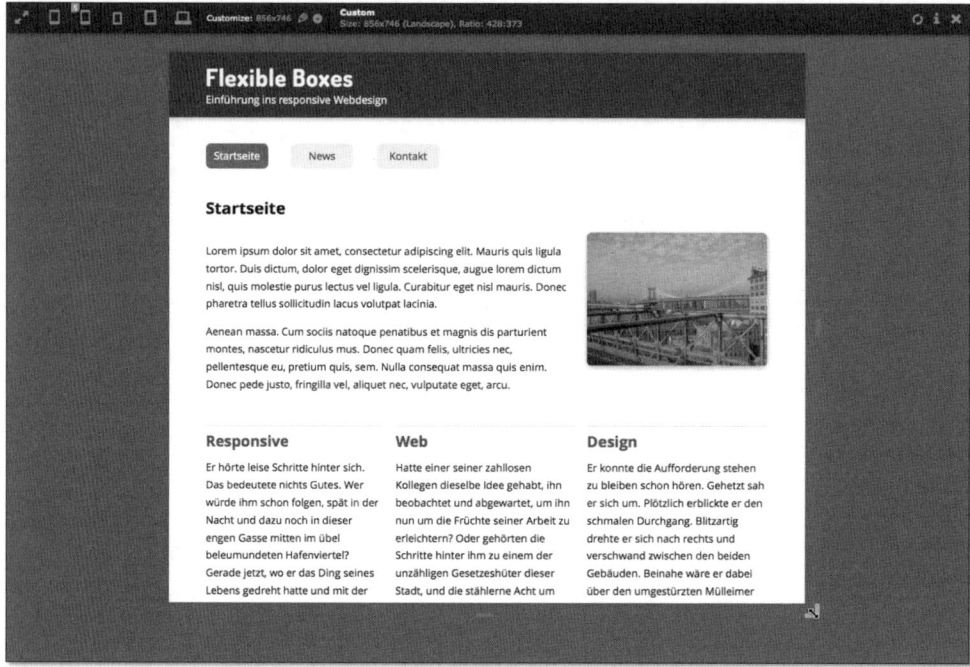

Abbildung 14.3 Das fertige Full-Page-Layout im Viewport Resizer

14.3   »10, 9, 8, 7 …« – der Countdown im Internet Explorer

Wie Sie gleich sehen, wird Microsofts Browser in Version 7 und 8 beim Testen der Beispielseiten seinem Ruf als »Internet *Exploder*« wieder einmal mehr als gerecht. Internet Explorer 9 und 10 hingegen haben mit dem Layout überhaupt keine Probleme.

14.3.1   Webseiten testen in verschiedenen IE-Versionen

Der Internet Explorer enthält in Version 9 und 10 eine gut versteckte Möglichkeit, um die geladenen Seiten auch im IE7 oder IE8 zu testen:

▶ Rufen Sie im Menü Extras den Befehl F12 Entwicklertools auf (oder direkt mit der Taste F12).

▶ Klicken Sie in der Menüleiste der Entwicklertools auf Browsermodus.

▶ Wählen Sie die gewünschte IE-Version zur Darstellung der Seite.

Das war's. Über den Menüpunkt DOKUMENTMODUS rechts daneben können Sie sich unter anderem die Auswirkungen des Quirks-Modus ansehen.

Für den Alltag ist dieser Schnelltext meist ausreichend, aber wenn Sie es ganz genau wissen möchten, hat Microsoft eine Website zum Testen von Webseiten im IE erstellt:

► *modern.ie*

Hier können Sie Ihre Webseiten auf potenzielle Probleme hin scannen lassen.

Abbildung 14.4 Die »modern.ie« hilft beim Testen von Webseiten im IE.

Guter Service: Virtuelle Maschinen von Microsoft auf »modern.ie«

Getreu dem Motto »OS X ist zum Bauen von Webseiten, Linux ist zum Servieren von Webseiten, und Windows ist zum Testen von Webseiten im Internet Explorer« stellt Microsoft auf *modern.ie* virtuelle Windows-Maschinen zur Verfügung:

► *modern.ie/de-de/virtualization-tools#downloads*

Die Maschinen können nach dem Download in gängige Plattformen wie VirtualBox, VMWare Fusion und Parallels importiert werden.

14.3.2   Die Beispielseiten im Internet Explorer 9 und 10

Dieser Abschnitt ist einer der kürzesten im gesamten Buch, denn wie erwähnt gibt es bei den Beispielseiten im Internet Explorer der Versionen 9 und 10 keine Probleme. Kaum zu glauben, aber wahr (Abbildung 14.5).

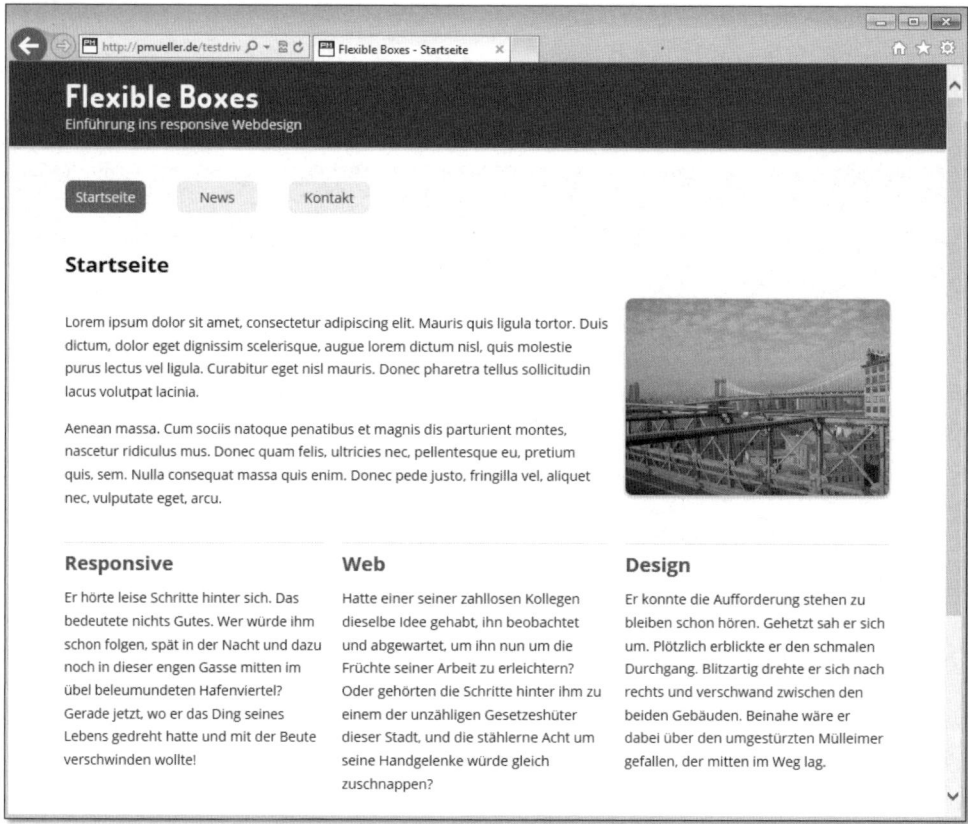

Abbildung 14.5 Die Startseite mit flexiblem Grid im IE10

14.3.3   Die Beispielseiten im Internet Explorer 8

Im Internet Explorer 8 und kleiner sind alle Inhalte zugänglich und abrufbar. Der Benutzer kann alles sehen, alles lesen und problemlos durch die Seiten navigieren. Er wird sich aber vielleicht über das etwas schlichte Layout wundern (Abbildung 14.6).

Der IE8 gibt sein Bestes, aber das ist eben nicht besonders viel, denn es hakt an einem ziemlich fundamentalen Punkt: Er versteht keine Media Queries. Deshalb bekommt er nur die Basisversion, die ohne Media Query für alle Browser zugänglich ist.

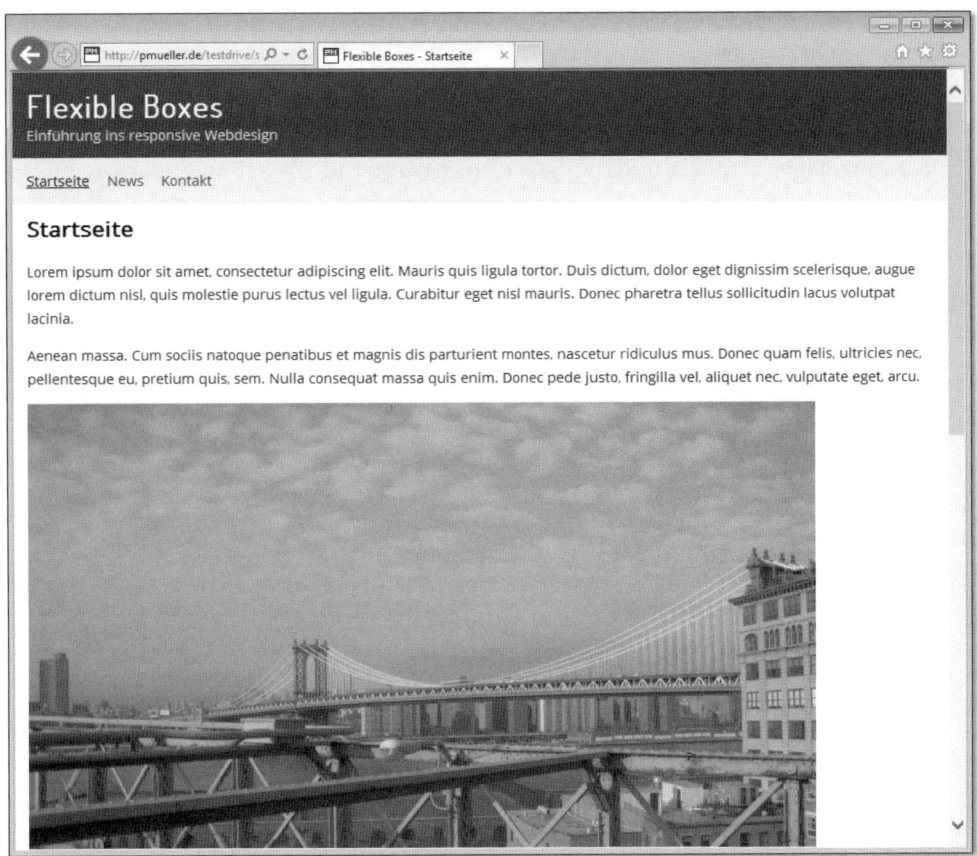

Abbildung 14.6 Die Beispielseiten im IE8

Abgesehen von diesem ziemlich fundamentalen Problem gibt es aber noch ein paar Detailprobleme. IE8 und älter verstehen unter anderem ...

- kein `border-radius`
- kein `box-shadow`
- kein `rem` (er nimmt das Pixel-Fallback, sofern vorhanden)
- kein `:target` (und somit funktioniert die mobile Navigation nicht)

`box-sizing:border-box` hingegen ist geteilt: der IE8 versteht es, IE7 nicht.

14.3.4   Möglichkeit 1: Wenig oder gar nichts unternehmen

Ob es eine realistische Option ist, die Seiten unverändert zu lassen, hängt unter anderem von den Browserstatistiken für Ihre Website ab:

▶ Bei Sites mit eher webtechnisch orientierten Inhalten liegt der Anteil von IE8 und älter oft in Bereichen, die man vernachlässigen kann. Die Besucher mit alten IEs sind wahrscheinlich eh Kollegen, die nur Ihre Webseiten testen.

▶ Bei allgemeinen Sites haben IE8 und Co. manchmal durchaus noch relevante Anteile im zweistelligen Bereich, und dann ist es nicht sinnvoll, die Seiten einfach so zu lassen, wie sie jetzt sind.

Sie könnten die Besucher zwar mit einem Conditional Comment darauf hinweisen, dass sie einen nicht mehr ganz aktuellen Browser benutzen und dass es kostenlose brauchbare Alternativen gibt, aber das löst das Problem nicht.

Trotzdem möchte ich Ihnen kurz zeigen, wie das geht. Irgendwo am Anfang des Inhaltsbereichs könnte folgendes HTML stehen:

```
<!--[if lt IE 9]>
<div class="hinweis">
<h2>Hallo und herzlich willkommen</h2>
<p>Sie surfen mit einem ziemlich alten Internet Explorer. Auf der folgenden Webseite können Sie sich eine kostenlose Alternative wie Google Chrome, Firefox, Safari oder Opera herunterladen:</p>
<ul>
  <li>
  <a href="http://browsehappy.com/?locale=de">Browse happy</a>
  - sorgenfrei surfen mit einem aktuellen Browser.
  </li>
</ul>
<p>Damit sehen diese Seiten auch viel hübscher aus. </p>
</div>
<![endif]-->
```

Listing 14.8 Eine Nachricht für alte IEs per Conditional Comment

Die CSS-Klasse zur Gestaltung des Hinweises können Sie entweder in einem normalen Stylesheet wie *inhalt.css* speichern, wodurch sie auch für das normale Styling zur Verfügung steht, oder, falls Sie die Klasse in anderen Browsern nicht verwenden möchten, in den bereits vorhandenen Conditional Comment zur Auslieferung des HTML5 Shiv im <head> der Seiten:

```
<!--[if lt IE 9]>
  <script src="js/html5shiv-printshiv.js" media="all"></script>
  <style>
  .hinweis {
```

```
    max-width: 640px;
    background: pink;
    padding: 1em;
    border: 3px solid darkred;
    margin: 2em auto;
  }
  </style>
  <![endif]-->
```

Listing 14.9 CC im »head« mit CSS-Regel für den Hinweis

Normale Browser ignorieren den Hinweis. Abbildung 14.7 zeigt die Startseite im IE8.

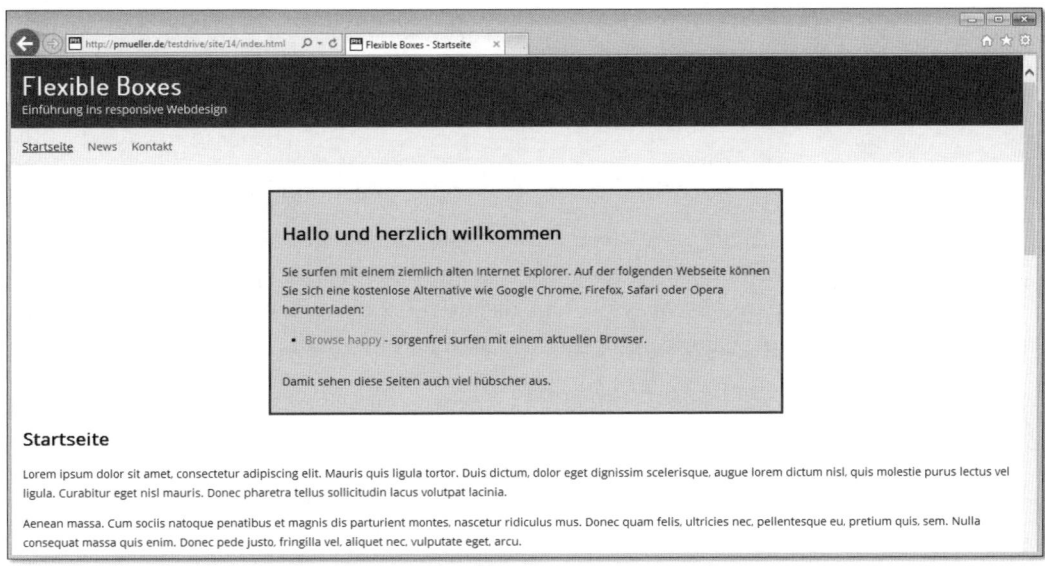

Abbildung 14.7 Eine Nachricht nur für IE8 und älter

14.3.5 Möglichkeit 2: Spezielles Stylesheet erstellen und per CC ausliefern

Eine zweite Möglichkeit wäre es, für die älteren Internet Explorer ein oder mehrere spezielle Stylesheets zu erstellen und diese per Conditional Comment an die entsprechenden Versionen auszuliefern. Diese Möglichkeit beinhaltet potenziell eine Menge zusätzlicher Arbeit, die am besten erst verrichtet werden sollte, wenn die Seiten fertig gestaltet sind, denn nachträgliche Änderungen müssen an allen Stylesheets durchgeführt werden.

Je älter der IE, desto mehr Bugfixing ist nötig. Wenn Sie Webseiten für den IE7 optimieren (müssen), bekommen Sie es zum Beispiel noch mit einem ziemlich nervigen Relikt aus der Vergangenheit namens *hasLayout* zu tun. Detaillierte Infos dazu gibt es im folgenden Essay von Ingo Chao:

- *satzansatz.de/cssd/onhavinglayout.html*
- *onhavinglayout.fwpf-webdesign.de* (dt. Übersetzung von Corina Rudel)

Ab Version 8 kennt der IE übrigens kein *hasLayout* mehr.

Die zentrale Frage vor dem Beginn einer solchen Operation »Patchwork« ist also, wie wichtig die Optimierung für die alten IEs ist und wie viel Zeit man maximal dafür investieren möchte.

Wenn alte IEs so wichtig sind, dass man spezielle Stylesheets dafür erstellt, wäre es überlegenswert, ob man nicht doch lieber per »Desktop First« baut oder ein ausgereiftes CSS-Framework wie YAML.de einsetzt.

14.3.6   Möglichkeit 3: Nachhilfe per JavaScript – »respond.js«

Auch wenn Sie spezielle Stylesheets für IE7 und IE8 erstellt haben, können die beiden immer noch keine Media Queries. Falls das nötig sein sollte, gibt es ein kleines Java-Script namens *respond.js* von Scott Jehl, das dem IE8 und seinen älteren Geschwistern beibringt, was Media Queries sind und wie man damit arbeitet:

- *https://github.com/scottjehl/Respond*

Im Prinzip ist der Einsatz von *respond.js* recht einfach:

- Sie surfen zur Github-Seite und laden das Skript herunter.
- Sie entpacken das Skript und kopieren die komprimierte Version *respond.min.js* an den gewünschten Ort, z. B. in den Ordner */js*.
- Sie binden das Skript im Head der Webseiten ein, und zwar so früh wie möglich, aber auf jeden Fall *nach* den CSS-Dateien.

Für die Beispieldateien wäre der bereits vorhandene Conditional Comment im `<head>` der Webseiten ein geeigneter Ort:

```
<!--[if lt IE 9]>
  <script src="js/html5shiv-printshiv.js" media="all"></script>
  <script src="js/respond.min.js" media="all"></script>
<![endif]-->
```

Listing 14.10 Die JavaScript-Anweisung zum Einfügen von respond.min.js

Theoretisch wäre damit im Idealfall alles erledigt, allerdings gilt auch für *respond.js*, dass Theorie und Praxis nicht identisch sind. Sie sollten vor dem Einsatz des Skripts zum Beispiel unbedingt den Bereich »Support & Caveats« auf der Github-Seite studieren. Dort werden Einschränkungen gelistet, die zum Teil auch auf die Beispielseiten zutreffen, wie zum Beispiel folgende Zeile:

▶ *Respond.js doesn't parse CSS referenced via @import*

Bevor Sie *respond.js* einsetzen, müssen Sie also die Styles aus Stylesheets, die eine Media Query enthalten und mit `@import` importiert werden, in eine Datei kopieren, die mit dem `link`-Element eingebunden wird.

Das an sich ist nicht weiter schlimm, da Sie das zur Reduzierung der Ladezeiten, wie in Abschnitt 7.2.3 beschrieben, vor der Online-Stellung Ihrer Webseiten sowieso tun sollten. Aber die Media Queries sind nicht das einzige Problem, das die älteren IEs mit den Beispielseiten haben. Letztlich läuft es in der Praxis auch mit *respond.js* oft auf die Erstellung spezieller Stylesheets für die beiden IEs hinaus, und dann gilt dasselbe Fazit wie weiter oben: Wenn die alten IEs wirklich so wichtig sind, dass man mit *respond.js* nachbessern möchte, sollte man vielleicht besser »Desktop First« bauen oder ein Framework wie YAML4 einsetzen. Oder beides.

14.3.7   Möglichkeit 4: »Desktop First« statt »Mobile First«

IE8 und Co. verstehen wie gesagt keine Media Queries und bekommen deshalb nur die Styles, die nicht von Media Queries umgeben sind.

Bei der Methode »Mobile First«, die Sie in den letzten Kapiteln für die Beispielseiten verwendet haben, bekommen sie nur die Basisversion, einspaltig und ohne Seitenbegrenzung (Abbildung 14.6).

Wenn Sie die Media Queries andersherum aufbauen, bekommen Browser, die keine Media Queries verstehen, die ausgestaltete Desktop-Version der Seiten, weshalb man diese Vorgehensweise auch *Desktop First* nennt.

Die Desktop-Version wird dann per Media Query abgespeckt, bis zum Schluss eine Basisversion übrig bleibt. Wie das für die Beispielseiten gemacht wird, erfahren Sie im nächsten Abschnitt.

14.4   Exkurs: Die Beispielseiten à la »Desktop First«

In diesem Abschnitt möchte ich Ihnen kurz zeigen, wie Sie das CSS für *Desktop First* aufbauen.

14.4.1   Der Unterschied: »Mobile First« versus »Desktop First«

Im Zusammenhang mit responsivem Webdesign ist der Begriff *Mobile First* fast zu einem Hype geworden. Natürlich muss man beide Varianten, Desktop und Mobile, durchdenken, aber beim Gestalten der Webseiten ist der Unterschied zwischen den beiden Herangehensweisen oft kleiner, als man denkt. Letztlich geht es um die Erstellung der Media Queries:

▶ *Mobile First* liefert die einspaltige Basisversion ohne Media Query aus. Das Nebeneinanderstellen der Elemente erfolgt innerhalb von Media Queries, die die Mindestbreite des Viewports abfragen (`min-width`).

▶ *Desktop First* serviert hingegen die mehrspaltige Version ohne Media Queries und reduziert diese dann Schritt für Schritt. Dabei fragen die Media Queries eine maximale Viewport-Breite ab (`max-width`).

Damit Sie beide Methoden kennen lernen, stellen Sie im Folgenden die Beispielseiten auf »Desktop First« um. Dabei sind nur Stylesheets mit Media Queries betroffen, also in erster Linie *gridfullpage.css* und *navigation.css*. In allen anderen Stylesheets gibt es kaum Media Queries und somit auch kaum Änderungen. Das HTML bleibt unverändert.

14.4.2   Schritt 1: »gridfullpage.css« – Änderungen am flexiblen Grid

Im Stylesheet *gridfullpage.css* werden die Gridklassen momentan nur verwendet, wenn der Viewport eine Mindestbreite von 768px hat. Der erste Schritt beim Wechsel auf Desktop First besteht darin, diese Media Query zu entfernen:

▶ Öffnen Sie das Stylesheet *gridfullpage.css*.

▶ Suchen Sie die Media Query `@media screen and (min-width:768px)`, und entfernen Sie sie (oder kommentieren Sie sie aus). Vergessen Sie dabei nicht die schließende geschweifte Klammer.

Nach diesem einfachen Eingriff gibt es im IE8 bereits einen signifikanten Unterschied, denn im Inhaltsbereich ist das Grid aktiv (Abbildung 14.8).

Die Sache hat aber einen Haken, denn da es für die Gridklassen keine Media Query mehr gibt, stellen alle Browser das Grid auch in kleinen Viewports dar. Damit moderne Browser unterhalb von 768px wieder das einspaltige Layout anzeigen, erstellen Sie eine neue Media Query, in der Sie die Einstellungen für das Grid zurücksetzen und die wichtigsten Abstände wiederherstellen.

Diese Media Query enthält die für Desktop First typische Abfrage der Maximalbreite mit `max-width`: Bis zu einer Viewport-Breite von 767px sollen die Styles der ohne Media Query gestalteten Desktop-Version rückgängig gemacht werden.

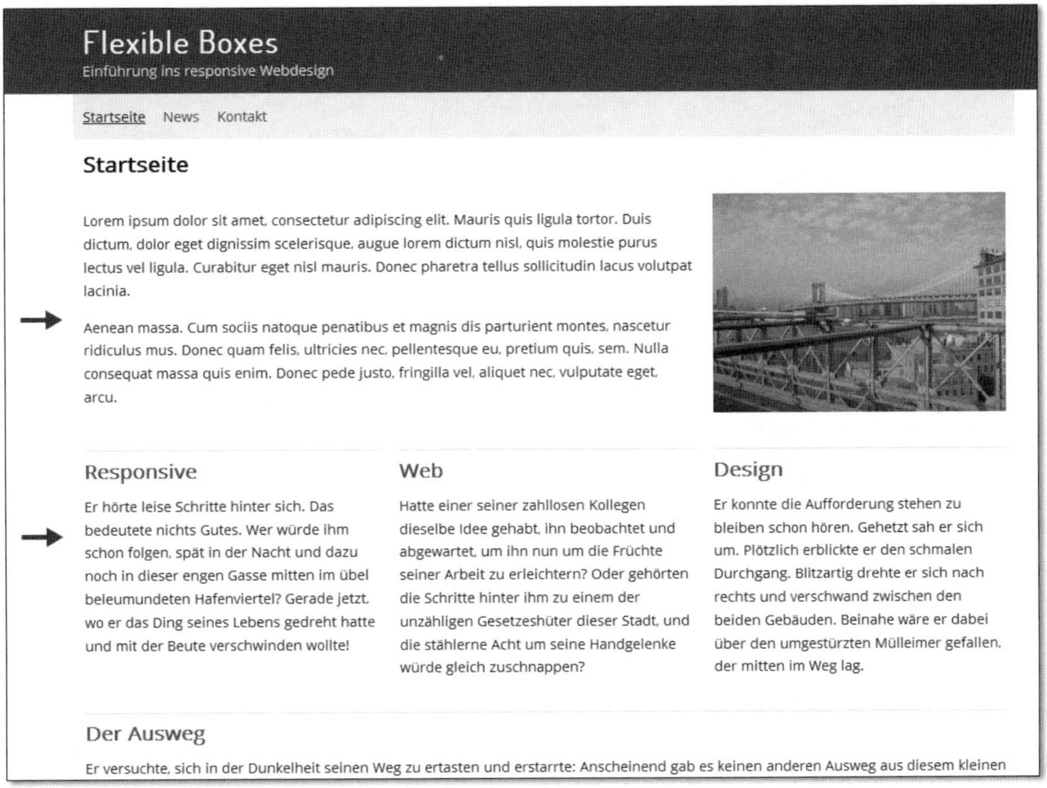

Abbildung 14.8 Ohne Media Query zeigt der IE8 schon mal das Grid.

Öffnen Sie *gridfullpage.css* im Editor, und erstellen Sie am Ende der Datei folgende Media Query:

```
@media screen and (max-width:767px){

  header[role="banner"],
  nav[role="navigation"],
  div[class="wrap"],
  footer[role="contentinfo"] {
    padding: 1em;
  }

  header > .inside,
  nav#nav,
  div.wrap,
  footer > .inside {
```

```
    width:auto;
  }

  *[class*="grid"] {
    float:none !important;
    display:block !important;
    width:auto !important;
    margin-left: 0 !important;
    margin-right: 0 !important;
  }

} /* Ende @media */
```

Listing 14.11 Styles für Gridklassen zurücksetzen

Im IE8 hat sich nach diesem Schritt nichts geändert, da er Styles in Media Queries ignoriert, aber in modernen Browsern wird das Layout unterhalb von 768px wieder einspaltig.

Diese Vorgehensweise ist wie gesagt typisch für Desktop First: Während die Styles bei Mobile First aufeinander aufbauen und so nur wenig überflüssiges CSS entsteht, ist es bei Desktop First häufiger der Fall, dass Sie CSS-Regeln schreiben, nur um vorher definierte Styles wieder rückgängig zu machen.

14.4.3   Schritt 2: Änderungen an der Navigation – »navigation.css«

Die Umstellung der Navigation auf Desktop First ist etwas aufwändiger. Zunächst beginnen Sie damit, die horizontale Navigation mit den nebeneinanderstehenden Navigationsbuttons ohne Media Query an alle Browser auszuliefern:

▶ Öffnen Sie das Stylesheet *navigation.css* im Editor.

▶ Verschieben Sie die Styles für die horizontale Navigation mitsamt Media Query (min-width:768px) vom Ende an den Anfang der Datei.

▶ Entfernen Sie die Media Query für die horizontale Navigation.

▶ Die Styles für die Mindestbreite von body (min-width:280px) und zum Ausblenden der beiden Menülinks sollen aktiv bleiben.

▶ Kommentieren Sie alle anderen Styles im Stylesheet aus (oder entfernen Sie sie vorübergehend).

Nach diesen Schritten bekommt auch der IE8 die Styles für die horizontale Navigation zu sehen und stellt sie ohne aus seiner Sicht »neumodischen Schnickschnack« wie border-radius dar. Die Startseite in Abbildung 14.9 ist aber durchaus wiederzuerkennen.

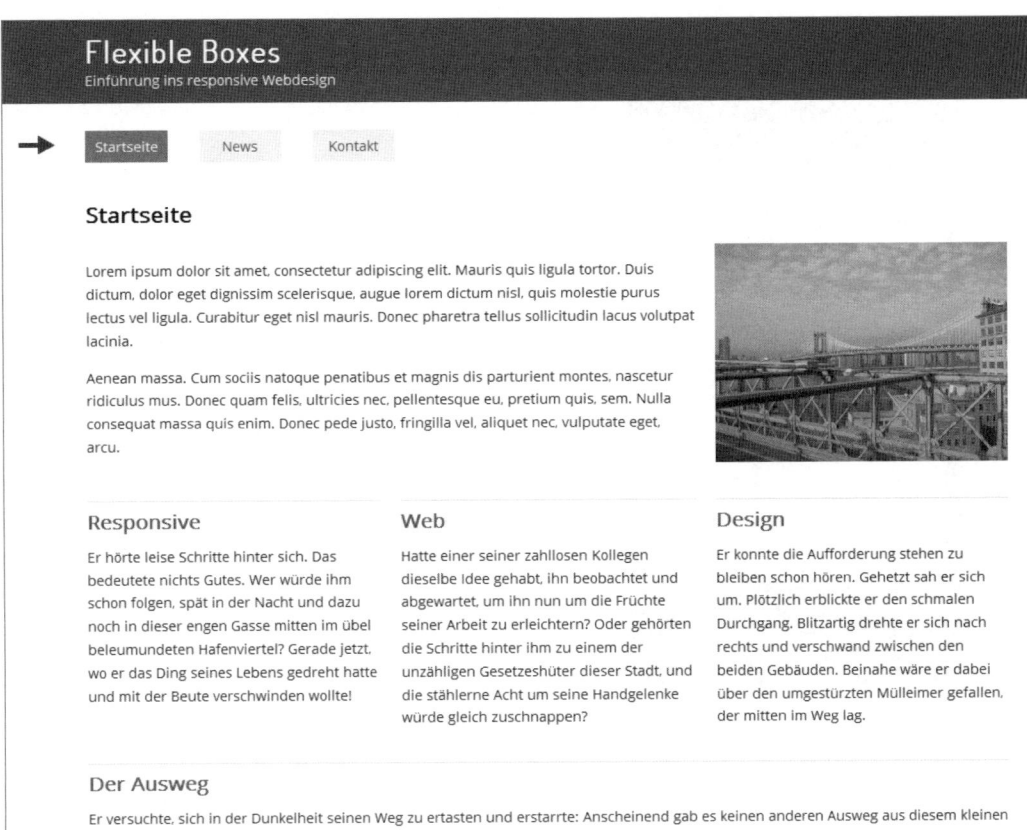

Abbildung 14.9 Der IE8 mit der horizontalen Navigation

14.4.4   Schritt 3: Die mobile Navigation nachbessern

Nach diesem Schritt bleiben noch die Nachbesserungen für die anderen beiden Stufen der Navigation, zum einen die auf :target basierende mobile Navigation mit dem Menübutton und zum anderen die Basisnavigation.

Die mobile Navigation soll nach wie vor zwischen 320 und 767px gelten. Die Media Query mit allen vorhandenen Styles kann somit zuerst einmal unverändert bleiben.

Auf den ersten Blick sieht in einem modernen Browser alles wieder gut aus, denn der Menübutton erscheint wie erwartet oben rechts. Ein Klick darauf offenbart aber, dass die Menüpunkte etwas anders aussehen als erwartet und durchaus noch Handlungsbedarf besteht (Abbildung 14.10).

Abbildung 14.10 Die mobile Navigation sieht etwas anders aus als vorher.

Die Korrektur der in Abbildung 14.10 gezeigten Navigationsliste ist aber schnell erledigt, denn eine kurze Analyse zeigt, dass die unterschiedliche Darstellung durch ein padding-top für nav und die Gestaltung der Hyperlinks verursacht wird. Beides korrigieren Sie zum Beispiel wie folgt:

```
/* Gestaltung der Hyperlinks */
  nav[role="navigation"] li a {
    display: block;
    text-decoration: none;
    background: #eee;
    color: #333;
    padding: 1em;
    text-align: left;
    border-radius: 0 ;
    margin: 0;
  }
  nav#nav { padding-top: 0; }
```

Listing 14.12 Die Gestaltung der Hyperlinks in der mobilen Navigation

Mit diesen zusätzlichen Anweisungen ist alles wieder im Lot (Abbildung 14.11).

Abbildung 14.11 Die mobile Navigation sieht wieder so aus wie vorher.

14.4.5   Schritt 4: Die Basisnavigation nachbessern

Bleibt nur noch die Basisnavigation unterhalb von 320px, die bei Mobile First ohne Media Query ausgeliefert wurde. Zunächst werden die Styles für diese Navigation von einer Media Query umgeben, die die CSS-Regeln nur bis maximal 319px anwendet:

```
@media screen and (max-width: 319px) {

  /* Styles für die Basisnavigation */

} /* Ende @media */
```

Listing 14.13 Die Media Query für die Basisnavigation

Danach sieht die Navigation ungefähr so aus wie in Abbildung 14.12.

Abbildung 14.12 Die Basisnavigation unterhalb von 320px (links);
die wiederhergestellte Basisnavigation (rechts)

Auch hier sieht die Navigation auf den ersten Blick schlimmer aus, als es in Wirklichkeit ist, denn der Unterschied liegt wieder nur in der Gestaltung der Hyperlinks. Wenige ergänzende Anweisungen genügen, um die Darstellung zu korrigieren:

```
nav[role="navigation"] li a {
  text-decoration: none;
  color: #333;
  padding: 1em;
  display: inline;
  background: none;
  margin: 0;
  }
nav[role="navigation"] li.active a {
  color: black;
  text-decoration: underline;
  background: none;
}
```

Listing 14.14 Einige Korrekturen für die Basisnavigation

Nach diesem Schritt sieht auch die Basisversion wieder gut aus (Abbildung 14.12), und die Umstellung auf Desktop First ist beendet.

Kapitel 15

Inhalte für responsive Webseiten gestalten

Worin Sie in diversen Workshops die Zeilenlänge optimieren, ein Akkordeon bauen und per jQuery einen responsiven Slider und flexible Videos einbinden.

Die Themen im Überblick:

15

In diesem Kapitel kümmern Sie sich um die Inhalte auf den Beispielseiten. Sie beginnen mit der Optimierung der Zeilenlänge und erstellen auf der News-Seite ein Akkordeon ganz ohne JavaScript und Grafiken. Danach binden Sie jQuery ein, bauen mit FlexSlider 2 eine responsive Slideshow und binden mit FitVids ein flexibles Video ein. Zum Abschluss sehen Sie, wie Sie mit Adaptive Images für verschiedene Geräte verschiedene, maßgeschneiderte Bilder ausliefern.

15.1   Workshop Nr. 1: Optimierung der Zeilenlänge

Ein Detailproblem bei der Erstellung von responsiven Webseiten ist die variable Länge der Textzeilen. Ab einer gewissen Länge werden Zeilen definitiv schlechter lesbar (Abbildung 15.1).

Abbildung 15.1 Die Wikipedia begrenzt die Zeilenlänge nicht.

Die ideale Anzahl der Zeichen pro Zeile liegt irgendwo zwischen ungefähr 40 und 75 Zeichen, aber das ist nur eine Orientierung und bedeutet nicht, dass *jede* Zeile in *jedem* Layout diesem Kriterium genügen muss.

15.1.1   Schritt 1: Mit roten Sternchen die Zeilenlänge testen

Zum Testen der Zeilenlänge hatte der amerikanische Webdesigner Trent Walton die Idee, im Text einfach zu erkennende Markierungen zu setzen, damit man die Zeichen nicht immer mühsam abzählen muss:

▶ *trentwalton.com/2012/06/19/fluid-type*

Im folgenden Listing wird als Markierung bei 40 und bei 75 Zeichen jeweils ein Sternchen (Unicode ★) eingefügt:

```
<p>Lorem ipsum dolor sit amet, consectetur <span class="star">&#9733;</
span> adipiscing elit. Mauris quis ligula <span class="star">&#9733;</
span> tortor.
```

Listing 15.1 Ein Sternchen bei 40 und bei 75 Zeichen

Das Sternchen hat die Klasse star, sodass man es zum Beispiel in einem Style-Block im <head> der Seite einfach rot einfärben kann:

```
<style>
  .star { color: red; }
</style>
```

Listing 15.2 Das Sternchen rot einfärben

Im Browserfenster sollte der Zeilenumbruch irgendwo zwischen den beiden Sternchen erfolgen, und Abbildung 15.2 und Abbildung 15.3 zeigen, dass die Zeilenlänge zwischen 320px und 600px okay ist. Ganz nebenbei ist das auch ein Indiz dafür, dass die Schriftgröße so in Ordnung ist.

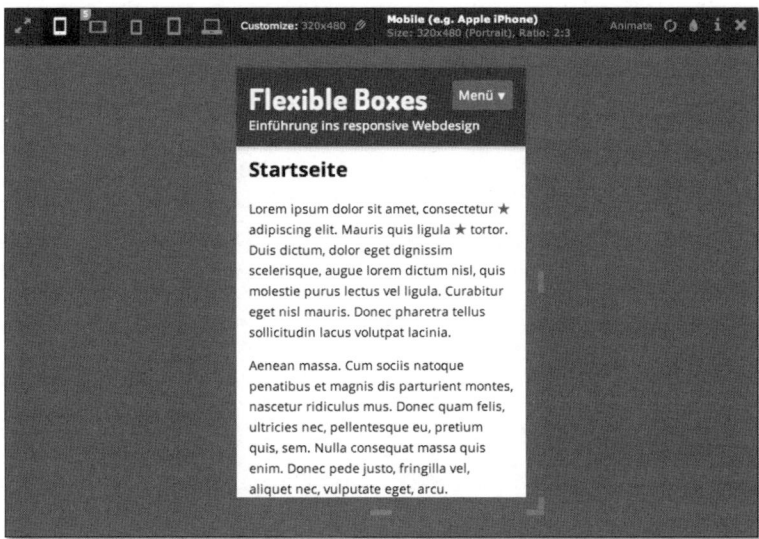

Abbildung 15.2 Bei 320px ist die Zeilenlänge optimal.

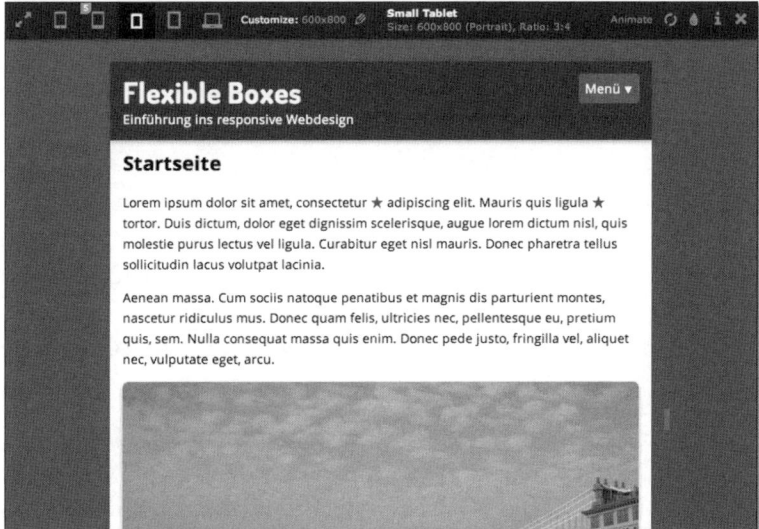

Abbildung 15.3 Bei 600px ist die Zeilenlänge auch okay.

15.1.2 Schritt 2: Wenn die Zeilen zu kurz oder zu lang sind

Bei der einspaltigen Layoutvariante ist also mit den roten Sternchen alles im grünen Bereich. Abbildung 15.4 hingegen zeigt, dass die Zeilenlänge im mehrspaltigen Layout ab einer Fensterbreite von 768px nicht mehr ganz optimal ist. Die Gridklasse `grid4` ist etwas zu kurz, die Gridklasse `grid12` hingegen etwas zu lang.

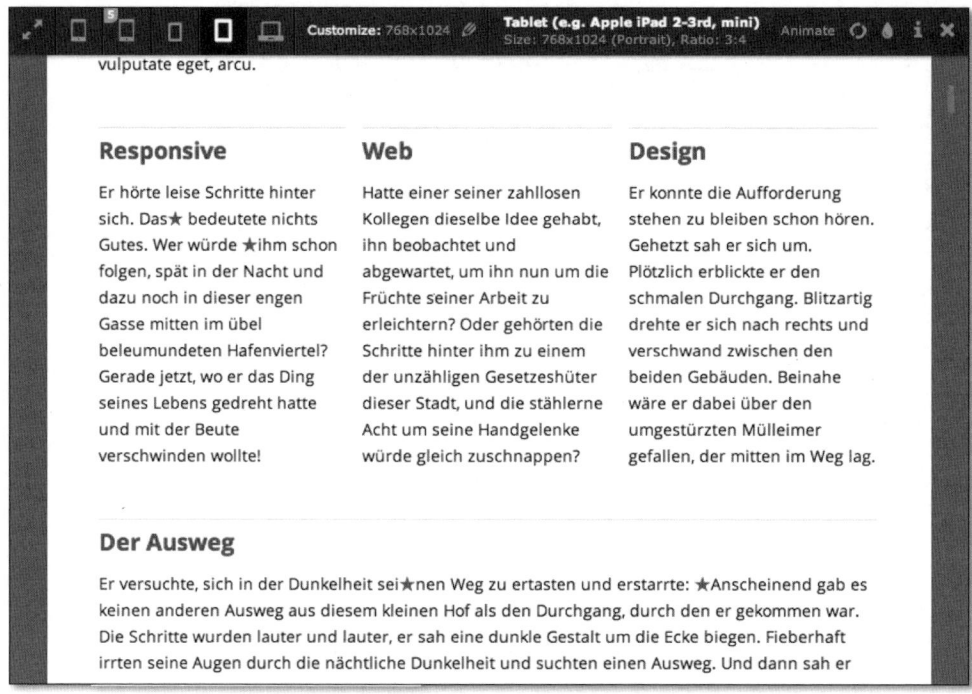

Abbildung 15.4 Bei 768px werden die Zeilen etwas zu kurz bzw. zu lang.

Um es noch einmal ganz deutlich zu sagen: Man *muss* nicht unbedingt sofort aktiv werden, nur weil die Zeilen ein paar Zeichen zu kurz oder zu lang sind. In einem komplexen Layout wird es wahrscheinlich immer irgendwo Zeilen geben, die nicht der 40/75-Norm entsprechen, und die Zeilenlänge ist nur ein Kriterium zur Beurteilung der Ausgewogenheit eines Layouts. Trotzdem möchte ich Ihnen im Folgenden zeigen, was man tun könnte.

Für die Startseite bestünde die einfachste Lösung in einer Layoutänderung, die dank der Gridklassen in wenigen Sekunden erledigt ist. Abbildung 15.5 zeigt, dass die Gridklasse `grid6` bei 768px eine ideale Zeilenlänge hat. Auch bei voller Breite ist die Zeilenlänge von `grid6` in Ordnung (Abbildung 15.6).

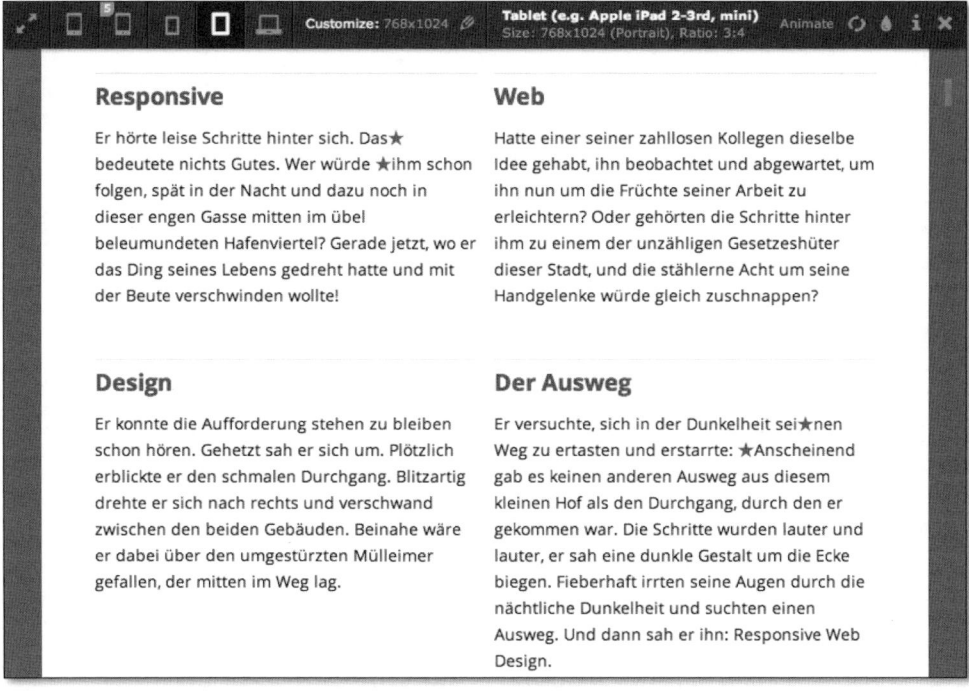

Abbildung 15.5 »grid6« hat bei 768px eine ideale Zeilenlänge.

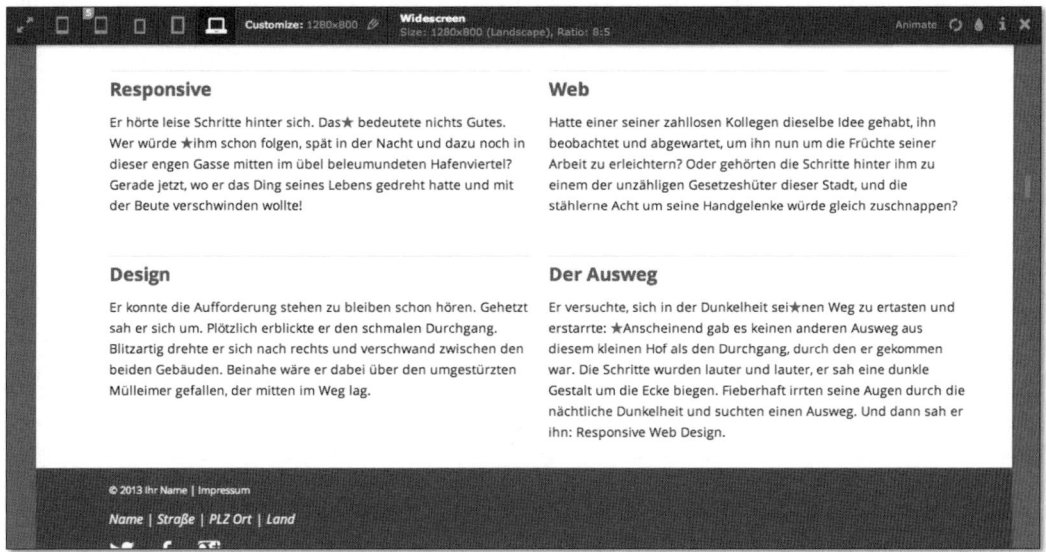

Abbildung 15.6 Auch bei voller Breite ist die Zeilenlänge von »grid6« okay.

Eine Änderung der Schriftgröße hilft manchmal schon weiter

Bei geringfügigen Abweichungen der Zeilenlänge hilft manchmal auch einfach eine leichte Erhöhung der Schriftgröße. Da font-size nicht in px, sondern in rem definiert wurde, ist es sehr einfach, die Schriftgröße für den Fließtext zu erhöhen.

Um die Schriftgröße für body ab einer Viewport-Breite von 600px auf 15px zu erhöhen, ändern Sie die in *layout.css* definierte Schriftgröße für body, setzen per Media Query einen Tweakpoint und erhöhen die font-size von 0.875rem auf 0.9375rem:

```
@media screen and (min-width: 600px) {
   body {
      font-size: 15px;
      font-size: 0.9375rem;
   }
} /* Ende @media */
```

Der Pixel-Fallback ist nur für Opera Mini, da IE8 die Media Query ja sowieso ignoriert.

15.2   Workshop Nr. 2: Akkordeon – Text ein- und ausblenden

Akkordeons lösen das Problem, dass man auf wenig Platz viel Text unterbringen muss, und erhöhen die Übersicht. In diesem Abschnitt möchte ich Ihnen das anhand der News-Seite zeigen, auf der mehrere Artikelteaser untereinanderstehen.

15.2.1   Ein Akkordeon spart Platz auf dem Bildschirm

In der Desktop-Version der News-Seite besteht kein Handlungsbedarf, denn die drei Artikel passen bequem untereinander. Aber in der Mobilversion sieht man nur die erste Überschrift und einen Ausschnitt vom Fließtext (Abbildung 15.7).

Mit der Akkordeontechnik zeigen Sie nur die Überschriften, sodass auch auf einem kleinen Bildschirm mehrere Überschriften gleichzeitig zu sehen sind. Der Fließtext wird erst eingeblendet, wenn der Benutzer die Überschrift anklickt bzw. antappt (Abbildung 15.8).

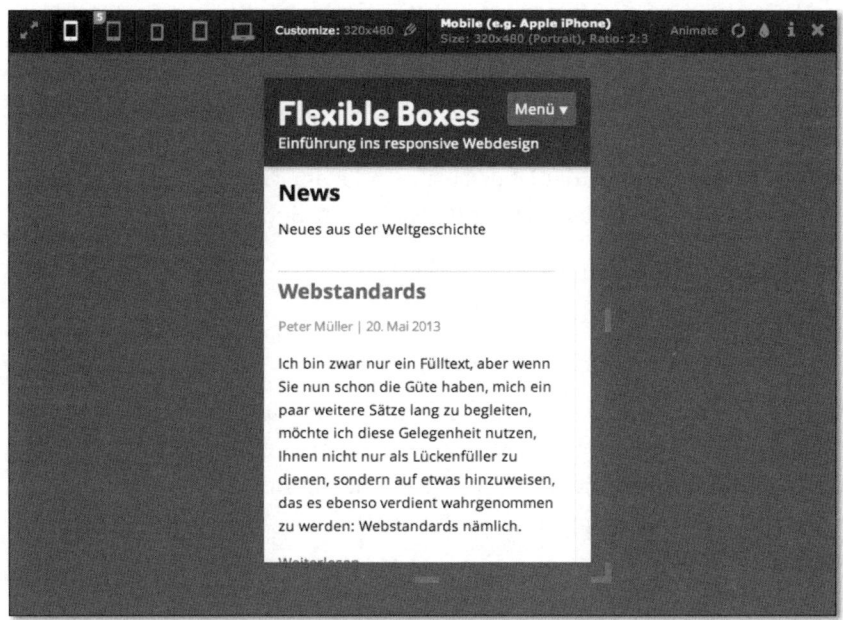

Abbildung 15.7 Man sieht nur einen Teil vom ersten Artikel.

Abbildung 15.8 Akkordeon zugeklappt und aufgeklappt

Das in diesem Abschnitt gezeigte Akkordeon benötigt weder JavaScript noch Grafiken:

▶ Das Ein- und Ausblenden basiert auf der Pseudoklasse `:target` in Kombination mit dem in Abschnitt 8.5, »Pseudoklassen für Linkziele und Formulare«, erwähnten Selektor `:not()`.

▶ Die Zustandsanzeige am Anfang der Überschrift sind keine Grafiken, sondern Genericons (siehe Abschnitt 9.4, »Bilder als Schrift: Skalierbare Symbole mit Iconfonts«).

Los geht es aber mit zwei kleinen Änderungen im HTML.

15.2.2 Schritt 1: Das HTML in »news.html« vorbereiten

Zunächst einmal wird das HTML in *news.html* angepasst. Für ein Akkordeon benötigen Sie in jedem Fall einen Link, mit dem das Ausklappen des Textes aktiviert wird. Auf der News-Seite bietet es sich an, zu diesem Zweck die Links in der Artikelüberschrift zu benutzen. Jeder Artikel hat eine nummerierte ID, von #a1 bis #a3. Diese ID fügen Sie den Links als Sprungziel hinzu:

```
<!-- Der Link für den ersten Artikel -->
<h3><a href="#a1">Webstandards</a></h3>

<!-- Der Link für den zweiten Artikel -->
<h3><a href="#a2">Hinter den Wortbergen</a></h3>

<!-- Der Link für den dritten Artikel -->
<h3><a href="#a3">Werther. Frisch verliebt.</a></h3>
```

Listing 15.3 In den Artikelüberschriften Sprungziel hinzufügen

Ein angenehmer Nebeneffekt dieser Maßnahme ist, dass auf mobilen Geräten die Überschrift nach dem Antappen an den oberen Bildschirmrand springt, sodass man den Fließtext darunter gleich lesen kann.

Außerdem fügen Sie in jedem Artikel noch ein zusätzliches `div` mit der Klasse `artikelinhalt` ein, das das Ausblenden der Inhalte erleichtert. Das folgende Listing zeigt dies am Beispiel des ersten Artikels:

```
<article id="a1">
  <header>
    <h3><a href="#a1">Webstandards</a></h3>
    <p class="artikelinfo">...</p>
  </header>
```

```
<div class="artikelinhalt">
  <p>Ich bin zwar nur ein Fülltext, ... </p>
  <div class="readmore"><a href="#">Weiterlesen...</a></div>
</div>
</article>
```

Listing 15.4 Ein zusätzliches »div« in jedem Artikel

Analog dazu fügen Sie dieses div auch in den anderen Artikeln ein.

15.2.3   Schritt 2: Die Überschrift gestalten

Nach der Vorbereitung des HTML werden zunächst die Überschriften und die darin enthaltenen Links gestaltet. Die Styles speichern Sie am Ende von *inhalt.css*.

Einzige Besonderheit im folgenden Listing ist der Selektor article[id*="a"]. Er selektiert alle Artikel, deren ID mit dem Buchstaben »a« beginnt. Auf der News-Seite sind das die Artikel mit den IDs #a1, #a2 und #a3.

```
@media screen and (max-width:767px) {

  .news article[id*="a"] h3 {
    background: #08c;
    color: white;
    padding: 0.5em;
    border-top: 0;
    border-radius: 0.5em;
  }

  .news article[id*="a"] h3 a {
    color: white;
    font-weight: normal;
    font-size: 1rem;
    margin-left: 0.5em;
  }

  /* Hier folgen gleich noch mehr Styles */

} /* Ende @media */
```

Listing 15.5 Überschrift und Link der Artikel gestalten

15

Nach diesem Schritt sehen die Überschriften etwa so aus wie in Abbildung 15.9.

Abbildung 15.9 Die Überschriften und Links in den Artikeln

15.2.4   Schritt 3: Das Akkordeon einschalten

Die Überschriften sind schon deutlich hervorgehoben, aber noch ist der Text darunter zu sehen. In diesem Schritt aktivieren Sie das Akkordeon, und zwar mit einem einzigen Style:

```
.news article[id*="a"]:not(:target) p.artikelinfo,
.news article[id*="a"]:not(:target) div.artikelinhalt {
  display: none;
}
```

Listing 15.6 Dieser Style schaltet das Akkordeon ein.

Diese CSS-Regel blendet den Text ein *und* aus, und sie funktioniert so:

▶ Der erste Teil `.news article[id*="a"]` selektiert, wie bereits in Schritt 2 gesehen, alle Artikel auf der News-Seite, deren ID mit dem Buchstaben a beginnt.

▶ Der zweite Teil ist der Kern der Sache, denn `:not(:target)`selektiert die Artikel nur dann, wenn deren ID *nicht* in der URL steht.

▶ Im dritten Teil des Selektors stehen jeweils die Elemente, die ausgeblendet werden sollen. Das sind `p.artikelinfo` aus dem Artikelheader und das vorhin eingefügte `div.artikelinhalt`.

▶ Die mit diesen Selektoren ausgewählten Elemente werden per `display:none` ausgeblendet.

Wenn die Seite »News« geladen wird, steht keine Artikel-ID in der URL, und somit werden die selektierten Elemente per `display:none` ausgeblendet. Zu sehen sind nur noch die Überschriften. Die Links in den Überschriften haben in Schritt 1 als Sprungziel die ID des Artikels bekommen. Ein Klick auf diese Links hängt die jeweilige ID, zum Beispiel #a1, an die URL.

Und jetzt ganz langsam: Wenn in der URL die ID #a1 steht, ist die Bedingung `:not(:target)`*nicht* erfüllt, und die Elemente werden angezeigt, weil `display:none` nicht angewendet wird. Minus mal minus ist plus. Funktionieren tut es aber auch, wenn man noch nicht *ganz genau* verstanden hat, was da passiert. Abbildung 15.10 zeigt, dass nach dem Aufrufen der Seite »News« alle Akkordeons eingeklappt sind.

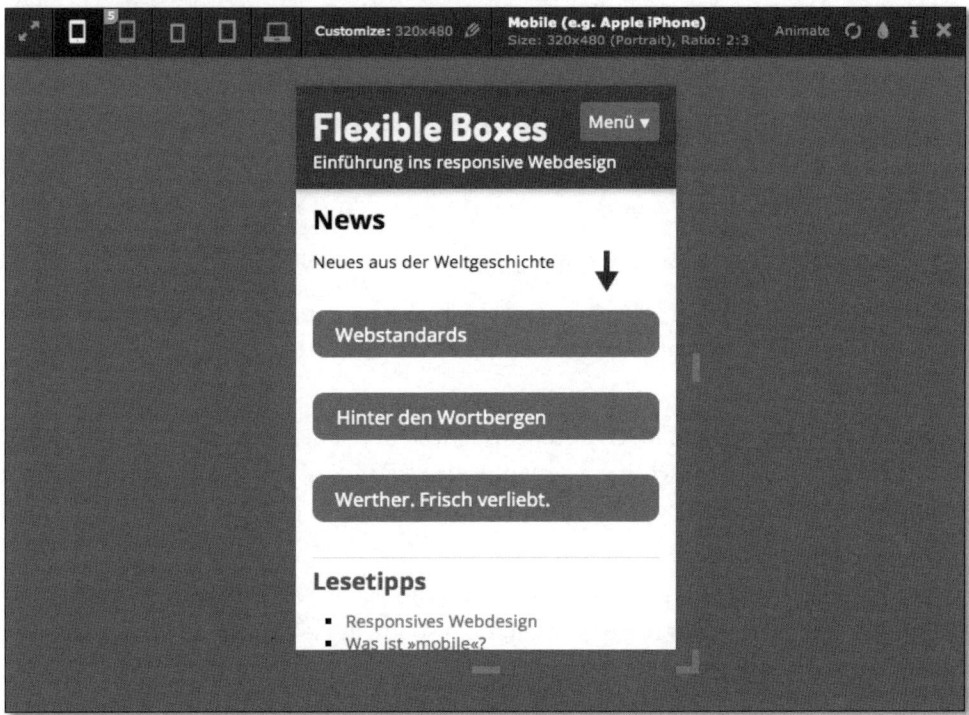

Abbildung 15.10 Ein Style, und das Akkordeon ist eingeklappt.

Ein Klick (oder ein Fingerdruck) auf die Überschrift, und der entsprechende Text wird eingeblendet (Abbildung 15.11).

Abbildung 15.11 Ein Klick oder Tap klappt das Akkordeon aus.

15.2.5   Schritt 4: Ein Genericon einbinden

Das Akkordeon funktioniert also bereits, aber in diesem Schritt verbessern Sie die Usability, denn ein Besucher hat bis jetzt noch kein Indiz dafür, dass man auf diesem Akkordeon auch spielen kann.

Ein 16 x 16 Pixel großer Pfeil nach unten aus den Genericons signalisiert dem Besucher, dass verborgene Inhalte sichtbar werden, wenn man die Überschrift anklicken oder antappen kann. Das Genericon trägt die Nummer f431 und hat den passenden Namen `genericon-expand`.

Im folgenden Listing wird, wie in Abschnitt 9.4, »Bilder als Schrift: Skalierbare Symbole mit Iconfonts«, gezeigt, das Genericon mit der Pseudoklasse `:before` eingebunden, und zwar ganz am Anfang der h3-Überschrift:

```
.news article[id*="a"] h3:before {
  content: '\f431';          /* Symbol genericon-expand */
  font-family: "Genericons";
  font-size: 16px;
  vertical-align: middle;  /* Ausrichtung in der Zeilenmitte */
  -webkit-font-smoothing: antialiased;
}
```

Listing 15.7 Das CSS zum Einbinden des Genericons

Nach diesem Schritt ist das Icon bereits sichtbar, aber es zeigt immer nur noch nach unten, egal ob das Akkordeon ein- oder ausgeklappt ist (Abbildung 15.12).

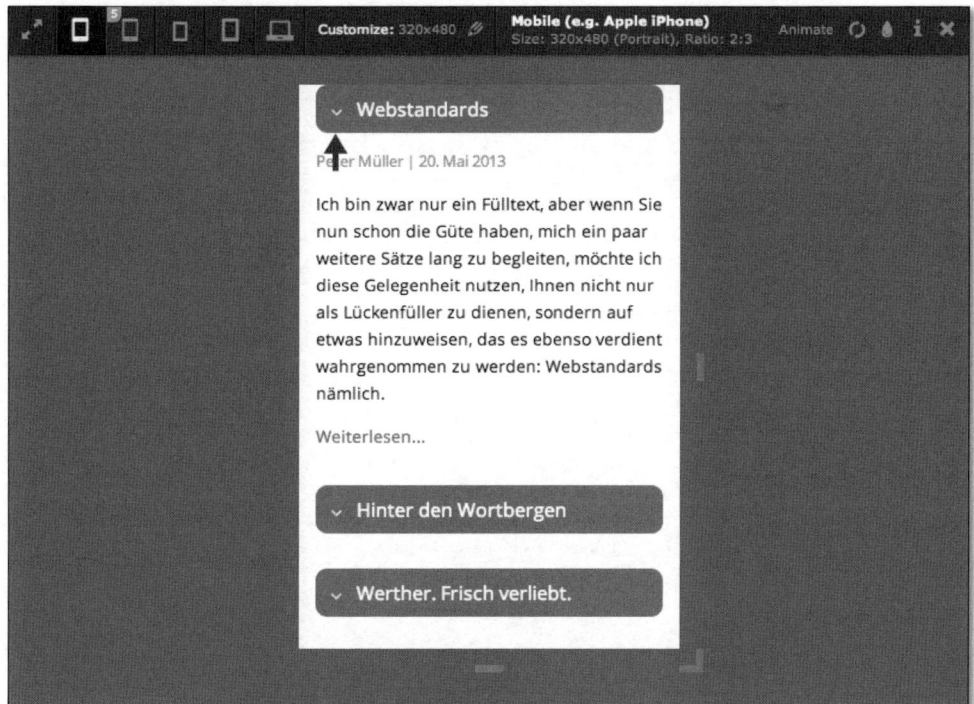

Abbildung 15.12 Das Genericon zeigt immer nach unten.

15.2.6   Schritt 5: Zustandsanzeige – das Genericon beim Ausklappen ändern

In diesem Schritt benutzen Sie die Pseudoklasse `:target`, um das Symbol bei einem geöffneten Akkordeon auszutauschen, sodass der Pfeil nach oben zeigt und dezent, aber deutlich signalisiert, dass sich etwas geändert hat. Das Genericon trägt die Nummer f432 und hat den passenden Namen `genericon-collapse`:

```
.news article[id*="a"]:target h3:before {
  content: '\f432';          /* Symbol genericon-collapse */
  font-family: "Genericons";
  font-size: 16px;
  vertical-align: middle;
  -webkit-font-smoothing: antialiased;
}
```

Listing 15.8 Das Genericon austauschen

Nach diesem Schritt ist das Akkordeon voll funktionsfähig. Komplett ohne JavaScript und ohne jede Grafik (Abbildung 15.13).

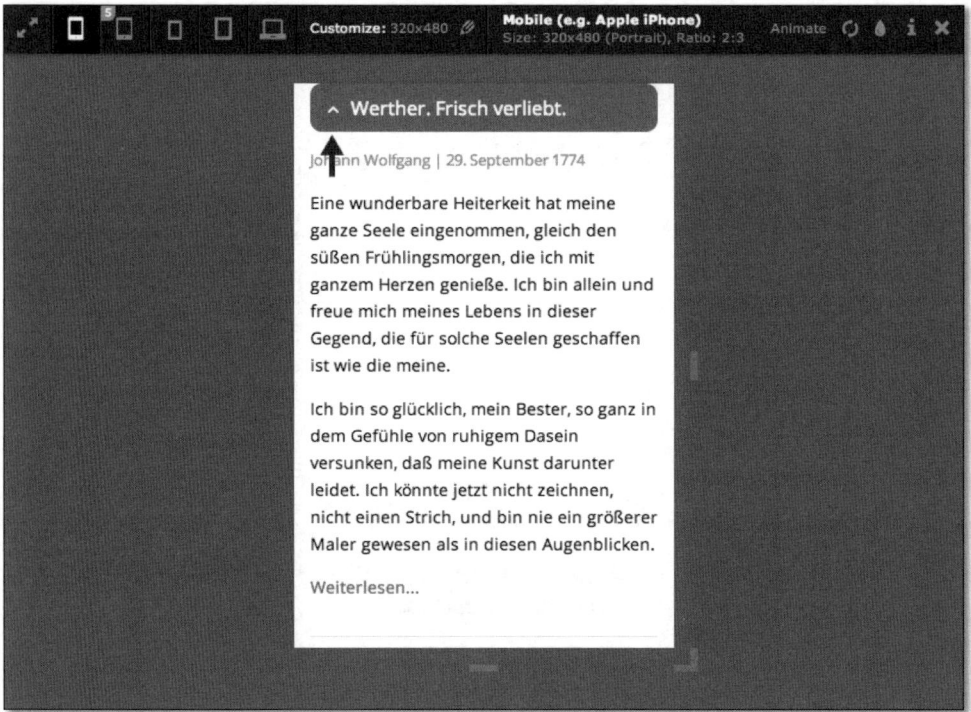

Abbildung 15.13 Das Symbol wird beim Aufklappen ausgetauscht.

15.2.7   Schritt 6: Akkordeon nur für kleine Bildschirme anzeigen

Momentan sind die Akkordeons auch in der Desktop-Version aktiv. Das ist zwar nicht schlimm, aber nicht wirklich notwendig, weil in großen Viewports Platz genug ist. Um die Akkordeons nur auf kleinen Bildschirmen anzuzeigen, benötigen Sie lediglich zwei Media Queries.

Die erste Abfrage umschließt alle in Schritt 2 bis 5 erstellten Styles und stellt sicher, dass sie nur bis zu einer Viewport-Breite von 767px aktiv sind:

```css
@media screen and (max-width: 767px) {

  /* Akkordeon-Styles aus Schritt 2 bis 5 */

} /* Ende @media */
```

Listing 15.9 Akkordeons nur auf kleinen Bildschirmen darstellen

Nach diesem Schritt haben Sie in der Desktop-Version die Situation, dass die Links in den Überschriften zwar anklickbar sind, aber nicht, wie in vielen Blogs üblich, zur Vollversion des Artikels springen, sondern lediglich die Artikel-ID aufrufen und den Artikel an den oberen Bildschirmrand schieben.

Um einem Klick auf die Überschriften vorzubeugen, gestalten Sie sie auf der News-Seite so, dass sie in der Desktop-Version wie normaler Text aussehen. Die Camouflage für den Link wird durch `cursor:default` perfektioniert:

```css
@media screen and (min-width: 768px) {

  .news h3 a {
    color: #444;
    cursor: default;  /* normaler Mauszeiger  */
  }

} /* ende @media */
```

Listing 15.10 Die Überschriften sollen am Desktop wie Text aussehen.

Nach diesem Schritt werden auf kleinen Bildschirmen Akkordeons und auf großen die normale Version dargestellt.

Akkordeon per JavaScript

Natürlich kann man den Akkordeon-Effekt auch per JavaScript erzeugen. Ein Tutorial für ein einfaches Akkordeon auf der Basis von jQuery finden Sie in *normansblog.de*:

▶ *www.normansblog.de/simple-jquery-accordion/*

Mehr Auswahl bietet der Artikel *30 jQuery Accordion Menus, Tutorials And Best Examples*, der Beispiele und Tutorials kurz vorstellt:

▶ *1stwebdesigner.com/freebies/jquery-accordion-menus-tutorials/*

Wie man jQuery einbindet, folgt gleich im nächsten Abschnitt.

15.3   Workshop Nr. 3: jQuery einbinden

Viele kleine Helferlein rund um das responsive Webdesign basieren auf jQuery, und deshalb möchte ich Ihnen dieses JavaScript-Framework im Folgenden kurz vorstellen.

15.3.1   JavaScript, jQuery und jQuery-Plugins

Beim Erstellen von Webseiten ist JavaScript als echte Programmiersprache die perfekte Ergänzung zu HTML und CSS. Während HTML sich um die *Struktur* des Inhalts kümmert und CSS dessen *Gestaltung* ermöglicht, kann man mit JavaScript das *Verhalten* der Webseiten beeinflussen. jQuery erleichtert die Arbeit mit JavaScript, indem es häufig benutzte Funktionen bereitstellt, Unterschiede zwischen den Browsern ausgleicht und die Syntax vereinfacht. jQuery wird deshalb auch als *Bibliothek* oder *Framework* bezeichnet. Vereinfacht ausgedrückt: JavaScript ist ein herkömmlicher Schraubenzieher, jQuery ein Akkuschrauber. Sie müssen nicht mehr jede Schraube mühsam per Hand selbst festdrehen. Zzzzt. Fertig.

jQuery erleichtert Entwicklern die Erstellung von Webanwendungen, aber wirklich populär ist jQuery vor allem dadurch geworden, dass man nicht unbedingt selbst programmieren muss, um zum Beispiel einen Slider einzubauen.

Es gibt im Web unzählige fertige Anwendungen, so genannte *Plugins*, die Sie ohne Programmierkenntnisse in Ihre Webseiten integrieren können. Einzige Voraussetzung für den Einsatz dieser *jQuery-Plugins* ist, dass Sie den Akku aufgeladen und jQuery in Ihre Webseiten eingebunden haben.

15.3.2   Schritt 1: jQuery downloaden

Um jQuery in Ihre Webseiten einzubinden, schicken Sie Ihren Browser zu *jquery.com* (Abbildung 15.14). Ein Klick auf den Download-Button bringt Sie zur Downloadseite. Dort erwartet Sie nicht nur eine Downloadmöglichkeit, sondern gleich eine Vielzahl von Links, die dem Neuling die richtige Wahl erschweren.

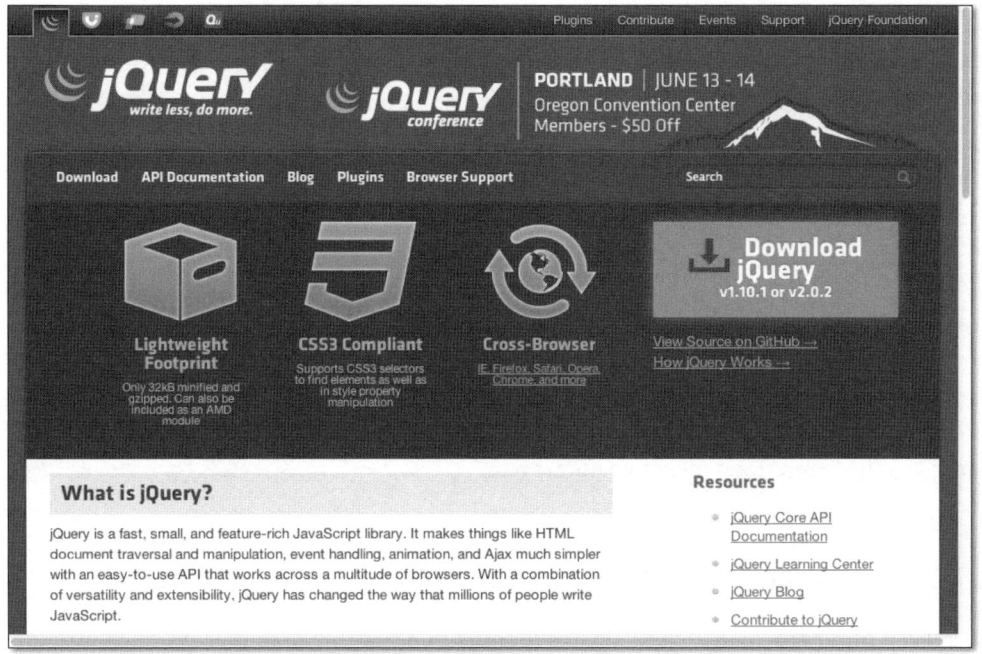

Abbildung 15.14 Die Startseite von jquery.com

Zunächst einmal gibt es jQuery in den Versionen 1 und 2:

▸ *jQuery v1* unterstützt auch Internet Explorer 6 bis 8.

▸ *jQuery v2* unterstützt die alten IE-Browser nicht mehr.

Beide Versionen gibt es in einer komprimierten und einer unkomprimierten Version, und ein paar zusätzliche Downloadangebote verwirren den Einsteiger dann vollends. Die Kurzfassung ist wie folgt:

▸ Surfen Sie zu *jquery.com/download/*.

▸ Suchen Sie die komprimierte Version von jQuery v1, die als *compressed, production jQuery* beschrieben wird.

▸ Klicken Sie mit rechts auf den Link, und speichern Sie die Datei mit dem Befehl LINK SPEICHERN UNTER... auf Ihrer Festplatte.

Der Dateiname lautet zum Beispiel *jquery-1.10.1.min.js*. Er beginnt mit *jquery*, gefolgt von der Versionsnummer, und endet auf *min.js*. Das *min* steht für *minimiert*, was dasselbe ist wie *compressed*.

15.3.3   Schritt 2: jQuery einbinden

Für den Einsatz in den Beispieldateien empfiehlt sich als Speicherort der Unterordner */js*, in dem bereits der HTML5Shiv liegt.

Zur Einbindung von jQuery genügt eine einzige Zeile im HTML-Kopf, am besten nach den Stylesheets und vor `</head>`:

```
<!-- Einbindung von jQuery -->
<script src="js/jquery-1.10.1.min.js"></script>
```

Listing 15.11 Die Anweisung zur Einbindung von jQuery

Die Pfadangabe ist relativ zur Webseite, in der die Anweisung steht. jQuery stellt Funktionen und Syntaxerleichterungen bereit, macht selbst aber gar nichts, sodass sich auf den Beispielseiten noch nichts geändert hat.

15.4   Workshop Nr. 4: »FlexSlider 2« – ein responsiver Slider

Als Beispiel für zahllose andere jQuery-Plugins integrieren Sie in diesem Abschnitt auf der Startseite einen responsiven *Slider*. Diese Anwendungen ermöglichen eine Art automatischer Diashow und werden manchmal auch als *Carousel* bezeichnet. Abbildung 15.15 zeigt die fertige Startseite.

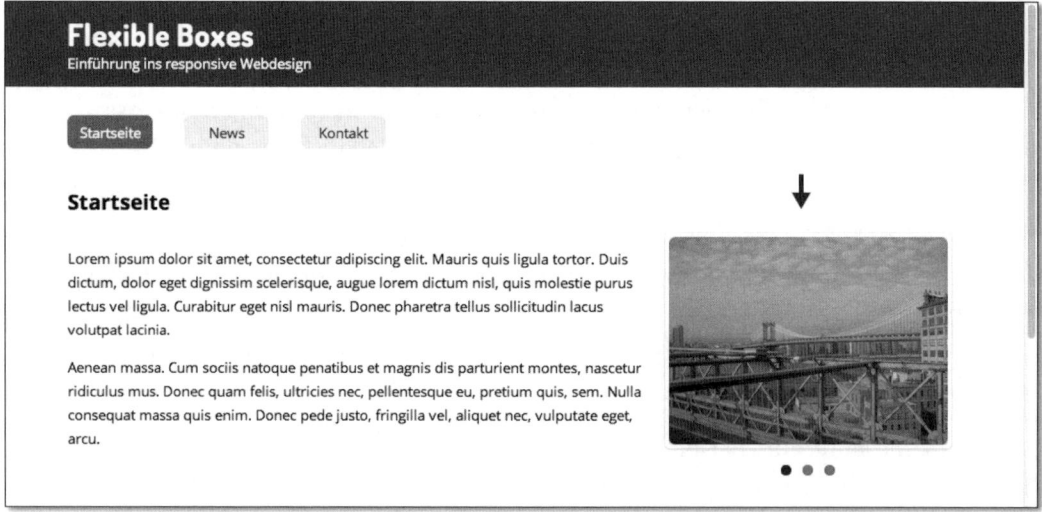

Abbildung 15.15 Der FlexSlider in der Desktop-Version

15.4.1   Schritt 1: FlexSlider 2 downloaden und einbinden

Der FlexSlider 2 wurde von *WooThemes* erstellt und kann unter der folgenden Adresse heruntergeladen werden:

▶ *flexslider.woothemes.com*

Auf dieser Seite finden Sie eine Downloadmöglichkeit und ein paar Beispiele zur Anwendung des FlexSlider. Unterhalb der Beispiele finden Sie den dazu benötigten Code für JavaScript und HTML (Abbildung 15.16).

Abbildung 15.16 Der FlexSlider 2 im Web

Nach dem Download entpacken Sie das Archiv und kopieren vor der Einbindung in die Beispielseiten die folgenden Dateien und Ordner an die richtigen Stellen:

▶ Kopieren Sie *jquery.flexslider-min.js* in den Ordner */js*.

▶ Kopieren Sie das Stylesheet *flexslider.css* in den Ordner */css*.

▶ Kopieren Sie den Ordner */images/* mit der Grafik für die Slider-Navigation ebenfalls in den Ordner */css*.

Zur Einbindung des Sliders auf der Startseite öffnen Sie die *index.html* im Editor. Dort verlinken Sie das Stylesheet *flexslider.css* und binden nach der bereits vorhandenen jQuery-Anweisung die Datei *jquery.flexslider-min.js* ein. Danach muss der Slider nur noch aktiviert und konfiguriert werden:

```
<!-- Stylesheet von FlexSlider -->
<link rel="stylesheet" href="css/flexslider.css">

<!-- Einbindung von jQuery -->
<script src="js/jquery-1.10.1.min.js"></script>

<!-- Einbindung des FlexSlider -->
<script src="js/jquery.flexslider-min.js"></script>

<!-- Aktivierung und Konfiguration von FlexSlider -->
<script>
  $(window).load(function() {
    $('.flexslider').flexslider({
      animation: "slide"
    });
  });
</script>
```

Listing 15.12 Die Einbindung des FlexSlider 2

15.4.2   Schritt 2: Die Slideshow erstellen

Um eine Slideshow zu erstellen, benötigen Sie ein paar Bilder, die Sie am besten in den Ordner */bilder* kopieren. Sie können gerne eigene Bilder verwenden, wobei diese wie immer nicht zu groß sein sollten.

Für das Beispiel habe ich noch zwei weitere Bilder aus New York in den Ordner kopiert. Beide sind vorher genau wie das bereits vorhandene Bild auf 800x600px verkleinert und mit JPEGmini optimiert worden.

Das folgende Listing ersetzt das vorhandene Bild. Die Klasse grid4 hat nichts mit dem FlexSlider zu tun, sondern stammt vom Grid und bestimmt die Breite des Sliders auf der Seite:

```
<div class="flexslider grid4">
  <ul class="slides">
    <li><img src="bilder/newyorkbridges_mini.jpg"></li>
    <li><img src="bilder/brooklynbridge_mini.jpg"></li>
    <li><img src="bilder/prospectstreet_mini.jpg"></li>
```

```
    </ul>
</div>
```

Listing 15.13 Das HTML zur Einbindung des FlexSlider

Und schon ist der Slider eingebaut. Der FlexSlider 2 passt sich automatisch verschiedenen Größen an, und auf Touchscreens kann man die Bilder auch swipen, also mit Wischgesten per Finger bedienen (Abbildung 15.17).

Abbildung 15.17 Der FlexSlider ist wirklich flexibel.

FlexSlider 2: Lizenz GPLv2

Der FlexSlider unterliegt der Lizenz GPLv2 und kann somit unter bestimmten Bedingungen für private und kommerzielle Projekte eingesetzt werden. Falls Sie keine Lust haben, die gesamte Lizenz zu lesen, finden Sie auf *ifross.org* eine kurze Zusammenfassung der Pflichten:

▶ *bit.ly/gplv2-pflichten* (führt zu ifross.org)

15.5   Workshop Nr. 5: Flexible Videos mit »FitVids.js«

Mit dem HTML5-Element `video` eingebundene Videos werden mit dem Style `video, embed, object {max-width:100%;}` ordentlich dargestellt. Videos, die hingegen von YouTube, Vimeo und Co. eingebunden werden, benötigen Nachhilfe, zum Beispiel mit einem jQuery-Plugin namens *FitVids.js*.

15.5.1   Schritt 1: Ein Video von einem Videoportal einbinden

Stellvertretend für Millionen und Abermillionen anderer Videos möchte ich Ihnen zeigen, wie Sie einen Klassiker von Vimeo einbinden.

Im dem von *Playing for Change* produzierten Video spielen auf der ganzen Welt verteilte Musiker Ben E. Kings Klassiker *Stand By Me*. Beginnend mit Roger Ridley in Santa Monica, California, geht die Reise über Grandpa Elliott in New Orleans über Clarence Bekker aus Amsterdam bis zu Sinamuva aus Umlazi in Südafrika:

▶ *vimeo.com/2539741*

Playing for Change heißt übrigens sowohl *Spielen für Veränderung* als auch *Spielen für Kleingeld* (Abbildung 15.18).

Nach einem Klick auf den SHARE-Button können Sie den zum Einbinden des Videos benötigten Code kopieren:

```
<!-- Code zur Einbettung des Videos -->
<iframe src="http://player.vimeo.com/video/2539741"
        width="500" height="333" frameborder="0"
        webkitAllowFullScreen mozallowfullscreen
        allowFullScreen></iframe>
<p><a href="http://vimeo.com/2539741">Stand By Me |
Playing For Change | Song Around The World</a> from
<a href="http://vimeo.com/concordrecords">Concord Music Group</a>
on <a href="http://vimeo.com">Vimeo</a>.</p>
```

Listing 15.14 Der Code zum Einbetten von »Stand By Me«

Um ein Video einzubinden, speichern Sie zunächst eine der vorhandenen Beispielseiten unter dem Namen *video.html*, entfernen den vorhandenen Inhalt und geben eine neue Überschrift und ein bisschen beschreibenden Text ein (siehe zum Beispiel Abbildung 15.18).

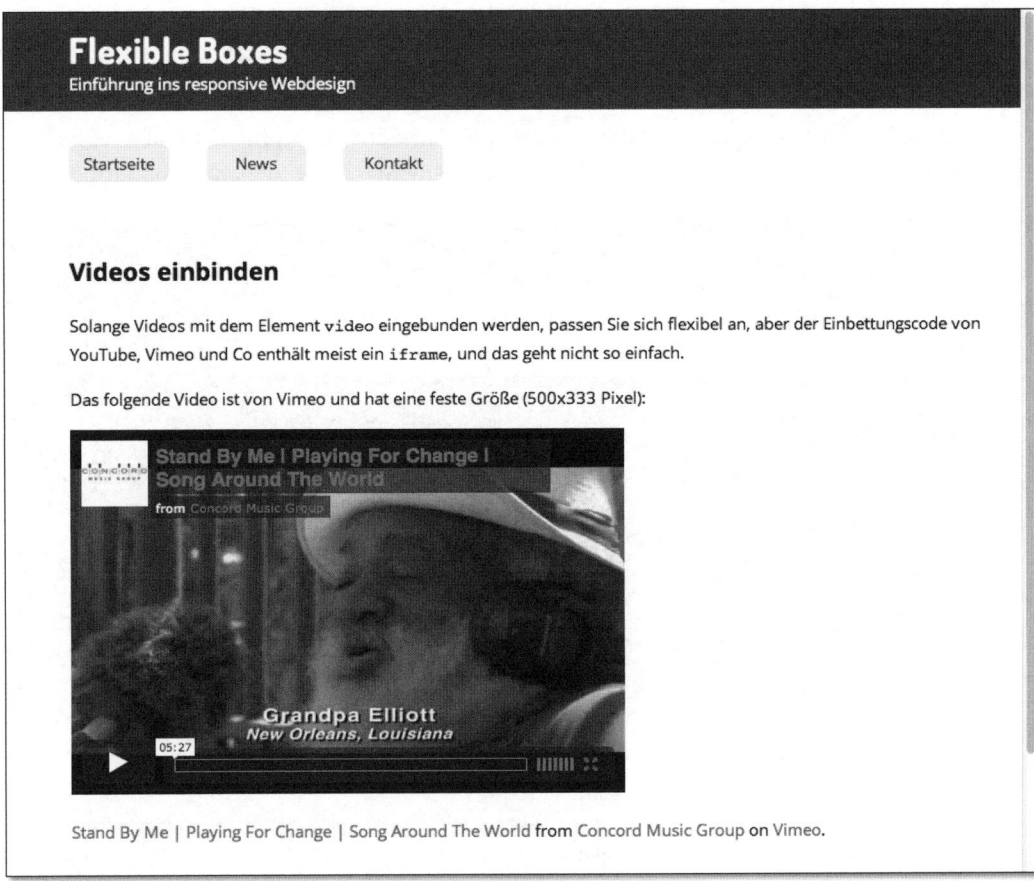

Abbildung 15.18 »Stand By Me«, eingebunden von Vimeo

Darunter erstellen Sie ein div-Element und geben ihm eine Klasse wie z. B. videobox, die Sie gleich im JavaScript benutzen, um das Element auszuwählen. In dieses div fügen Sie den vom Videoportal kopierten Code ein. Im folgenden Listing wurde noch eine Gridklasse hinzugefügt, damit das Video nicht über die gesamte Breite geht:

```
<div class="videobox grid9">

  <!-- Code zur Einbettung des Videos -->

</div>
```

Listing 15.15 Ein Container für den Einbettungscode

Wie die ID genau lautet, ist nicht wichtig, aber Sie benötigen den Wert weiter unten bei der Konfiguration von FitVids.js. Die Gridklasse sorgt lediglich dafür, dass das Video in der Desktop-Version nicht die gesamte Breite einnimmt.

Nach diesen Schritten ist das Video bereits eingebunden (Abbildung 15.18), aber es hat eine feste Größe von 500 x 333 Pixel und passt sich der Umgebung nicht an (Abbildung 15.19).

Abbildung 15.19 Das eingebundene Video passt sich nicht an.

Vimeo, Android und H.264 – und YouTube

In Abschnitt 5.8, »Als die Bilder laufen lernten: <video>«, haben Sie einiges über Video-formate und Browser erfahren. Falls Sie Videos von Vimeo auf einem Android-Gerät abspielen möchten, müssen Sie vorher Flash installieren, denn Android spielt keine H.264-Videos ab. Oder Sie binden das Video von YouTube ein. *Stand By Me* von *Playing for Change* finden Sie unter folgender Adresse:

▶ *youtu.be/Us-TVg40ExM*

15.5.2 Schritt 2: Das jQuery-Plugin »FitVids.js« einbauen

FitVids.js ist ein jQuery-Plugin, das von Videoplattformen wie Vimeo und YouTube eingebundene Videos flexibilisiert. Surfen Sie zunächst zur Website des Projekts:

▶ *fitvidsjs.com*

In dem Video auf der Seite wird kurz beschrieben, was bei der Einbindung von Videos schieflaufen kann und wie FitVids dabei hilft. Ein Klick auf den Download-Button bringt Sie zur Github-Seite des Projekts:

▶ *github.com/davatron5000/FitVids.js*

Nach dem Download von FitVids entpacken Sie das Archiv und kopieren die Datei *jquery.fitvids.js* in den Ordner */js*.

Die Einbindung und Konfiguration erfolgt auf der Webseite unterhalb der Zeile für jQuery. Falls Sie den FlexSlider eingebunden haben, spielt die Reihenfolge der beiden Plugins keine Rolle. Wichtig ist, dass beide *nach* der Einbindung von jQuery stehen:

```
<!-- Einbindung von jQuery -->
<script src="js/jquery-1.10.1.min.js"></script>

<!-- Einbindung von FitVids -->
<script src="js/jquery.fitvids.js"></script>
<script>
  $(document).ready(function(){
    // Target your .container, .wrapper, .post, etc.
    $(".videobox").fitVids();
  });
</script>
```

Listing 15.16 Einbindung und Konfiguration von FitVids.js

Die Funktion $(document).ready(function(){ }) sorgt dafür, dass FitVids erst aktiviert wird, wenn die Seite komplett geladen und der DOM-Baum vom Browser erstellt wurde. Der Kern von FitVids ist aber die Zeile danach:

```
  $(".videobox").fitVids();
```

In der Klammer nach dem Dollarzeichen steht die Klasse des div-Containers mit dem eingebetteten Video. Falls Sie eine andere Klasse oder eine ID verwendet haben, müssen Sie diese Stelle entsprechend ändern.

Wenn die Pfadangaben und die Konfiguration stimmen, passt sich das Video jetzt automatisch an die Umgebung an (Abbildung 15.20).

15

Abbildung 15.20 Das eingebundene Video passt sich flexibel an.

15.6   Exkurs: Responsive Bilder mit »Adaptive Images«

Auch wenn sich auf den Beispielseiten die Bildgröße der Umgebung flexibel anpasst, laden die Browser immer dasselbe Bild. Mit Bordmitteln wie HTML und CSS gibt es noch keine Möglichkeit, maßgeschneiderte Bilder auszuliefern.

Die in diesem Abschnitt vorgestellte Lösung *Adaptive Images* basiert auf der Kombination von JavaScript, Apache und PHP und serviert jedem Gerät für die jeweilige Bildschirmauflösung maßgeschneiderte Bilder. Ein Smartphone bekommt also eine kleinere Bilddatei als ein iMac.

15.6.1   »Adaptive Images« herunterladen und entpacken

Bevor Sie Adaptive Images einsetzen können, benötigen Sie die entsprechenden Dateien, und die finden Sie auf der Website zum Projekt:

▸ *adaptive-images.com*

Gleich auf der Startseite finden Sie eine kurze Beschreibung, eine Installationsanleitung in Stichworten (»Set-up«) und die auf dem Webspace erforderlichen Komponenten (»Requirements«).

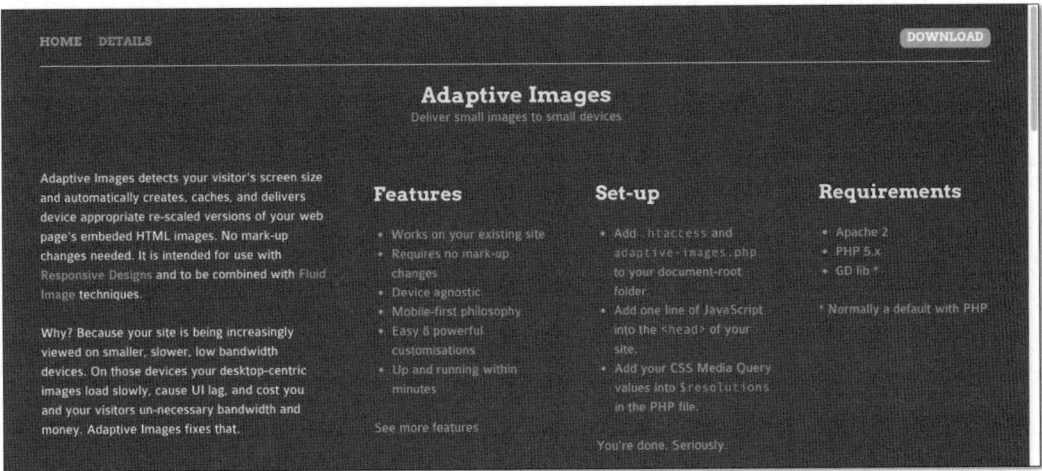

Abbildung 15.21 Die Startseite von »adaptive-images.com«

Adaptive Images benötigt auf dem Webspace folgende Komponenten:

▶ Apache 2 mit dem Modul *mod_rewrite*

▶ *PHP 5.x*

▶ Die PHP-Bibliothek *Gdlib* zur Bearbeitung der Bilder

Auf einem durchschnittlichen Webspace sollten diese Voraussetzungen erfüllt sein. Falls Sie sich nicht sicher sind, fragen Sie Ihren Webhoster. Der sollte das wissen.

Das Archiv von Adaptive Images enthält sechs Dateien, von denen zwei wirklich wichtig sind:

▶ *adaptive-images.php*

▶ *.htaccess*

Diese beiden Dateien werden bei der Installation auf den Webspace kopiert. Falls Sie die *.htaccess* nicht sehen können, müssen Sie in Ihrem Dateimanager versteckte Dateien sichtbar machen.

15.6.2   Die Installation von »Adaptive Images«

Adaptive Images basiert wie gesagt auf einer Mischung aus JavaScript und PHP, und das spiegelt sich auch in der Installation wider. Eine englische Anleitung finden Sie online auf folgender Seite:

▶ *adaptive-images.com/details.htm#install*

15

Die Kurzform lautet wie folgt:

▶ Eine Zeile JavaScript auf den Webseiten einfügen.

▶ *.htaccess* und *adaptive-images.php* auf den Webspace kopieren.

▶ Ordner */ai-cache* anlegen und beschreibbar machen.

Aber immer der Reihe nach. Zunächst öffnen Sie die Startseite *index.html* im Editor und fügen am Anfang des <head> folgende JavaScript-Anweisung ein:

```
<script>document.cookie='resolution=
'+Math.max(screen.width,screen.height)+'; path=/';</script>
```

Listing 15.17 Das JavaScript für Adaptive Images

Die Anweisung sollte in einer Zeile und möglichst weit am Anfang des head-Bereichs stehen, auf jeden Fall aber vor der Einbindung eventueller anderer JavaScript-Dateien. Dieses JavaScript misst die aktuelle Bildschirmauflösung und speichert die Breite und Höhe in einem Cookie. Gemeint ist wirklich die *Bildschirmauflösung* und nicht die Breite des Browserfensters oder des Viewports.

Anschließend geht es auf dem Webspace weiter. Laden Sie die geänderte *index.html* in den entsprechenden Ordner hoch. Anschließend kopieren Sie die Dateien *adaptive-images.php* und *.htaccess* in den Hauptordner auf Ihrem Webspace, in die *Document Root* des Webservers.

Falls es in diesem Ordner aus irgendeinem Grunde bereits eine *.htaccess*-Datei gibt, sollten Sie diese *nicht überschreiben*. Öffnen Sie sie stattdessen im Editor, und fügen Sie den Inhalt der bei Adaptive Images enthaltenen *.htaccess* ein, am besten nach den bereits vorhandenen Zeilen.

Erstellen Sie danach unterhalb der Document Root einen Ordner namens */ai-cache/*, und machen Sie ihn beschreibbar (777), sodass *adaptive-images.php* dort Unterordner erstellen und die maßgeschneiderten Bilder darin ablegen kann. In den meisten FTP-Programmen finden Sie den Befehl zum Ändern der Dateiberechtigungen mit einem Rechtsklick auf den Ordnernamen.

Das war's. Wenn alle technischen Voraussetzungen erfüllt sind und die Dateien an den richtigen Orten liegen, liefert Adaptive Images ab jetzt maßgeschneiderte Bilder aus. An der Einbindung der Bilder im HTML müssen Sie dazu überhaupt nichts ändern.

15.6.3 Testen von Adaptive Images

Zum Testen reicht es nicht aus, die Größe des Browserfensters zu ändern, da Adaptive Images wie gesagt die Bildschirmauflösung des Gerätes ausliest und nicht den Viewport des Browsers. Sie können trotzdem ganz einfach testen, ob Adaptive Images funktioniert:

▶ Rufen Sie die Startseite mit verschiedenen Geräten wie Smartphone und Tablet im Browser auf.

▶ Schauen Sie anschließend auf dem Webspace, ob im Ordner *ai-cache* Unterordner und Bilddateien vorhanden sind.

Die von Adaptive Images erstellte Ordnerstruktur sieht zum Beispiel so aus wie in Abbildung 15.22. Innerhalb dieser Ordner speichert Adaptive Images die zugeschnittenen Bilder.

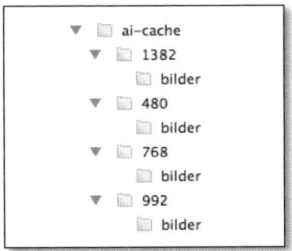

Abbildung 15.22 Die Ordnerstruktur unterhalb von »ai-cache«

Abbildung 15.23 zeigt links die momentan auf den Beispielseiten eingesetzten Grafiken, die auf 800 x 600 verkleinert und mit JPEGmini optimiert danach zusammen noch ca. 280 KB wogen. Rechts sehen Sie, dass für dieselben Grafiken, nachdem Adaptive Images sie für Smartphones auf 480 x 360 verkleinert hat, nur noch 100 KB übertragen werden müssen.

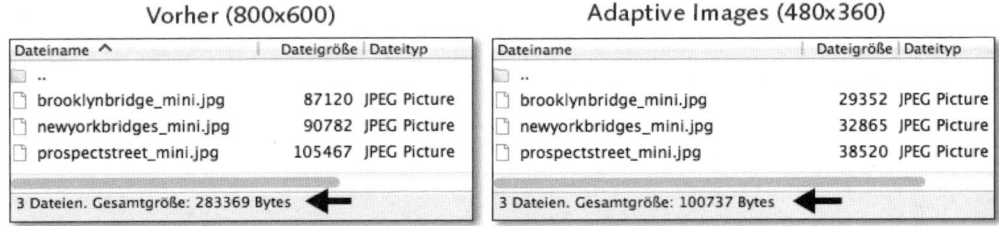

Abbildung 15.23 Die Grafiken, links ohne und rechts mit Adaptive Images

Mit einem FTP-Programm können Sie die von Adaptive Images erstellten Unterordner und Dateien eventuell übrigens nicht löschen, da sie auf dem Webspace vom PHP-Benutzer erstellt worden sind.

In dem Fall gibt es zwei Möglichkeiten: Sie installieren auf Ihrem Webspace einen PHP-Explorer (einfach googeln) und löschen die Dateien damit, oder Sie ändern den Eigentümer der Dateien auf den FTP-Benutzer, sofern die Verwaltungsoberfläche Ihres Providers das erlaubt.

»Adaptive Images«: Die Konfiguration der Auflösungen ändern

Adaptive Images speichert seine Breakpoints in *adaptive-images.php* in einem Array namens $resolutions, das standardmäßig so aussieht:

```
$resolutions = array(1382, 992, 768, 480);
```

Diese Auflösungen können Sie problemlos entsprechend den von Ihnen verwendeten Breakpoints ändern. Zum Beispiel so:

```
$resolutions = array(980, 768, 480);
```

Mehr über die Konfigurationsmöglichkeiten erfahren Sie auf der Website:

▶ *adaptive-images.com/details.htm#customise*

Es gibt dort auch eine für Retina-Displays optimierte JS-Anweisung, aber es wird auch gleich gewarnt, dass die Bilder ziemlich groß sind.

Kapitel 16
Responsive Frontend-Frameworks

Worin Sie erfahren, was ein responsives Frontend-Framework für Sie tun kann. Danach wird mit YAML 4 und Zurb Foundation jeweils ein Prototyp erstellt.

Die Themen im Überblick:

In diesem Kapitel werden ein paar Gedanken zu Frontend-Frameworks vorgestellt, bevor Sie mit YAML 4 und Foundation zwei Frameworks anhand der Erstellung eines Prototyps kennen lernen.

16

16.1 Was Frontend-Frameworks für Sie tun können

Wer regelmäßig Websites baut, hat sich oft im Laufe der Zeit wahrscheinlich eine Sammlung von Techniken, Tricks und Vorlagen angelegt, die als Fundament für neue Projekte dient und den Rahmen für die tägliche Arbeit bildet. Diesen »Rahmen für die Arbeit« nennt man auf Englisch ganz wörtlich »Frame-Work«.

16.1.1 Was Frameworks sind

Jeff Croft hat bei A List Apart bereits im Juni 2007 einen Artikel mit dem Titel »Frameworks for Designers« geschrieben. Darin definiert er ein *Framework* (frei übersetzt) als

... eine Sammlung von Werkzeugen, Bibliotheken, Konventionen und bewährten Praktiken, die regelmäßig anfallende Aufgaben in allgemeine, wiederverwendbare Module zu abstrahieren versucht.«
alistapart.com/articles/frameworksfordesigners

Frameworks sollen also die tägliche Arbeit erleichtern, und viele Entwickler haben sich dafür einen perfekt sitzenden Maßanzug geschneidert, der nicht veröffentlicht wird, da er anderen Leuten sowieso nicht passen würde.

Im Web gibt es Frameworks für das Backend und für das Frontend. Das Einsatzgebiet für Backend-Frameworks ist der Server, wo sie die Programmierung von Webapplikationen erleichtern. Der Besucher einer Website kommt mit einem Backend-Framework wie *Symphony* oder *Mason* nicht direkt in Berührung. Frontend-Frameworks hingegen kümmern sich um das, was beim Benutzer im Browser erscheint, das Frontend.

Alle Frontend-Frameworks bestehen aus einer strukturierten Sammlung von Ordnern und Dateien, die standardisierte Code-Bausteine für HTML, CSS und JavaScript bereitstellen. Darüber hinaus stellen viele Frontend-Frameworks fertige Bausteine für Navigationen, Buttons und andere Dinge zur Verfügung.

16.1.2   Vor- und Nachteile von Frameworks

Ein Framework bietet dem Frontend-Entwickler einige Vorteile:

▶ Das Framework stellt fertige Bausteine zur Verfügung, die nur noch angepasst werden müssen, und spart so Zeit.

▶ Durch konsistente Namenskonventionen für IDs und Klassen werden die Wartbarkeit des Quelltextes und die Zusammenarbeit in einem Team wesentlich erleichtert.

▶ Browserinkonsistenzen kosten weniger Nerven, denn die Prophylaxe ist Teil des Frameworks.

Aber Frameworks haben nicht nur Vorteile:

▶ Die Einarbeitung in das Framework kostet Zeit, und das sollte man nicht unterschätzen. Sie müssen sich vor dem Gebrauch gründlich damit vertraut machen.

▶ Das Framework folgt bei Namensgebung, Syntax und vielen anderen Dingen den persönlichen Vorlieben des Entwicklers und nicht Ihren.

▶ Frameworks erzeugen oft mehr Code als notwendig, weil sie für viele Situationen optimiert wurden und nicht nur für eine.

▶ Wenn Sie mit einem CMS arbeiten, muss das Frontend-Framework mit dem CMS zusammenarbeiten können.

Die Arbeit mit einem Framework ist also ein Kompromiss. Zur Erstellung einer einzigen Website ist die vorherige Einarbeitung in ein Framework übertrieben. Das ist, als ob man Architektur studiert, um ein Gartenhäuschen zu bauen, das es fertig im Baumarkt gibt. Je öfter Sie aber Webseiten erstellen, desto eher lohnt sich die Beschäftigung mit einem Framework.

16.1.3   Frontend-Frameworks: Die Qual der Wahl

Hat man sich entschlossen, mal ein solches Framework auszuprobieren, stellt sich die Frage welches. Frontend-Frameworks gibt es wie Sand am Meer. Nach einer kurzen Googelei findet man Artikel mit vielversprechenden Titeln wie zum Beispiel die folgenden:

▶ Die 10 besten responsive Frameworks
  bit.ly/12mMjwN (bei *the-webdesign.net*)

▶ 10+ Top Responsive CSS frameworks
  cssreflex.com/responsive-css-frameworks

▶ 35 Best Responsive Frameworks for Web Design
  bit.ly/122RnmI (ein großes I am Ende, bei *blog.karachicorner.com*)

Was auf den ersten Blick wie ein echter Volltreffer wirkt, entpuppt sich bald als Bumerang, denn solche Artikel hinterlassen Sie buchstäblich mit der Qual der Wahl. Zehn geht ja noch, aber mit dem Testen der *fünfunddreißig besten Frameworks* sind Sie die nächsten Tage und Wochen voll ausgelastet.

Und wenn Sie damit durch sind, gibt es garantiert schon wieder ein paar neue interessante Frameworks, die die Arbeit *noch* leichter machen. Man fühlt sich wie beim Streichen der Golden-Gate-Brücke: Hinten angekommen fängt es vorne schon wieder an zu rosten.

Die Entscheidung, *ob* Sie überhaupt ein Framework nutzen sollten und, wenn ja, *welches* für Sie ideal ist, kann Ihnen letztlich niemand abnehmen. Vielleicht helfen Ihnen dabei die folgenden Hinweise.

Frameworks sind kein Ersatz für Know-how.

Wenn Sie ein Framework als Ersatz für fundiertes HTML und CSS einsetzen wollen, werden Sie ziemlich sicher nicht sehr weit kommen. Frameworks sollen die tägliche Arbeit erleichtern, sind aber kein Ersatz für das Verstehen der eingesetzten Techniken.

Persönliche Vorlieben sind wichtig.

Wenn Ihnen ein Framework auch nach dem zweiten Versuch nicht gefällt, sollten Sie ein anderes probieren, auch wenn die ganze Welt davon schwärmt. *Sie* müssen damit arbeiten. Das gilt auch für die verwendete Technik. Wenn ein Framework mit Kürzeln wie Sass, BEM oder OOCSS wirbt und Sie nicht wissen, was damit überhaupt gemeint ist, dann ist es vielleicht nicht das richtige.

Das Framework sollte aktiv entwickelt werden.

Wenn Sie ein Framework ins Auge gefasst haben, sollten Sie schauen, ob Sie den dafür verantwortlichen Entwicklern vertrauen und ob es eine aktive Community gibt, an die man sich bei Fragen wenden kann. Ein Framework bildet das Fundament für Ihre Websites, und das sollte nicht bereits nach wenigen Monaten anfangen zu bröckeln, weil die Entwicklung eingestellt wurde.

Lesen Sie die Dokumentation und bauen Sie Prototypen.

Ein guter Einstieg in ein Framework ist die Dokumentation. Dabei geht es nicht nur um das Kennenlernen des Frameworks, sondern auch um die Verständlichkeit der Doku. Parallel dazu sollten Sie das Framework herunterladen und experimentieren. Dazu bietet es sich an, eine einfache Website wie z. B. die Beispielseiten zu diesem Buch zu bauen.

Wenn Sie sich entschieden haben, lernen Sie das Framework kennen.

Wenn Sie sich für ein bestimmtes Framework entschieden haben, sollten Sie dieses gründlich kennen lernen. Frameworks sollen die Entwicklung beschleunigen, sie tun das aber erst, nachdem man sich die Zeit genommen hat, es kennen zu lernen. Sätze wie »Ich muss noch eben Bootstrap einbinden, wegen der tollen Buttons« gehen eindeutig in die falsche Richtung.

Moderne Frontend-Frameworks sind Schweizer Offiziersmesser, und man sollte wissen, welche Werkzeuge sie bieten und welche davon man benötigt. Kahlil Lechelt hat das in einem Tweet sehr schön ausgedrückt (Abbildung 16.1).

Abbildung 16.1 When using a framework, use the framework.

Frontend-Frameworks und Content-Management-Systeme

Wenn Sie mit einem Content-Management-System arbeiten, sollten Sie genau prüfen, ob und wie das Frontend-Framework sich mit dem CMS verträgt. Sie haben nichts von einem tollen Navigationsbaustein im Framework, wenn das CMS nicht die dafür benötigte HTML-Struktur bereitstellen kann.

16.2   YAML 4 – das CSS-Framework

Dirk Jesse veröffentlichte im Herbst 2005 angeregt von Jens Grochtdreis ein flexibles CSS-Layout-System unter dem Namen *Yet Another Multicolumn Layout*, kurz *YAML*.

YAML war von Anfang an auf flexible Layouts spezialisiert und blieb dieser Linie jenseits aller Trends und Moden treu. Es wird seit 2005 kontinuierlich weiterentwickelt, sodass das auf *yaml.de* gehostete Projekt inzwischen sicherlich zu den ausgereiftesten CSS-Frameworks zählt (Abbildung 16.2).

Abbildung 16.2 Startseite YAML 4 auf »yaml.de«

Die Lizenz zu YAML

Für die kostenfreie Nutzung von YAML ist eine Rückverlinkung zur YAML-Homepage (*http://www.yaml.de*) Pflicht, zum Beispiel in der Fußzeile der Website oder im Impressum. Details zur Lizenz, auch zur Benutzung ohne Backlink, finden Sie auf *yaml.de*:

▶ *yaml.de/license.html*

YAML wurde unter der *Creative Commons Attribution 2.0* veröffentlicht.

16.2.1   »YAML 4« im Überblick

YAML 4 besteht aus verschiedenen Modulen, die fast beliebig miteinander kombiniert werden können. Den Kern bilden die folgenden vier:

▶ Das *Layout Module* liefert ein Grundgerüst, das die anderen Module mit Inhalten befüllen.

▶ Das *Grid Module* erzeugt den Code für ein flexibles Gridlayout mit einer fast beliebigen Raumaufteilung.

▶ Das *Columns Module* erstellt klassische Spaltenlayouts. Die Spalten können auch mit dem *Grid Module* gefüllt werden.

▶ Das *Forms Module* stellt einen Formularbaukasten mit standardisierten Formularelementen bereit, die mit Themes gestaltet werden können.

Außerdem enthält YAML ein *Navigation Module* für horizontale und vertikale Navigationen, ein *Float Handling Module* und bringt eine in sich stimmige *Typography* mit. Abgerundet werden diese Module durch diverse Add-ons wie *Accessible Tabs*, *SyncHeight*, *Microformats* und RTL-Support. Die drei Buchstaben stehen übrigens für Right-to-Left und nicht für den Fernsehsender.

YAML ist mit dem CSS-Präprozessor *Sass* entwickelt worden, kann aber auch komplett ohne sinnvoll verwendet und einfach angepasst werden.

16.2.2   Dokumentation, Download und Ordnerstruktur

Die Dokumentation von YAML passt auf eine allerdings ziemlich lange Webseite, die unter *yaml.de/docs* abgerufen werden kann (Abbildung 16.3).

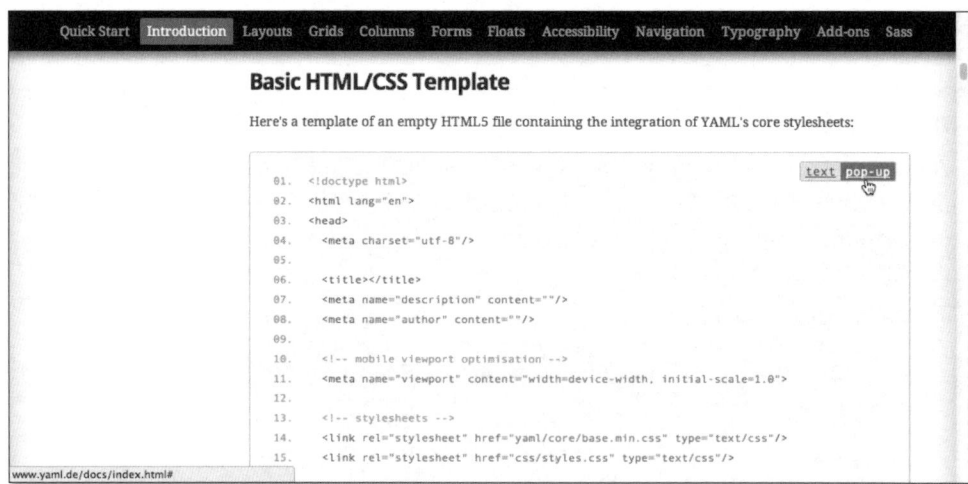

Abbildung 16.3 Ausschnitt aus der Dokumentation zu YAML 4

In der Dokumentation werden die Bausteine von YAML kurz erklärt, und es gibt zahlreiche Quelltextschnipsel, die kopiert werden können (und sollten).

Downloaden können Sie die aktuelle YAML-Version auf folgender Seite:

▶ *yaml.de/resources.html*

Nach dem Entpacken des Archivs erhalten Sie fünf Ordner:

▶ *demos* mit den auf *yaml.de* gezeigten *Quick-Start-Demos*

▶ *docs* mit einer Offline-Version der *Dokumentation*

▶ *lib* mit *jQuery* und dem *HTML5Shiv*

▶ *sass* mit den Dateien für den Sass-Port (Benutzung komplett optional)

▶ *yaml* mit dem eigentlichen Framework

Abbildung 16.4 zeigt eine Übersicht der im Ordner *yaml* enthaltenen Dateistruktur.

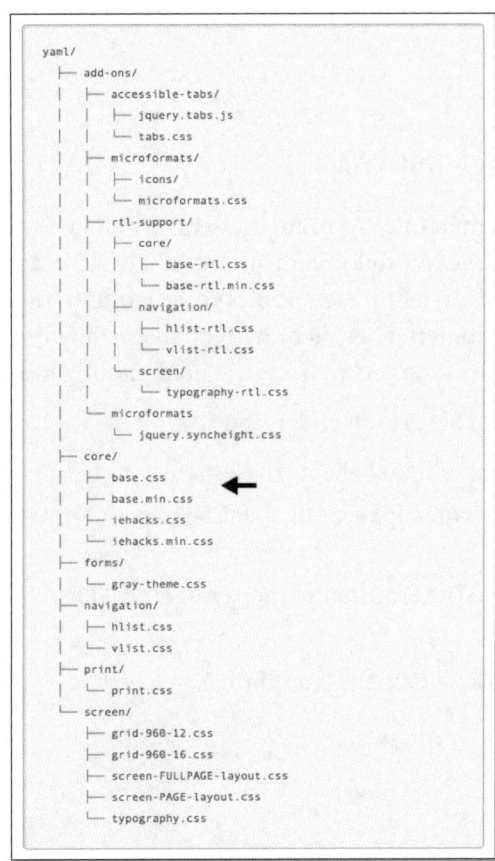

```
yaml/
├── add-ons/
│   ├── accessible-tabs/
│   │   ├── jquery.tabs.js
│   │   └── tabs.css
│   ├── microformats/
│   │   ├── icons/
│   │   └── microformats.css
│   ├── rtl-support/
│   │   ├── core/
│   │   │   ├── base-rtl.css
│   │   │   └── base-rtl.min.css
│   │   ├── navigation/
│   │   │   ├── hlist-rtl.css
│   │   │   └── vlist-rtl.css
│   │   └── screen/
│   │       └── typography-rtl.css
│   └── microformats
│       └── jquery.syncheight.css
├── core/
│   ├── base.css            ←
│   ├── base.min.css
│   ├── iehacks.css
│   └── iehacks.min.css
├── forms/
│   └── gray-theme.css
├── navigation/
│   ├── hlist.css
│   └── vlist.css
├── print/
│   └── print.css
└── screen/
    ├── grid-960-12.css
    ├── grid-960-16.css
    ├── screen-FULLPAGE-layout.css
    ├── screen-PAGE-layout.css
    └── typography.css
```

Abbildung 16.4 Die Dateistruktur im Ordner yaml

Des YAMLs Kern ist die Datei *base.css* im Ordner mit dem passenden Namen *yaml/core*. Dieses Stylesheet ist die Basis für jedes YAML-basierte Layout und stellt das CSS für eine Normalisierung und die weiter oben beschriebenen Module zur Verfügung. Eine kurze Beschreibung der in *base.css* definierten Klassen finden Sie in der Dokumentation zu YAML im Abschnitt *Introduction*. Das Stylesheet *iehacks.css* enthält Korrekturen für IE 6 und 7.

Die Dateien *base.min.css* und *iehacks.min.css* sind komprimierte und somit für den Live-Einsatz empfohlene Varianten von *base.css* und *iehacks.css*. Die Ordner *add-ons*, *forms*, *navigation*, *print* und *screen* enthalten Beispiele für die jeweiligen Module und sollen den Einstieg erleichtern. Sie gehören nicht zum Kern des Frameworks.

Die YAML-Community

Bei Fragen zum Umgang mit YAML gibt es ein deutschsprachiges Forum:

▶ *forum.yaml.de*

16.3 Workshop: »Rapid Prototyping« mit YAML 4

Im Folgenden möchte ich Ihnen zeigen, wie man mit YAML auf die Schnelle einen Prototyp mit einem Gridlayout erstellt. Als grobes Vorbild dient dabei die Struktur der Startseite, die Sie in den vorherigen Kapiteln erstellt haben. Prototyp bedeutet in diesem Zusammenhang, dass das Layout funktioniert, aber nicht perfekt ausgestaltet ist. Der fertige Prototyp sieht am Ende dieses Workshops etwa so aus wie in Abbildung 16.5.

Zur Vorbereitung dieses Workshops erledigen Sie die folgenden Schritte:

▶ Erstellen Sie einen neuen Projektordner mit einem beliebigen Namen.

▶ Kopieren Sie den Ordner *yaml* aus dem Downloadpaket mit allen Dateien und Unterordnern in den Projektordner.

▶ Erstellen Sie im Projektordner zwei weitere Unterordner namens *css* und *bilder*.

▶ Kopieren Sie ein Bild in den Ordner *bilder*.

▶ Erstellen Sie im Projektordner eine leere Datei namens *index.html*.

Fertig. Jetzt kann es losgehen mit dem *Rapid Prototyping*.

Flexible Boxes

Rapid Prototyping mit YAML 4

Active Link Link Link Link

Startseite

Lorem ipsum dolor sit amet, consectetur adipiscing elit. Mauris quis ligula tortor. Duis dictum, dolor eget dignissim scelerisque, augue lorem dictum nisl, quis molestie purus lectus vel ligula. Curabitur eget nisl mauris. Donec pharetra tellus sollicitudin lacus volutpat lacinia.

Aenean massa. Cum sociis natoque penatibus et magnis dis parturient montes, nascetur ridiculus mus. Donec quam felis, ultricies nec, pellentesque eu, pretium quis, sem. Nulla consequat massa quis enim. Donec pede justo, fringilla vel, aliquet nec, vulputate eget, arcu.

Responsive

Er hörte leise Schritte hinter sich. Das bedeutete nichts Gutes. Wer würde ihm schon folgen, spät in der Nacht und dazu noch in dieser engen Gasse mitten im übel beleumundeten Hafenviertel? Gerade jetzt, wo er das Ding seines Lebens gedreht hatte und mit der Beute verschwinden wollte!

Web

Hatte einer seiner zahllosen Kollegen dieselbe Idee gehabt, ihn beobachtet und abgewartet, um ihn nun um die Früchte seiner Arbeit zu erleichtern? Oder gehörten die Schritte hinter ihm zu einem der unzähligen Gesetzeshüter dieser Stadt, und die stählerne Acht um seine Handgelenke würde gleich zuschnappen?

Design

Er konnte die Aufforderung stehen zu bleiben schon hören. Gehetzt sah er sich um. Plötzlich erblickte er den schmalen Durchgang. Blitzartig drehte er sich nach rechts und verschwand zwischen den beiden Gebäuden. Beinahe wäre er dabei über den umgestürzten Mülleimer gefallen, der mitten im Weg lag.

Der Ausweg

Er versuchte, sich in der Dunkelheit seinen Weg zu ertasten und erstarrte: Anscheinend gab es keinen anderen Ausweg aus diesem kleinen Hof als den Durchgang, durch den er gekommen war. Die Schritte wurden lauter und lauter, er sah eine dunkle Gestalt um die Ecke biegen. Fieberhaft irrten seine Augen durch die nächtliche Dunkelheit und suchten einen Ausweg. Und dann sah er ihn: Responsive Web Design.

© 2013 Ihr Name | Impressum
Name | Straße | PLZ Ort | Land

16

Abbildung 16.5 Der fertige Prototyp am Ende dieses Abschnitts

16.3.1 Schritt 1: »Basic HTML/CSS Template« – die HTML-Grundstruktur

Die Dokumentation von YAML dient nicht nur zum Nachschlagen und Informieren, sondern ist gleichzeitig auch eine ausgezeichnete Kopiervorlage für die Quelltextschnipsel, die Sie für YAML benötigen. Gleich oben auf der Seite finden Sie im Bereich *Introduction* ein *Basic HTML/CSS Template*, mit dem Sie die Erstellung des Prototyps beginnen:

▶ Fahren Sie mit dem Mauszeiger auf den hellgelb hinterlegten Kasten mit dem Quelltext.

▶ Klicken Sie rechts oben auf TEXT oder POP-UP.

▶ Kopieren Sie den Quelltext.

▶ Fügen Sie den Quelltext in die noch leere *index.html* ein.

Das folgende Listing zeigt die aus der Dokumentation kopierte Grundstruktur. Im folgenden Listing wurden Sprachangabe, Seitentitel, Seitenbeschreibung und Autorenname angepasst, und die fett gedruckten Zeilen binden die von YAML benötigten Stylesheets ein:

```html
<!doctype html>
<html lang="de">
<head>
  <meta charset="utf-8"/>
  <title>Flexible Boxes - YAML 4</title>
  <meta name="description" content=" Die Beispielseiten ..."/>
  <meta name="author" content="Ihr Name"/>
  <!-- mobile viewport optimisation -->
  <meta name="viewport" content="width=device-width, initial-scale=1.0">
  <!-- stylesheets -->
  <link rel="stylesheet" href="yaml/core/base.min.css">
  <link rel="stylesheet" href="css/styles.css">
  <!--[if lte IE 7]>
  <link rel="stylesheet" href="yaml/core/iehacks.min.css">
  <![endif]-->
</head>
<body>
  ...
</body>
</html>
```

Listing 16.1 Eine leere HTML-Vorlage für ein YAML-basiertes Layout

Bei der Arbeit mit YAML gibt es zwei Ordner mit verschiedenen Funktionen:

▸ Der Ordner *yaml* ist die Lagerhalle mit dem Framework-Kern. Der Name ist festgelegt, und in diesem Ordner sollte nichts geändert werden. Die Stylesheets *base.min.css* und per Conditional Comment für alte IEs die *iehacks.css* werden im Prototyp eingebunden.

▸ Der Ordner *css* ist die Werkstatt, in der Sie Ihre eigenen Stylesheets erstellen, ändern und aufbewahren. Den Namen können Sie beliebig wählen.

Im Werkstatt-Ordner gibt es ein zentrales Stylesheet namens *styles.css*, mit dem alle anderen Stylesheets eingebunden werden.

HTML5Shiv gewünscht? Einfach kopieren.

Falls Sie den HTML5Shiv integrieren möchten, kopieren Sie den Ordner *lib* zuerst aus dem Downloadpaket von YAML in Ihren Projektordner und dann aus der Dokumentation den Quelltext aus dem Abschnitt HTML5 SUPPORT in die Datei *index.html*:

```
<!--[if lt IE 9]>
  <script src="./lib/html5shiv/html5shiv.js"></script>
<![endif]-->
```

16.3.2   Schritt 2: Das zentrale Stylesheet »styles.css«

YAML arbeitet während der Entwicklung mit einem zentralen Stylesheet, um bei Bedarf einzelne Stylesheets leicht ein- und ausblenden zu können. Dieses Prinzip haben Sie in Abschnitt 7.2, »Zur Entwicklung ein zentrales Stylesheet einrichten«, bereits kennen gelernt, und die Datei hieß zufällig auch *styles.css*. Im Bereich *Introduction* finden Sie beim *Basic HTML/CSS Template* ein Beispiel für ein solches *Central Stylesheet*:

► Erstellen Sie im Ordner *css* eine neue Datei namens *styles.css*.

► Kopieren Sie in der Dokumentation das CSS für das zentrale Stylesheet.

► Fügen Sie es in die noch leere Datei ein.

Das fertige CSS für das zentrale Stylesheet des Prototyps sieht so aus:

```
/* Google Font API */
@import url("http://fonts.googleapis.com/css?family=Droid+Serif");
@import url("http://fonts.googleapis.com/css?family=Droid+Sans:700");

/* import framework core */
@import url("../yaml/core/base.min.css");

/* import screen layout */
@import url("../yaml/navigation/hlist.css");
@import url("../yaml/forms/gray-theme.css");

@import url("../yaml/screen/screen-PAGE-layout.css");
@import url("../yaml/screen/typography.css");
```

16

```
/* import print layout */
@import url("../yaml/print/print.css");
```

Listing 16.2 »styles.css« zur Einbindung diverser Stylesheets

In diesem Listing werden alle Stylesheets direkt aus dem Ordner *yaml* geladen. Nach zwei Google Fonts und dem Kern des Frameworks werden für das Screenlayout noch folgende Stylesheets importiert:

▶ *hlist.css* gestaltet eine horizontale Navigation.

▶ *gray-theme.css* ist für Formulare, falls Sie mal eines probieren möchten. Der Formularbaukasten von YAML ist einfach nur klasse.

▶ *screen-PAGE-layout.css* stellt die Struktur für das Layout bereit. Dazu gibt es gleich noch weitere Details im Abschnitt über das Layout-Modul.

▶ *typography.css* liefert die grundlegende Typographie.

Zum Schluss wird noch eine Druckversion eingebunden.

16.3.3 Schritt 3: Das »Layout-Module« – die Grundstruktur im <body>

In diesem Schritt wählen Sie das gewünschte Layout-Modul, wobei Sie die Wahl haben zwischen PAGE LAYOUT und FULLPAGE LAYOUT (Abbildung 16.6).

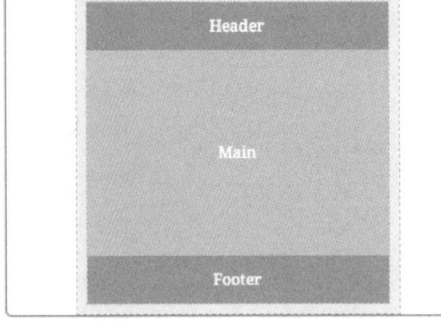
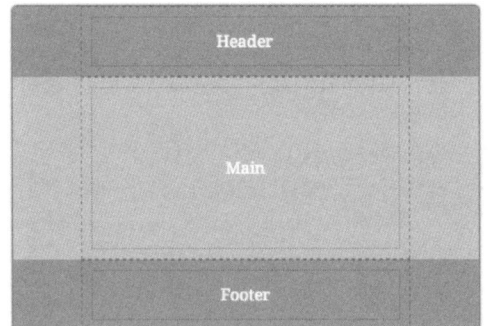

Abbildung 16.6 PAGE Layout versus FULLPAGE Layout

In diesem Workshop wählen Sie das PAGE LAYOUT, da es eine etwas einfachere HTML-Struktur hat als das FULLPAGE Layout:

▶ Rufen Sie in der Doku den Abschnitt LAYOUT MODULE im Browser auf.

▶ Kopieren Sie das DEFAULT MARKUP für das PAGE Layout.

▶ Fügen Sie das Markup in der *index.html* ein.

Achten Sie beim Einfügen des Quelltextes darauf, dass Sie danach nur einen *body* haben. Der Quelltext sieht nach dem Kopieren ungefähr so aus:

```
<body>
<div class="ym-wrapper">
  <div class="ym-wbox">
    <header> ... </header>
    ...
  </div>
</div>
</body>
```

Listing 16.3 Der von yaml.de kopierte Quelltext

Das Listing zeigt einen ganz normalen Wrapper mit der Klasse `ym-wrapper` und einem inneren `div` mit der Klasse `ym-wbox` (kurz für *Wrapper Box*). Alle von YAML vergebenen Klassen beginnen mit `ym-`, damit sie nicht zufällig mit eventuell anderweitig eingesetzten Klassennamen kollidieren. Das nennt man *Namespace* oder auf Deutsch *Namensraum*.

16

Mit der »border-box« sind doppelte »div« nicht zwingend nötig

Wenn Sie das Box-Modell auf »border-box« umstellen, ist die Dopplung der `div`-Elemente nicht mehr zwingend notwendig. Das innere `ym-wbox` könnte dann bei entsprechender Nachbesserung der Abstände auch fehlen. In diesem Workshop bleiben Sie aber erst einmal beim normalen Box-Modell. YAML baut auch damit wunderbar stabile Layouts.

16.3.4   Schritt 4: Inhalt für Kopfbereich, Navigation und Footer einfügen

Innerhalb der beiden Wrapper-Elemente fügen Sie in diesem Schritt den Kopfbereich und die Navigation ein. Den Kopfbereich müssen Sie selbst schreiben, den Navigationsbereich können Sie wieder aus der Dokumentation kopieren:

▶ Rufen Sie in der Doku den Abschnitt NAVIGATION auf.

▶ Kopieren Sie das DEFAULT MARKUP für die HORIZONTAL NAVIGATION.

Den kopierten Quelltext für die Navigation fügen Sie nach dem Header in die *index.html* ein. Danach folgen noch ein Platzhalter für den Inhalt (main) und der Fußbereich:

```html
<header role="banner">
  <div class="inside">
    <h1 lang="en">Flexible Boxes</h1>
    <div class="slogan">Rapid Prototyping mit YAML 4</div>
  </div>
</header>

<nav class="ym-hlist">
  <ul>
    <li class="active"><strong>Active</strong></li>
    <li><a href="#">Link</a></li>
    <li><a href="#">Link</a></li>
    <li><a href="#">Link</a></li>
    <li><a href="#">Link</a></li>
  </ul>
</nav>

<main><p>Hier kommt gleich der Inhalt rein </p>

<footer role="contentinfo">
  <div class="inside">
    <small>&copy; ... </small>
    <address><p>Name ... </p></address>
  </div>
</footer>
```

Listing 16.4 Kopfbereich, Navigation und Fußbereich für den Prototyp

Nach diesem Listing gibt es im Browser etwas zu sehen (Abbildung 16.7). Das Layout bleibt bei dem Prototyp in Grautönen, sodass die Farben nicht vom Layout ablenken, aber das können (und sollten) Sie bei einer eventuellen Ausgestaltung des Layouts ändern.

Das Layout ist aber bereits flexibel. Wenn Sie das Browserfenster verkleinern, passt sich das Layout perfekt an. Ein kurzer Blick mit dem Analysetool Ihres Browser zeigt, dass die *screen-PAGE-layout.css* dafür verantwortlich ist. Dort stehen folgende Styles:

```
.ym-wrapper {
  min-width: 760px;
  max-width: 80em;
  margin: 0 auto;
}
.ym-wbox {
  padding: 10px;
}
```

Listing 16.5 Die Layoutbreite ist bereits flexibel.

Abbildung 16.7 Die Layoutbereiche werden bereits von YAML gestaltet.

16.3.5   Schritt 4: »Grid-Module« – ein flexibles Grid im Handumdrehen

Das Gridmodul von YAML kennt anders als viele andere Grid-Frameworks keine festgelegte Spaltenanzahl, bietet also kein Grid mit wahlweise 12 oder 16 Spalten. Bei YAML besteht das Grid aus Gridmodulen, die Sie beliebig ineinander verschachteln können.

Ein solches Gridmodul besteht aus ineinander verschachtelten div-Elementen, die von in base.css vordefinierten Klassen gestaltet werden:

► Ein Gridmodul wird von einem div mit der Klasse ym-grid umgeben.

► Innerhalb dieses Moduls erfolgt die Raumaufteilung mit einer Klasse ym-g[XX], wobei [XX] für die gewünschte Prozentzahl steht.

- In diesem `div` wird auch die Float-Richtung vorgegeben. Normalerweise wird mit `ym-gl` nach links gefloatet, das letzte Element einer Gridzeile sollte aber mit `ym-gr` nach rechts gefloatet werden, um eventuelle Rundungsfehler auszugleichen.

- Zusätzlich gibt es noch ein inneres `div` mit der Klasse `ym-gbox` (*Gridbox*), das Werte für `padding` oder `margin` übernimmt, während die Breite des Grids wie gesehen mit `ym-g` [XX] definiert wird. Diese Trennung sorgt im Content-Box-Modell für Stabilität. Beim Border-Box-Modell wäre das innere `div` wie erwähnt nicht zwingend nötig.

Das YAML-Grid kennt von Haus aus Unterteilungen in 1/2, 1/3, 1/4, 1/5 sowie den goldenen Schnitt. Diese Unterteilungen werden mit vordefinierten Klassen wie `ym-g50` zur Verfügung gestellt. Abbildung 16.8 zeigt eine Übersicht.

CSS class	Column Width
`.ym-g20`	20 %
`.ym-g25`	25 %
`.ym-g33`	33.3333 %
`.ym-g38`	38.2 % (Golden Ratio)
`.ym-g40`	40 %
`.ym-g50`	50 %
`.ym-g60`	60 %
`.ym-g62`	61.8 % (Golden Ratio)
`.ym-g66`	66.6666 %
`.ym-g75`	75 %
`.ym-g80`	80 %

Abbildung 16.8 Die vordefinierten Gridklassen von YAML

So weit zur Theorie. In der Praxis fügen Sie eine Gridzeile wie folgt ein:

- Rufen Sie in der Dokumentation den Bereich GRIDS auf.

- Kopieren Sie das DEFAULT MARKUP für ein Gridmodul.

- Ändern Sie die Aufteilung von 50/50 entsprechend Ihren Wünschen.

Das folgende Listing zeigt zwei Gridspalten. In der linken Spalte stehen eine Überschrift und zwei Absätze, in der rechten eine Grafik, die per `max-width:100%` begrenzt wird, was der Einfachheit halber in einem Inline-Style gemacht wird. In der rechten Gridspalte bekommt die innere Box außerdem noch die Klasse ym-gbox-right, die rechts kein pad-ding hat:

```html
<div class="ym-grid">
  <div class="ym-g75 ym-gl">
    <div class="ym-gbox">
    <h2>Startseite</h2>
    <p>Lorem ipsum ... </p>
    <p> Aenean massa. Cum... </p>
    </div>
  </div>
  <div class="ym-g25 ym-gr">
    <div class="ym-gbox-right">
    <img src="bilder/newyorkbridges_mini.jpg" alt="Brücken"
        style="max-width:100%; height: auto;">
    </div> <!-- Ende ym-gbox-right -->
  </div> <!-- Ende ym-g75 -->
</div> <!-- Ende ym-grid -->
```

Listing 16.6 Eine Gridzeile mit der Aufteilung 75/25

Abbildung 16.9 zeigt die Startseite nach diesem Listing mit einem flexiblen Gridmodul im Verhältnis von 75 % und 25 %. Diese Aufteilung bleibt auch bei einer Verkleinerung des Browserfensters erhalten. Flexible Layouts konnte YAML schon immer richtig gut.

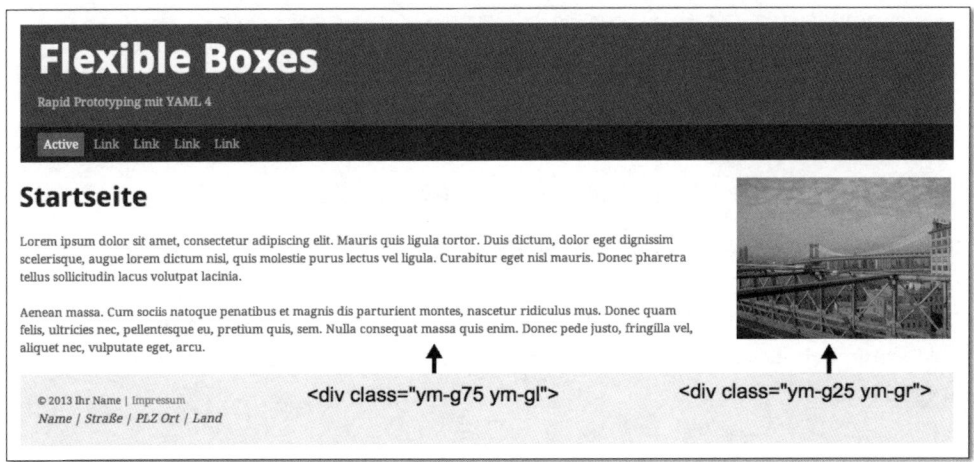

Abbildung 16.9 Eine Gridzeile mit der Aufteilung 75/25

16.3.6   Schritt 5: »Grid Module« – eine zweite Gridzeile im Inhaltsbereich

Mit dem Gridmodul von YAML können Sie natürlich auch andere Unterteilungen realisieren. Das folgende Listing zeigt eine Drittelung und stellt drei Artikel nebeneinander:

```
<div class="ym-grid">
  <div class="ym-g33 ym-gl">
    <div class="ym-gbox-left">
      <article id="a1">
      <h3 lang="en">Responsive</h3>
      <p>Er hörte leise Schritte ...</p>
      </article>
    </div>
  </div>
  <div class="ym-g33 ym-gl">
    <div class="ym-gbox">
      <article id="a2">
      <h3 lang="en">Web</h3>
      <p>Hatte einer seiner zahllosen ...</p>
      </article>
    </div>
  </div>
  <div class="ym-g33 ym-gr">
    <div class="ym-gbox-right">
      <article id="a3">
      <h3 lang="en">Design</h3>
      <p>Er konnte die Aufforderung ...</p>
      </article>
    </div>
  </div>
</div>
<article id="a4"><h3>Der Ausweg</h3> ... </article>
```

Listing 16.7 Eine Gridzeile mit drei Artikeln nebeneinander

Nach diesem Listing ist der Prototyp für die Startseite schon fast fertig. Im Inhaltsbereich ermöglichen zwei einfache Gridmodule eine sehr flexible Raumaufteilung (Abbildung 16.10).

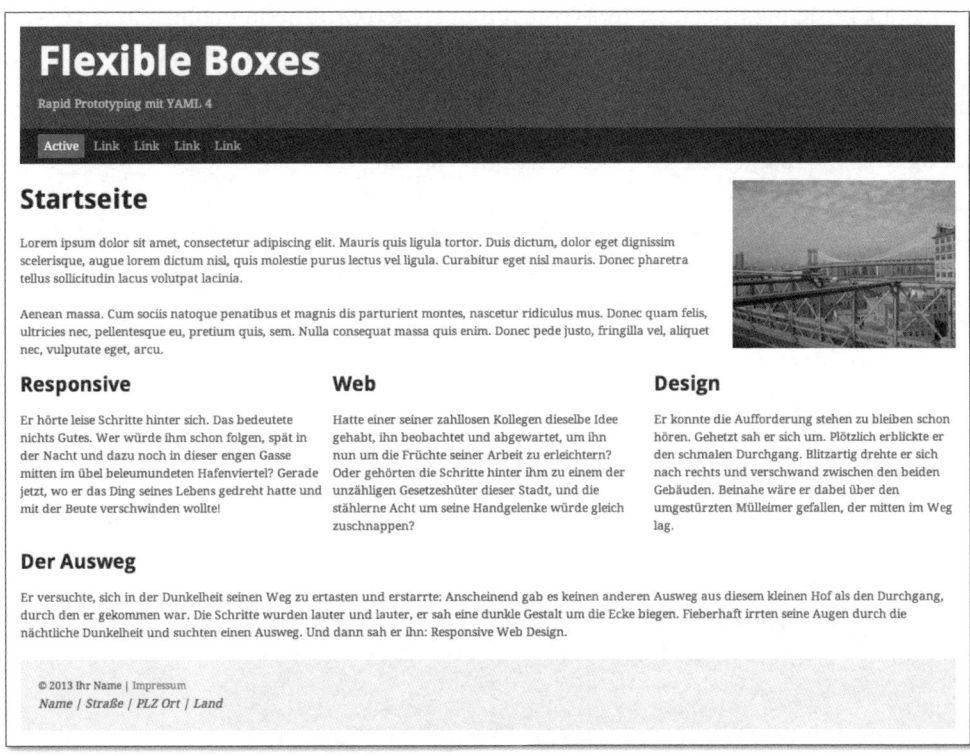

Abbildung 16.10 Der fast fertige Prototyp im Browser

16.3.7 Schritt 6: Linearisierung – Elemente untereinanderstellen

Auch ohne Media Query ist das vom Gridmodul erzeugte Layoutraster bereits sehr flexibel, aber so richtig responsiv wird es erst, wenn unterhalb einer bestimmten Viewport-Breite die Elemente nicht mehr gefloatet werden, sondern untereinanderstehen. Bei YAML heißt dieser Vorgang PROGRESSIVE LINEARIZATION. Informationen dazu finden Sie in der Dokumentation im Abschnitt GRIDS unter der Überschrift RESPONSIVE GRIDS.

YAML gibt keine festen Breakpoints vor, sodass Sie je nach den Bedürfnissen Ihres Layouts eigene Media Queries definieren können. Die »Responsifizierung des Grids« geschieht bei YAML in zwei Stufen:

▶ Zuerst definieren Sie im CSS eine oder mehrere Klassen, mit denen die Floats aufgehoben werden.

▶ Dann weisen Sie diese Klassen im HTML den Gridmodulen zu.

Was die Definition der Klassen zum Aufheben der Floats betrifft, brauchen Sie nichts zu unternehmen, denn die Linearisierung ist im Stylesheet `screen-PAGE-layout.css` bereits

16

enthalten. Deshalb müssen Sie im HTML nur noch den Gridmodulen die Klasse `linearize-level-1` zuweisen. Im Beispiel geschieht dies in den beiden Gridmodulen:

```
<div class="ym-grid linearize-level-1">
```

Listing 16.8 Den Gridmodulen die Klasse zur Linearisierung zuweisen

Im Beispiel ist der Breakpoint für die Linearisierung wie gesagt bereits in der `screen-PAGE-layout.css` definiert worden, und zwar für eine Viewport-Breite von 740px:

```
@media screen and (max-width: 740px) {
  ...
}
```

Listing 16.9 Die Media Query in screen-PAGE-layout.css

Wenn der Viewport weniger als 740px breit ist, werden alle Gridelemente untereinander dargestellt (Abbildung 16.11).

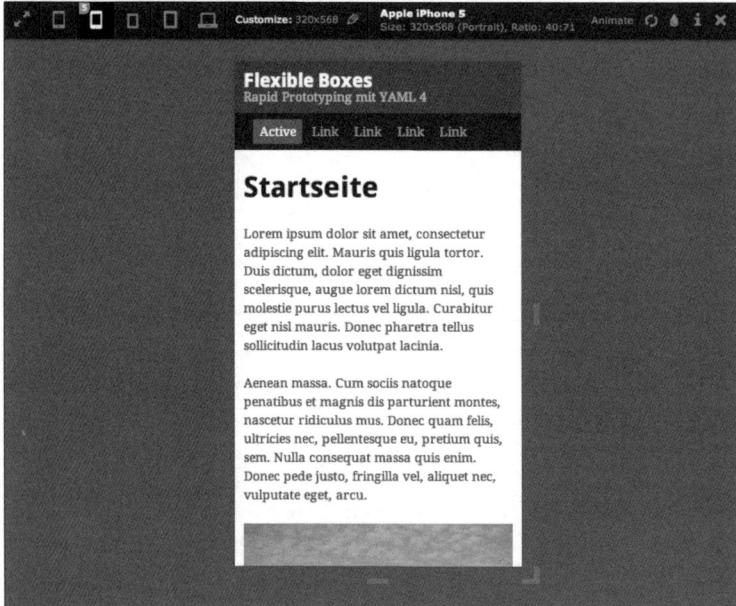

Abbildung 16.11 Der Prototyp mit Linearisierung

Falls Sie später eigene Layouts erstellen, finden Sie eine Kopiervorlage für die Linearisierung in der Dokumentation im Abschnitt RESPONSIVE GRIDS – PROGRESSIVE LINEARIZATION:

```
@media screen and ( max-width: 760px ) {
  /* linearization for grid module */
  .linearize-level-1,
  .linearize-level-1 > [class*="ym-g"] {
    display: block;
    float: none;
    padding: 0;
    margin: 0;
    width: 100% !important;
  }

  /* reset defined gutter values */
  .linearize-level-1 > [class*="ym-g"] > [class*="ym-gbox"] {
    overflow: hidden; /* optional for containing floats */
    padding: 0;
    margin: 0;
  }
}
```

Listing 16.10 CSS-Klasse zur Linearisierung eines Gridmoduls

Im ersten Style werden die Floats mit der Klasse `linearize-level-1` aufgehoben, im zweiten die Innen- und Außenabstände zurückgesetzt.

Sie können beliebig viele Breakpoints definieren

Die Klassen für das responsive Grid sind nicht fest in der *base.css* von YAML definiert, sondern werden auch in einem Stylesheet für das Screenlayout gespeichert. Dadurch können Sie, wenn erforderlich, beliebig viele solcher Breakpoints definieren und diese den Grid- oder Spaltenmodulen zuweisen.

In den Quick Start Demos finden Sie entsprechende Beispiele. Die Stylesheets für ein spezielles Screenlayout überschreiben im Rahmen der Kaskade die Angaben in der *base.css*.

16.3.8   YAML ist nicht nur für Prototypen – eigene Layouts erstellen

YAML ist natürlich nicht nur zur Erstellung von Prototypen geeignet, sondern auch als Basis für eigene Layouts. Bevor Sie das versuchen, sollten Sie sich mit dem Framework vertraut machen. Ein guter Ausgangspunkt dafür sind zum Beispiel die beiden ersten *Quick Start Demos* auf der Website, *Flexible Grid* und *Columns & Grids* (Abbildung 16.12).

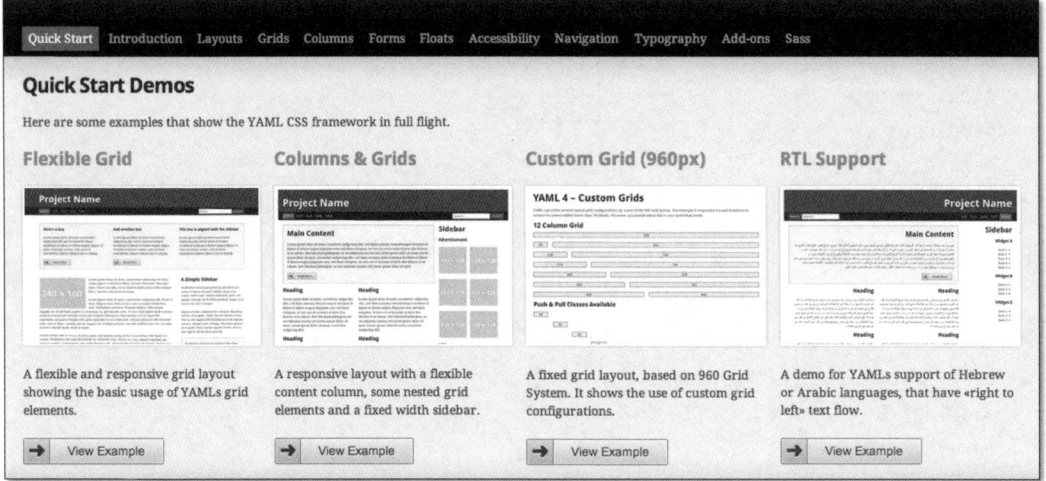

Abbildung 16.12 Die »Quick Start Demos« auf yaml.de

Ein auf YAML basierendes Layout hat mindestens zwei Kernkomponenten:

▶ Im HTML müssen die von YAML benötigten Klassen vorhanden sein.

▶ Im CSS müssen Sie die *base.css* einbinden.

Die *base.css* ist der Kern von YAML und sollte nicht geändert werden. Die anderen Stylesheets im YAML-Ordner zur Gestaltung von Navigation, Screenlayout und Print sind hingegen nur von Dirk Jesse mitgelieferte Beispiele, die Ihnen die Arbeit und den Einstieg erleichtern sollen.

Falls Sie eines dieser Stylesheets einsetzen und verändern möchten, sollten Sie es vorher in den Ordner */css* kopieren. Ein zentrales Stylesheet *styles.css* für ein eigenes Layout könnte zum Beispiel so aussehen:

```
/* Google Fonts - Dosis und Open Sans */
@import url("http://fonts.googleapis.com/css?family=Dosis:400,700");
@import url("http://fonts.googleapis.com/css?family=Open+Sans:
400italic,400,700");

/* import framework core */
@import url("../yaml/core/base.min.css");
```

```
/* your layout */
@import url("genericons.css");
@import url("layout.css");
@import url("navigation.css");
@import url("inhalt.css");
@import url("interaktion.css");
@import url("gridfullpage.css");
@import url("print.css");
```

Listing 16.11 So könnte styles.css für ein eigenes YAML-Layout aussehen.

Ähnlichkeiten mit vorhandenen Dateien sind rein zufällig und nicht beabsichtigt.

16.3.9   »Thinkin' Tags« – Prototypen im Browser entwickeln

Das neueste Projekt von YAML-Erfinder Dirk Jesse heißt *Thinkin' Tags* und gibt Ihnen die Möglichkeit, ein Layout visuell direkt im Browser zu entwerfen und dann für verschiedene Frameworks einen produktionsfertigen Code zu generieren:

▶ *thinkintags.com*

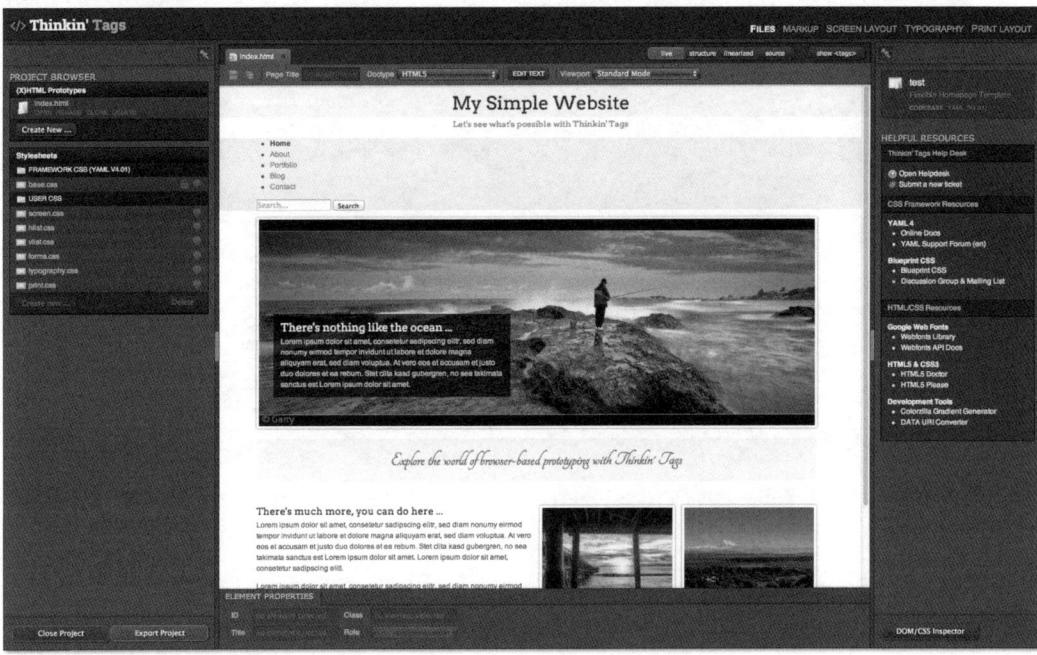

Abbildung 16.13 »Thinkin' Tags« in Aktion

Dirk Jesse beschreibt das neueste Release in seinem Blog:

▶ *highresolution.info/weblog/entry/responsive_design_mit_thinkin_tags*

Probieren Sie es einfach einmal aus. Danach werden Sie Photoshop vielleicht nicht mehr so oft benötigen wie vorher.

16.4   Foundation 4 – ein responsives Frontend-Framework

Zurb ist eine kalifornische Designfirma, die seit 1998 viele bekannte Websites gebaut und im September 2011 ein Frontend-Framework namens *Foundation* veröffentlicht hat, das inzwischen bereits in der vierten Version vorliegt:

▶ *foundation.zurb.com*

Abbildung 16.14 zeigt die Startseite mit einem Yeti, dem Maskottchen von Foundation.

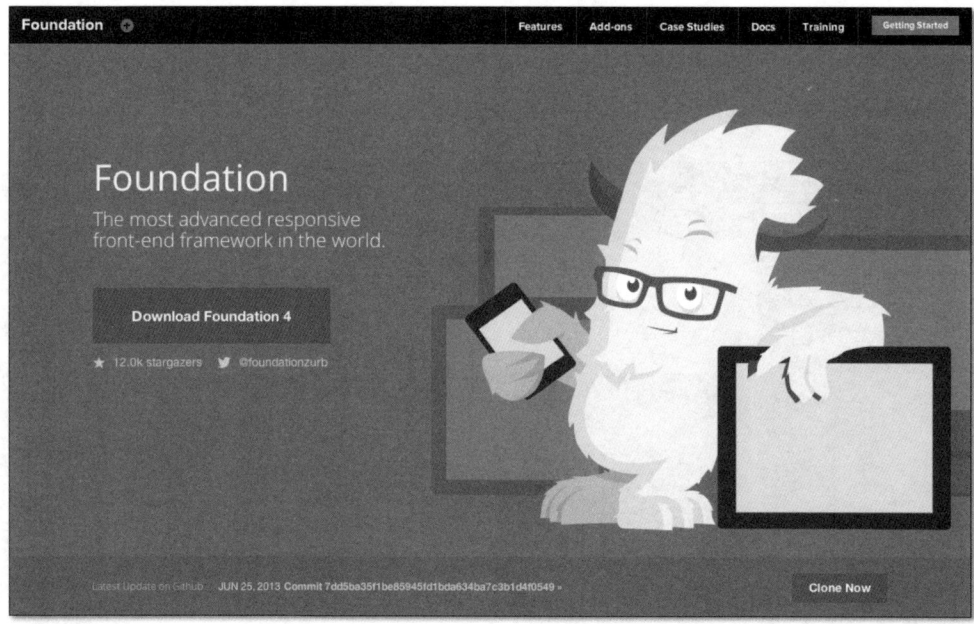

Abbildung 16.14 Yeti – das Maskottchen auf »foundation.zurb.com«

16.4.1   »Foundation« im Überblick

Foundation ist ein ausgewachsenes Frontend-Framework, das seit der Version 4 komplett auf dem Border-Box-Modell basiert und konsequent nach dem Mobile-First-Prinzip aufgebaut ist, sodass der IE8 nicht mehr unterstützt wird. Wer ältere Internet Explorer noch berücksichtigen möchte, sollte Foundation 3.2 nehmen. Oder ein anderes Framework.

Foundation 4 bringt viele vorgefertigte Komponenten mit:

- ▶ *The Grid.* Der Kern von Foundation ist ein flexibles Grid mit 12 Spalten, das sehr ausgereift und einfach zu bedienen ist.

- ▶ *Navigation.* Es gibt diverse vorgefertigte Navigationsbausteine von einer sehr vielseitigen Top Bar bis hin zu Breadcrumbs und Pagination.

- ▶ *Buttons.* Verschiedenste Buttons sind durch einfache Zuweisung von Klassen einsetzbar.

- ▶ *Forms.* Formulare in verschiedensten Formen mit vorgefertigten Elementen und Labels auf Wunsch davor oder dahinter.

- ▶ *Typography.* Grundlegendes Styling für viele HTML-Elemente, basierend auf em und somit flexibel veränderbar.

- ▶ *CSS Components.* Viele fertig gestaltete und per Klasse abrufbare Bausteine, von *Alert Boxes* über *Progress Bars* bis hin zu *Tables*.

- ▶ *JavaScript.* Fertige JavaScript-Bausteine, von *Tooltips* über *Orbit* (ein Slider) bis zu *Sections* (Tabs, Akkordeons etc.).

Foundation ist mit dem CSS-Präprozessor Sass entwickelt worden, und ohne Sass-Kenntnisse ist die Anpassung der Bausteine etwas unübersichtlich.

Alle Bausteine von Foundation auf einen Blick

In der Dokumentation gibt es eine Seite mit allen Foundation-Bausteinen auf einen Blick:

- ▶ *foundation.zurb.com/docs/components/kitchen-sink.html*

Von *Alert Boxes* über *Dropdown Buttons* bis zur verwendeten *Typography*.

16.4.2   Dokumentation, Download und Ordnerstruktur

Die Dokumentation von Foundation ist ausführlich und lässt kaum Wünsche offen: *foundation.zurb.com/docs/*. Sie beschreibt alle Bausteine und enthält unterhalb der Navigation auch einen Download-Button, der Sie zur Downloadseite bringt: *foundation.zurb.com/download.php* (Abbildung 16.15).

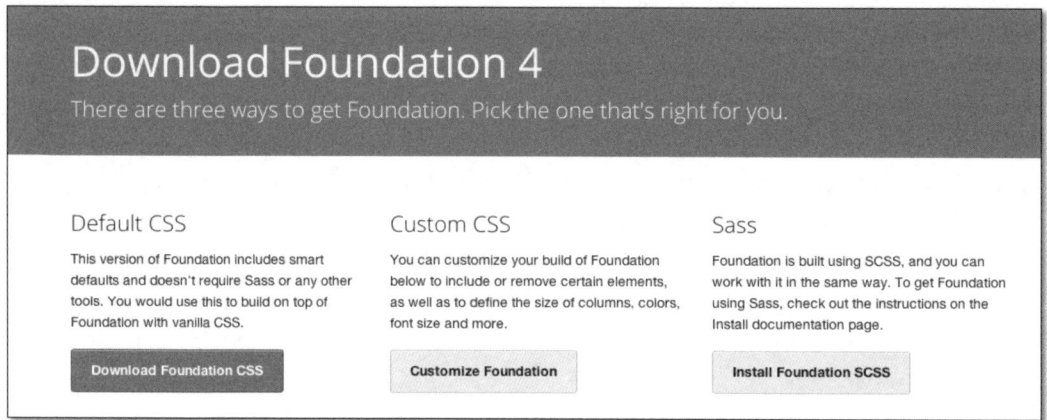

Abbildung 16.15 Die Downloadseite von Foundation

Wenn Sie mit ganz normalem CSS (*vanilla CSS* genannt) arbeiten möchten, empfiehlt Zurb, auf den ersten Button mit der Beschriftung DOWNLOAD FOUNDATION CSS zu klicken. Mit dieser Option benötigen Sie keine zusätzlichen Tools wie Sass oder Compass oder Rails.

Nach dem Entpacken des Archivs erhalten Sie drei Ordner:

▶ *css* mit *normalize.css* (ja, genau die), *foundation.css* und der komprimierten Version *foundation.min.css*.

▶ *img* ist ein leerer Ordner zur Aufbewahrung von Grafiken.

▶ *js* enthält zahlreiche JavaScript-Plugins und die Bibliotheken von jQuery und Zepto, das weitgehend kompatibel mit jQuery ist, aber wesentlich kleiner.

Die mitgelieferte *index.html* bietet einen allerersten Einstieg in die Arbeit mit Foundation.

16.5   Workshop: »Rapid Prototyping« mit Foundation

In diesem Abschnitt erstellen Sie mit Foundation in wenigen Minuten einen Prototyp, der ein voll funktionierendes, flexibles Grid und eine integrierte, automatische mobile Navigation hat. Abbildung 16.16 zeigt die Desktop-Version des fertigen Prototyps.

Flexible Boxes

Rapid Prototyping mit Foundation 4

Startseite

Lorem ipsum dolor sit amet, consectetur adipiscing elit. Mauris quis ligula tortor. Duis dictum, dolor eget dignissim scelerisque, augue lorem dictum nisl, quis molestie purus lectus vel ligula. Curabitur eget nisl mauris. Donec pharetra tellus sollicitudin lacus volutpat lacinia.

Aenean massa. Cum sociis natoque penatibus et magnis dis parturient montes, nascetur ridiculus mus. Donec quam felis, ultricies nec, pellentesque eu, pretium quis, sem. Nulla consequat massa quis enim. Donec pede justo, fringilla vel, aliquet nec, vulputate eget, arcu.

Responsive

Er hörte leise Schritte hinter sich. Das bedeutete nichts Gutes. Wer würde ihm schon folgen, spät in der Nacht und dazu noch in dieser engen Gasse mitten im übel beleumundeten Hafenviertel? Gerade jetzt, wo er das Ding seines Lebens gedreht hatte und mit der Beute verschwinden wollte!

Web

Hatte einer seiner zahllosen Kollegen dieselbe Idee gehabt, ihn beobachtet und abgewartet, um ihn nun um die Früchte seiner Arbeit zu erleichtern? Oder gehörten die Schritte hinter ihm zu einem der unzähligen Gesetzeshüter dieser Stadt, und die stählerne Acht um seine Handgelenke würde gleich zuschnappen?

Design

Er konnte die Aufforderung stehen zu bleiben schon hören. Gehetzt sah er sich um. Plötzlich erblickte er den schmalen Durchgang. Blitzartig drehte er sich nach rechts und verschwand zwischen den beiden Gebäuden. Beinahe wäre er dabei über den umgestürzten Mülleimer gefallen, der mitten im Weg lag.

Der Ausweg

Er versuchte, sich in der Dunkelheit seinen Weg zu ertasten und erstarrte: Anscheinend gab es keinen anderen Ausweg aus diesem kleinen Hof als den Durchgang, durch den er gekommen war. Die Schritte wurden lauter und lauter, er sah eine dunkle Gestalt um die Ecke biegen. Fieberhaft irrten seine Augen durch die nächtliche Dunkelheit und suchten einen Ausweg. Und dann sah er ihn: Responsive Web Design.

© 2013 Ihr Name | Impressum
Name | Straße | PLZ Ort | Land

Abbildung 16.16 Der fertige Prototyp im Desktop-Browser

16.5.1   Schritt 1: Das Grid für die Startseite erstellen

Um mit Foundation einen schnellen Prototyp zu erstellen, öffnen Sie die mitgelieferte *index.html* im Editor und spielen ein bisschen mit dem HTML. Im Head-Bereich werden lediglich das Stylesheet *foundation.css* und Modernizr eingebunden. Die anderen Java-Script-Bibliotheken folgen am Ende des Dokuments, direkt vor </body>.

Im body selbst ist die Einrichtung eines Grids simpel. Das folgende Listing zeigt den Quelltext aus der mitgelieferten Beispielseite mit minimalen Änderungen. Die h2-Überschrift am Anfang des Dokuments ist aus dem Original übernommen. h1 taucht nicht auf:

16

```
<div class="row">
  <div class="large-12 columns">
    <h2>Flexible Boxes</h2>
    <p>Rapid Prototyping mit Foundation 4</p>
    <hr>
  </div>
</div>
```

Listing 16.12 Eine Gridzeile in Foundation

Jede Gridzeile wird von `<div class="row">` umgeben. Mit einem weiteren `div` wird per CSS-Klasse die Anzahl der Spalten festgelegt. Da Foundation 4 nur noch das Border-Box-Modell berücksichtigt, ist ein weiteres `div`, wie das bei YAML mit der Klasse `gbox`, nicht nötig.

Eine Aufteilung von 8 Spalten zu 4 Spalten erreichen Sie wie folgt:

```
<div class="row">
  <div class="large-8 columns">
    <h2>Startseite</h2>
    <p>Lorem ipsum ... </p>
    <p> Aenean massa. Cum... </p>
  </div>
  <div class="large-4 columns">
    <img src="img/newyorkbridges_mini.jpg" alt="Brücken">
  </div>
</div>
```

Listing 16.13 Eine Gridzeile mit der Aufteilung 8 zu 4

Analog dazu sind auch die folgenden Zeilen und der Fußbereich für die Prototyp-Seite schnell erstellt:

```
<div class="row">
  <div class="large-4 columns">
    <article id="a1"> ... </article>
  </div>
  <div class="large-4 columns">
    <article id="a2"> ... </article>
  </div>
  <div class="large-4 columns">
    <article id="a3"> ... </article>
```

```
    </div>
  </div>
  <div class="row">
    <div class="large-12 columns">
      <article id="a4"> ... </article>
    </div>
  </div>
  <div class="row">
    <div class="large-12 columns">
      <footer role="contentinfo"> ... </footer>
    </div>
  </div>
```

Listing 16.14 Die weiteren Gridzeilen und der Fußbereich

Das Grid von Foundation ist flexibel, hat einen Breakpoint bei 768px, und bei einem kleineren Viewport erscheinen die Gridspalten automatisch untereinander.

16.5.2   Schritt 2: »Topbar« – ein Navigationsmodul einfügen

Das Navigationsmodul von Foundation heißt topbar und sollte auch vorzugsweise ganz oben im Browserfenster positioniert werden, direkt nach <body> und vor dem ersten Gridelement:

```
<div class="contain-to-grid sticky">
  <nav class="top-bar">
    <ul class="title-area">
      <li class="name"> <!-- Titel, erscheint links -->
        <h1><a href="#">Flexible Boxes</a></h1>
      </li>
      <!-- für die mobile Navigation -->
      <li class="toggle-topbar menu-icon">
      <a href="#"><span>Menu</span></a></li>
    </ul>
    <section class="top-bar-section">
      <ul class="right"> <!-- Menüpunkte nach rechts -->
        <li class="active"><a href="#">Main Item 1</a></li>
        <li><a href="#">Main Item 2</a></li>
        <li><a href="#">Main Item 3</a></li>
        <li><a href="#">Main Item 4</a></li>
      </ul>
```

16

```
    </section>
  </nav>
</div>
```

Listing 16.15 Das Navigationsmodul »topbar« von Foundation

Mit diesem vergleichsweise übersichtlichen HTML erhalten Sie eine Navigation, bei der links der Titel *Flexible Boxes* und rechts die vier Menüpunkte erscheinen. Das umgebende Element `<div class="contain-to-grid sticky">` sorgt durch seine Klassennamen dafür, dass die Titel und Menüpunkte sich am Grid orientieren und dass das Menü beim Scrollen fest positioniert bleibt.

Der Clou von Foundation wird aber erst sichtbar, wenn Sie den Viewport verkleinern: Sowohl das Grid als auch die Navigation passen sich ohne weiteres Zutun wie von Zauberhand an (Abbildung 16.17).

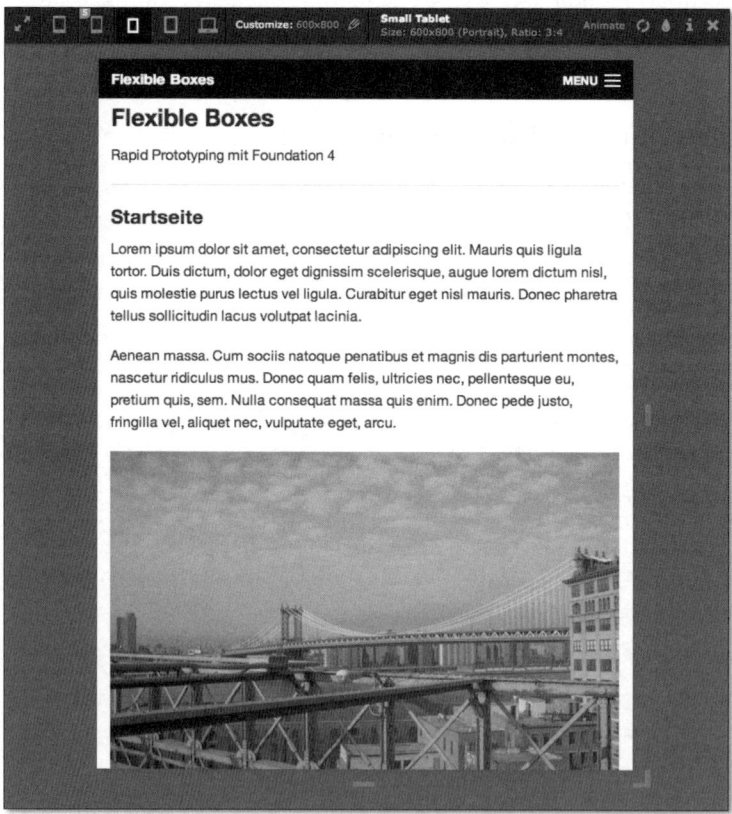

Abbildung 16.17 Foundation liefert die mobile Version gleich mit.

Die Topbar von Foundation basiert übrigens auf JavaScript und liefert dem Benutzer ohne JavaScript in der mobilen Version nur einen funktionslosen Menübutton. *Mobile First* folgt also nicht immer automatisch auch den Prinzipien des *Progressive Enhancement*.

16.5.3 Foundation ist ideal für Prototypen

Foundation hat seine Anforderungen an die Browserumgebung in der Version 4 hochgeschraubt und setzt wie gesagt konsequent auf border-box und Mobile First. Dadurch bleibt der HTML-Quelltext für den Prototyp relativ überschaubar. Auf der Website gibt es auch fertige Layout-Templates, die das Erstellen von Prototypen noch weiter erleichtern:

▶ *foundation.zurb.com/templates.php*

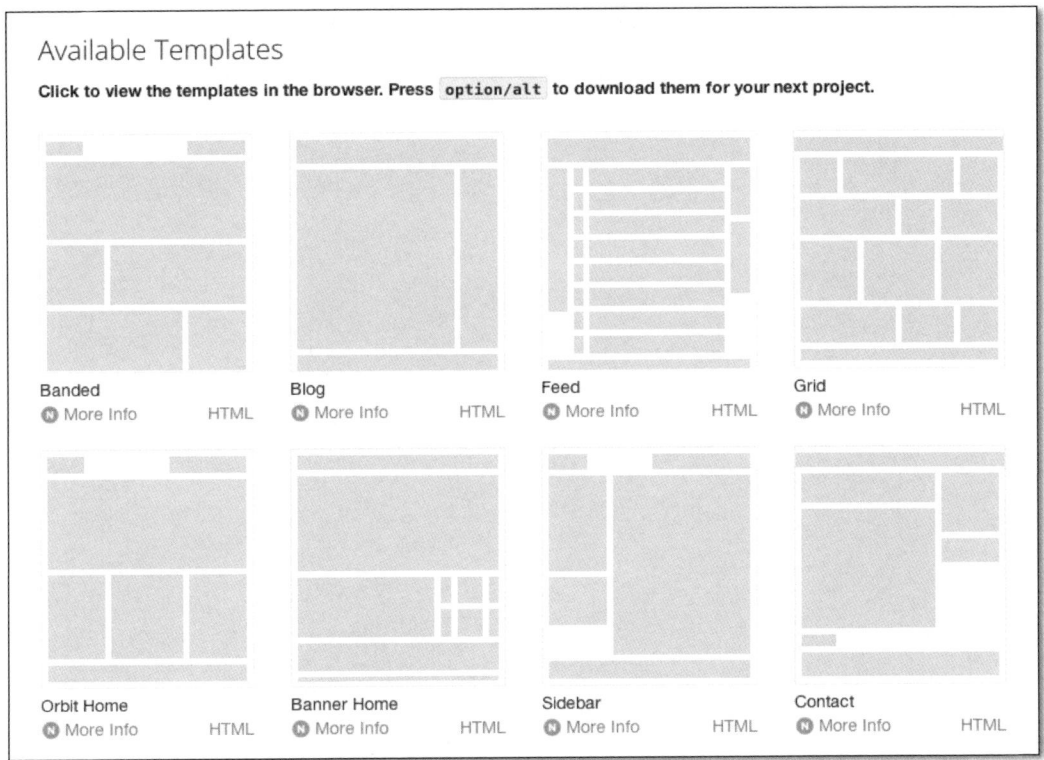

Abbildung 16.18 Fertige Templates zum Einsatz mit Foundation

Ein potenzielles Problem bei Foundation ist die individuelle Anpassung. Das beim normalen Download mitgelieferte Stylesheet *foundation.css* umfasst sage und schreibe über 4.200 Zeilen fast unkommentiertes CSS und geht mit seinen 133 KB fast als eigenständiges Biotop durch. Bei Änderungen in *foundation.css* oder Ergänzungen in eigenen Stylesheets kommt es, wie das bei Biotopen so ist, schnell zu unvorhersehbaren Effekten. Man erschlägt ein paar Mücken, und kurz darauf sterben die Frösche.

Während Sie bei YAML das Fundament der ungefähr 6 KB großen *base.css* nutzen und darauf aufbauend problemlos eigene Stylesheets einsetzen können, ist es bei Foundation sehr viel schwieriger, nur bestimmte Module einzusetzen oder den vorhandenen Quelltext zu individualisieren, auch wenn man beim Download einzelne Bausteine auswählen und sich so eine maßgeschneiderte Version herunterladen kann.

Fazit: Foundation ist im Kern darauf ausgerichtet, innerhalb einer Entwicklungsumgebung mit weiteren Tools wie Sass, Compass und Rails eingesetzt zu werden, und spielt auch erst dann sein volles Potenzial aus.

Index

W